2016
HOT PLACE

파리에서 지금 가장 뜨거운 장소들
2016년 개정판의 하이라이트만 따로 모았다.

샹젤리제
에투알 쉬르 메르

생제르맹데프레
클로베르 ★ 구 드 브리오슈 ★
이네스 드 라 프레상주 ★
모베즈 그렌

오페라 & 루브루
자 ★ 갸르 오 고릴

시테 섬 & 마레 섬
코즈 ★ 마가렛 호웰 ★
씨흐 트루동

생 마르탱 운하
마들렌 구스타브 ★ 세르방

몽마르트르
메드무아젤 마들렌

바스티유
이스트 맘마 ★ 순그릴

에펠탑 & 앵발리드
랑코뉘

근교
루이비통 재단

Hot Place

에투알 쉬르 메르 Etoile sur Mer 에뜨왈 쉬르 메르

Map P.448-B

Add. 18 Rue Troyon **Tel.** 01 53 81 72 50
Open 12:00~14:00, 19:00~22:00
Access M1·2·6 Charles de Gaulle Etoile 역에서 도보 7분
URL www.etoile-sur-mer.com
Price 점심 전식+본식 또는 본식+후식 42€, 전식+본식+후식 58€, 저녁 2~3코스 100~150€

새롭게 태어난 해산물 전문 레스토랑

〈미슐랭 가이드〉 3스타 셰프 기 사부아가 책임지는 그의 세컨드 레스토랑으로 해산물을 전문으로 한다. 이곳에 있던 기 사부아 레스토랑을 주화 박물관 내로 옮기고 그 자리에 에투알 쉬르 메르를 새롭게 오픈했다. 10년 이상 기 사부아 아래에서 오른팔 역할을 해온 셰프 클레망 르누아가 수석 셰프이다. 고등어회와 무 피클, 문어와 꼴뚜기 샐러드, 부야베스 즙을 얹은 아귀 등은 모두 신선한 재료만을 고집해 식도락가들로부터 좋은 평가를 받고 있다.

불상과 같은 동양의 젠 스타일 오브제와 벽을 장식한 아름다운 그림, 유명 건축가인 장 미셸 빌모트의 인테리어가 어우러진 스타일리시한 공간에서 파인다이닝을 즐기려는 사람들에게 추천하는 장소다.

클로베르 Clover 🔊 끌로베르

Map P.454-A

Add. 5 Rue Perronet **Tel.** 01 75 50 00 05
Open 12:30~14:00, 19:30~22:00
Access M12 Rue du Bac 역에서 도보 7분
URL www.jeanfrancoispiege.com/fr **Price** 점심 32€, 42€, 저녁 58€, 73€

파리에서 가장 예약이 어려운 네오 비스트로

알랭 뒤카스와 같은 스타 셰프 밑에서 요리를 배운 피에주가 운영하는 곳. 얼마 전 자신의 이름을 내건 파인다이닝 레스토랑인 르 그랑(〈미슐랭 가이드〉 2스타)을 열면서 가장 빨리 별을 다는 쾌거를 이룩했다. 가지와 키노아, 돌 위에 나오는 가리비, 송로버섯과 함께 나오는 오리고기 등이 시그너처 메뉴로 사랑받는다.

©Restaurant Clover

구 드 브리오슈 Goût de Brioche 🔊 구 드 브리오슈

Map P.454-B

Add. 54 Rue Mazarine **Tel.** 01 40 46 91 67
Open 화~토요일 08:30~19:30, 일요일 08:30~19:00 **Close** 월요일
Access M4·10 Odéon 역에서 도보 5분
URL www.goutdebrioche.com

브리오슈 세계로의 초대

〈미슐랭 가이드〉 3스타 레스토랑인 기 사부아의 수석 파티시에 크리스티앙 부다Christian Boudard가 지휘한다. 밀가루, 버터, 달걀, 이스트, 설탕 등으로 만든 달팽이 모양의 프랑스 빵인 브리오슈를 전문으로 한다. 파르메산 치즈가 들어간 브리오슈나 연어, 오리 등이 들어간 브리오슈, 딸기 또는 레몬과 머랭이 들어간 디저트까지 다양한 맛을 즐길 수 있다.

> **Hot Place**

모베즈 그렌 Les Mauvaises Graines 🔊 레 모베즈 그헨

Add. 203 Bis, Bd Saint Germain
Tel. 09 82 43 98 62
Open 화~토요일 11:00~19:30, 일요일 11:00~15:00
Close 월요일
Access M12 Rue du Bac 역에서 도보 2분
URL www.lesmauvaisesgraines.paris

Map P.454-A

 secret

파리 도심의 녹색 공간을 꿈꾸는 곳

모베즈 그렌은 프랑스어로 '나쁜 씨앗'이라는 뜻이지만, 이곳은 도심의 정원을 가꾸는 데 필요한 식물과 그와 관련한 책, 인테리어 소품 등을 판매하는 상점이다. 이곳의 주인장인 다비드 잔네David Jeanneront는 다양한 사회 활동을 통해 자신의 재능을 기부하는 식물 전문가이다. 과거 아네스 베의 크리에이티브 디렉터로 활동했었는데, 어릴적부터 사랑했던 식물과 제2의 인생을 살고 싶어 이 가게를 열었다고. 열정적인 창작열을 가진 그는 파리의 콘셉트 스토어인 메르시(p.228)를 거대한 정원으로 바꿔놓았고, 구글 본사의 인테리어 작업 같은 거대한 프로젝트를 진행 중이다.

이네스 드 라 프레상주 Ines de la Fressenge 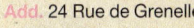 이네스 드 라 쁘레상쥬

Map P.454-A

Add. 24 Rue de Grenelle
Open 11:00~19:00
Close 일요일
Access M10·12 Sèvres Babylone 역에서 도보 5분
URL www.inesdelafressange.fr

파리지앵 스타일 따라잡기

샤넬의 수석 디자이너 칼 라거펠트가 사랑한 모델 이네스가 자신의 이름을 내건 콘셉트 스토어를 열었다. 그녀가 디자인한 패션, 리빙 관련 아이템은 물론 직접 고른 일상용품을 통해 센스 넘치는 파리지앵의 삶을 엿볼 수 있는 공간이다. 특히 그녀가 디자인한 구두, 팔찌 같은 액세서리는 여성들의 눈길을 사로잡는다. 이네스는 베이식하게 옷 입는 방법을 알려주는 〈프렌치 시크〉라는 베스트셀러의 저자로도 유명하다. 파리에서 시크하고 여성스러운 이네스의 패션 감각을 따라 잡으려면 서둘러 이곳으로 가자!

→ Hot Place

라 휜 La Hune 🔊 라 휜

Map
P.454-B

Add. 16-18 Rue de l'Abbaye Tel. 01 42 01 43 55
Open 11:00~20:00
Access M4 Saint Germain des Près 역에서 도보 3분
URL www.la-hune.com

사진과 예술 서적을 만나다

1949년에 아마추어 수집가인 베르나르 게브랑이 문을 연 서점이 전신이다. 이후 이곳은 근처의 레뒤마고, 플로러, 브라스리 립과 같은 문학 카페의 영향으로 예술가는 물론 사상가, 저널리스트, 정치가, 하우스 디자이너들이 드나들었고, 로베로 두아노, 피카소 같은 유명 아티스트의 전시 장소로도 이용되었다. 2015년 11월부터는 옐로스톤의 사진 갤러리와 예술 서점을 겸하고 있다.

자 Za 🔊 자

Map
P.451-H

Add. Passage de la Canopée Tel. 01 77 37 7737
Open 07:30~23:00
Access M4 Les Halles 역에서 도보 2분
URL www.za-paris.com Price 10~20€

필립 스탁의 아이디어가 돋보이는 곳

2016년 4월 문을 연 캐주얼 레스토랑으로 가볍게 식사할 수 있는 곳. 천재 디자이너 필립 스탁이 인테리어 디자인을 맡았다. 직원으로부터 자리를 안내받고 스마트폰 어플로 주문하면 컨베이어벨트를 타고 음식이 배달되어 나오는 시스템이 재미있다. 샐러드와 채소 수프가 주메뉴다.

갸르 오 고릴 Gare au Gorille 🔊 갸흐 오 고힐

Add. 68 Rue des Dames Tel. 01 42 94 24 02
Open 12:15~14:00, 19:30~22:00
Close 토·일요일
Access M2 Rome 역에서 도보 3분

젊은 셰프의 새로운 도전

패기 있는 젊은 셰프 마크 코르도니에 Marc Cordonnier가 문을 연 네오 비스트로. 북유럽 스타일의 인테리어와 맛있는 음식을 합리적인 가격에 맛볼 수 있는 것이 이곳의 장점이다. 버섯 수프나 가금류, 고등어 전어, 양고기 세비치, 돼지 갈비살 같은 요리는 담백하고 깔끔해 우리 입맛에 잘 맞는다. 시그너처 메뉴인 채소 샐러드 역시 오감을 즐겁게 한다.

코즈 Causses 🔊 코즈

Add. 222 Rue St. Martin Tel. 01 42 71 33 33
Open 10:00~21:00 Close 일요일
Access M3·11 Arts et Métiers 역에서 도보 4분
URL www.caysses.org

건강한 유기농 식료품점

바르고 정직한 음식만을 판매한다는 콘셉트의 유기농 식료품점. 신선한 과일과 채소를 비롯해 제철 농산물을 가장 빨리 만나볼 수 있다. 에어비앤비와 같은 취사 가능한 숙소에 머무는 여행자라면 한 번쯤 들러볼 것을 권한다. 내부에는 레스토랑도 함께 운영하는데 키노아 샐러드나 닭고기 샌드위치와 같은 가벼운 식사도 즐길 수 있다.

Hot Place

마가렛 호웰 Magaret Howell 🔊 마가렛 호웰

Map P.452-B

Add. 37 Rue Debelleyme **Tel.** 01 49 27 80 00
Open 11:00~19:00 **Close** 일요일
Access M8 Filles du Calvaire 역에서 도보 4분
URL www.magarethowell.fr

파리에서 만나는 영국 패션

영국 출신의 디자이너 마거릿 호웰의 브랜드 숍. 간결한 디자인과 좋은 원단, 내추럴한 컬러, 잘 짜인 패턴 등으로 우리나라에서도 직구 팬들이 늘고 있다. 세컨드 브랜드인 MHL은 합리적인 가격으로 젊은 층에서 인기를 얻고 있다. 베이식한 디자인에 편안한 착용감과 멋스러움 덕분에 놓치면 아까운 아이템이 많아 저절로 지갑이 열린다.

씨흐 트루동 Cire Trudon 🔊 씨흐 트루동

Map P.452-F

Add. 11 Rue Sainte Croix de la Bretonnerie **Tel.** 01 42 77 90 88
Open 월~목요일 11:00~14:00, 15:00~19:30, 금~일요일 11:00~19:30
Access M1·11 Hôtel de Ville 역에서 도보 6분
URL https://trudon.com

향초로 전하는 사랑의 선물

1643년부터 지금까지 양초만을 고집해온 전문 브랜드의 쇼룸. 규격화된 실험과 훌륭한 원재료의 사용 등은 이 브랜드만의 노하우다. 병에 든 향초와 선물용 향초 세트, 향초 전등불 컬렉션은 언제나 여심을 사로잡는 아이템이다. 최근 론칭한 아다즐링 듀오 향초는 이탈리아의 유명 디자이너인 지암 바티스타와의 컬래버레이션으로 만들었다.

레 뱅 호텔 Hotel Les Bains 🔊 호텔 레 뱅

Add. 7 Rue du Bourg l'abbé
Tel. 01 42 77 07 07
Access M4 Étienne Marcel 역에서 도보 3분
URL www.lesbains-paris.com

Map P.452-A

목욕탕의 새로운 발견

목욕탕으로 사용했던 곳으로 2010년 레노베이션을 위해 문을 닫았다가 2014년 3월에 디자인 호텔로 새롭게 태어났다. 39개의 객실과 〈미슐랭 가이드〉 3스타 레스토랑에서 일해온 셰프인 필립 라베가 메뉴를 카운슬링하는 레스토랑을 갖췄다. 1층에 있는 라운지 바와 레스토랑은 호텔에 머물지 않는 사람도 이용할 수 있다.

마들렌 구스타브 Madeleine Gustave 🔊 마들렌 구스타브

Add. 19 Rue Yves Toudic **Tel.** 01 40 38 61 02
Open 11:30~19:15 **Close** 일요일
Access M5 Jacques Bonsergent 역에서 도보 5분
URL http://madeleine-gustave.com

Map P.447-C

북유럽과 베네룩스 스타일에 프렌치를 입힌 콘셉트 스토어

베네룩스 스타일을 몸소 경험한 남자 오너와 섬세한 프렌치 스타일을 잘 아는 안주인이 고른 오브제와 디자인 상품, 가구 등은 누구나 갖고 싶은 아이템이다. 특히 2층에 있는 '세렉스Serex'라는 브랜드의 도자기는 파리에서 가장 다양한 컬렉션을 자랑한다. 쇼핑을 마치고는 3층 카페에 들러보자.

→ Hot Place

세르방 Le Servan 🔊 르 세르방

Add. 32 Rue Saint-Maur **Tel.** 01 55 28 51 82
Open 월요일 19:00~22:00, 화~금요일 12:00~14:00, 19:00~22:00
Close 토·일요일 **Access** M3 Rue Saint Maur 역에서 도보 7분
URL www.leservan.com **Price** 점심 25€~, 저녁 43€~

Map P.447-D

secret

인기 급상승 중인 네오 비스트로

이집의 주인장인 타티아나는 〈미슐랭 가이드〉 1스타 셰프인 셉팀의 베르트랑 그레보의 아내로도 알려져 있다. 파사르, 바르보와 같은 유명 셰프 밑에서 요리를 배운 그녀의 음식은 프렌치와 자신들의 뿌리인 필리핀의 이국적인 스타일이 어우러져 새로운 스타일을 일궈냈다.

메드무아젤 마들렌 Mesdemoiselles Madeleines 🔊 메드모아젤 마들렌

Add. 37 Rue des Martyrs **Tel.** 01 53 16 28 82
Open 10:30~19:00 **Close** 월요일
Access M12 Saint Georges 역에서 도보 5분
URL www.mllesmadeleines.com

Map P.447-B

귀엽고 맛있는 마들렌 전문점

티라미수, 에클레르, 슈에 이어 마들렌의 새로운 유행을 선도하기 위해 태어났다는 마들렌 전문점. 다양한 맛과 향의 깜찍한 마들렌으로 가득하다. 에티오피아산 커피, 론 지역의 산딸기, 모로코 장미의 에센스, 마다가스카르의 바닐라와 같은 특별한 재료를 사용해 차별화된 맛을 보여준다. 디저트를 좋아하는 사람이라면 꼭 방문해보자.

이스트 맘마 East Mamma 🔊 이스트 맘마

Add. 133 Rue du Faubourg Saint Antoine **Tel.** 01 43 41 32 15
Open 12:15～14:30, 19:00～23:00
Access M8 Ledru Rollin 역에서 도보 2분
URL www.bigmamagroup.com **Price** 피자 9～15€, 파스타 12～15€

정통 이탈리아의 맛을 느끼다

파리에서 인테리어와 이탈리아 요리로 가장 핫한 빅마마 그룹의 이탈리안 레스토랑. 70여 평의 넓은 공간은 이탈리아 시골이 떠오른다. 조반니 파세리니와 시몬 톤도 셰프가 만드는 나폴리 피자와 동 냄비에 담겨 나오는 신선한 채소, 해산물 파스타를 추천한다. 예약을 받지 않아 긴 줄을 서야 할 때가 많다.

순 그릴 Soon Grill 🔊 순 그릴

Add. 78 Rue des Tournelles **Tel.** 01 42 77 13 56
Open 12:00～14:30, 19:00～22:30
Access M8 Chemin Vert 역에서 도보 1분
URL http://soon-grill.com

파리지앵들도 즐겨 찾는 고깃집

마레 지역에 위치한 한국식 고깃집. 내부는 한국의 미가 느껴지는 대형 항아리가 모빌 형태로 천장에 매달려 있으며, 고가구와 놋그릇을 사용하는 세심함도 훌륭하다. 좋은 고기를 공급하는 프랑스 유통업자와의 계약을 통해 이베리아산 돼지와 일본 와규, 노르망디 지역의 쇠고기 등을 들여오므로 고기의 퀄러티는 파리의 한식 레스토랑 중 최고라 자부한다.

Hot Place

랑코뉘 L'Innconu 🔊 랑꼬뉘

Add. 4 Rue Pierre Leroux Tel. 01 53 69 06 03
Open 화~금·일요일 12:00~14:00, 화~토요일 19:30~22:00
Close 월요일, 매월 첫째 주 일요일
Access M10·13 Duroc 역에서 도보 7분
URL http://restaurant-linconnu.fr
Price 점심 24€~, 저녁 45€~

Map P.457-H

합리적인 가격의 이탈리안 파인다이닝

2015년 11월에 오픈한 이탈리안 레스토랑. 이 집의 주인장인 히가키는 베니스의 여러 이탈리안 레스토랑과 오사카의 카노비아노 레스토랑, 파리의 〈미슐랭 가이드〉 2스타 레스토랑인 파사주 53에서 5년간 일한 경력을 가진 능력 있는 셰프다. 그의 음식은 이탈리아의 영향을 받아 창의적이고 자유로우며, 프렌치와 일본의 세심함이 더해져 완성도가 높고, 맛과 플레이팅이 환상적이다. 걀레트 위에 얹은 가리비 카르파치오나 셰프 버섯을 넣은 스파게티, 무와 리소토를 곁들인 대구 같은 메뉴가 훌륭하다.

루이비통 재단 Fondation Louis Vuitton 퐁다시옹 루이뷔똥

Map 지도 밖

Add. 8 Avenue du Mahatma Gandhi **Tel.** 01 40 69 96 00
Open 1개월 이내의 것만 홈페이지에 공지된다. 방문 전 홈페이지 확인 필수
Close 1/1, 5/1, 12/25 **Access** M1 Les Sablons 역에서 도보 15분, 샤를드골 광장 또는 프리드랑 거리(Avenue de Friedland)에서 미니 셔틀버스(1€) 이용
URL www.fondationlouisvuitton.fr
Admission Fee 일반 14€, 만 26세 미만 10€, 만 4~18세 5€

해체주의 건축가와 현대미술의 만남

파리 서쪽의 불로뉴 숲에 자리 잡은 현대미술관으로 루이비통 재단에서 설립했다. 이 건물은 3600개의 유리 패널과 1만5000t의 강철로 만들어 건물 자체로서의 뛰어난 건축미를 자랑한다. 주로 20세기 이후의 미술 작품을 전시하는데, 2016년에는 중국 현대 작가 특별 전시 등의 연중 특별전이 열린다.

미술관 관람을 마치고 후문 쪽에 있는 서울 공원이나 파리지앵들의 휴식처인 작은 놀이 공원인 푸앙 다클라마시옹에서 여유로운 시간을 보내는 것도 여행의 새로운 활력을 불어 넣는다.

TOP of Paris
톱 오브 파리

★
파인다이닝 레스토랑
★
프렌치 가정식 레스토랑
★
애프터눈 티
★
커피 하우스
★
나이트 라이프
★
디저트

파인다이닝 레스토랑

요리사의 차원을 넘어 예술가로 인정받는 피에르 가네르, 기 사부아, 알랭 파사르, 프레데릭 앙통과 같은 셰프들과의 만남은 당신에게 최고의 식탁을 선물해줄 것이다. 세계 미식가들이 열광하는 파리의 파인다이닝으로 당신을 초대한다.

르 그랑 레스토랑 장 프랑수아 피에주
Le Grand Restaurant Jean françois Piège

르 그헝 헤스토헝 장 프항수아 피에주

Map P.449-D

Add. 7 Rue d'Aguesseau
Tel. 01 53 05 00 00
Open 12:30~13:30, 19:30~21:30 **Close** 토 · 일요일
Access M1·9 Franklin D. Roosevelt 역에서 도보 9분
URL www.jeanfrancoispiege.com
Price 점심 80€~, 저녁 195€~

TOP 1

2016년 최고의 기대를 갖게 한 레스토랑으로 문을 연 지 2년도 채 안 되어 〈미슐랭 가이드〉에서 2스타의 영예를 거머쥐었다. 천재 셰프 장 프랑수아 피에주가 지휘하는 이곳은 테이블 25석만을 갖춘 간결하고 현대적인 스타일로 장식되어 있다. 크리스티앙 콩스탕, 알랭 뒤카스, 조엘 로부숑과 같은 훌륭한 스승 밑에서 수련했던 오랜 경험과 탁월한 크리에이티브로 유명한 셰프는 파인다이닝의 정수를 보여준다. 음식의 기교와 모양새는 한치의 부족함이 없을 정도로 완벽하다.

다비드 투탕 David Toutain 다비드 투땅

Add. 29 Rue Surcouf Tel. 01 45 50 11 10
Open 12:00~14:30, 20:00~22:00 Close 토 · 일요일
Access M8 La tour Maubourg 역에서 도보 6분
URL www.davidtoutain.com
Price 점심 55€~, 저녁 110€~

지금 파리에서 가장 핫한 셰프 다비드 투탕의 창의적인 요리 세계를 엿볼 수 있는 〈미슐랭 가이드〉 1스타 레스토랑. 루아조, 아르페주, 아가페 쉽스탕스 등에서 탄탄하게 실력을 쌓아온 다비드 투탕은 파리에서 예약이 가장 어려운 레스토랑 중 하나다. 나무와 벽돌로 마감된 내부는 따뜻한 분위기이며, 스칸디나비안 터치를 가미해 세련된 느낌이다. 메뉴는 셰프가 그날그날 전하는 카르트 블랑슈Carte Blanche이므로 특정 음식에 알레르기가 있는 사람이라면 반드시 주문 전 종업원에게 알려야 한다.

헥사곤 Hexagone 헥사곤

Add. 85 Avenue Kléber Tel. 01 42 25 98 85
Open 12:00~14:30, 19:00~22:30 Close 일 · 월요일
Access M6·9 Trocadéro 역에서 도보 2분
URL www.hexagone-paris.fr
Price 점심 59€~, 저녁 135€~

〈미슐랭 가이드〉 3스타 레스토랑, 랑브루아지L'ambroisie의 셰프 베르나르 파코 밑에서 오랫동안 요리 수업을 받은 그의 아들 마츠 파코가 문을 연 레스토랑으로 2016년에 〈미슐랭 가이드〉 1스타를 받았다. 70석 규모로 대단히 크지는 않지만 와인 셀렉션이 풍부하고 송로버섯, 카푸치노와 같은 시그너처 메뉴를 즐길 수 있다. 점심 메뉴는 50유로 전후, 저녁 메뉴는 100유로 정도 예상해야 한다. 식사 시간 전에 들렀다면 칵테일 바에 들러 흥을 돋운 다음 식사를 즐겨도 좋다.

프렌치 가정식 레스토랑

파리의 레스토랑은 무조건 비싸다는 편견을 버려라. 프랑스 사람들도 매일 〈미슐랭 가이드〉 스타 레스토랑을 가지 않는다. 우리가 동네 밥집에 들르듯 프랑스 사람들도 회사나 집 근처에서 프렌치 가정식을 즐겨 먹는다. 파리지앵이 즐기는 일상의 식사, 그중에서도 보석 같은 레스토랑을 소개한다.

레갈라드 La Régalade 헤갈라드

Map P.458-A

Add. 49 Avenue Jean Moulin　Tel. 01 45 45 68 58
Open 월요일 19:00~23:00, 화~금요일 12:00~14:30, 19:00~23:00
Close 토 · 일요일　Access M4 Porte d'Orléans 역에서 도보 6분
URL www.restaurant-laregalade.fr
Price 점심 · 저녁 55€~

TOP 1

비스트로의 열풍을 일으킨 이브 캄드보르드가 오너 셰프로 있는 레스토랑. 파리에 3개의 지점이 있다. 이곳이 가장 먼저 생겨난 본점으로 이브 캄드보르드 셰프가 주로 이곳에서 요리를 한다. 바스크 지역의 돼지를 주재료로 사용한 테린이 푸짐하게 무료로 제공되고 점심과 저녁에 나오는 3코스의 메뉴는 37유로(음료 별도)로 균일하다. 버섯 국물로 조리한 푸아그라, 입안에서 살살 녹는 듯한 쇠고기 머리 고기 등 어느 것을 골라도 후회가 없다. 프랑스 가정식의 진수를 만나볼 수 있는 곳.

클론 바 Clown Bar 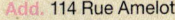 클론 바

Map P.453-C

Add. 114 Rue Amelot
Tel. 01 43 55 87 35
Open 12:00~14:30, 19:00~22:30 Close 월요일
Access M8 Filles du Calvaire 역에서 도보 1분
URL www.clown-bar-paris.fr

TOP 2

지금은 〈미슐랭 가이드〉 1스타에 등극한 사툰 레스토랑Restaurant Saturne의 수석 셰프인 스벤 샤르티에와 이완 르무완이 공동 투자한 비스트로. 피에로와 서커스의 모습을 모자이크한 타일이 익살스러운 오래된 바가 인상적이다. 이곳은 유명 레스토랑인 비방 테이블Vivant Table에 있던 일본인 셰프 소타 아츠미가 맡고 있다. 네오 비스트로답게 심플하지만 세련된 플레이팅을 느낄 수 있다. 음식에 비해 가격은 합리적이며 생선과 고기의 밸런스가 뛰어나 어느 것을 선택해도 후회가 없다.

오 두 자미 Aux Deux Amis 오 뒤 자미

Map P.453-D

Add. 45 Rue Oberkampf Tel. 01 58 30 38 13
Open 10:30~익일 02:00 *식사는 12:30~14:30, 19:30~22:30에만 가능
Close 일·월요일 Access M3 Parmentier 역에서 도보 4분
URL www.facebook.com/Aux-Deux-Amis-120307971356817
Price 점심 25€~, 타파스 6€~

TOP 3

동네 사람들을 단골로 확보하고 있는 오베르캄프에 자리 잡은 소박한 레스토랑. 유명 레스토랑인 샤토브리앙Chateaubriand의 셰프였던 뱅상 로욜라가 이곳의 주방을 책임지고 있다. 100% 내추럴 와인과 대구 세비치, 아스파라거스, 하몽과 같은 신선한 요리를 선보이며, 가성비가 좋아 언제나 문전성시를 이룬다. 스페인산 하몽이나 구운 아몬드 타파스와 함께 와인을 즐기기 좋아 초저녁부터 많은 사람으로 북적이는 곳이다. 식사 시 예산은 가벼운 코스를 기준으로 20~35유로(음료 제외).

Top of Paris

그 외 가볼 만한 프렌치 가정식 레스토랑

6 폴 베르 Le 6 Paul Bert 씨 뽈 베흐

Map P.453-H

Add. 6 Rue Paul Bert
Tel. 01 43 79 14 32
Open 화요일 19:30~23:00, 수~토요일 12:00~14:00, 19:30~23:00
Close 일·월요일
Access M8 Faidherbe Chaligny 역에서 도보 3분

루이 필립과 다비드 투탕 아래에서 요리를 배운 일본인 셰프 코츠케 타다가 요리하는 아담한 규모의 레스토랑. 프로방스와 프랑스 남부 지역의 와인과 고기, 해산물을 적절히 메뉴로 내놓는 세심한 스타일의 메뉴가 훌륭하다. 우리식과는 조금 다르지만, 쇠고기 육회 개념의 타르타르, 제철 채소로 만드는 요리 등이 시그너처 메뉴다. 친구들과 식사를 하기에 좋은 친근한 분위기여서 인기가 많으니 예약할 것을 추천한다. 예산은 점심 메뉴 25유로부터, 저녁 메뉴 45유로부터.

샤토마 Chatomat 샤또마

Map P.447-D

Add. 6 Rue Victor Letalle
Tel. 01 47 97 25 77
Open 19:30~22:30 Close 일·월요일
Access M2 Ménilmontant 역에서 도보 3분
URL www.facebook.com/Chatomat-100265310067692

1950년대 스타일의 네온과 평범한 분위기의 실내지만 파리의 식도락가들이 즐겨 찾는 숨은 맛집이다. 좌석이 24개밖에 없는 작은 규모여서 저녁 식사 예약은 늘 어렵다. 브라질, 코펜하겐을 거쳐 알랭 파사르의 레스토랑까지 두루 섭렵한 셰프 앨리스 디 카노와 빅토르 가야가 함께 운영하는 가족적인 분위기로 편안하게 식사를 즐길 수 있다. 근처에는 위인들이 잠들어 있는 페르라 셰즈 묘지가 있다. 송아지 카르파치오, 가오리, 대구 등의 메뉴가 제철에 맞게 구성된다. 예산은 25~40유로 정도가 보통이다.

코르니숑 Le Cornichon 코흐니숑

Add. 34 Rue Gassendi
Tel. 01 43 20 40 19
Open 12:00~22:30
Close 토·일요일
Access M4 Mouton Duvernet 역에서 도보 7분
URL www.lecornichon.fr

Map P.446-F

엔지니어 출신의 프랑크 벨랑제가 요리에 열정을 가지고 유명 비스트로인 라미 장에서 일하다가 만난 동료, 마튜 나자르와 의기투합해 문을 연 레스토랑. 마튜 나자르는 〈미슐랭 가이드〉 2스타 레스토랑인 타이방과 사보이에서 실력을 쌓은 셰프다. 그의 내공이 숨어 있는 요리를 저렴하게 즐길 수 있는 것이 이 집의 장점. 아담한 규모의 프렌치 레스토랑이지만 〈미슐랭 가이드〉에서 가격 대비 음식이 맛있는 레스토랑에 주는 빕 구르망Bip Gourmand 라벨을 받아 더욱 신뢰가 가는 곳.

애프터눈 티

파리 여행의 진정한 즐거움은 파리지앵이 지닌 여유로움을 누려보는 것이다. 햇살이 따스하게 내리쬐는 날 오후, 테라스에 앉아 책을 읽거나 진한 맛의 에스프레소를 즐기며 시간을 보내보자. 차분한 마음으로 파리지앵의 일상을 즐기다 보면 여행의 활력을 얻게 될 것이다.

카페 스턴 Caffé Stern 🔊 카페 스턴

Add. 47 Passage des Panoramas, 47 Galerie des Variétés
Tel. 01 75 43 63 10
Open 08:30~22:30 Close 일·월요일
Access M8·9 Richelieu-Drouot 역에서 도보 4분
URL www.cafestern.fr

Map P.451-C

베니스에서 카페와 레스토랑을 운영하는 〈미슐랭 가이드〉 스타 셰프 마시밀리아노 아라즈모가 경영하는 이탈리안 파인다이닝 레스토랑과 한 지붕 아래에 있다. 전체 디자인은 천재 디자이너 필립 스탁이 맡아 화제를 모았다. 살쾡이와 늑대의 박제가 정문 앞에 서 있으며 영화 〈이상한 나라의 앨리스〉와 같은 특별한 내부에서 맛보는 아침식사는 특별하다. 이탈리아 정통 카페와 맛있는 크루아상과 티라미수 같은 이탈리안 디저트와 신선한 과일 주스를 추천한다.

팡송 Pinson 🔊 빵쏭

Add. 6 Rue du Forez Tel. 09 83 82 53 53
Open 월~금요일 09:00~24:00, 토요일 10:00~24:00, 일요일 12:00~18:00(브런치는 16:00까지)
Access M8 Filles du Calvaire 역에서 도보 7분
URL www.cafepinson.fr

Map P.452-B

프랑스 실내 인테리어 박람회인 메종 & 오브제Masion & Objet에서 2015년 올해의 디자이너를 수상한 도로테 메이리슈종이 꾸민 예쁜 카페. 패션잡지 〈엘르〉와 〈마리끌레르〉를 비롯한 현지 언론에서 앞다퉈 소개하고 있다. 아기자기한 인테리어와 건강한 재료만을 사용하는 가벼운 식단이 까다로운 파리지앵의 마음을 사로잡았다.

카레트 Carette 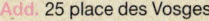 까헤뜨

Map P.453-C

Add. 25 place des Vosges
Tel. 01 48 87 94 07
Open 07:30~24:00
Access M8 Chemin Vert 역에서 도보 4분
URL www.carette-paris.fr

TOP 3

1927년 트로카데로 광장 근처(4 Place du Trocadéro et du 11 Novembre)에 문을 연 전통 카페 & 베이커리. 에펠탑이 바라다보이는 테라스에서 아침 식사나 디저트를 즐길 수 있으나 여기 마레 중심에 위치한 2호점도 훌륭하다. 닭고기를 넣은 클럽 샌드위치나 감자와 오이, 당근 등이 들어간 샐러드로 간단히 배를 채울 수 있다. 또 몽블랑, 파리-카레트, 에클레르 같은 디저트와 다양한 종류의 차를 즐기기에도 좋다. 주말이면, 주말에만 판매하는 브런치를 맛보려는 사람들도 늘 북적인다.

그 외 가볼 만한 애프터눈 티 카페

브레드 & 로즈 Bread & Rose 브헤드 에 호즈

Map P.450-E

Add. 25 Rue Boissy d'Anglas
Tel. 01 47 42 40 00
Open 08:00~19:15 Close 일요일
Access M8·12·14 Madeleine 역에서 도보 5분

에르메스 본점 옆에 위치한 영국의 애프터눈 티 문화를 사랑해 온 사업가 필립 타이에가 운영하는 영국 스타일의 베이커리로 고급 식료품점과 카페, 간이 레스토랑을 겸하고 있다. 당근 케이크와 부드러운 브리오슈를 비롯해 레몬 타르트 등은 티타임을 즐기는 데 훌륭하지만 담백하고 칼로리가 높지 않은 건강한 식단으로 식사를 즐길 수 있어 멋쟁이 파리지앵들이 많이 찾는다. 저녁시간에는 공연이 열리는 날이 많아 라운지 바에서 누릴 수 있는 즐거운 시간을 보낼 수 있다.

Top of Paris

커피 하우스

최근 3~4년 동안 파리는 커피의 도시로 떠올랐다. 뉴질랜드, 호주, 캐나다, 미국, 영국 등지에 뛰어난 기량을 가진 바리스타들이 모여들었기 때문이다. 천편일률적인 프렌차이즈의 커피 맛이 아닌 자신만의 철학과 열정으로 만드는 진짜 커피를 맛보자.

카페 로미 Café Lomi 카페 로미

Map P.447-C

Add. 3 Ter Rue Marcadet
Tel. 09 80 39 56 24
Open 10:00~19:00
Access M4·12 Marcadet-Poissonniers 역에서 도보 7분
URL http://cafelomi.com

TOP 1

2010년에 처음 문을 연 커피 하우스. 이곳은 스태프들이 아프리카, 아시아, 남아메리카를 직접 방문해 엄선한 최상의 원두로 로스팅해 커피를 만든다. 2011년 프랑스 최고의 로스터 선정, 같은 해 라테 아트 프랑스 챔피언, 2015년 바리스타 챔피언을 공동 수상한 바리스타들의 솜씨는 이미 입소문을 타 늘 많은 사람으로 북적인다.
과일 향이 풍부한 균형 잡힌 콜롬비아 핀카 가브리엘라, 꽃향기가 특징인 에티오피아의 로코 산 근처에서 채취한 에티오피아 로코 마운틴 등을 추천한다.

카페 키츠네 Café Kitsune 🔊 카페 끼쯔네

Add. 51 Galerie de Montpensier
Tel. 01 40 15 62 31
Open 월~금요일 10:00~17:00, 토·일요일 10:00~18:00
Access M7·14 Pyramides 역에서 도보 7분
URL http://shop.kitsune.fr/stores

Map
P.451-G

TOP 2

DJ 다프트 펑크의 음악 매니저였던 길다 로엑과 패션 디자이너 겸 DJ였던 마사야 구로키가 만든 패션 브랜드 메종 키츠네에서 운영하는 카페. 모든 직원들이 메종 키츠네 옷을 입고 서비스한다. 산책하기 좋은 팔레 루아얄 중앙에 위치하고 나무 그늘 아래에서 시원한 커피를 마시며 휴식을 즐기기 좋다. 마차나 플랫 화이트 커피는 파리에서 흔히 마실 수 없는 메뉴이므로 이곳에 오면 꼭 주문해야 하는 음료다. 여우 로고가 새겨진 에코 백은 파리 여행을 추억할 수 있는 기념품으로 살 만하다.

카페 쿠튐 Café Coutume 🔊 카페 꾸뜀

Add. 47 Rue de Babylone
Tel. 01 45 51 50 47
Open 월~금요일 08:00~18:00, 토·일요일 09:00~18:00
Access M10 Vanneau 역에서 도보 6분
URL www.coutumecafe.com

Map
P.457-H

TOP 3

2011년 파리에 신 카페 열풍을 몰고 온 곳으로 프랑스인 앙투안과 호주인 톰이 합심해 운영하고 있다. 현재 도쿄, 오사카에도 오픈해 인기가 날로 높아지고 있다. 노출 콘크리트와 빈티지 스타일로 꾸민 인테리어는 시크한 파리 분위기가 물씬 풍긴다. 콰테말라산 조야 오스큐라Joya Oscura 같은 유명 산지에서 엄선한 최고의 원두로 직접 로스팅한 커피는, 커피 맛을 좀 안다는 사람들로부터 인정받고 있다. 그 밖에 케이크류(2.50~4.50유로)와 식사류(10~17유로)도 판매한다.

나이트 라이프

파리지앵의 나이트 라이프를 엿볼 수 있는 보석 같은 스폿에서 와인이나 식사를 즐기며 파리에서의 특별한 시간을 보내보자. 영화 〈미드나잇 인 파리〉의 감동 못지않은 즐거움을 선사할 것이다.

데리에르 Derrière 데히에르

Add. 69 Rue des Gravilliers
Tel. 01 44 61 91 95
Open 월~토요일 12:00~14:30, 20:00~23:30, 일요일 12:00~16:00, 20:00~23:00 Access M3·11 Arts et Métiers 역에서 도보 3분
URL www.derriere-resto.com

TOP 1

앤디 월루, 404와 같은 유니크한 콘셉트의 바와 레스토랑을 잇는 파리의 시크릿 스폿. 외부에서는 알 수 없는 건물 사이의 중정 안에 있는 입구를 통해 들어서면 바이크가 서 있는 레스토랑이 나오고 2층으로 올라가면 그로테스크한 바가 나타난다. 2층에 침대나 테이블 등이 있는 것은 자신의 아파트에 친구들과 눕거나 앉아서 와인도 마시고 편안하게 놀다 갈 수 있는 특별한 콘셉트의 바다.

프렌치 바 아 뱅 Frenchie Bar à Vin 프랑슈 바 아 방

Add. 5-6 Rue du Nil
Tel. 01 40 39 96 19
Open 19:00~23:00 Close 토·일요일
Access M3 Sentier 역에서 도보 2분
URL www.frenchie-restaurant.com

TOP 2

전 세계를 여행하며 각국의 음식과 문화를 배워 온 방랑 식객, 그레고리 마샹이 운영하는 와인 바. 갸블리, 뫼르소, 루시용을 비롯해 다양한 지역의 프렌치 와인과 캐주얼한 스타일에서 즐길 수 있는 맛있는 음식과 하몽 같은 타파스를 곁들일 수 있어 훌륭하다. 저녁에만 문을 열므로 오후 7시 전에 미리 가서 줄을 서야 입장할 수 있다.

푸앵 에페메르 Point Ephémère 🔊 푸앵 테뻬메흐

Map P.447-C
TOP 3

Add. 200 Quai de Valmy
Tel. 01 40 34 02 48
Open 월~토요일 12:30~02:00, 일요일 12:30~22:00
Access M7 Louis Blanc 역에서 도보 5분
URL www.pointephemere.org

페스티벌, 파티, 댄스 홀, 콘서트, 다양한 전시 공간, 바&레스토랑을 함께 운영하는 복합 문화 공간으로 생 마르탱 운하 끝자락에 자리하고 있다. 과거 소방관들의 막사, 건설 업체 창고 등으로 사용했던 곳을 다른 곳으로 옮기고 파리시가 이를 사들여 지금의 공간으로 변모했다. 가볍게 먹을 수 있는 타이 음식이나 생맥주는 1층 바에서 주문할 수 있다. 근처에 푸드 트럭이 많다. 끼니를 해결하지 못한 사람이라면 이를 이용하자. 자세한 공연 일정은 홈페이지를 통해 확인하고 가는 것이 좋다.

그 외 가볼 만한 나이트 라이프

라 그릴 가스트로펍 La Grille Gastropub 🔊 라 그릴 갸스뜨로펍

Map P.447-C

Add. 80 Rue du Faubourg Poissonnière Tel. 01 45 81 08 49
Open 레스토랑 화~금요일 12:00~14:30, 19:00~22:30,
바 화~토요일 18:00~02:00
Access M7 Poissonnière 역에서 도보 1분
URL www.lagrillefaubourg.fr

50년이 넘는 세월 동안 한자리를 지켜온 클래식한 스타일의 펍과 전위적인 스타일의 레스토랑이 한 지붕 아래 함께 한다. 펍에서는 맥주와 칵테일, 타파스를 즐길 수 있어 많은 젊은이들이 이곳을 찾는다. 특히 꿀, 라임, 생강 시럽과 스카치위스키를 넣어 만든 라 그릴La Grille을 추천한다. 레스토랑은 3코스를 29유로에 즐길 수 있다. 매주 수요일 오후 6~8시에는 위스키 1+1 등의 다양한 이벤트를 펼친다. 자세한 이벤트 내용은 홈페이지에서 확인할 수 있다.

Top of Paris

디저트

파리는 디저트의 천국답게 에클레르, 몽블랑, 크레페 등 맛있는 디저트로 넘친다.
디저트는 무조건 달다는 선입견을 버리고 관광 중 당이 떨어질 때
달콤한 유혹에 빠져보자. 만원의 행복은 가까운 곳에 있다.

리베르테 파티스리 Liberté Patisserie
리베흐떼 파띠쓰히

Map P.447-C

Add. 39 Rue des Vinaigriers
Tel. 01 42 05 51 76
Open 07:30~20:30 Close 일요일
Access M5 Jacques Bonsergent 역에서 도보 3분
URL www.liberte-patisserie-boulangerie.com

TOP 1

〈미슐랭 가이드〉 스타 레스토랑 엘렌 다로즈, 봉 마르셰, 조세핀 베이커리 등에서 파티시에로 활약했던 브누아 카스텔이 운영하는 베이커리. 2014년에는 메닐 몽탕에 2호점을 오픈한 데 이어 2015년에는 라파예트 백화점 내에 3호점을 열었다. 식사 대용으로 즐길 수 있는 샌드위치와 버거를 비롯해 비스킷 위에 신선한 딸기, 레몬 크림을 올린 케이크 등을 맛볼 수 있다. 이곳의 인기 메뉴는 샹티이 크림을 얹은 타르트와 치즈 케이크다. 테이크아웃도 가능하지만 실내에서 커피와 타르트 등을 맛볼 수 있다.

카페 푸슈킨 Le Café Pouchkine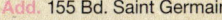

Add. 155 Bd. Saint Germain
Tel. 01 42 22 58 44
Open 09:00~23:00
Access M10 Mabiollon 역에서 도보 5분
URL www.cafe-pouchkine.fr

Map
P.448-F

TOP 2

1999년 러시아에서 메종 드로스사가 처음 론칭한 브랜드. 프렝탕 백화점의 1호점이 성공한 이후 마레 지역에 이어 생제르맹데프레에 3호점을 열었다. 여유롭게 차를 즐길 수 있는 살롱 드 테이면서 간단히 식사도 즐길 수 있는 레스토랑이다. 꼭 맛봐야 할 메뉴로는 스메타나 크림과 꿀이 들어간 비스킷인 메드빅과 부르봉 바닐라, 아몬드와 캐러멜이 들어간 밀푀유 푸슈킨 등이 있다. 크리스마스 때 이곳을 찾았다면 파티시에 다미앵 피스치오네리가 선보이는 '부슈 드 노엘' 크리스마스 케이크를 반드시 구입해보자.

레클레르 드 제니 L'éclair de Génie

Add. 14 Rue Pavée **Tel.** 01 42 77 85 11
Open 월~금요일 11:00~19:00, 토요일 10:00~19:30, 일요일 10:00~19:30
Access M1 Saint Paul 역에서 도보 1분
URL www.leclairdegenie.com

Map
P.454-B

TOP 3

포숑의 파티시에 출신 크리스토프 아담의 에클레르 전문점. 최고 품질의 프랑스산 밀가루, 버터 등을 반죽해 길쭉하게 슈를 만들고, 그 안에 진하고 다양한 맛의 크림이나 커스터드를 넣고 구운 에클레르는 시트롱, 유자, 라즈베리, 커피 맛 등이 있다. 얼마 전 우리나라에 론칭했지만 오리지널 맛을 느끼려면 파리 본점을 들러보자. 추천하는 에클레르로는 상큼한 라즈베리와 마스카르포네가 조화로운 패션, 프랑스산 꽃소금이 든 맛있는 캐러멜과 마스카르포네 치즈의 조화가 일품인 캐러멜 등이 있다.

Top of Paris

파리 최고의 바게트 & 크루아상을 찾아라!

1등 바게트

라 파리지엔 La Parisienne 🔊 라 파리지엔느   Map P.454-F

Add. 48 Rue Madame
Tel. 09 51 57 50 35
Open 07:00~20:00
Access M12 Rennes 역에서 도보 6분

2016년 155곳의 베이커리가 참가한 경연 대회에서 바게트로 우승한 베이커리. 1등의 대가로 4000유로의 상금과 대통령궁에 바게트를 1년간 제공하는 영광을 얻게 됐다. 이 집에서 가장 인기 있는 바게트는 오전과 오후 두 차례 나온다.
프랑스 1등 바게트로 만든 샌드위치를 사 들고 근처에 있는 뤽상부르 공원에서 가볍게 점심을 즐겨보자.

1등 크루아상

로랑 뒤셴 Laurent Duchêne 🔊 로헝 뒤셴   Map P.458-B

Add. 2 Rue Wurtz Tel. 01 45 65 00 77
Open 07:30~20:00 Close 일요일
Access M6 Glacière 역에서 도보 6분
URL www.laurentduchene.com

〈미슐랭 가이드〉 1스타 레스토랑인 르 투아 드 파시의 셰프 파티시에를 비롯해 1993년 프랑스 파티시에 장인에게 수여되는 M.O.F를 획득, 파리 최고의 크루아상 상을 받았을 정도로 이 집의 크루아상은 훌륭한 맛을 자랑한다. 크루아상 외에도 겹겹이 쌓아 올린 바삭한 과자와 촉촉한 생크림이 있는 밀푀유와 제철 과일로 만든 딸기 케이크 등은 언제나 인기 있다.

PARIS BEST COURSE
추천 코스

★
하이라이트만 골라 즐기는
5박 6일 파리 여행

★
미술 애호가라면 놓쳐서는 안 될
박물관 & 갤러리 탐방

★
쇼퍼홀릭이라면 놓쳐서는 안 될
파리 쇼핑 여행

Paris Best Course

COURSE 1

하이라이트만 골라 즐기는 5박 6일 파리 여행

파리를 여행하는 사람들의 가장 보편적인 일정. 게으른 여행자라도 파리 IN/OUT 시 이동 시간을 고려하여 꽉 찬 스케줄을 제안한다. 3~4일은 파리의 유명 관광 명소와 미술관을 둘러보고, 1~2일은 쇼핑, 식도락과 함께 로컬처럼 공원 산책을 하는 일정이다. 파리만의 매력에 푹 빠져들 수 있는 절호의 기회를 놓치지 말자!

첫째 날 1DAY

→

루브르 박물관
미술사에 한 획을 그은 대작들을 만나보기

도보 8분 →

안젤리나
루브르 박물관내 카페테리아에서 간단히 점심을 먹자.

도보 13분 ↓

둘째 날 2DAY

 ←  ← 도보 5분 ←

프렝탕 백화점
오페라 하우스 뒤편의 오스만 거리 Bd. Haussman의 유명 백화점과 로드 숍 등에서 쇼핑하기

팔레 가르니에
세계 최대 규모를 자랑하는 오페라 극장의 화려함 엿보기

↓

 → 도보 15분  → 도보 6분   도보 5분

오르세 미술관
미술 시간에 배웠던 유명 작품을 볼 수 있어서 더욱 반가운 곳

브라스리 립 또는 아 라 프티 셰즈
유명 인사들이 즐겨 찾는 레스토랑에서 스테이크로 점심 식사

레 뒤 마고 또는 카페 드 플로르
프랑스 문화의 랜드마크에서 커피나 음료를 마시며 티타임 즐기기

생 쉴피스 성당
댄 브라운의 소설 〈다빈치 코드〉에 등장하는 성당에 가보자.

도보 17분

노트르담 대성당
북쪽 탑에 올라 파리의 시가지 한눈에 내려다보기

도보 7분

베르티용
파리 최초의 가정식 아이스크림은 기다려서라도 꼭 맛보자.

셋째 날
3DAY

로댕 미술관
정원에 가득한 장미와 로댕의 조각들이 한데 어우러진 미술관의 매력에 흠뻑 빠져보자.

메트로 50분

베르사유 궁전
프랑스 왕실의 공식 거처. 분수에서 열리는 분수 쇼와 불꽃놀이는 놓치지 말자.

도보 8분

앵발리드
나폴레옹의 무덤이 있는 앵발리드의 아름다운 지붕 천장화를 눈여겨보자.

도보 10분

알렉상드르 3세교
드라마 〈파리의 연인〉에 나온 파리에서 가장 아름다운 다리

도보 11분

샹젤리제 거리
언제 찾아도 활기가 넘치는 거리. 패션 부티크, 상점, 카페, 레스토랑들이 줄지어 있다.

도보 20분

Paris Best Course

개선문
나폴레옹이 세운 문. 전망대에 오르면 방사형으로 뻗어있는 12개의 길을 볼 수 있다.

넷째 날 4DAY

파리 시청
멋진 외관 때문에 호텔로 착각하기 쉽지만 파리 시 관공서 건물이다.

도보 14분

메르시
의류, 생활용품, 문구류 등을 구경하고 1층 카페에서 타르트와 함께 여유 즐기기

도보 7분

카페 데 뮤제
피레네 산맥 흑돼지로 유명한 비스트로에서 점심 식사

도보 4분

피카소 미술관
전 세계에 있는 피카소 미술관 가운데 가장 많은 작품을 감상할 수 있다.

도보 6분

마레 지구
개성 넘치는 부티크 숍에서 트렌디한 아이템 쇼핑하기

도보 20분 또는 30분

바스티유 오페라 또는 뒤크 데 롬바르
저녁에는 오페라 공연이나 수준 높은 재즈 공연 감상하기

다섯째 날 5DAY

팡데옹
프랑스 위인들이 묻혀 있는 곳. 파리 전망 감상하기

→ 도보 12분

뤽상부르 공원
녹음이 우거진 나무 그늘에서 한가로이 산책을 즐기며 로컬들과 만나기

→ 도보 13분

봉 마르셰
파리의 부르주아들이 즐겨 찾는 백화점. 쇼핑 후 카페에서 점심 식사

↓ 도보 16분

여섯째 날
6DAY

←

몽마르트르
오래된 파리 정취가 남아 있는 소박한 동네에서 저녁시간 즐기기

← 메트로 30분

몽파르나스 타워
360° 파노라마를 즐길 수 있는 전망대에서 보는 파리 광경이 장관이다.

↓

프랑수아 미테랑 도서관
책을 펴놓은 형상의 건물 4개가 마주하고 있는 모습이 인상적인 곳

→ 도보 2분

MK2
베르시를 대표하는 복합 문화 공간, 외관은 거대한 배를 연상시킨다.

→ 도보 15분

베르시 빌라주
과거 와인 저장고였던 곳을 상점과 레스토랑으로 재탄생시킨 곳

↓ 도보 7분 또는 메트로 20분

몽주 약국 또는 시티 파르마
저렴하고 효과 좋은 약국 화장품 쇼핑하기

← 도보 20분 또는 30분

프랑스영화박물관 또는 퐁피두센터
프랑스 영화사의 발자취를 찾아 떠나거나 피카소, 마티스, 샤갈 등 현대 작가들의 작품 감상하기

Paris Best Course

COURSE 2

미술 애호가라면 놓쳐서는 안 될 박물관 & 갤러리 탐방

평소에 박물관과 갤러리에 흥미를 가진 사람이나 아이들과 함께하는 파리 여행이라면 추천하는 일정. 크고 작은 갤러리들을 알차게 즐길 수 있다. 많이 걸어야 하므로 편안한 신발은 기본!

첫째 날 1DAY

루브르 박물관
유럽 3개 박물관인 루브르 박물관에서 명작 감상하기

도보 8분

안젤리나
가볍게 점심 식사를 즐긴 후 핫 초콜릿 한잔으로 에너지 충전

도보 20분

프티 팔레
세계적인 전시가 열리는 예술의 전당, 다채로운 예술품을 소장하고 있다.

도보 14분

쥐 드 폼
튈르리 정원 안에 있는 전시 공간, 현대미술, 사진, 설치미술 등으로 유명하다.

도보 5분

오랑주리 미술관
클로드 모네의 대표작 〈수련〉 연작이 벽을 가득 메우고 있는 미술관

둘째 날 2DAY

베르사유 궁전
르무안이 그린 헤르클레스를 예찬한 천장화가 볼만하다.

메트로 1시간

   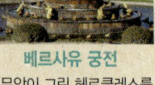 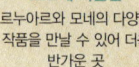

오르세 미술관
르누아르와 모네의 다양한 작품을 만날 수 있어 더욱 반가운 곳

메트로 30분

피카소 미술관
유럽에서 가장 많은 피카소 컬렉션을 시대순으로 전시하고 있다.

도보 10분 →

빅토르 위고의 집
소설가 빅토르 위고가 생전에 살던 모습을 그대로 보여준다.

도보 12분 →

카페오데크
매혹적인 커피향과 함께 최고의 에스프레소 맛보기

↓

카르나발레 박물관
파리의 역사를 한눈에 살펴볼 수 있는 곳

← 도보 10분

퐁피두센터
현대미술과 디자인에 관심 있는 사람이라면 놓치지 말자.

←

셋째 날
3DAY

↓ 메트로 40분   ↙ 메트로 30분

케브랑리 국립박물관
아프리카, 아시아, 오세아니아 등의 인류 문명과 관련한 작품을 전시하는 곳

프랑스영화박물관
역사적 가치가 있는 영화와 관련한 다양한 소품과 영화사 흐름을 파악할 수 있는 곳

→ Paris Best Course

COURSE 3

쇼퍼홀릭이라면 놓쳐서는 안 될 파리 쇼핑 여행

파리는 쇼퍼홀릭들의 가슴을 설레게 하는 도시임에 틀림없다. 전 세계 명품 브랜드 매장부터 최근 한국 여성들이 열광하는 아크네, 자딕 앤 볼테르 등의 의류 브랜드, 디저트 마니아를 위한 원조 마카롱 숍, 효과 좋은 약국 화장품 등을 국내보다 저렴하게 구입할 수 있는 쇼핑 천국이다.

첫째 날 1DAY

봉 마르셰
프랑스 브랜드 아이템과 식료품 및 기념품을 구입하자.

콘랜 숍
가구와 인테리어에 관심 있는 사람이라면 한 번쯤 가볼 만한 곳

둘째 날 2DAY

몽주 약국 또는 시티 파르마
한국에서는 비싼 프랑스 약국 화장품을 저렴하게 구입하자.

벼룩시장
주말 오전이라면 알뜰한 파리지앵의 라이프스타일을 살펴볼 수 있는 시장을 놓치지 말자.

바스티유 광장
H&M, 자라, 코스와 같은 중저가 브랜드가 모여 있는 바스티유 광장 주변을 산책하자.

메르시 또는 콜레트
트렌드세터들의 핫 플레이스에서 나만의 아이템 구입하기

셋째 날 3DAY

> **Tip**
> 파리 아웃렛인 라 발레 빌리지는 세일 기간에 방문하면 명품을 저렴한 가격에 구입할 수 있다. 파리에서 RER로 40분이면 다녀올 수 있으니 여행 기간과 세일 시즌이 맞는다면 놓치지 말자!

 →  →

생 토노레 거리 & 몽테뉴 거리
파리를 대표하는 명품 스트리트에서 명품 쇼핑 즐기기

프렝탕 백화점 & 갤러리 라파예트
프랑스의 대중 백화점 구경하기. 스포츠 브랜드에 관심이 많다면 프렝탕 백화점 여성관 뒤편에 있는 시타디움에 들러보자.

라 뒤레 또는 피에르 에르메
프랑스 마카롱의 양대 산맥격인 브랜드. 마카롱 마니아라면 꼭 한 번 들러야 할 성지와도 같다.

Eiffell Tower

2016
SECRET PARIS

시크릿 PARIS

시크릿
PARIS

파리지앵도 부러워할 스타일 트립

글·사진 **정기범**

시공사

contents

Before Traveling to Paris

Intro 1	파리의 걷고 싶은 거리	12
Intro 2	페달을 밟으며 돌아보는 파리	16
Intro 3	파리의 전망 좋은 곳 베스트 6	18
Intro 4	파리 3대 식료품점 베스트 아이템	20
Intro 5	슈퍼마켓에서 살 수 있는 간식거리	22
Intro 6	기념품 퍼레이드	26
Intro 7	저렴하고 효과 좋은 약국 화장품	30
Intro 8	주말의 하이라이트, 파리 벼룩시장 베스트 3	34
Intro 9	프랑스 레스토랑 100% 활용법	36
Intro 10	파리 스트리트 푸드	42
Intro 11	〈미슐랭 가이드〉 스타급 레스토랑	44
Intro 12	죽기 전에 파리에서 꼭 해야 할 일	46
Intro 13	파리 시내 추천 코스	50

Paris by Area

Area 1	**Champs Elysées** 샹젤리제	56
Area 2	**Opéra & Louvre** 오페라 & 루브르	100
Area 3	**Cité & Marais** 시테 섬 & 마레	186
Area 4	**Canal Saint Martin** 생 마르탱 운하	244
Area 5	**Saint Germain des Prés** 생제르맹데프레	258
Area 6	**Invalides & Tour Eiffel** 앵발리드 & 에펠탑	312
Area 7	**Montparnasse** 몽파르나스	340
Area 8	**Montmartre** 몽마르트르	358
Area 9	**Bercy** 베르시	376
Area 10	**La Défense vs. La Villette** 라데팡스 vs. 라 빌레트	388
Beyond Paris	파리 근교 여행	398

Basic Information

Outro 1	파리 들어가고 나가기	414
Outro 2	공항에서 시내 이동하기	417
Outro 3	파리 대중교통 이용 노하우	420
Outro 4	파리 여행의 A to Z	425
Outro 5	실패하지 않는 숙소 선택 가이드	429
Outro 6	서바이벌 프랑스어 회화	436

Travel Map

MAP 1	**Paris** 파리 전도	446
MAP 2	**Champs Elysées** 샹젤리제	448
MAP 3	**Opéra & Louvre** 오페라 & 루브르	450
MAP 4	**Cité & Marais** 시테 섬 & 마레	452
MAP 5	**Saint Germain des Prés** 생제르맹데프레	454
MAP 6	**Invalides & Tour Eiffel** 앵발리드 & 에펠탑	456
MAP 7	**Montparnasse** 몽파르나스	458
MAP 8	**Montmartre** 몽마르트르	459
MAP 9	**Bercy** 베르시	460
MAP 10	**Bois de Vincennes** 뱅센 숲	460
MAP 11	**La Défense** 라데팡스	461
MAP 12	**La Villette** 라 빌레트	461
MAP 13	관광에 편리한 버스 노선, 자전거 전용 도로	462

Secret Paris Manual 시크릿 파리 사용설명서

스폿 정보는 이렇게 봅니다.

- 봉 : 한글 발음
- Bon : 원어 표기
- 🔊 봉 : 현지인의 발음에 가까운 한글 표기

❶ Add. 25 Rue de la Pompe
❷ Tel. 01 40 72 70 00
❸ Open 매일 12:00~15:00, 19:30~23:00
❹ Access M9 La Muette
❺ URL. www.restaurantbon.fr
❻ Price 점심 25~30€, 저녁 50€~

MAP P.448-E :
이 책 448쪽에 있는 지도의 E 구역에서 숍을 찾을 수 있습니다.

아이콘 :
소개된 장소의 성격을 나타냅니다.

- 관광지
- 레스토랑
- 카페
- 야간 명소
- 쇼핑 스폿
- secret 저자가 특별히 추천하는 스폿
- M PASS 박물관 패스로 무료 입장 가능한 관광지

❶ 25 Rue de la Pompe : 주소
❷ 01 40 72 70 00 : 지역번호를 포함한 전화번호. 로밍 휴대폰을 이용할 경우 이 번호를 그대로 누르면 됩니다. 한국에서는 국제전화접속번호+33+0을 제외한 전화번호를 누르세요.
❸ 매일 12:00~15:00, 19:30~23:00 : 영업시간과 휴무일. 부정기적 휴무를 할 경우 휴무일을 따로 표기하지 않았습니다.
❹ M9 la Muette : 가까운 지하철역
❺ www.restaurantbon.fr : 자체 홈페이지나 해당 숍이 소개된 웹페이지
❻ 점심 25~30€, 저녁 50€~ : 가격 정보를 한눈에 알아볼 수 있습니다.

지도는 이렇게 보세요.

H	호텔	⚑	학교	✡	유대교 회당
R	카페와 레스토랑	✈	공항	❶	관광 안내소
S	쇼핑 스폿	✚	병원	㊁	우체국
N	야간 명소	✟	성당, 교회	Taxi	택시 타는 곳
M	박물관	♦	이슬람교 사원	✕	경찰서
👥	화장실				

Why PARIS? –작가의 말

● "파리를 소개하는 여러 가이드북과 인터넷에 떠도는 수많은 정보보다 더 쓸모 있고, 한국인 정서에 맞는 여행 책, 어떨까?"
꼼꼼하기로 치자면 둘째가라면 서러울 파리지앵들의 수첩 속에 숨어 있는 주옥같은 장소들을 모아 한 권의 책을 내자는 생각에서 이 책을 처음 시작한 것이 2006년 일이라니 벌써 많은 시간이 흘렀습니다.
인터넷 카페에 떠도는 정체불명의 정보만 철썩같이 믿고 파리에 와서 고생하는 분들에게 파리의 진면목을 보여드리고 싶었습니다. 파리 땅을 처음 밟게 된 초보 여행자들도 이 책 한 권으로 파리지앵이 사랑하는 곳들을 여행할 수 있도록 도움을 주는 파리 관광의 진정한 바이블이 되겠다는 각오는 책을 마무리하는 지금까지도 변함이 없습니다. 혹자는 고급 부티크나 한 끼에 10만 원을 호가하는 레스토랑을 소개한 데 대해 불평을 털어놓을 수 있습니다. 그러나 파리로 신혼여행을 왔거나 죽기 전에 파리 최고의 레스토랑에서 식사 한 끼를 하고 싶은 사람에게 반드시 필요한 정보일 테고 어깨너머라도 파리의 이름난 카페와 레스토랑, 호텔 문턱에서 그들의 디자인과 문화를 향유할 수 있는 기회를 드리고 싶습니다. 파리에 처음 온 여행자들도 파리지앵처럼 자신 있게 파리를 여행하고 파리의 진짜 숨은 매력을 발견할 수 있게 인도하는 것이 〈시크릿 파리〉의 존재 가치입니다.
파리의 골목길을 걷다가 우연히 발견한 부티크, 프랑스 친구들을 닦달한 끝에 얻어낸 재즈 바의 주소, 잡지 취재에 나섰다가 우연히 발견한 트렌드세터들이 즐겨 찾는 레스토랑에 이르기까지 이 책에 소개된 300여 곳이 넘는 장소들은 파리를 제2의 고향으로 살아가는 저를 이끄는 파리 하늘 아래의 모자이크입니다.
이 책을 만들기 위해 보낸 많은 시간들은 과거 속에 묻힐 테지만 파리와 사랑에 빠지고자 비행기표를 만지작거리는 여러분에게 '이 책이 파리의 현재를 보여주었으면…' 하고 바랍

니다. 짧지 않은 시간 동안 모아온 저의 소중한 경험들을 여러분과 공유하고 싶습니다. 거기에 욕심을 더한다면 세상에서 가장 아름다운 도시, 파리에 살고 있는 제가 느껴온 파리에 대해 친구에게 수다 떨 듯 부담 없이 이야기하고 싶습니다. 이 책이 나오기까지 많은 분들의 도움이 있었습니다. 태어나서부터 지금끼지 늘 저와 동행해주신 하나님, 저에 대한 100% 믿음과 신뢰로 함께해온 사랑하는 가족들, 알토란같이 건강하게 자라주는 하은이와 하영이 그리고 두 아이의 엄마로 평생 같은 길을 걷게 될 사랑하는 아내 숙현, 그 외에도 자신들이 간직해온 소중한 수첩 속의 추천 장소들을 아낌없이 조언한 줄리앙, 파비안과 프랑스 친구들, 파리 관광청 프레스 담당 베로니크 포틀레를 비롯한 많은 분들에게 진심으로 고마움을 표합니다. 마지막으로 〈시크릿 파리〉가 중국어판으로 나올 수 있도록 애써주신 시공사 해외콘텐츠팀과 대만 Heliopolis Culture Group, 중국 China Popular Computer Week Management에도 감사의 말씀을 전합니다.

사진 저작권 및 도움 주신 분들

Carine LEGOUX(베르트랑 그룹), Marine COSSARD(알랭 뒤카스 그룹), Elodie FORT(알랭 뒤카스 그룹), Eric LAIGNEL(알랭 뒤카스 그룹), Matt ALETTI(알랭 뒤카스 그룹), Diane CONFLAND(르 드와영, 엑세테라), Laurence MOUTON(기 사브아), Eric BRISSAUD(기 사브아), Sebastian STRAESSLE(기 사브아), Florence BOTEL(기 사브아), Jacques GAVARD(피에르 가네르), Laurence FAUCHET(메종 뒤 쇼콜라), Michele Saee(퍼블리시스 드러그 스토어), Bruno PINGEOT(퍼블리시스 드러그 스토어), P.Dhennequin(퍼블리시스 드러그 스토어), D.Maitre(퍼블리시스 드러그 스토어), Philippe BRAUN(라 타블 드 조엘 로부숑), Catherine Morang(봉 레스토랑), Studio Arne Quinze BVBA(레클레로르), Gilles COURANT(라 세즈 롱그), Fabienne BOUDET(필론), Elodie FORT(바리오 라티노), Philippe BULLY(오 피에드 코숑), Charles DUPRAT(자크마 앙드레 미술관), C.Recoura(자크마 앙드레 미술관), Anita Agence Sofiacome(자크마 앙드레 미술관), Stéphanie VAN DEN HENDE(에디아르, 포숑), Emeline GINESTET(렉스 클럽), Jacques GAVARD(피에르 가네르 리브 고슈), Virginie COSTA(콘랜 숍), Jean NOUVEL/Adagp(카르티에 현대미술재단), Patrick GRIES(카르티에 현대미술재단), Grégoire ELOY(카르티에 현대미술재단), Ambroise TEZENAS(카르티에 현대미술재단), Christophe FOUIN/DAC(카타콤), Carle HERRY(물랭루주), Descharnes(에스파스 달리), Edouard CAUPEIL(104), Hotel Peninsula(페닌슐라 호텔), Buly 1803(불리 1803), Cafe Pinson 2(카페 팡송 2), Ancienne Maison Gradelle(앙시엔 메종 그라델)

BEFORE TRAVELING TO PARIS

Intro 1	파리의 걷고 싶은 거리	12
Intro 2	페달을 밟으며 돌아보는 파리	16
Intro 3	파리의 전망 좋은 곳 베스트 6	18
Intro 4	파리 3대 식료품점 베스트 아이템	20
Intro 5	슈퍼마켓에서 살 수 있는 간식거리	22
Intro 6	기념품 퍼레이드	26
Intro 7	저렴하고 효과 좋은 약국 화장품	30
Intro 8	주말의 하이라이트, 파리 벼룩시장 베스트 3	34
Intro 9	프랑스 레스토랑 100% 활용법	36
Intro 10	파리 스트리트 푸드	42
Intro 11	〈미슐랭 가이드〉 스타급 레스토랑	44
Intro 12	죽기 전에 파리에서 꼭 해야 할 일	46
Intro 13	파리 시내 추천 코스	50

Intro

01

Walking
파리의 걷고 싶은 거리

샹젤리제는 파리를 대표하는 산책로이자 카페, 레스토랑, 숍들이 즐비한 활기 넘치는 거리다. 파리지앵은 물론이고 전 세계에서 온 관광객들로 낮과 밤 가릴 것 없이 북적이는 유행과 패션의 거리로 생각만 해도 절로 행복해지는, 파리에서 가장 걷고 싶은 거리다.

주요 볼거리 : 개선문, 콩코르드 광장, 튈르리 공원

샹젤리제 거리 *Avenue Champs Elysée* 생각만으로도 즐거운 거리

샹젤리제 거리
Avenue des Champs Elysées
2.2km(도보 29분)
Location 샤를드골 광장부터 콩코르드 광장까지 약 1.8km에 이르는 거리
Access RER A, M1·2·6호선 Charles de Gaulle Etoile, M1·8·12호선 Concorde, M1·9 Champs Elysées Clemenceau

조르주 생크 거리
Avenue George V
800m(도보 11분)
Location 루이 비통 본점에서 알마 마르소 Alma Marceau 지하철역이 있는 강변까지 연결된다.
Access M1 George V

몽테뉴 거리 (명품 브랜드 거리)
Avenue Montaigne
850m(도보 11분)
Location 개선문과 콩코르드 광장 중간쯤에 있는 교차로에서 강변까지 이르는 길
Access M9 Alma Marceau, M1·9 Franklin D Roosevelt

013

가난한 파리 예술가들의 활동 무대로 잘 알려진 몽마르트르는 화려함과는 거리가 멀다. 골목길을 걷다 보면 당장이라도 예술가와 만날 수 있을 것 같은 예스러운 정취가 골목골목 남아 있고 선술집에서 흘러나오는 상송이 귓가를 간질이는 저녁시간의 몽마르트르는 더욱 낭만적이다. 여행자들이 몰리는 테르트르 광장을 오랜 전통을 자랑하는 장소 니에 오 라팽 아질까지 연결되는 솔르 거리Rue des Saules에는 파리 유일의 포도밭이 남아 있다. 바와 레스토랑이 모여 있는 생 뤼스티크 거리Rue Saint Rustique에서 바라보는 사크레쾨르 대성당의 야경은 마치 그림엽서 속 풍경 같다.

주요 볼거리 : 사크레쾨르 성당, 테르트르 광장, 오라팽 아질

몽마르트르 *Montmartre* 오래된 파리 뒷골목 정취가 있는 거리

솔르 거리(호객꾼 주의)
Rue des Saules
350m(도보 6분)
Location 테르트르 광장에서 오 라팽 아질까지 연결되는 내리막길
Access M2 Anvers

스테인케르크 거리
Rue de Steinkerque
700m(도보 11분)
Location 메트로 앙베르 역에서 사크레쾨르 성당까지 이르는 직선 도로. 계단이 많은 구간은 메트로 티켓으로 사용이 가능한 노면 케이블카 Funiculaire를 이용(소매치기 주의)하면 시간과 노력을 절약할 수 있다.

아베스 역→테르트르 광장
Location 메트로 아베스 역에서 나와 사랑해 벽을 본 후 좁은 골목길을 따라 테르트르 광장까지 가는 골목
Access M12 Abbesses

주요 볼거리 : 생제르맹데프레 성당, 뤽상부르 공원, 문학 카페

생제르맹데프레 *Saint Germain des Prés*
활기 넘치는 젊음의 거리

생 제르맹 거리
Boulevard Saint Germain
2.4km(도보 30분)
Location 생제르맹데프레 교회부터 생 미셸 거리의 교차점까지
Access M4 Saint Germain des Prés

생 미셸 거리
Boulevard Saint Michel
1.5km(도보 19분)
Location 뤽상부르 공원부터 중세 박물관까지의 직선 거리
Access RER B Luxembourg

우리에게 잘 알려진 소르본 대학과 의과대학이 있으며 '앙리 4세'와 같은 프랑스 최고의 명문 고등학교가 모여 있는 학생들의 거리다. 생제르맹데프레 지역은 언제 찾아도 활기찬 젊음과 조우할 수 있다. 생제르맹 거리의 많은 숍들과 세계적인 문호들이 문턱이 닳도록 드나들었다는 문학 카페, 파리지앵의 삶에 휴식을 제공해주는 뤽상부르 공원까지 산책하다 보면 여행 중에 쌓인 피로와 스트레스가 한방에 날아갈 것이다.

베르시 *Bercy* 파리에서 느낄 수 있는 여유로움

파리에서 이렇게 한적한 공간을 찾기란 쉽지 않다. 파리 동쪽 지역에 대한 파리 시의 대대적인 개발 계획에 의해 집중적으로 개발된 베르시 지역에 들어선 프랑수아 미테랑 도서관과 시몬 드 보부아르 다리로 연결된 베르시 공원, 최근 파리지앵의 주말 약속 장소로 뜨고 있는 베르시 빌라주를 거닐다 보면 복잡한 도심이 아닌 시골에 온 것 같은 여유가 느껴진다.

생 테밀리옹 거리
Cour Saint Emilion
1.0km(도보 13분)
Location 베르시 공원에서부터 프랑수아 미테랑 도서관까지 이르는 길
Access M14 Cour Saint Emilion

생 마르탱 운하 *Canal Saint Martin* 운하의 정취를 느껴보자.

발미 강변 북역→동역
Quai de Valmy
1.2km(도보 14분)
Location 북역에서부터 리퍼블릭 광장까지 생 마르탱 운하를 따라 연결된 지역
Access M5 Jacques Bonsergent

여름날 저녁이면 삼삼오오 모여 앉아 와인 잔을 기울이는 낭만적인 젊은이들을 어렵지 않게 볼 수 있는 생 마르탱 운하는 낯선 이 방인의 발걸음이 닿지 않는 숨은 명소다. 특별한 볼거리가 없는 대신 사랑하는 사람과 손을 잡고 거닐다 카페에 들어가 티타임을 보낼 수 있다. 영화 〈아멜리에〉처럼 물수제비를 뜰 수도 있는 로맨틱한 분위기의 운하 주변에는 와인 바와 카페가 모여 있다.

생 루이 섬 & 마레 *L'Ile Saint Louis & Marais*
오감을 만족시키는 파리의 소호

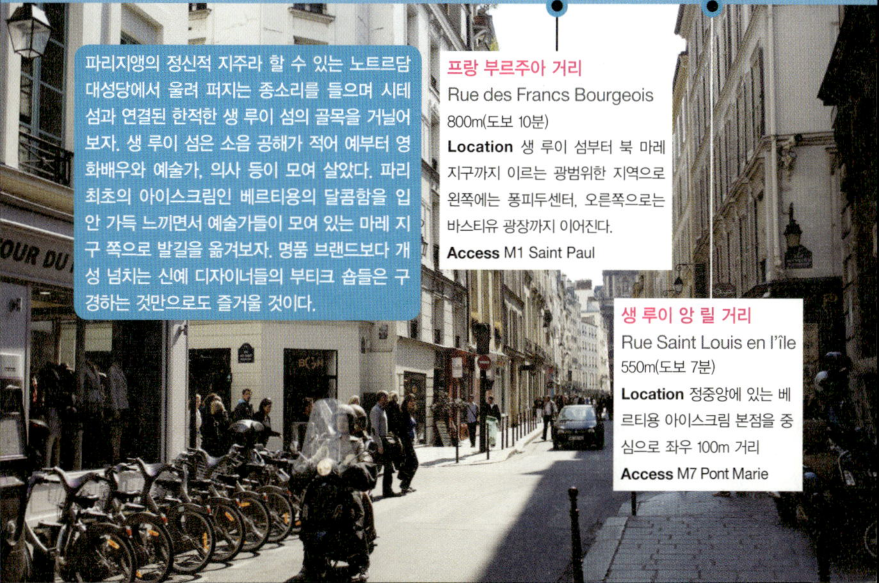

파리지앵의 정신적 지주라 할 수 있는 노트르담 대성당에서 울려 퍼지는 종소리를 들으며 시테 섬과 연결된 한적한 생 루이 섬의 골목을 거닐어 보자. 생 루이 섬은 소음 공해가 적어 예부터 영화배우와 예술가, 의사 등이 모여 살았다. 파리 최초의 아이스크림인 베르티용의 달콤함을 입안 가득 느끼면서 예술가들이 모여 있는 마레 지구 쪽으로 발길을 옮겨보자. 명품 브랜드보다 개성 넘치는 신예 디자이너들의 부티크 숍들은 구경하는 것만으로도 즐거울 것이다.

프랑 부르주아 거리
Rue des Francs Bourgeois
800m(도보 10분)
Location 생 루이 섬부터 북 마레 지구까지 이르는 광범위한 지역으로 왼쪽에는 퐁피두센터, 오른쪽으로는 바스티유 광장까지 이어진다.
Access M1 Saint Paul

생 루이 앙 릴 거리
Rue Saint Louis en l'île
550m(도보 7분)
Location 정중앙에 있는 베르티용 아이스크림 본점을 중심으로 좌우 100m 거리
Access M7 Pont Marie

> Intro

Intro

02
Bicycling
페달을 밟으며
돌아보는 파리

자유Liberté와 자전거Vélo의 합성어인 벨리브Vélib는 파리지앵이나 관광객을 위해 만든 파리 시의 자전거 대여 시스템이다. 2005년 리옹 시의 성공 사례를 이어받아 2007년 7월 15일부터 파리 시에서 서비스를 시작했다. 총 2만6000대의 자전거가 파리 곳곳에 산재해 있어 도시 한가운데서 자전거로 달리는 상쾌함을 느낄 수 있다. 높은 산이나 언덕이 없고 자전거 전용 도로가 많은 파리에서 즐길 수 있는 1일 자전거 여행을 소개한다.

09:00

에펠탑
먼저 파리의 상징인 에펠탑에서 시작하자. 프랑스 육군사관학교가 있는 샹드마르스 공원을 한 바퀴 돌면서 워밍업한 다음 상쾌한 하루를 시작하자.

10:00

앵발리드 & 로댕 미술관
나폴레옹 무덤이 있는 앵발리드와 로댕의 아름다운 조각이 있는 로댕 미술관은 한가한 아침 나절에 보는 게 좋다. 여유로운 마음으로 미술관을 산책하듯 돌아본 다음 잠시 쉬었다가 센 강을 따라 뤽상부르 공원으로 달려간다.

12:00

뤽상부르 공원
샌드위치 등으로 간단히 점심 식사를 해결할 수 있는 가장 좋은 장소다. 소르본 대학 근처에 있어 학생들이 점심시간을 이용해 피크닉 장소로 많이 찾아온다. 야외 벤치에서 부담 없이 점심 식사를 즐길 수 있다.

TIP
1 파리 중심부의 거리 대부분은 일요일에 차 없는 거리로 지정된다.
2 자전거 도둑이 많으므로 항상 벨리브 거치대에 보관해야 분실 우려가 없다.
3 자전거 대여 시 신용카드로 150유로의 보증금을 걸어야 하며 30분 이내 사용은 무료, 30분 초과 사용 시에는 1유로, 1시간 초과 사용 시에는 2유로 정도 내야 한다. 기본적으로 파리 시내에는 300m마다 자전거 정류장이 있으므로 자전거를 타다가 30분 이내에 다른 지점에 갖다놓으면 계속 무료로 사용할 수 있다.
URL www.velib.paris.fr(프랑스어, 영어)

14:00　　　　**15:00**　　　　**16:00**

시테 섬 & 생 루이 섬
파리가 시작된 시테 섬과 생 루이 섬은 파리 관광의 핵심이다. 자전거를 잠시 세워놓고 시테 섬에 있는 노트르담 성당과 파리에서 가장 맛있는 아이스크림 가게 중 하나인 베르티용 아이스크림을 손에 들고 거리를 여유롭게 거닐어보자.

마레 지구
생동감 있는 마레 지구는 자전거를 타는 사람들이 특히 많다. 도보 여행자와 자전거 여행자가 많은 이 지역은 좁은 골목마다 개성 있는 숍과 카페가 많으므로 자전거를 세워두고 걸어서 골목골목 살펴보자.

튈르리 정원
루브르 박물관과 연결된 튈르리정원은 반나절 이상 페달을 밟아 파리를 관광하는 당신에게 휴식을 줄 수 있는 곳이다. 한적한 벤치에 앉아 파리와 관련한 책을 읽어도 좋겠다. 튈르리 정원 산책을 마치고 달콤한 핫 초콜릿이 생각난다면 근처에 있는 안젤리나에 들러보자.

Intro

03
View Point

파리의 전망 좋은 곳 베스트 6

파리는 지형적으로 높은 산이나 언덕을 끼고 있지 않기 때문에 조금이라도 높은 지대나 고층 빌딩에 올라가면 파리 시내 전경을 한눈에 아우를 수 있다. 파리를 한눈에 담을 수 있는 명소를 소개한다.

1. 노트르담 성당 전망대
Cathédrale Notre Dame

구불구불 나 있는 좁은 계단은 가우디가 설계한 바르셀로나의 성가족 성당을 올라갈 때와 비슷하다. 한참 올라가면 어느새 파리 시내가 한눈에 내려다보인다. 엽서에 등장하는 파리 시 모습이나 유명 사진작가 윌리 로니 사진에 등장하는 파리 시내 장면 역시 이곳에서 촬영한 것이다. 엽서의 한 장면이 눈앞에 펼쳐지는 노트르담 성당 전망대는 돈이 아깝다는 생각이 전혀 들지 않는다.

Access M4 Cité

2. 에펠탑
La Tour Eiffel

1시간 넘게 기다려야 한다는 에펠탑에 올라가는 일을 '파리 여행 시 꼭 경험할 일 리스트'에서 빼는 건 곤란하다. 파리의 상징인 에펠탑이 한산해서 기다릴 필요가 없다면 더 이상할 것이다. 2층까지 걸어 올라가는 수고쯤은 감내할 만하다. 돈 내고 올라갈 필요는 없지만 승강기로 3층까지 올라가는 코스는 평생 한 번쯤 해볼 만한 가치가 있는 일이다. 야경이 무조건 좋다는 사람도 있고 주간이 좋다는 사람도 있다. 인터넷을 통해 티켓을 미리 구입하면 기다리는 시간을 줄일 수 있다.

Access RER C Champs de Mar Tour Eiffel, M6·9 Trocadéro

3. 몽파르나스 타워
Tour Montparnasse

몽파르나스 타워는 에펠탑과 함께 파리지앵들이 가장 혐오스러워하는 건물 중 하나다. 건물 높이 제한이 있는, 세상에서 가장 아름다운 도시에, 그것도 시내 한복판에 떡하니 59층 건물이 서 있으니 말이다. 세간의 비난과는 상관없이 56층에 있는 레스토랑에서 프러포즈를 하는 커플은 여전히 많다. 59층 전망대에 오르면 에펠탑에서는 볼 수 없는 에펠탑과 앵발리드 같은 건물들이 360° 파노라마처럼 펼쳐진다. 몽파르나스를 사랑하는 가장 큰 이유는 에펠탑이나 개선문에 오를 때만큼 줄을 서야 하는 불편함이 없다는 점이다.

Access M4·6·12·13 Montparnasse Bienvenüe

5. 아랍문화센터
Institute du Monde Arabe
파리에서 아랍의 이미지를 새롭게 바꾼 건물. 모로코 음식을 먹을 수 있는 꼭대기 층의 레스토랑뿐 아니라 옆에 있는 넓은 옥상은 노트르담 성당 전경을 가장 멋지게 볼 수 있는 무료 전망대다. "파리까지 와서 웬 아랍 문화?"라고 반문하는 사람도 있겠지만 파리의 아름다운 전망을 공짜로 볼 수 있으니 아랍문화센터를 리스트에 넣는 것도 나쁘지 않다. 게다가 이 아름다운 건물은 프랑스의 긴 축가 장 누벨이 설계했다.
Access M7 Jussieu

6. 조르주
George
퐁피두센터 맨 위층에 자리하고 있는 조르주가 파리에서 가장 스타일리시한 웨이터와 웨이트리스들이 일하는 곳이라는 소문은 사실이다. 파리의 시크한 젊은이들이 일하는 레스토랑 안에는 이들 못지않은 고객들이 자리를 차지하고 있다. 20세기 말 전 세계에서 가장 혁신적으로 지어진 건물에 있기 때문에 여러 개의 동굴 모양 파티션과 통유리를 통해 파리를 내려다볼 수 있다. 레스토랑에 갈 만한 여유가 없다면 식사 시간을 피해 커피 한 잔을 마셔도 좋겠다. 물론 동네 카페보다 비싸지만 가격에 비해 분위기가 훌륭하다.
Access M11 Rambuteau

4. 프렝탕 백화점
Printemps
프렝탕 백화점 메종Maison관 옥상에서 즐기는 무료 전망대는 꽤 괜찮은 선택이 될 것이다. 주변 경관이 얼마나 아름다운가에 전망대의 명성이 달려 있는데 19~20세기에 들어선 오페라 주변 건물들은 상당히 그로테스크하면서 럭셔리한 분위기를 조성한다. '델리시외 카페'에 앉아 샴페인이나 차 한 잔 시켜놓고 파리의 환상적인 경관을 감상할 수 있다. 무엇보다 전망대에 오르는 입장요금이 없다는 게 매력적이다.
Access M3·9 Havre Caumartin

Intro

04

Grocery

파리 3대 식료품점 베스트 아이템

파리 여행의 추억을 소중하게 간직하고 싶은 당신을 위해 파리의 고급 식료품점 포숑, 에디아르, 막심의 홍보 담당자가 추천하는 베스트 아이템을 소개한다. 아래 아이템은 공항 면세점이나 시내 곳곳의 매장, 백화점 등에서도 구입할 수 있다.

01 02 03 04 05 06

에디아르 Hédiard Add. 21 Place de la Madeleine Tel. 01 43 12 88 99 Open 09:00~20:00 Close 일요일
Access M8·12·14 Madeleine

1 계피 향이 나는 배 잼 은은한 계피 향이 느껴지면서 달콤한 배가 미각을 자극하는 잼 2 차 4.50~5.50€(25g), 10.50~11.50€(150g) 망고 향이 나는 재스민 차부터 산딸기 향의 우롱차, 로즈 로터스와 리치 향이 나는 차 등 다양한 차를 입맛대로 고를 수 있다. 3 생강 잼, 사과 잼, 생강과 오렌지 잼 8.50~9€(375g) 사과, 오렌지, 레몬 등 새콤달콤한 맛의 잼은 평범하다. 특별한 잼을 원한다면 계피, 생강 등 톡 쏘는 향을 배합한 잼에 도전해보자. 잼은 일본인이 가장 많이 구입하는 아이템 중 하나다. 4 머스터드소스 5.50€(100g) 스테이크와 함께 즐길 수 있는 머스터드소스는 흔하지만 맛있는 걸 제대로 찾기는 힘들다. 이 머스터드소스는 후회 없는 선택이 될 것이다. 5 비스킷 5.50€(75g) 찻잎 조각들이 비스킷 안에 드문드문 보이는 쿠키, 계피, 생강 등 다양한 향이 가미된 비스킷을 맛보자. 인공적인 향을 싫어하는 사람들을 위한 비스킷도 있다. 6 향신료 4~10€(50g) 150년 전 향신료 가게로 시작한 에디아르답게 전 세계에서 들어온 각종 향신료를 만날 수 있다. 평소에 느껴보지 못한 이국적인 향을 시도해보는 것도 좋겠다.

포숑 Fauchon Add: 30 Place de la Madeleine Tel: 01 70 39 38 00 Open: 09:00~20:00 Close: 일요일
Access M8·12·14 Madeleine

1 로즈 큐브 7,50€ 달콤한 블루베리와 바삭한 시리얼이 조화를 이룬 밀크 초콜릿 2 에펠탑 모양 초콜릿 53€ 지겹다 해도 할 수 없다. 파리의 랜드마크는 에펠탑이므로 당연히 선물 리스트에서 빼놓을 수 없다. 3 핑크 하트 초콜릿 13€ 쇼킹 핑크로 뒤덮인 하트 모양의 메탈 상자가 오래도록 기억에 남는 선물이다. 4 마들렌 쿠키 13€ 먹기 좋은 크기로 달지 않아 좋다. 5 사과 향 홍차 11€ 은은하면서도 과실 향이 독특한 홍차.

막심 Maxim's Add: 5 Rue Royal Tel: 01 47 42 88 46 Open: 10:00~13:00, 14:30~16:30 Close: 일요일 Access M1·8·12 Concorde, M8·12·14 Madeleine

6 36개의 미니 초콜릿이 담긴 상자 11,50€ 카카오 원두 조각과 견과류들이 초콜릿에 들어 있다. 7 아몬드 초콜릿 11€ 씹으면 으드득 소리가 날 만큼 튼실한 아몬드가 들어 있다. 8 하트 모양의 막심 선물 상자 15€ 하트 모양의 케이스는 선물용으로 딱이다.

Intro

05
Supermarket

슈퍼마켓에서 살 수 있는 간식거리

프랑스 대형 슈퍼마켓은 밤늦도록 문을 열고 가격도 동네의 작은 슈퍼마켓보다 싸다. 파리지앵이 장 보는 모습을 보는 것도 재미있다. 파리지앵처럼 슈퍼마켓 쇼핑 즐기기.

01
02
03
04
05
06

메트로로 갈 수 있는 대형 슈퍼마켓

오샹
Auchan la Défense
Add. Les 4 Temps Le Parvis de la Défense Tel. 01 41 02 30 30
Open 09:00~22:00(토요일 08:30~) Close 일요일
Access M1 La Défense

카르푸 오퇴이
Carrefour Auteuil
Add. 1/3 Avenue du Général Sarrail Tel. 01 40 71 33 00
Open 09:00~22:00(토요일 08:30~) Close 일요일
Access M10 Porte d'Auteuil

모노프리 샹젤리제
Monoprix Champs Elysées
Add. 52 Avenue des Champs Elysées Tel. 08 99 65 15 34
Open 09:00~24:00 Close 일요일 Access M1·9 Franklin D Roosevelt

1 브리 치즈 1.05€ 오샹 슈퍼마켓에서 파는 브리 치즈로 살균 처리된 우유로 만들었다. 2 마멀레이드 잼 7.10€ 코르시카산 귤을 얇게 썰어 만들었다. 3 버터 과자 3.99€ 블랙 초콜릿이 들어간 로리앙 지역의 버터 과자 4 딸기 잼 1.10€ 예쁜 테이블웨어를 닮은 뚜껑 문양이 인상적이다. 여러 가지 맛의 미니어처 포장도 있어 선물용으로 좋다. 5 칼리송 7.65€ 엑상프로방스의 특산물 6 포숑 비스킷 10.75€ 선물용으로 좋은 쿠키 모둠 세트 7 다크 초콜릿 1.34€ 다크 초콜릿의 깊은 맛에 향긋한 오렌지 향이 가미된 제품 8 카망베르 치즈 1.54€ 진하고 깊은 맛의 카망베르 치즈. 9 LOV 19€ 패키지가 예쁜 오가닉 허브티 10 말린 소시지 4.46€ 레드 와인과 환상적인 궁합을 이룬다. 11 라 바쉬 퀴 리 치즈 1.58€ 웃고 있는 소가 포장에 그려진 치즈의 베스트셀러 12 마늘버터 1.64€ 마늘과 허브가 들어 있어 몸에 좋다. 13 키리 1.69€ 아이들이 좋아하는 신선한 치즈로 반드시 냉장 보관해야 한다. 14 말린 소시지 2.01€ 할아버지 그림이 그려진 말린 소시지는 와인 안주로 최고다. 15 카르트 누아 에스프레스 캡슐 3.65€ 네스프레소 커피 머신에서 사용 가능하다.

Intro

16 천사표 치즈 2.25€ 두 천사가 포장지에 그려져 있어 '천사표 치즈'로 통한다. 굉장히 부드러운 맛 17 겨자 1.90€ 전통을 자랑하는 마이사의 제품으로, 씹히는 맛이 좋아 스테이크에 찍어 먹으면 맛있다. 18 올리브유 Château Estouldon 29€ 프랑스 남부 지역에서 나는 올리브로 만든 고급 올리브유 19 발사믹 식초 3.10€ 마이의 발사믹 식초와 올리브는 최고의 샐러드 소스 20 콩테 치즈 3.24€ 약간 딱딱하지만 씹는 맛이 좋아 와인 안주로 그만이다. 21 프티 카레 초콜릿 2.40€ 캐러멜 향이 가득한 초콜릿을 맛보자. 22 솔나무꿀 3.67€ 솔나무와 자연에서 채밀한 꿀은 감기 예방에 좋다. 23 하리보 1.39€ 아이들 간식거리로 유명한 브랜드 하리보의 쫄깃한 젤리 24 카랑바 2.44€ 딸기, 콜라, 열대 과일 맛 캐러멜로 아이들이 좋아한다. 25 카마그산 꽃소금 3.40€ 우리나라 여성들에게 인기가 좋다. 26 안젤리나의 캔디류 10.60€ 케이스가 예뻐 선물용으로 구입하기 좋다. 27 샴페인 22€ 의미 있는 날 마시면 좋은 하프 사이즈의 샴페인은 두 사람이 먹기에 좋다.

28 칼롱 세귀Calon Ségur(2005년 산) 79€ 레이블에 하트 모양이 있어 밸런타인데이에 특히 인기 있다. 29 린치 바쥬Lynch Badge(2001년 산) 79€ 블랙 커런트와 민트 향이 나는 포이악 지방의 와인 30 라 샤펠 드 라 미시옹 오 브리옹La Chapelle de la Mission Haut Brion 112€ 라 미시옹 오 브리옹의 세컨드 와인 31 샤토 무통 로쉴드Château Mouton Rothschild 248€ 샤갈, 피카소, 앤디 워홀 등이 레이블을 디자인했다. 32 루이자도Louis Jadot(1999년 산) 15€ 향긋한 과일 향이 나는 화이트 와인

TIP 만화 〈신의 물방울〉에서 추천한 와인(100€ 미만)

슈퍼마켓도 좋지만 파리에 300개가 넘는 지점이 있는 와인 숍 니콜라스Nicolas에서 구입하는 것이 편하다. 검색 서비스 www.nicolas.com

부르고뉴
Chambollle Musigny Jacques Frederic, Vosne Romanée Les Beaux Monts, Domaine Henri Gouges-Nuits Saint Georges, Chablis Louis Jadot

보르도
Château Lagrange, Château Cantenac Brown, Château Léoville las cases, Château Giscours

Intro

06

Souvenir Parade

기념품 퍼레이드

파리를 대표하는 3대 기념품 숍인 라 셰즈 롱그, 필론, 라 베셀르리의 매니저가 외국인에게 가장 인기 있는 아이템을 추천했다. 식상한 에펠탑 열쇠고리 대신 감각적이고 실용적인 기념품을 마련해보자.

Souvenir Parade

01
02
03

라 셰즈 롱그
La Chaise Longue
Add. 20 Rue des Francs Bourbeois
Tel. 01 48 04 36 37
Open 11:00~19:00 (일요일 14:00~)
Access M1 Saint Paul

La Chaise Longue

1 귀여운 오리 달걀 받침 4.50€ 2 차를 마시기 편리하게 만들어주는 티백 5.90€ 3 예쁘고 작은 믹서 19.90€ 4 케이크 틀 5€ 하늘색 강아지 모양이 귀여운 케이크 틀. 센스 있는 모양의 디저트를 만들 수 있다. 5 열쇠고리 18.90€ 톡톡 튀는 빨간 사탕과 시계가 함께 달린 열쇠고리로 실용적이다. 6 유리새 소금 & 후추통 9.90€ 투명한 유리로 된 새 모양의 소금과 후추통은 내부가 투명해 내용물을 쉽게 파악할 수 있어 실용적이다. 7 유리잔 2종 세트 19.90€ 하늘색과 핑크빛이 감도는 유리잔은 레드 와인과 잘 매치된다. 8 티백을 놓는 나비형 받침 4.90€ 9 입술 모양의 빨간 지갑 19.90€ 살바도르 달리의 '빨간 입술'은 립스Lips란 이름의 소파로 더 유명해졌다. 립스와 같은 모양의 동전 지갑이 앙증맞다. 10 찻잔 받침대 9.90€ 가장자리를 레이스로 처리한 냄비 받침대와 찻잔 받침대 컬러는 핑크색과 하늘색, 두 가지가 있다.

Intro

01

02

La Vaissellerie

03

04

05

06

라 베셀르리 La Vaissellerie **Add.** 80 Boulevard Haussmann **Tel.** 01 45 22 32 47 **Open** 10:00~19:00 **Close** 일요일 **Access** M9 Havre Caumartin

1 소금통과 후추통 23€ 르 노트르Le Nôtre에서 선보이는 토끼 모양의 소금통과 후추통. 토끼 귀를 가운데로 모아 잡으면 소금과 후추가 나온다. 2 손거울 5€ 에펠탑과 노트르담, 사크레쾨르 성당이 그려진 빨간 손거울. 아래쪽 버튼을 누르면 양면에 손거울이 나타난다. 3 미니 머그잔 3.50€ 일반 머그잔 크기의 반밖에 되지 않는 미니 머그컵으로 'Paris'라는 문자와 함께 에펠탑이 그려져 있다. 4 가방 10€ 파리 메트로 노선도가 그려진 가방. 지도 대신 이 가방 하나만 있으면 파리 메트로를 안심하고 탈 수 있다. 5 와인 관련 액세서리 12€ 와인 시음을 위한 액세서리. 코르크 따개와 마개가 들어 있는 3종 세트 6 냉장고 자석 3.50€ 와인과 바게트 그리고 크루아상이 담긴 종이봉투 모양의 자석이다.

필론 Pylones Add. 13 Rue Saint Croix de la Bretonnerie Tel. 01 48 04 80 10 Open 월~금요일 11:00~19:30, 토요일 11:00~20:00, 일요일 12:00~20:00 Access M1 Hôtel de Ville

1 핀 6€ 파란 눈의 골드 캣이 실핀을 장식하고 있어 검은 머리를 깔끔하면서도 에지 있게 정리해준다. 2 피시 펜 8€ 멸치가 컬러풀한 펜으로 둔갑했다. 갖가지 색깔의 멸치 펜이 있다. 3 강판 14€ 에펠탑 모양의 강판으로 치즈나 채소 등을 갈 수 있다. 휴대가 용이한 것이 장점이다. 4 여권 커버 12€ 단조로운 여권을 개성 있게 바꿀 수 있다. 화려한 색깔이 눈에 띄어 쉽게 잃어버릴 염려도 없고, 에펠탑이 그려진 커버는 파리의 추억을 떠오르게 한다. 5 지갑 28€ 동전, 지폐, 명함 등을 잘 보관할 수 있다. 6 클립 자석 9€ 병아리가 날개를 펴듯 클립을 불러들이는 병아리 모양 클립 자석

Intro

07

Drug Store
저렴하고 효과 좋은 약국 화장품

여성들이라면 누구나 관심을 갖는 약국 화장품은 파리에서 쇼핑할 때 빼놓아서는 안 될 아이템이다. 파리 거주 한국 여성 10명에게 추천받은 아이템을 소개한다.

라로슈포제 에파클라
LA ROCHE POSAY EFFACLAR
15ml

피부과 전문의가 추천하는 라로슈포제의 트러블 스킨케어 제품. 염증성 여드름이 있는 피부에 효과적이다.
7.95€

바이오더마 크레아 라인 H2O
BIODERMA Créaline H2O
500ml

리퀴드 메이크업 리무버로 프랑스 여성들이 사랑하는 제품. 알레르기가 있거나 민감성 피부에 좋다. 눈과 얼굴 모두 사용할 수 있고 화장하지 않았을 때도 물 세안을 대신해 이 제품을 사용하기도 한다.
9.90€, 2개 구입 시 17.90€

바이오더마 보디 로션
BIODERMA Atoderm Crème nourrissante
500ml
어린아이부터 어른까지 아토피, 민감성 피부에 적합하다. 다른 제품보다 용량이 많고 가격이 비싸지 않다.
8.90€

아벤느 노화 방지 젤
AVENE Antiage Eluage gel Concentré antirides
15ml
깊은 주름을 교정해주는 노화 방지 젤로 눈가, 입가, 미간 주름에 바르면 효과적이다.
23.99€

아벤느 클렌징 워터
AVENE Cleanance Lotion purifiante matifiante
200ml

번들거림을 막아주는 지성 피부를 위한 클렌징 워터. 사춘기나 20대 초반 피부 트러블이 있는 젊은 피부에 적당하다.
9.50€

아벤느 클렌징 젤
AVENE Cleanance Gel Nettoyant
300ml

아벤느 클리랑스 라인으로 피부 트러블이 있을 때 세안제로 적당하다. 클렌징 워터로 닦아내고 클렌징 젤로 세안을 마무리한다.
7.49€

눅스 멀티 보디 오일
NUXE Huile Prodigieuse 100ml
얼굴뿐 아니라 보디, 헤어에도 사용하기에 좋은 멀티 오일. 세안 후 스킨케어 마지막 단계에 손에 한두 방울 떨어뜨려 얼굴에 톡톡 바른다.
17.99€

유리아주 클렌징 워터
URIAGE L'Eau Demaquillante 250ml/500ml
항알레르기 성분이 있어 민감한 피부에 좋다. 민감성 피부를 위한 제품Peau sensible normales à seches과 복합성 피부를 위한 제품Peaux sensibles normales à mixtes 등 두 가지 라인이 있다. 눈과 얼굴 모두 클렌징할 수 있다.
5.50€(250ml), 7.99€(500ml)

유리아주 립밤
URIAGE Bariederm Lèvres Baume Isolant 15ml

반투명의 연고 타입 립밤으로 튜브 형태다. 건조한 입술을 촉촉하게 해주며, 갈라지고 트는 입술에도 좋다. 끈적거리지 않아 피부에 잘 흡수된다.
4.99€

꼬달리 포도 추출 나이트 크림
CAUDALIE Vinexpert Crème Tisane de Nuit 30ml
피부에 생기와 탄력을 주고 주름을 방지하는 나이트 크림. 티잔 성분이 포도 추출물과 함께 함유되어 있어 피곤하고 지친 피부에 생기를 불어넣어 준다.
31.50€

달팡 하이드라스킨 리치
DARPHIN Hydraskin Rich
고현정 크림으로 불리는 달팡의 베스트셀링 아이템. 수분 크림 하나만 발라도 촉촉한 물광 피부가 유지되어 겨울철에 특히 유용하다.
34.99€

라로슈포제 에빠끌라 듀오
LA ROCHE-POSAY Effaclar Duo 40ml
여드름 고름 현상을 완화해주는 여드름 케어 제품. 미백 기능도 있다
7.99€

꼬달리 고마주
CAUDALIE Gommage Friction Merlot 150g
얼굴에 핀 각질을 제거하고 탄력 있는 피부로 가꿔주는 스크럽 제품.
17.50€

눅스 꿀 성분 보습 크림
NUXE Rêve de Miel Crème visage 50ml
꿀 성분을 함유해 보습 효과를 얻을 수 있는 크림. 건성·민감성 피부에 매우 유용하다.
19.90€

Intro

르네 휘테르 탈모 방지 샴푸
RENE FURTERER
Forticea shampooing 200ml

식물에서 가장 순수한 에센셜 오일 추출물을 함유해 모근에 힘을 주고, 탈모를 방지한다.
7.99€

아벤느 오 테르말 미스트
AVENE Eau Thermale 150ml
민감한 피부, 자극받은 피부에 진정 효과를 주며 세안 후 화장수 이전에 사용하는 멀티 온천수 스프레이. 민감한 피부에도 안전하게 사용할 수 있다.
4.25€

아벤느 이드랑스 옵티말 UV 리시
AVENE Hydrance Optimale UV Riche 40ml
SPF 20 자외선 차단 기능성 인증 제품으로 수분을 장시간 저장하고 증발을 억제하여 피부에 최적의 수분을 공급해주는 건성용 수분 크림. 자외선 차단 성분이 있어 항산화 효과와 생활 자외선 95% 차단 효과가 있다.
13.99€

엠브리올리스 콘센트레이티드 크림 밀크
EMBRYOLISSE Lait-Crèam Concentré 75ml
에센스·크림·로션·프라이머가 한번에 해결되는 멀티 크림.
12€

아더마 엑소메가 클렌징 오일
A-DERMA Exomega huile nettoyante
비누 성분을 함유하지 않은 보디 세정제로 유럽 아토피 치료 보조 화장품 1위를 차지할 만큼 인기 있는 제품이다. 피부에 부드럽게 스며든다.
8.25€(200ml), 11.90€(500ml)

아더마 엑소메가 크림
A-DERMA Exomega Cream 200ml

피부의 보호막을 회복시켜주는 보습 크림이다. 레알 바이오트와 오메가 6 복합 성분의 시너지 효과로 피부 보호막을 빠르게 회복시켜준다. 우수한 보습력으로 피부를 촉촉하게 보호해 외부 자극에도 잘 견딜 수 있는 건강한 피부로 가꿔준다.
9.99€

TIP 위 제품들을 가장 저렴하게 살 수 있는 약국

몽주 약국
Pharmacie Monge
Add. 1 Place Monge
Tel. 01 43 31 39 44
Open 08:00~20:00
Close 일요일
Access M7 Place Monge

시티 파르마
City Pharma
Add. 26 Rue du Four
Tel. 01 46 33 20 81
Open 08:30~20:00
(토요일 09:00~)
Close 일요일, 공휴일
Access M4 Mabillon

화장품 살 때 필요한 용어 총정리

âge	나이, 노화	légère	가벼운, 유분이 많지 않은
anti-	~에 반대하는, 항노화(anti-âge), 주름 방지 등에 쓰임	lèvre(s)	입술
		lotion	스킨
anticerne	다크 서클 방지	main(s)	손
antipoche	눈밑 부기 방지	matifiant	번들거림이 없는
apaisant	진정시키는	mousse	거품(타입 화장품)
après rasage	애프터셰이브	moussant(e)	거품이 나는, 거품 타입의
blanchissant	화이트닝	nettenoyant(e)	청결하게 하는, 클렌징의
cheveu(x)	머리카락	nez	코
crème	크림	nourrissant(e)	영양을 주는, 풍부한
contour	~ 주변, (눈)가의	nuit	밤, 나이트용
corporel	보디의	ongle	손톱
démaquillant(e)	클렌징	paraben	파라핀 성분
dissolvant pour vernis à ongles	손톱 매니큐어 리무버	parfum	향수
		peau(x)	피부
douche	샤워 젤	pied	발
doux	부드러운	pore	모공
douceur	부드러움	protection	보호제
emollient	부드럽게 하는, 진정시키는	raffermissant(e)	탄력을 주는, 강화시키는
emulsion	에멀션	riche	풍부한, 건성 피부에 맞는
exfoliant(e)	각질 제거	sans	~없는
eyeliner	아이라이너	savon	비누
fluide	리퀴드(에멀션)	sec/sèche	건조한, 건성의
fond de teint	리퀴드 파운데이션	sensible	민감한
gommage	각질 제거제	soin	케어
gras(se)	지성의, 기름기 있는	sourcil	눈썹
hydratant	수분 함유의	tâche de vieillessemen	기미
jour	낮(데이 크림 등)	tonique	토너
lait	(클렌징/보디) 밀크	tonifiant	활력을 주는
lavant	닦아내는, 씻어내는	vernis à ongle	매니큐어
(l')eau	물, 수분	yeux	눈

Intro

08

Flea Market

주말의 하이라이트, 파리 벼룩시장 베스트 3

주말 오전에만 문을 여는 벼룩시장은 파리 여행의 즐거움 중 하나다. 집 안을 예쁘게 꾸밀 수 있는 아기자기한 장식품이나 패션 소품을 노려보자. 알뜰한 파리지앵들의 라이프스타일도 살펴볼 수 있는 좋은 기회이니 단잠의 유혹을 뿌리치고 나가 보시라.

TIP 벼룩시장 쇼핑의 지혜
1. 아침 08:00 전후에 문을 여니 가능하면 일찍 가는 게 좋다.
2. 흥정은 기본이다. 흥정을 감안하고 가격을 부르므로 꼭 사고 싶은 아이템은 상인이 제시한 가격의 30%를, 사고는 싶지만 사지 않아도 크게 후회하지 않을 만한 아이템은 50%부터 가격 흥정을 시작한다.

방브 벼룩시장
Marché aux Vanves

여행자가 가기에 가장 편안한 벼룩시장이다. 예쁜 단추 같은 소소한 아이템부터 옷이나 생활용품이 주를 이루며 잘 고르면 제법 쓸 만한 아이템을 살 수 있다. 오래된 괘종시계, 컬렉션용 미니카 등은 20유로 미만에 구입할 수 있다. 시장 전체를 돌아보는 데 2시간이면 충분할 정도로 규모도 아담하다. 비교적 깨끗한 물건이 나오지만 가격을 흥정할 수 있는 여지가 적은 게 흠이다.

Access M13 Porte de Vanves

방브 벼룩시장

생 투앙 벼룩시장
Marché Saint Ouen

클리냥쿠르 역에 있어 '클리냥쿠르 벼룩시장'으로도 불린다. 유럽에서 규모가 큰 벼룩시장 중 하나로 가구와 앤티크 소품을 파는 상설시장은 주중에도 문을 연다. 오래된 가구에서부터 의류에 이르기까지 수천 종류의 빈티지 아이템을 볼 수 있는 이곳은 최소한 반나절은 살펴봐야 제대로 볼 수 있다.

Access M4 Porte de Clignancourt

몽트뢰유 벼룩시장
Marché Montreuil

방브와 생 투앙 벼룩시장의 중간 성격이라고 보면 된다. 프랑스 사람들이 집에서 사용하지 않는 온갖 잡동사니를 들고 나온다. 허접하게 전시하고 파는 물건이 많은 대신 저렴하다는 장점이 있어 흥정만 잘하면 의외로 괜찮은 물건을 구입할 수도 있다.

Access M9 Porte de Montreuil

몽트뢰유 벼룩시장

Intro

09

Gourmet I

프랑스 레스토랑
100% 활용법

세계 미식가들의 입맛을
사로잡은 프랑스 요리를
본고장에서 맛볼 수 있다는
점 때문에 파리로 향하는
식도락 여행가도 있다.
고급 레스토랑부터 길거리
음식까지 파리 여행의
즐거움을 배가시켜 주는
프랑스 레스토랑 활용법을
소개한다.

레스토랑 분류법

레스토랑 가스트로노미크 Restaurant Gastronomique
〈고 미요Gault Millau〉, 〈미슐랭 가이드Michelin〉에 등장하는 최고 레스토랑이나 미식가들에게 인정받는 정통 프렌치 레스토랑이다. 격식 있는 자리이므로 남자는 양복에 넥타이, 여성은 원피스를 입을 것을 권한다. 알랭 뒤카스, 폴 보퀴즈, 피에르 가녜르, 기 사브아, 조엘 로부숑과 같은 최고의 셰프들이 있는 레스토랑이다. 프랑스에는 500여 개, 파리에는 100여 개 있으며 〈미슐랭 가이드〉에서 최소한 별 한 개 이상, 〈고 미요〉에서는 20점 만점에 15~20점을 받은 레스토랑들이 여기에 속한다.
Price 점심 50€~, 저녁 100€~

브라스리 Brasserie 비스트로 Bistrot
일상적으로 친구들과 함께 식사를 즐길 수 있는 레스토랑으로 브라스리보다 비스트로 수가 더 많다. 브라스리는 원래 알자스 지방에서 양조자를 위한 식당으로 문을 연 것이 시초이며 해산물을 함께 서비스하는 경우가 많다. 음료는 맥주나 화이트 와인을 내놓고 장소도 오래된 전통을 유지하는 것이 특징이다. 거의 쉬는 날이 없을 정도로 부지런히 운영한다.
비스트로는 몽마르트르에 야영하던 러시아 병사들에게 빠른 시간에 음식을 내놓기 위한 것이 그 시초로 싸고 빠르게 음식을 내오며 격식 같은 건 없다.
Price 점심 15€~, 저녁 30€~

카페 Café 살롱 드 테 Salon de Thé
흔히 커피를 파는 곳으로 알고 있지만 반드시 그런 것만은 아니다. 점심시간에는 샐러드와 스테이크 등 간단한 음식이나 크로크 무슈, 크로크 마담, 샌드위치도 판매한다.
Price 점심 10€~, 저녁 20€~

테이크아웃 A Emporter
샌드위치, 샐러드, 과일, 요구르트 등을 판매한다. 리나스Lina's, 폼 드팽Pomme de Pain, 브리오슈 도레Brioche Dorée, 폴Paul, 코장 Cojean 같은 유기농 테이크아웃 전문점들이 인기 있다.
Price 점심 5€~, 저녁 10€~

셀프 레스토랑 Buffet 학생 식당 Crous
자신의 입맛에 맞는 음식들을 골라 계산대에서 계산하면 된다. 파리의 학생들이 저렴하게 이용하는 학생 레스토랑은 시내 곳곳에 있다. 학생 식당은 크루스Crous라 하며 학생증 소지자(ISIC 국제학생증 카드 인정)는 3,10유로, 전식, 본식, 후식을 하나씩 고를 수 있다.
Price 점심 5€~, 저녁 10€~

프랑스에서 만족할 만한 레스토랑 찾기

프랑스의 유명 식도락 가이드북인 〈미슐랭Michelin 가이드〉 〈고 미요Gault Millau〉 〈르 보텡 구르망le bottin gourmand〉에서 확인한다. 1900년에 발행한 〈미슐랭 가이드〉는 별과 포크로 레스토랑 등급을 표시한다. 포크 수는 1~5개까지 표시하며 포크가 5개라는 건 가격에 비해 매우 안락하다는 것을 뜻한다. 포크보다 별의 의미가 큰데 〈미슐랭 가이드〉에서 별의 숫자는 1~3개이며 프랑스 전체를 통틀어 별 3개 레스토랑은 25개, 별 2개 레스토랑은 81개, 1개의 레스토랑은 485개(2016년 기준). 가격 대비 훌륭한 음식 맛을 나타내는 레스토랑은 미쉐린 타이어의 심벌 마크가 혓바닥을 내밀고 있다. 〈고 미요〉의 평가는 조리사 모자 안에 표시된 20점 만점의 점수다. 붉은 마크는 현대 요리, 검은 마크는 전통 요리를 나타낸다. 레스토랑 가이드북을 살 여유가 없고 찾아다닐 시간적인 여유가 없을 때는 레스토랑 앞에 붙은 스티커를 통해 확인할 수도 있다. 일단 여러 매체에 추천된 레스토랑은 믿을 만하다. 여행자들이 많은 관광명소 근처에 있는 레스토랑은 가격 대비 실망하는 경우가 많다.

레스토랑 예약하기

고급 레스토랑의 경우 반드시 예약해야 한다. 최고의 레스토랑들은 2~3개월 전에 예약해야 하지만 일반적으로는 며칠 전에 예약해도 된다. 파리의 경우 패션쇼 기가이나 대형 전시가 열릴 때는 레스토랑 예약이 매우 힘들다. 고급 호텔에 머물 때는 컨시어지 서비스를 통해 예약을 부탁한다. 직접 예약할 때는 이름, 시간, 인원을 이야기하면 된다. 레스토랑의 경우 일반적인 영업시간은 12:00~14:30, 19:00~22:30이며 영업 마감 30분 전까지 주문을 받는다. 비스트로나 브라스리의 경우 레스토랑과 비슷하나 'Service Continue'라고 쓰인 곳은 쉬는 시간 없이 식사를 즐길 수 있다.

Tip 저자가 꼽은 비스트로 베스트

1 사툰(p.140) Saturn
2 셉팀(p.212) Septime
3 피루에트 레스토랑(p.138) Pirouette
4 르 트로케(p.334) Le Troquet
5 오 리오네(p.131) Aux Lyonnais
6 레피 뒤팽(p.279) L'Epi Dupin
7 브라스리 립(p.282) Brasserie Lipp
8 아 라 프티 셰즈(p.289) A la Petite Chaise
9 카페 데 뮤제(p.210) Café des Musées

레스토랑 이용법

고급 레스토랑에 갈 때의 복장은 남성은 정장, 여성은 원피스가 좋다. 가능하면 데님 팬츠 차림은 피하는 게 좋다. 레스토랑에 도착 시 예약자의 이름을 말하고 코트나 짐이 있으면 보관한다. 직원의 안내 없이 자신이 앉고 싶은 자리에 가서 앉는 것은 대단한 실례다.

자리에 앉으면 식욕을 돋우는 아페리티프Apéritif를 주문한다. 식전주로는 키르Kir, 샹파뉴Champagne 등이 있다. 최근 프랑스에서는 아페리티프는 생략하는 경우가 많으며 젊은이들은 레스토랑에 가기 전에 친구들과 카페나 바에서 와인을 한잔하는 것이 보통이다. 음식은 전식+본식+후식 또는 전식+본식, 본식+후식을 주문하는 코스 메뉴Menu와 일품 요리A la carte로 나뉜다. 과거에는 전채Hors d'oeuvre를 주문하기도 했으나 지금은 생략하는 추세다.

요리를 주문하고 나면 음료와 와인을 골라야 하는데 소믈리에에게 취향과 예산을 알려주면 된다. '부쇼네Bouchonne'는 와인을 테이스팅하는 것으로 웨이터가 와인을 따라주면 문제가 없을 경우 주문한 사람이 "세 봉C'est bon!"이라고 말하면 다른 사람의 와인 잔에도 와인을 따라준다. 물은 가스가 들어간 스파클링 워터, 가스가 없는 생수, 수돗물 중 선택할 수 있다.

팁은 고급 레스토랑의 경우에는 음식 값의 5~10% 정도, 일반 레스토랑에서는 5유로 정도를 식탁에 놓고 나오면 된다. 신용카드로 결제할 경우에 외국처럼 팁을 비용에 포함시킬 수 없으므로 따로 현금을 주는 것이 일반적이다.

레스토랑 에티켓

- 레스토랑 입구에서 예약자의 이름을 말하고 직원에게 자리를 안내 받도록 한다.
- 식사용 접시에 부스러기가 떨어지지 않도록 빵은 빵 접시나 테이블 위에 놓아야 한다.
- 부탁할 일이 있으면 자신의 테이블을 담당하는 직원에게 요청한다.
- 음식이 맛있을 경우에는 "세테 트레 봉C'etait très bon!"이라고 말하면 된다.
- 고급 레스토랑은 와인을 따라줄 때까지 기다려야 하며, 일반 레스토랑은 자신이 따라 먹어도 상관없다.
- 나이프, 포크, 수저는 바깥쪽에 있는 것부터 순서대로 사용하면 된다.
- 레스토랑에서 요리 하나를 여러 사람이 나눠 먹는 것은 피해야 할 일이다. 세 명이 가서 두 명 분의 음식을 주문하는 행동은 무시당할 수 있으며 경우에 따라서 주문받지 않을 수도 있다.
- 포크와 나이프를 접시 한쪽 편에 같이 올려놓으면 식사를 끝냈다는 신호다. 무릎 위에 올려둔 천을 테이블 위에 올려놓는 것도 같은 의미다.
- 프랑스에는 냅킨이 따로 없다. 식사 도중이나 끝난 후에는 컵 안에 들어 있는 종이(저렴한 레스토랑) 또는 천(고급 레스토랑)으로 입을 닦는다.
- 프랑스인들은 레스토랑에서 토마토케첩을 즐겨 먹지 않는다. 감자튀김과 스테이크를 먹을 때 프렌치 겨자Mustard를 달라고 하는 것이 좋다.
- 요즘 들어 프랑스인들의 식사 시간이 짧아졌다고는 하나 저녁 식사는 보통 2~3시간이 걸린다는 사실을 염두에 두고 다음 일정을 잡지 않는다.
- 생선 요리를 먹을 때는 한 면을 다 먹은 다음 뒤집지 말고 뼈를 제거하고 먹는다. 스테이크를 다 잘라놓고 먹지 않는 것도 기본이다.
- 디저트를 먹을 때는 왼손에 포크, 오른손에 스푼을 든다.

레스토랑에서 필요한 용어

전식

Assiette de Crudités
🔊 아시에트 드 크뤼디테 생채소 샐러드

Potage de Légumes du Jour
🔊 포타주 드 레귐 오늘의 채소 수프

Assiette de Charcuterie
🔊 아시에트 드 샤퀴트리 햄 종류 모둠

Assiette de Carpaccio de Boeuf
🔊 카르파치오 (얇게 썬) 쇠고기

Tartare de Boeuf au Basilic
🔊 타르타르 드 뵈프 바질릭 프랑스 육회

Foie Gras de Canard
🔊 푸아그라 드 카나 홈메이드 거위 간

Soupe à l'Oignon
🔊 수프 아 로니옹 양파 수프

Escargot
🔊 에스카르고 오븐에 조리한 달팽이

본식

Steak au Poivre
🔊 스테이크 오 푸아브르 후추가 들어간 스테이크

Souris d'Agneau Confite à l'ail
🔊 수리 다뇨 콩피 아 레일
마늘로 절인 양고기

Entrecôte à la Plancha, Bordelaise
🔊 엉트르코트 아 라 플랑슈 보르돌레 쇠고기 등심

Filet de Bœuf
🔊 필레 드 뵈프 쇠고기 안심

Pot au Feu
🔊 포토푸 송아지 스튜

Steak Tartare
🔊 스테이크 타르타르 쇠고기 육회

Escalope de Veau
🔊 에스칼롭 드 보 송아지고기

Rumsteck
🔊 럼스택 쇠고기 엉덩이살

Magret de Canard
🔊 마그레 드 카나 오리 가슴살 요리

Confit de Canard
🔊 콩피 드 카나 오리고기 조림

Pavé de Saumon
🔊 파베 드 소몽 연어의 두터운 살코기 부분

Noix de Saint Jacques Poêlées
🔊 누아 드 생 자크 포엘레 버터에 구운 가리비 조개

Bar Grillé
🔊 바 그리에 농어구이

Filet de Daurade Royale
🔊 필레 드 도라드 루아얄 가자미구이

Moules Marinières
🔊 물 마리니에르 화이트 와인으로 조린 홍합

Bouillabaisse
🔊 부야베스 마르세유 스타일의 생선 수프

Carré d'agneau
🔊 까레 다뇨 어린양 갈빗살

Gigot de Mouton
🔊 지고 드 무통 양의 허벅지 살

Côte de Boeuf
🔊 꼬떼 드 뵈프 소갈비 구이

Cassoulet
🔊 까술레 강낭콩 라구

후식

Crème Brûlée à la Vanille
크렘 브륄레 아 라 바니으 바닐라 맛 크림 브륄레

Ile Flottante
🔊 일 플로탕 커스터드 크림에 달걀을 얹은 디저트

Mousse au Chocolat
🔊 무스 오 쇼콜라 초콜릿 무스

Tartelette aux Fruits
🔊 타트레트 오 프뤼 과일 타르트

Sorbets
🔊 소르베 셔벗 아이스크림

Assiettes de Fromages
🔊 아시에트 드 포마주 치즈 접시

Fromage Blanc
🔊 포마주 블랑 디저트용 크림 치즈 요구르트

음식 주문할 때 필요한 단어

육류

Porc	🔊 포	돼지
Boeuf	🔊 뵈프	소
Agneau	🔊 아뇨	새끼 양고기
Lapin	🔊 라팽	토끼
Veau	🔊 보	송아지
Mouton	🔊 무통	양
Rognon	🔊 로뇽	콩팥
Tripe	🔊 트리프	내장류
Moelle	🔊 모엘	골수

가금류

Poulet	🔊 플레	닭고기
Poulet Fermier	🔊 플레 페르미에	야생 닭고기
Dinde	🔊 당드	칠면조
Caille	🔊 카이	메추라기
Pigeon	🔊 씨종	비눌기
Canard	🔊 카나	집오리

갑각류

Moule	🔊 물	홍합
Huître	🔊 위트르	굴
Homard	🔊 오마	바닷가재
Langoustine	🔊 랑구스틴	작은 바닷가재

과일류

Pommes	🔊 폼	사과
Poire	🔊 푸아	배
Orange	🔊 오랑주	오렌지
Pêche	🔊 페슈	복숭아
Fraise	🔊 프레즈	딸기
Framboise	🔊 프랑브아즈	산딸기
Melon	🔊 믈롱	메론
Figues	🔊 휘그	무화과

생선

Bar	🔊 바	농어
Dorade	🔊 도하드	도미
Lieu	🔊 리우	대구 종류
Lotte	🔊 로트	아귀
Truite	🔊 트루이트	송어
Cabillaud	🔊 카비요	대구
Saumon	🔊 소몽	연어
Sole	🔊 솔	가자미 일종
Turbot	🔊 튀보	돌가자미
Coquille saint jacques	🔊 코키 생 자크	가리비
Raie	🔊 레	홍어
Rouget	🔊 루제	노랑 촉수
Thon	🔊 통	참치
Maquereaux	🔊 마끄호	고등어
Merlan	🔊 메흘랑	명태
MoRue	🔊 모뤼	건대구
Harengs	🔊 아랭	청어
Truite	🔊 트루이트	송어
Fruit de Mer	🔊 프뤼 드 메흐	모듬 해물

채소류

Pomme de terre	🔊 폼 드 테르	감자
Courgette	🔊 쿠르제	호박
Asperge	🔊 아스페르즈	아스파라거스
Brocoli	🔊 브로콜리	브로콜리
Champignon	🔊 샹피뇽	버섯
Chou	🔊 쇼	양배추
Comcombre	🔊 콩콩브르	오이
Aubergine	🔊 오베르진	가지
Endive	🔊 앙디브	꽃상추
Poireau	🔊 푸아로	파
Lentille	🔊 랑티	렌즈콩
Haricot Vert	🔊 아리코 베르	강낭콩
Poivron	🔊 푸아브롱	피망
Épinard	🔊 에피나르	시금치
Artichauts	🔊 악티쇼	아티초크

Intro

10

Gourmet II

파리 스트리트 푸드

테이크아웃이 가능하고 저렴한 가격으로 배불리 먹을 수 있는 스트리트 푸드는 식사 대용으로도 든든하다. 거리를 걷다가 쉽게 접할 수 있는 푸드 트럭이나 오피스가 밀집된 지역에 있는 말끔한 스타일의 가게도 있다. 각각의 개성 넘치는 메뉴로 사랑받는 파리 최고의 스트리트 푸드 식당을 정리해봤다.

럭셔리한 케밥은 어떤 맛일까
그리에 Grillé

위고 데노이에가 운영하는 데노이에라는 유명 정육점에서 공급받는 양고기와 돼지고기를 사용할 뿐 아니라 유명 베이커리인 푸조랑의 빵을 사용하는 등 최고 퀄러티의 원재료로 승부하는 케밥 전문점. 유명 건축가인 렘 쿨하스의 제자인 클레망 블랑슈가 디자인한 세라믹 벽으로 된 실내는 지저분한 케밥집에 대한 인상을 지울 수 있다. 이곳만의 기름지지 않고 담백한 케밥의 비결은 샤토 브리앙, 도핀과 같은 유명 레스토랑으로 전 세계 미식가로부터 인정받은 이나키 에즈피타르투와 동업자인 프레데릭 페뇨가 개발했다. 점심 메뉴는 감자튀김과 소다 음료를 포함한 메뉴를 13유로 정도에 즐길 수 있으며 파리 맥주도 판매한다.

Add. 15 Rue Saint Augustin Tel. 01 42 96 10 64
Open 월·화·토요일 12:00~16:00, 수~금요일 12:00~21:00
Access M3 Quatre Septembre 역에서 도보 2분
URL www.grille-paris.com

개성 만점 크레페 전문점
브레이즈 카페 Breizh Café

브르타뉴 출신의 베르트랑 라셰가 1996년에 처음 문을 열었다. 평범한 길거리의 먹거리라 할 수 있는 크레페를 그만의 특별한 방식으로 풀어내면서 유명세를 얻게 되어 지금은 캉칼, 생말로, 도쿄, 파리에도 체인점을 갖췄다. 셰프가 개발한 훈제 청어, 감자, 버섯과 같은 토핑을 얹은 개성 넘치는 재료의 갈레트(메밀) 또는 크레페(유기농 밀가루)와 노르망디의 전통 사과주, 시드르를 함께 즐길 수 있다. 식사 대용으로 즐길 수 있는 갈레트는 6.5~12.80유로, 디저트용으로 즐길 수 있는 크레페는 4.80~10.50유로, 달걀 등을 넣어 먹는 크레페 콤플레트는 식사 대용으로 그만이다.

Add. 109 Rue Vieille du Temple Tel. 01 42 72 13 77
Open 수~토요일 11:30~23:00, 일요일 11:30~23:00 Close 월·화요일
Access M8 Saint Sébastien Froissart 역에서 도보 5분
URL www.breizhcafe.com

파리에서 즐길 수 있는 피시 앤 칩스
선큰 칩 Sunken Chips

파리에서 흔히 찾아볼 수 없는 영국인이 운영하는 피시 앤 칩스 전문점으로 지난 2013년 여름에 문을 열었다. 파리와 근교의 뮤직 페스티벌에

도 종종 모습을 드러내며 이동식 트럭을 통해 이름을 알려왔다. 흰 살 위주의 신선한 생선이 주재료다. 가자미, 대구, 노랑 장대 등의 튀김은 물론, 오징어 튀김과 삶은 콩을 으깨어 허브 향을 가미한 퓌레 등의 사이드 디시는 다른 곳에서는 맛보기 어려운 음식이다. 제철 재료만을 사용하고 매일 아침 튀겨내는 신선한 맛이 인기 비결. 오늘의 메뉴는 약 13~17유로.
Add. 39 Rue des Vinaigriers Tel. 01 53 26 74 46
Open 화~금요일 12:00~14:30, 19:00~22:00, 토요일 12:00~15:30, 19:00~22:00, 일요일 12:00~15:30, 19:00~22:00 Close 월요일
Access M5 Jacques Bonsergent 역에서 도보 4분
URL www.thesunkenchip.com

푸드 트럭의 선구자
카미옹 키 퓜 Camion Qui Fumes

프랑스에 푸드 트럭 열풍을 몰고 온 주인공으로 미국인 오너인 크리스틴 프레데릭이 그 인기몰이의 주인공이다. 영국의 유력 일간지 〈텔레그라프〉에서 선정한 세계 10대 버거 가게 중 6위에 선정되는 영광을 얻기도 했다. 푸드 트럭과 푸드 유람선에 이어 앉아서 편하게 즐길 수 있는 매장도 2015년에 새로 오픈해 안정적인 기반을 굳혀가는 중이다. 캐러멜을 넣어 볶은 양파와 허브, 버섯 등이 들어간 캄파뉴, 꿀과 머스터드 소스가 들어간 닭고기 스테이크 베이스의 캘리포니아 버거 등이 시그너처 메뉴라 할 수 있다. 그날의 재료에 따라 달라지는 오늘의 버거 등의 세트 메뉴를 10.90~14.90유로에 즐길 수 있다.
Add. 132 Avenue de France
Open 12:00~14:30, 19:00~22:30
Access M14, RER C Bibliothèque François Mitterrand 역에서 도보 3분(MK2 극장 앞)
URL www.lecamionquifume.com

내 입맛대로 고르는 맞춤형 베이글
베이글 스테인 Bagel Stein
신선한 채소와 고기를 비롯한 다양한 토핑을 직접 보고 고를 수 있는 맞춤형 베이글 전문점. 미국 스타일의 기름진 패스트 푸드를 조롱하는 재미있는 광고들이 눈길을 끈다. 매장 내 분위기도 〈타임〉지와 같은 잡지에 소개된 유명 인사들의 모습을 담은 액자를 벽면에 빼곡히 붙여놓는 등 활기가 느껴진다. 2011년에 처음 론칭한 이래 프랑스에 107개의 지점을 열 정도로 성공 가도를 달리고 있는 데는 광고도 한몫했을 테지만 맛있는 베이글이 있기에 가능했다.
Add. 2 Rue de la Verrerie Tel. 01 42 71 06 66
Open 09:00~22:30 Access M1 Saint Paul 역에서 도보 6분 URL www.bagelstein.com

버거 열풍의 새바람, 파리-뉴욕 스타일
피엔와이 PNY
2012년에 처음 문을 연 버거 전문 레스토랑으로 파리에 버거 열풍을 몰고 왔다. 가게 이름은 '파리-뉴욕'을 뜻한다. 파리에는 마레, 포부르 생드니, 오베르캄프와 같이 최근에 가장 뜨고 있는 핫한 지역에 위치하고 있어 보보스(부르주아 보헤미안)들의 사랑을 받고 있다. 베이컨, 양파, 체더 치즈와 쇠고기 등에 바비큐 소스를 넣은 리턴 오브 더 카우보이The Return of the Cowboy에 프렌치 프라이드를 곁들이면 좋다. 생감자를 손으로 썰어 그릴에 구워내는 감자 튀김과 미셸 로스탕, 야닉 알레노와 같은 스타 셰프들이 애용하는 정육점에서 공급받는 고기로 만드는 고기 패티가 이 집의 인기 비결이다.
Add. 1 Rue Perrée
Open 월~금요일 12:00~15:00, 19:00~23:00, 토요일 12:00~16:00, 19:00~23:30, 일요일 12:00~16:00, 19:00~23:00
Access M8 Filles du Calvaire 역에서 도보 7분
URL www.pny-hamburgers.fr

Intro

11

Gourmet Ⅲ
〈미슐랭 가이드〉
스타급 레스토랑

세계적인 명성을 자랑하는 미식가들의 바이블 〈미슐랭 가이드〉에 소개된 스타급 셰프들의 식탁은 과연 어떨까? 10대 때 주방에 들어가 30~40대에 정상급으로 등극하는 프랑스의 거물급 셰프들은 이름 그 자체가 하나의 브랜드로 인정받고 있다.

기 사브아 Guy Savoy (p.288)
요리를 예술로 승화하는 셰프 기 사브아가 자신의 이름을 걸고 문을 연 레스토랑으로 미국의 라스베이거스에도 지점이 있다. 작은 골목길에 간판도 없어 그냥 지나치기 쉽다. 전통적인 프랑스 요리와 칼로리가 낮은 '누벨 퀴진'을 추구하는 곳이다. 〈미슐랭 가이드〉 3스타 레스토랑답게 가격의 압박이 있지만 프랑스 요리 거장이 내놓는 예술적인 맛을 경험하는 것도 여행의 큰 즐거움이 될 것이다. 브르타뉴 지방의 바닷가재, 아스파라거스와 함께 나오는 비둘기, 감자와 나오는 대구 등이 이곳의 메인 메뉴다.

피에르 가니에르 Pierre Gagnaire (p.72)
분자요리의 창시자인 피에르 가니에르가 운영하는 곳으로 파리 미식가들이 열광하는 〈미슐랭 가이드〉 3스타 레스토랑이다. 분자요리는 1960년대 니콜라스 쿠르디가 시작한 조리 방법으로 전자현미경으로 재료 성분을 분석하고 최상의 온도와 다른 재료와의 조화를 추구하는 새로운 조리법이다. 오리 시나몬 풍이나 긴 다리 새우 요리, 어린 양고기와 달팽이 등 재료의 섬세함을 살린 예술적인 요리를 맛볼 수 있다.

프레 카탈랑 Pré Catelan

1997년 이후 주방을 지휘하는 셰프 프레데릭 앙통이 선보이는 현대적인 프렌치 음식을 맛볼 수 있는 〈미슐랭 가이드〉 3스타 레스토랑. 그는 로베르 바르도, 제라르 보이에, 조엘 로부숑과 같은 스타 셰프들 밑에서 실력을 쌓았으며, 2000년에는 장인 타이틀 M.O.F를 거머쥐었다. 건물 내부는 인테리어 디자이너 피에르 이브 로숑이 세련된 감각으로 재해석했다. 포트 와인을 곁들인 푸아그라, 라임과 버터를 곁들인 대구, 파리-브레스트 등을 즐길 수 있는 점심 메뉴는 130유로, 단품으로는 캐비어와 바닷가재(145유로), 염소 치즈로 만든 라비올리와 함께 나오는 훈제 양고기(125유로) 등이 추천 메뉴.

Add. Route de la Grande Cascade
Tel. 01 44 14 41 14
Open 12:00~13:30, 19:30~21:30
Close 일·월요일
URL http://restaurant.leprecatelan.com

르 슬라동 Le Celadon (p.127)

카르티에, 샤넬 등 세계적인 보석상들이 모여 있는 방돔 광장 근처 웨스트민스터 호텔에 있는 레스토랑으로 '슬라동'은 '동양의 청자'를 의미한다. 클래식한 분위기의 실내가 우아하며 세계 3대 진미 중 하나인 송로버섯이 들어간 라비올리(이탈리아식 만두)는 다른 곳에서는 맛볼 수 없는 음식이다. 〈미슐랭 가이드〉 1스타 레스토랑. 점심 메뉴 49유로.

장 Jean

2002년 1월에 문을 열었으며 셰프, 브노아 보르디에는 32세에 〈미슐랭 가이드〉 1스타 레스토랑의 영예를 안았다. 시크한 데커레이션이 인상적인 브라스리 스타일이다. 프라이팬에 조리한 농어, 달팽이와 오징어를 얇게 썬 요리 등 해산물 요리와 훈제 비둘기 요리 등이 파리지앵 사이에서 소문나 있다. 점심 메뉴 46유로.

Add. 8 Rue Saint Lazare **Tel.** 01 48 78 62 73
Open 12:00~14:30, 20:00~22:30
Close 토·일요일
Access M3 Gare Saint Lazare 역에서 도보 10분
Price 점심 31€, 저녁 60€

알랭 뒤카스 플라자 아테네 Alain Ducasse au Plaza Athénée (p.73)

〈섹스 앤 더 시티〉에 등장해 더욱 유명해진 플라자 아테네 호텔에 있는 알랭 뒤카스의 레스토랑이다. 브랜드 쇼핑 후 들르기에 좋은 몽테뉴 거리에 있다. 알랭 뒤카스는 33세 나이에 〈미슐랭 가이드〉 3스타 레스토랑을 맡았으며 현재 그가 운영하는 레스토랑이 〈미슐랭 가이드〉로부터 받은 별을 합치면 모두 9개나 될 정도로 세계적으로 정평이 난 셰프다. 이곳의 주방은 헬렌 다로즈, 포텔 에 샤보 등에서 경력을 쌓은 호망 메데가 책임지고 있다. 작은 바닷가재와 캐비아, 아스파라거스와 함께 나오는 농어, 농장에서 키운 비둘기 요리가 그의 스페셜 메뉴다. 궁전에서 식사를 하는 듯한 착각이 들 정도로 실내를 럭셔리하게 꾸몄다. "요리는 재료와 순간의 미학"이라고 말하는 요리하는 철학자 알랭 뒤카스의 솜씨를 엿보기 위해선 예약이 필수.

Intro

12
Must do
죽기 전에 파리에서 꼭 해야 할 일

볼 것, 먹을 것, 살 것이 넘쳐나는 파리에서 여행자는 어쩔 수 없이 선택해야 한다. 짧은 여행 동안 놓쳐선 안 될 파리의 Must Do를 정리했다.

미슐랭 스타 레스토랑에서 식사하기
말로만 듣던 〈미슐랭 가이드〉 스타급 레스토랑에서 식사해보는 것도 좋은 경험이다. 최고의 셰프가 내놓는 아름다운 프랑스 요리의 향연에 입이 떡 벌어지면서 동시에 왜 많은 미식가들이 파리를 찾는지에 대한 명쾌한 답을 얻을 것이다. 전식부터 본식, 후식에 이르기까지 다양한 요리를 풀코스로 즐길 수 있는데 아무래도 점심 식사는 30~80유로대의 합리적인 가격으로 할 수 있다. 더 이상 파리에서 달팽이와 코코뱅, 부야베스와 같은 낡은 전통을 고집할 필요는 없다. 프랑스 사람은 거의 없는 레스토랑에 여행자들만 들끓는 값만 비싸고 맛없는 레스토랑에 가기 싫다면 말이다.

부티크 호텔에서 자기
파리의 지붕 아래에서 자는 것만으로도 행복한 일인데 디자인 호텔은 또 뭐냐고 물으신다면? 부티크 호텔이란 체인형 호텔의 천편일률적인 디자인을 철저히 배제하고 각 방마다 개성 넘치는 공간으로 꾸며진 세상에서 단 하나뿐인 호텔이다. 1주일 이상 머물 경우 예쁘고 아담한 파리 스타일의 아파트먼트나 레지던스를 빌려서 지내보는 것도 기억에 남는다. 내 집처럼 편안한 분위기를 즐기며 장에 가서 프랑스 요리 재료를 구입해 직접 요리해 먹을 수 있는 것이 장점이다.

추천 부티크 호텔 예약 전문 에이전시
www.myboutiquehotel.fr
www.designhotels.com

파리의 공원 산책하기
400여 개의 크고 작은 공원이 있는 파리를 산책하는 일은 서울과 같은 도시에서는 쉽지 않은 일상이다. 관광지만 다니는 것도 다리 아프고 시간 없는데 파리 공원 산책이냐고? 일단 공원에서 1시간만 보내면 이유를 알 것이다. 신록이 우거진 공원을 거닐기도 하고, 조용히 벤치에 앉아 책을 읽을 수 있고 파리지앵들과 함께 공원에서 조깅이나 일광욕을 즐기다 보면 휴양지의 리조트에 온 것 같은 편안함을 느낄 테니 말이다. 다만 중독성이 있어 여행을 포기하고 공원에 매일 나갈 수도 있으니 조심할 필요가 있다.

파리의 가볼 만한 공원
뤽상부르 공원(p.263), 몽소 공원(p.68), 베르시 공원(p.381)

와인 & 샴페인 마셔보고 구입하기

파리까지 와서 맥주를 마시는 일은 하지 말자. 만일 맥주를 마셔야 할 상황이라면 '1664'와 같은 프랑스 맥주를 맛보는 것이 좋다. 프랑스 와인은 우리에게 익숙한 보르도 와인을 비롯해 부르고뉴 와인 등 귀에 못이 닳도록 들어왔지만 가격 대비 퀄리티가 훌륭한 샤토 네프 뒤 파프, 코트 뒤 론과 같은 와인도 있다는 사실을 잊지 말자. 선물용 와인을 고를 거라면 아무래도 와인을 받는 사람에게 어필하기 좋은, 만화〈신의 물방울〉에서 거론된 와인을 사는 것도 좋겠다. 아무래도〈신의 물방울〉이야기만 꺼내도 상대의 귀가 솔깃해질 것이다.

이 책에 소개된 와인 전문 숍
메종 데 밀레짐(p.302), 라비니아(p.159), 아를로(p.481 쿠폰)

센 강의 로맨틱한 낭만, 유람선 타기

센 강의 낭만을 느끼고 싶은 사람에게 유람선을 타는 것만큼 좋은 게 있을까? 파리의 센 강을 돌아보는 코스를 운영하는 여러 회사가 있다. 코스나 시간은 거의 동일하며 출발 위치만 다르다. 바토 파리지앵과 바토 무슈는 거의 같은 코스를 돌며 파리의 재미있는 교통수단인 바토 뷔스 1일권을 구입하면 주요 관광지에서 버스처럼 마음대로 타고 내릴 수 있다. 생 마르탱 운하를 돌아보는 카날(운하) 유람선은 좀 특별하다. 연인과의 로맨틱한 밤을 보내야 한다면 디너 크루즈에 과감히 투자해보는 것도 좋다.

추천 유람선
바토 무슈 Bateaux Mouches
Access M9 Alma Marceau
URL www.bateauxmouches.com
베데트 드 파리 Vedettes de Paris
Access RER C Champs de mars la tour Eiffel, M6 Trocadéro URL www.vedettesdeparis.com

패션 디자이너 부티크와 셀렉트 숍 구경 가기

패션의 도시 파리는 샤넬, 디올, 루이 비통, 랑방, 이브 생 로랑, 셀린과 같은 기라성 같은 브랜드를 낳았다. 놀랍도록 기발한 창작의 열정이 만들어낸 파리의 패션 디자이너 숍을 만나려면 몽테뉴 거리나 생 토노레 거리로 가면 되고 바쁜 일정 때문에 차분히 둘러볼 시간이 없다면 파리의 대표적인 셀렉트 숍인 콜레트, 마리아 루이자, 레클레뢰르에 가보는 것도 좋다. 가서 눈으로 보는 것만으로도 당신의 감각이 한층 업그레이드되는 것을 느낄 것이다. 주의할 점은 여행 경비를 몽땅 쇼핑으로 탕진할 수도 있다는 것이다.

이 책에 소개된 셀렉트 숍
레클레뢰르(p.237), 콜레트(p.160), 메르시(p.230), 가부키(p.179)

Intro

인테리어 숍이나 디자인 소품점에서 쇼핑하기
세계적인 인더스트리얼 디자이너 필립 스탁, 카림 라시드, 콘랜 경 등이 선보이는 아이템을 아비타나 콘랜 숍에서 만날 수 있다. 북 바인더스 디자인이나 상투 갤러리 같은 소품 숍, 칼리그란 같은 종이 전문 숍 그리고 마레 지구의 수많은 소품 숍을 돌아보는 것은 당신의 집을 예쁘고 감각적으로 꾸밀 수 있는 절호의 찬스다.

이 책에 소개된 인테리어 숍 & 소품점
아비타(p.167), 콘랜 숍(p.307), 상투 갤러리(p.309),
북 바인더스 디자인(p.305), 필론(p.240)
추천 인터넷 사이트
www.designaparis.com, www.designboom.com

파리의 작은 미술관 관람하기
루브르, 오르세, 퐁피두센터만 보는 것도 버거운 파리 일정에 작은 박물관까지 포함시키는 것은 지나친 욕심이라고? 파리를 이미 찾은 경험이 있다면 로댕, 피카소, 카르나발레, 자크마 앙드레를 비롯한 파리의 70여 개 미술관 중 4~5개 정도를 둘러보는 것이 좋겠다. 물론 미술관을 한 번에 모아서 보려면 2·4·6일짜리 패스 중 하나를 선택할 수 있는 박물관 패스를 구입하는 것이 경제적이다.

박물관 패스 요금
2일 48€, 4일 62€, 6일 74€
*패스 구입은 파리 내 70여 개 미술관 매표소에서

파리의 멋진 건축물 돌아보기
장 누벨, 도미니크 페로, 장 미셸 빌모트 같은 프랑스 건축가들이 우리 귀에 익숙한 것은 그들이 한국에 진출했기 때문이다. 서울숲 뚝섬의 갤러리아 포레를 설계한 사람은 유명한 장 누벨이고, 도미니크 페로는 이화여대 강당을 설계했으며, 장 미셸 빌모트는 압구정동 디 아모레 갤러리를 설계했다. 우리나라의 새로운 스카이라인과 디자인 서울의 거대한 프로젝트에 한몫하고 있는 프랑스 건축가들의 건축물들을 돌아보자. 베르나르 추미의 라 빌레트 과학관, 르 코르뷔지에의 빌라 사보아, 장 누벨의 카르티에 재단, 도미니크 페로의 프랑수아 미테랑 도서관과 같은 건축물은 놓치지 말도록.

파리의 나이트 라이프에 미쳐 보기

파리의 재즈 바나 클럽을 다니는 일이 퇴폐적이라는 편견은 버려라. 파리의 클럽에 가면 40~50대 중장년층의 모습을 심심치 않게 볼 수 있다. 물론 멋진 선남선녀들이 언제나 많으니 걱정은 붙들어 매시라. 파리의 재즈 바는 롬바르 거리에 모여 있다. 지금은 세계적인 재즈 싱어송라이터가 된 나윤선 씨가 그 능력을 인정받은 것도 이 거리에서였다. 재즈 공연을 보고 클럽에 가면 시간이 얼추 맞는다. 무대 예술이나 화려한 파리의 나이트 라이프를 보고 싶은 사람이라면 캉캉쇼로 유명한 물랭루주, 라스베이서스 쇼를 능가하는 리도 쇼와 같은 스펙터클을 보는 것도 좋은 경험이 될 것이다.

이 책에 소개된 야간 명소
뒤크 데 롬바르(p.226), 르 베제 살레(p.228), 물랭루주(p.365), 오 라팽 아질(p.372), 쇼케이스(p.99), 렉스 클럽(p.153)

쇼핑의 달인 되기

파리 쇼핑의 최대 하이라이트는 역시 여름(7월 초)과 겨울(1월 초)에 행해지는 세일. 아무 때나 세일할 수 없는 법 규정 때문에 기간이 정해져 있다. 6개월간 돈을 모아 세일 때 쇼핑을 하는 파리지앵이 많을 정도로 할인율이 크므로 이 기간 중에 방문하는 것이 좋다. 그렇지 않을 경우에는 파리 근교에 있는 라 발레 빌라주 아웃렛에 가거나 알레지아 거리에 있는 스톡 매장에 가는 것이 좋다. 한국에도 많이 성행하고 있지만 중고 쇼핑 매장에 가보는 것도 의외로 쏠쏠하다. 파리 컬렉션에 모델들이 단 한 차례 걸치고 나왔던 옷이나 구두를 이곳에서 팔기도 하고 자신의 취향에 맞지 않은 물건을 들고 나와 팔거나 교환하는 문화가 발달해 있다.

파리 시내외 주요 브랜드 할인 매장

자딕 앤 볼테르 Zadig & Voltaire
Add. 22 Rue du Bourg Tibourg Tel. 01 44 59 39 62
Access M1 Saint Paul 역

레페토 Repetto
Add. 24 Rue Chateaudun Tel. 01 53 32 84 84
Access M7 Peletier 역

아페세 APC
Add. 20 Rue André Del Sarte Tel. 01 42 62 10 88
Access M4 Château rouge 역

클로에 Chloé
Add. 8 Rue J.P Timbaud Tel. 01 44 59 39 62
Access M5·9 Oberkampf 역

산드로 Sandro
Add. 26 Rue de Sévigné Tel. 01 42 71 91 59
Access M1 Saint Paul 역

제라르 다렐 Gérard Darel
Add. 19 Rue du Sentier Tel. 01 42 33 38 39
Access M3 Sentier 역

마주 Maje
Add. 6 Rue du Cherche-Midi Tel. 01 45 41 57 29
Access M4 Saint Sulpice 역

Intro

13
Best Course
파리 시내 추천 코스

서울의 7분의 1만한 작은 도시지만 유구한 역사와 함께 세월의 흔적이 켜켜이 쌓인 예술적인 건물들과 문화적인 볼거리로 가득하다. 그저 발길 닿는대로 걸었다가는 자칫 수박 겉핥기 식으로 파리를 돌아보고 갈 수도 있다. 파리를 알차게 돌아볼 수 있는 추천 코스를 제시한다.

처음 만나는 파리 3일
주요 명소만 돌아보는 데 3일은 족히 걸린다. 여행의 테마를 잡고 이동하는 게 현명하다.

첫째 날
09:30 오페라 또는 앵발리드에서 관광 시작
↓
11:30 파리의 얼굴, 에펠탑 오르기, 센 강 유람선 즐기기
↓
13:00 아 라 프티 셰즈(p.289)에서 점심
↓
14:00 개선문 & 샹젤리제 거리 산책
↓
18:30 바스티유 광장 산책과 파리시청 근처에서 저녁 식사

둘째 날
09:30 사크레쾨르 성당
↓
13:00 마르셀(p.371)에서 점심
↓
15:00 테르트르 광장 및 주변 산책
↓
16:00 생제르맹데프레 산책 및 저녁 식사
↓
19:00 뒤크 데 롬바르(p.227)에서 재즈 공연 감상

셋째 날
10:00 생 마르탱 운하
↓
11:00 오르세 미술관
↓
18:00 몽파르나스 타워 레스토랑 또는 조르주(p.218), 중 한 곳에서 저녁 식사

*파리에서의 일정이 4~6일 정도 되는 사람은 오르세와 루브르 박물관 일정을 여유 있게 추가한 다음 베르사유 궁전, 지베르니 같은 근교나 당일치기 여행이 가능한 몽생미셸, 루아르 고성 지대 등의 지방 일정을 추가한다.

두 번째 만나는 파리

파리의 숨은 매력과 만날 수 있는 좋은 기회다. 규모가 작은 박물관과 책에 소개된 맛집, 카페를 돌아본다.

첫째 날

10:00 마레 지구 산책
↓
13:15 카페 데 뮤제(p.210)에서 중식
↓
14:00 미래의 기르니발레 박물관, 피카소 미술관, 로드 숍 구경 및 쇼핑

↓
17:00 베르티용 아이스크림을 먹으면서 생 루이 섬 산책 및 노트르담 성당

둘째 날

10:00 로댕 미술관
↓
11:00 앵발리드
↓
12:00 뤽상부르 공원 산책 후 레피 뒤팽(p.279)에서 점심
↓

14:00 오스만 거리 쇼핑(프렝탕, 라파예트 백화점)
↓

19:00 몽파르나스 전망대 또는 개선문에서 야경 감상 후 근처 레스토랑 또는 클럽으로

셋째 날

10:00 지베르니 모네의 집 또는 오베르 쉬르 우아즈 고흐의 집
↓
12:30 중식 후 파리로 이동
↓
14:00 생 마르탱 운하 주변 산책

18:00 라비니아(p.159)에서 와인 구입 또는 에디아르나 포숑에서 맛있는 선물 구입

넷째 날

10:00 라 발레 아웃렛 쇼핑 / 디즈니랜드 파리나 아스테릭스 파크 또는 몽생미셸, 루아르 고성 지대 원거리 투어

PARIS BY AREA

Area 1	Champs Elysées 샹젤리제	56
Area 2	Opéra & Louvre 오페라 & 루브르	100
Area 3	Cité & Marais 시테 섬 & 마레	186
Area 4	Canal Saint Martin 생 마르탱 운하	244
Area 5	Saint Germain des Prés 생제르맹데프레	258
Area 6	Invalides & Tour Eiffel 앵발리드 & 에펠탑	312
Area 7	Montparnasse 몽파르나스	340
Area 8	Montmartre 몽마르트르	358
Area 9	Bercy 베르시	376
Area 10	La Défense vs. La Villette 라데팡스 vs. 라 빌레트	388

Area 1
CHAMPS ELYSÉES

샹젤리제

● 12개 도로가 방사상으로 뻗어 있는 에트왈 광장의 개선문에서 콩코르드 광장까지 약 2km에 달하는 샹젤리제 거리는 세계에서 가장 화려한 거리로 불린다. 나폴레옹의 승전을 기념하기 위해 세운 개선문과 파리 만국박람회를 위해 건설한 그랑 팔레는 갤러리로 변신해 지금은 세계적인 작가들의 특별전이 개최되는 등 볼거리가 풍부하다. 또 산책로에는 아름드리나무들을 심어 여행자들에게 쉼터를 선사한다. 매년 12월이 되면 화려한 크리스마스트리가 설치돼 로맨틱하게 변신하는 왕복 8차선 거리에는 종일 차량행렬이 끊이지 않는다. 다양한 상점과 카페, 레스토랑, 극장 등이 줄지어 있어 파리지앵과 관광객들의 발걸음이 이어지고 있다.

Area 1 / Champs Elysées

Access
가는 방법

샤를드골 에투알Charles de Gaulle Etoile 역
조르주 생크George V 역
프랭클린 루스벨트Franklin D Roosevelt 역
콩코르드Concorde 역

방향 잡기 개선문이 있는 샤를드골 에투알 역에 내리면 콩코르드 광장 쪽으로 걸어갈 수 있다. 개선문과 콩코르드 광장 중간에 있는 롱 푸앵 데 샹젤리제Rond Point des Champs Elysées에서 명품 브랜드가 모여 있는 몽테뉴 거리Avenue Montaigne로 빠진다. 쇼핑 마니아라면 하루 일정을 생각해야 한다. 몽테뉴 거리로 빠지지 말고 계속 직진하면 오벨리스크 탑이 있는 콩코르드 광장이 나오고 그곳을 지나치면 튈르리 공원이 나온다. 공원 안에 있는 쥐드폼 갤러리나 오랑주리 미술관을 관람하거나 공원을 통해 루브르 박물관으로 갈 수도 있다.

Check Point

● 2009년 이후 샹젤리제 거리는 루이 비통 본점을 포함해 일요일에도 문을 여는 상점들이 늘고 있다. 카페나 레스토랑은 대부분 문을 연다.

● 몽테뉴 거리에는 오토바이 날치기가 성행하고 샹젤리제 거리 주변과 메트로에는 소매치기들이 항상 여행자들을 노린다. 길가로 걷지 말고 소지품에 특히 신경 쓰도록.

● 2016년부터 파리 시에서는 한 달에 하루(일요일) 날짜를 정해 도심의 공해 해소와 파리 시민의 편의를 위해 샹젤리제 거리의 '차 없는 날' 행사를 시행 중이다.

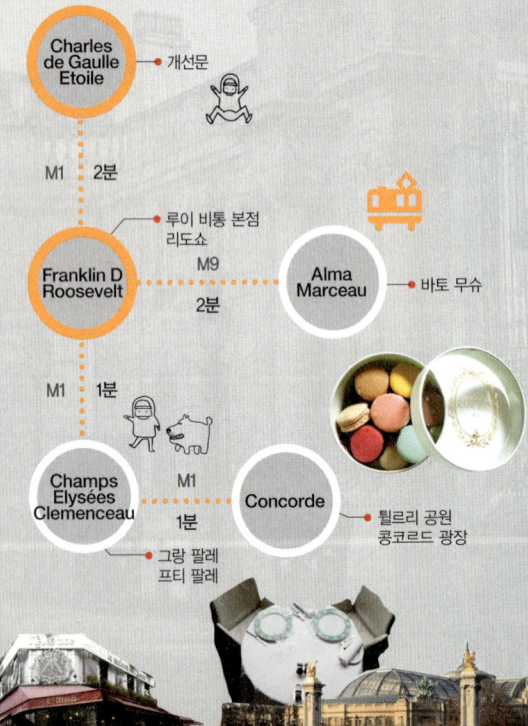

Plan
추천 루트

파리 관광과 쇼핑의 하이라이트
샹젤리제 거리 하루 걷기 여행

10:30 개선문 Arc de Triomphe
개선문에 올라 파리 시가지를 감상한다. 방사형인 샤를드골 광장의 아름다움을 느껴보자.

도보 10분

11:00 샹젤리제 거리 Avenue des Champs Elysées
샹젤리제 거리에서 마음에 드는 숍에 들어가 쇼핑한다. 찬찬히 둘러보면 오전 시간이 훌쩍 지나간다.

도보 10~15분

메종 블랑슈 또는 레옹 드 브뤼셀 13:00
Maison Blanche / Léon de Bruxelles
전망 좋은 메종 블랑슈에서 품위 있는 식사를 즐기는 것도 좋겠다. 점심 메뉴는 40유로 이하로 해결할 수 있다. 20유로 이하의 점심을 원한다면 레옹 드 브뤼셀의 홍합 요리를 추천한다.

도보 10분

그랑 팔레 & 프티 팔레 14:30
Grand Palais & Petit Palais
그랑 팔레에서 열리는 특별전이나 프티 팔레, 알렉상드르 3세 다리를 돌아본다.

도보 10분

17:00 라 뒤레 La Durée
살롱 드 테에서 한가로운 티타임을 즐겨보자. 지친 다리도 쉬어갈 겸 저녁 일정을 계획해보자.

도보 3분

20:00 미스 고 Miss KO
감각적인 인테리어가 인상적인 레스토랑에서 가볍게 샴페인 또는 식사를 즐긴다.

쇼케이스 또는 듀플렉스 23:00
Showcase / Le Duplex
파리의 핫한 클럽 탐방. 신나게 흔들다 보면 여행 중 쌓인 피로와 스트레스를 한방에 날릴 수 있다.

쇼케이스(도보 18분)
듀플렉스(도보 9분)

Area 1 / Champs Elysées

개선문 Arc de Triomphe 악끄 드 트리엉프

Add. Place Charles de Gaulle
Tel. 01 55 37 73 77
Open 10:00~22:30(4~9월 ~23:00) *입장 마감 폐장 45분 전
Close 1/1, 5/1, 5/8(오전), 7/14(오전), 11/11(오전), 12/25, 악천후 시
Access M1·2·6·RER A Charles de Gaulle Etoile 역에서 나가면 바로
Admission Fee 일반 9.50€, 학생 6€, 18세 미만 무료

Map P.448-F

★★★

나폴레옹이 조성한 샹젤리제 거리

1806년 나폴레옹이 이탈리아와 오스트리아 연합군을 물리친 오스테를리츠 전투를 기념하기 위해 세웠다. 장 프랑수아 샬그랭의 설계로 공사를 시작했지만 나폴레옹이 물러난 왕정복고시대에는 중단됐다가 1836년에 지금의 모습이 됐다. 세인트헬레나 섬으로 유배된 나폴레옹은 개선문의 완공을 보지 못했고 결국 유해가 돼 개선문을 지나갈 수 있었다. 제2차 세계대전 때는 독일군으로부터 파리를 해방시킨 드골 장군이 이곳을 행진했다. 개선문 오른쪽 기둥에 있는 '라 마르세이예즈'라는 부조는 조각가 뤼드의 작품이며 그 위쪽으로 나폴레옹이 승리의 여신에게 월계수를 받는 코르토의 조각 작품이 있다. 272개의 계단을 통과해 전망대로 올라가면 방사형으로 뻗어 있는 12개의 길을 포함해 개선문과 일직선을 이루고 있는 카루젤 개선문과 신 개선문을 볼 수 있다.

1 샹젤리제 거리의 상징인 개선문. 밤에는 더욱 화려하다. **2** 샤를드골 광장을 중심으로 12개의 길이 방사형으로 펼쳐져 있다. **3** 방사상으로 뻗어 있는 거리의 중심은 개선문이 있는 에투알 광장이다. **4** 프랑스 국가의 모티브라 할 수 있는 라 마르세이예즈 조각

샹젤리제 거리 Avenue des Champs Elysées

🔊 아브뉴 데 샹젤리제

Map P.449-G

★★★

Add. Avenue des Champ Elysées
Access M1·13 Champs Elysées Clemenceau 역에서 도보 1분, M1·9 Franklin D Roosevelt 역에서 도보 2분, M1·2·6·RER A Charles de Gaulle Etoile 역에서 샤를 드 골 광장을 나가면 바로
*7월 14일 혁명 기념일에는 군사 퍼레이드가 시작되기 전인 오전 8시경에, 12월 31일 새해맞이 행사에는 오후 10시경에는 도착해야 샹젤리제 거리 행사를 즐길 수 있다.

세계에서 가장 화려한 거리

앙리 4세의 부인인 마리 드 메디시스가 조성한 산책로를 파리 시의 대대적인 정비 작업의 일환으로 오스만 남작과 나폴레옹 3세가 막대한 예산을 투입해 만든 거리다. 베르사유 궁전 정원, 튈르리 정원을 설계한 르 노트르가 거리를 조성했다. 샹젤리제는 '엘리제의 들판'을 의미한다. 전체 길이 약 2km, 폭은 약 70m인 이 대로는 개선문에서 콩코르드 광장까지 연결돼 있으며 거리에는 항공사, 패션 부티크, 상점, 카페, 레스토랑들이 줄지어 있다. 거리 중앙에서 센 강 쪽으로 나 있는 몽테뉴 거리 Avenue Montaigne에는 세계적인 명품 브랜드들의 부티크가 모여있다. 다른 지역과 달리 관광특구로 지정되어 루이 비통을 비롯한 상점들이 일요일에도 문을 연다.

1 1년 중 샹젤리제 거리가 가장 아름다운 시기는 크리스마스 때다. **2** 샹젤리제 거리는 언제 찾아도 활기가 넘친다. **3** 노란 단풍이 든 엘리제 궁 옆 길 **4** 샹젤리제 거리의 노천카페

샹젤리제 거리 **부티크 탐험**

다른 지역과 달리 카페, 레스토랑, 많은 상점들이 일요일에도 문을 여는 샹젤리제는 파리의 경제특구라 해도 과언이 아니다. 2008년 이후 루이 비통 본점이 일요일에 문을 열면서 이런 분위기가 점차 확산돼 쇼퍼홀릭들의 가슴을 설레게 한다.

루이 비통 Louis Vuitton P.449-G

루이 비통의 신상품을 가장 먼저 만나볼 수 있는 플래그십 매장으로 루이 비통의 모든 아이템이 진열돼 있다. 동양인 쇼핑객들로 문전성시를 이뤄 줄을 길게 서야 하는 불편함이 있지만 프랑스 전국 루이 비통 매장 중 유일하게 일요일에 문을 연다.

디즈니 숍 Disney shop P.449-C

어린이들은 물론 어른들에게도 인기 있는 숍이다. 디즈니 애니메이션 캐릭터 마스코트뿐 아니라 최근에 개봉된 디즈니사의 모든 캐릭터 상품을 만날 수 있다. 지하에서는 파리 근교에 있는 디즈니 파크와 디즈니 스튜디오 입장 티켓을 살 수 있다.

랑셀 Lancel P.448-F

영화배우 이자벨 아자니를 내세워 대대적인 홍보를 벌이고 있는 프랑스 가방 브랜드 숍이다. 우리나라에서는 인기가 시들하지만 프랑스인들에게는 130년 동안 꾸준히 사랑받는 브랜드로 랑셀의 모든 베스트 아이템과 만날 수 있다.

이브 로쉐 Yves Rocher P.449-C

합리적인 가격을 내세우며 중저가 화장품 시장을 주도하는 이브 로쉐 매장. 천연 유기농 성분으로 피부에 안전성과 함께 풍부한 자연 에너지를 선사한다. 가격 대비 만족도가 높아 가족과 친구를 위한 저렴한 선물을 사기 좋은 곳이다.

휴고 보스 Hugo boss P.499-G

1923년 오스트리아 재단사 휴고 보스가 만든 브랜드로 20~40대를 대상으로 하는 블랙 라벨, 10~20대를 대상으로 하는 캐주얼 오렌지 라벨, 스포츠 웨어인 그린 라벨로 나뉜다.

겔랑 Guerlain P.449-C

1828년 피에르 겔랑이 세계 최초로 개발한 향수에서 유래한 명품 화장품의 쇼룸. 1층에는 주로 신상품이, 2층에는 전 라인과 피부 상담사가 제품 카운슬링을 해준다.

푸조 애비뉴 Peugeot Avenue P.448-B

프랑스의 대표적인 자동차 브랜드 푸조사의 홍보 쇼룸으로 여행자들도 좋아할 만한 소금, 후추통, 미니카와 같은 기념품도 판매한다. 푸조의 신차와 콘셉트카는 자동차 마니아들이 열광하는 아이템이다.

세포라 Séphora P.449-C

화장품 전문 매장으로 다양한 제품과 샘플을 비교할 수 있다. 메이크업 아티스트가 제품 카운슬링(영어로도 가능)을 해주고 향수도 직접 고를 수 있다. 의외로 저렴한 제품이 많다.

자라 Zara P.449-C

우리나라에도 매장이 있지만 제품의 다양성이나 가격 면에서 다른 유럽 국가보다 못하다. 일주일에 한 번씩 신상품이 들어오는 자라의 알뜰함을 추구하는 멋쟁이 여성들이 샹젤리제에서 가장 즐겨 찾는 쇼핑 스폿이다.

푸케 Fouquet's P.449-G

레마르크의 소설 〈개선문〉에 등장하기도 했던 고급 레스토랑으로 럭셔리 호텔에 최근 문을 열었다. 음식보다 부담 없이 즐길 수 있는 아침식사와 분위기 좋은 레스토랑에서의 티타임 정도를 권한다.

아가타 Agatha P.449-C

귀여운 강아지 문양의 마스코트로 우리나라 여성들에게 사랑받는 주얼리 브랜드다. 시계와 브로치, 머리핀 등 선물용으로 부담스럽지 않은 귀여운 아이템이 많다.

프티 바토 Petit Bateau P.449-C

심플한 디자인과 좋은 소재로 아이를 둔 엄마나 조카를 위해 어떤 선물을 사야 할지 고민하는 여행자에게 추천하고 싶은 숍이다. 0세부터 18세까지 입을 수 있는 속옷과 외출복은 물론 아이들과 함께 입을 수 있는 엄마 옷도 구입할 수 있다.

그랑 옵티컬 Grand Optical P.448-B

멀티 브랜드 안경점으로 까르띠에, 레이밴, 구찌, 샤넬 등 다양한 모델을 직접 착용해보고 구입할 수 있는 것이 장점. 렌즈는 2시간 안에 맞출 수 있으나 한국보다 렌즈 가격이 월등히 비싸다는 점을 기억할 것.

타라 자몽 Tara Jarmon P.449-G

시크하면서 여성스런 프렌치 시크 룩을 지향하는 패션 브랜드. 로맨틱하고 컬러풀한 컬렉션으로 25~35세 여성들이 즐겨 입는다. 영국 왕세손비 케이트 미들턴도 즐겨 입는 브랜드로 유명하다.

나이키 Nike P.449-G

스포츠 스타들에게 사랑받는 브랜드의 최신 상품을 만나볼 수 있는 곳. 가격은 한국보다 비싼 편이지만 유럽에서만 살 수 있는 라인과 일부 컬렉션 모델은 욕심낼 만하다.

네스프레소 Nespresso P.448-F

조지 클루니가 나온 광고로 유명한 1회용 캡슐 커피 매장으로 캡슐 1개당 0.33유로 정도이며 에스프레소 머신은 140유로 정도로 한국보다 저렴하다.

푸낙 Fnac P.449-C

멀티미디어, 휴대전화, 음반 등이 있는 교보문고와 같은 곳. 샹젤리제 지점은 도서 코너가 따로 없다. 카메라는 직접 테스트해보고 살 수 있다. 샹송이나 라운지 음악 등이 선물용으로 좋다.

폴 Paul P.449-C

샹젤리제 거리에서 저렴하게 즐길 수 있는 샌드위치 전문점이다. 우리나라에도 매장을 내면서 인기를 얻고 있다.

프티 팔레 & 그랑 팔레 Petit Palais & Grand Palais
🔊 쁘띠 빨레 & 그랑 빨레

Map P.449-H

★★

Add. Avenue Winston Churchill **Tel.** 01 44 13 17 17 **Open** 프티 팔레 09:00(10:00)~22:00, 그랑 팔레 화~일요일 10:00~18:00(목요일 ~20:00) *전시마다 조금씩 다르므로 방문 전에 홈페이지에서 확인할 것 **Close** 12/24·25·31 **Access** M1·13 Champs Elysées Clemenceau 역에서 Av. Winston Churchill을 따라 도보 2분 **URL** 프티 팔레 www.petitpalais.paris.fr, 그랑 팔레 www.grandpalais.fr **Admission Fee** 일반 9€, 학생 6€(전시에 따라 다름)

세계적인 전시가 열리는 예술의 전당

1900년 파리 만국박람회를 위해 지은 건물로 내부에는 세계적인 작가들의 대형 기획전이 열리는 그랑 팔레 갤러리, 과학 기술의 발전을 보여주는 발견의 전당으로 구성돼 있다. '크다'는 뜻을 가진 '그랑'과 의미가 상반되는 '프티 팔레'는 그랑 팔레를 마주 보고 서 있으며 파리 시가 소유한 다채로운 예술품을 소장하고 있다. 주로 마네, 모네, 코로와 같은 작가들의 회화 작품은 물론 그리스 로마 조각과 17세기의 네덜란드 회화 작품을 소장하고 있다. 미술관 관람을 마치면 그랑 팔레에 있는 미니 팔레에 들러 식사를 즐기거나 커피 한 잔의 여유를 가져보는 것도 좋겠다. 거대한 철골과 아름다운 유리로 꾸민 그랑 팔레의 외관은 숨이 막힐 듯한 건축미를 자랑하므로 놓치지 말자. 프티 팔레 건물 앞에는 윈스턴 처칠의 동상이 서 있다.

1 현대미술의 거장, 볼탕스키 특별전이 열리고 있는 그랑 팔레 **2** 그랑 팔레의 특별전시관으로 모네, 고흐, 터너와 같은 유명 작가들의 전시가 열린다. **3** 프티 팔레는 파리 시가 보유한 유명 조각과 회화 작품을 전시한다. **4** 맑게 갠 하늘 아래 고풍스러운 프티 팔레 입구

알렉상드르 3세교 Pont de l'Alexandre III

🔊 뽕 달렉썽드르 트로와

Access M1·13 Champs Elysées Clemenceau 역에서 Av. Winston Churchill을 따라 도보 6분

065

Map P.449-H

★★

파리에서 가장 아름다운 다리

드라마 〈파리의 연인〉에 나와 한국인에게도 친근한 곳이다. 파리 만국박람회를 기념하기 위해 세워졌으며, 이름은 러시아 황제의 이름을 붙였다. 알렉상드로 3세는 독일의 비스마르크와 사이가 벌어지자 1894년 프랑스와 동맹을 맺었으며 프랑스의 재정적인 도움을 받아 시베리아 철도를 놓는 등 프랑스와 우호 관계를 유지한 로마노프 왕조의 13대 군주다. 총 길이 109m로 앵발리드 쪽은 승리를, 반대쪽은 패배를 의미하며 아르누보 양식의 청동 램프, 큐피드와 아기 천사, 날개 달린 페가수스 조각으로 장식돼 있다. 19세기 말의 건축양식을 반영, 강철을 기초로 건설하였다. 파리 시에서 다리를 빛내는 동상에 정기적으로 금박을 입혀 언제나 반짝거리는 모습이다. 수많은 광고 촬영이 이곳에서 이루어졌고 파리에서의 웨딩 화보 촬영에도 빠지지 않는 명소다.

1 알렉상드르 3세교 뒤쪽으로 앵발리드의 황금 지붕이 빛난다. **2** 알렉상드르 3세교는 파리에 있는 다리 중 가장 아름답다. **3** 낭만을 사랑하는 화가들이 이젤을 들고 다리 위에 선다. **4** 파리에서 가장 낭만적인 다리로 손꼽힌다.

Area 1 / Champs Elysées

엘리제 궁전 Palais de l'Elysées 🔊 빨레 드 렐리제

Map P.449-D

Add. 55 Rue du Faubourg Saint Honoré
Tel. 01 42 92 81 00
Access M1·13 Champs Elysées Clemenceau 역에서 Av. de Marigny를 따라 걷다가 Rue du Faubourg-Saint-Honoré로 우회전한다. 도보 7분

★

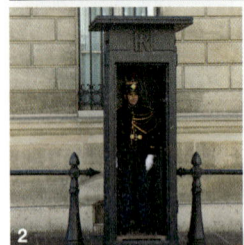

프랑스 대통령이 집무를 보는 관저

1718년에 기업가인 클로저의 사위, 에브르 백작을 위해 지어진 건물로 루이 15세의 연인 퐁파두르 부인과 나폴레옹의 부인 조세핀이 머물기도 했던 장소다. 프랑스대혁명 전에는 작은 놀이공원이 있었다. 나폴레옹이 워털루전투 패배 후 황제 퇴위서에 서명한 곳도 바로 이곳이다. 1871년 이래 지금까지 공화국 대통령의 공식 관저로 사용되고 있으며 현 프랑스 대통령인 프랑수아 올랑드도 이곳에서 집무를 보고 있다. 내부 관람은 허용되지 않으나 1년에 단 한 차례 문화유산 개방의 날 journées du patrimoine(9월 셋째 주 주말)에는 일반인도 내부 관람이 가능하다. 건물 구조를 살펴보면 1층에는 만찬장과 나폴레옹 3세 살롱, 각료 회의가 열리는 공간이 있으며 2층에는 대통령 집무실과 비서실 등이 있다.

1 포부르 생 토노레 거리에 명품 브랜드 숍과 나란히 자리한 대통령 관저 **2** 엘리제 궁 앞에 서 있는 근위병의 근엄한 모습 **3** 차량 통제가 많아 한산한 엘리제 궁 앞 도로

콩코르드 광장 Place de la Concorde 플라스 드 라 콩꼬르드

Add. Place de la Concorde
Access M1·8·12 Concorde 역에서 도보 3분
*콩코르드 광장에서는 파리 시내를 조망할 수 있는 대관람차(2016년 9월 15일까지)가 운영된다. 저물녘 대관람차에 올라 70m 상공에서 내려다보이는 아름다운 전망은 로맨틱한 파리를 즐길 수 있는 또 다른 방법이다.

★★

프랑스대혁명의 장소

1755년 앙주 자크 가브리엘Ange Jacques Gabriel이 루이 15세를 기리기 위해 설계했다. 루이 15세 기마상은 프랑스대혁명 소용돌이에서 파괴되고 이 자리에 단두대가 놓여 마리 앙투아네트, 로베스 피에르 등 1119명의 왕족과 귀족이 처형됐다. 광장 중앙에 서 있는 오벨리스크는 이 집트를 통치한 람세스 2세가 태양신을 숭배하기 위해 만든 것으로 높이 23m, 230t의 이 화강암은 운반하는 데 만 4년여의 세월이 걸렸다고 한다. 당시의 운반 과정은 오벨리스크 하단에 금박으로 자세히 설명돼 있다. 여름이면 시원스러운 물줄기를 내뿜는 두 개의 대형 분수는 이탈리아의 성 베드로 광장을 본뜬 것이다. 개선문을 등지고 튈르리 정원이 있는 왼쪽으로는 해군성과 크리용 호텔이 있다. 봄에는 푸아 뒤 트론이라는 임시 놀이동산이, 크리스마스에는 대관람차가 설치된다.

1 프랑스 지방의 주요 도시를 상징하는 동상들이 광장을 내려다보고 있다. **2** 광장 한쪽에 마련된 카페에서 담소를 하는 파리지앵 **3** 오비티칸의 분수를 본떠 만들었다는 화려한 분수 **4** 콩코르드 광장에서 출발하는 여행자를 위한 자전거가 등장했다.

Area 1 / Champs Elysées

몽소 공원 Parc de Monceau 빡끄 드 몽쏘

Map
P.449-C

Add. 35 Boulevard Courcelles
Open 07:00~20:00(5~8월 ~22:00, 9월 ~21:00)
Access M2 Monceau 역에서 도보 3분
URL http://parcsetjardins.equipement.paris.fr

★

영국식 정원이 아름다운 파리지앵의 쉼터

개선문에서 북동쪽으로 나 있는 오슈 거리를 따라가면 나오는 몽소 공원은 9ha 넓이의 아담한 녹지 공간으로 파리지앵뿐 아니라 여행자들도 산책하기에 좋다. 1778년 오를레앙 공작이 조성한 영국식 정원이 아름답다. 당시 공작은 화가이자 작가였던 카르몽텔에게 정원 설계를 부탁했는데 그는 피라미드, 그리스 신전, 풍차, 스위스 농가 등 여러 나라의 건축물들을 작은 크기로 만들어 산책로 사이사이에 배치했다. 결과적으로 파리의 여느 공원과는 다른 모양새를 갖추었고 크기보다 아기자기함이 돋보이는 공원으로 이름났다. 파리 시내 한가운데 있어서 점심시간에는 운동하러 나온 직장인들의 모습도 쉽게 볼 수 있다. 미술에 관심 있는 여행자라면 중국 미술품을 전시하는 세르누치 미술관과 18세기 장식 미술품을 볼 수 있는 니심 드 카몽도 미술관을 놓치지 말자.

1 그리스 신전을 방불케 하는 공원 **2** 맑은 날에는 많은 가족들이 나들이 장소로 이용한다. **3** 개선문에서 멀지 않아 여행자들도 쉽게 산책할 수 있다.

르 드와영 Le Doyen 🔊 르 드와영

Add. 8 Avenue Dutuit **Tel.** 01 53 05 10 01
Open 12:00~14:00, 19:30~22:00 **Close** 토요일 점심, 일요일, 7/28~8/17
Access M1·13 Champs Elysées Clemenceau 역에서 샹젤리제 거리를 따라
걷다가 Av. Dutuit로 우회전한다. 도보 4분
URL www.yannick-alleno.com
Price 점심 코스 135€, 저녁 코스 295€

파리 레스토랑 업계의 살아 있는 전설

샹젤리제 거리 프티 팔레 뒤쪽에 있는 르 드와영이 처음 문을 연 것은 1791년이다. 나폴레옹을 비롯해 로베스 피에르 등 프랑스대혁명 관련 인사들이 단골로 드나들었던 역사적인 레스토랑이다. 세계적인 호텔에서 경력을 쌓은 야닉 알레노Yannick Alléno가 셰프로 상주하며 〈미슐랭 가이드〉 3스타에 빛나는 곳이다. 브르타뉴에서 직송해오는 대하 랑구스틴과 향긋한 자몽 케이크가 인기다. 자연의 빛깔과 현대 건축에서 요리의 영감을 얻는다는 셰프의 창의성과 클래식한 분위기의 인테리어가 이곳이 프랑스 최고의 레스토랑임을 증명한다.
2016년에 즐길 수 있는 대표 메뉴로는 흰 송로버섯이 들어간 서대기, 성게와 훈제 장어를 곁들인 와규, 토마토와 바질 소스로 무스를 낸 스캄피(조그만 랍스터) 등이 있다.

1 200여 년이 넘는 역사를 자랑하는 르 드와영의 2층 공간 **2** 〈미슐랭 가이드〉 3스타급 레스토랑답게 유명 인사들이 자주 드나든다. **3, 4** 예술 작품 같은 디저트 플레이팅

Area 1 / Champs Elysées

르 쌩크 Le Cinq 르 쌩크

Add. 31 Avenue George V
Tel. 01 49 52 71 54
Open 12:30~14:30, 19:00~22:30
URL www.restaurant-lecinq.com
Price 점심 110€~, 저녁 290€~

Map
P.449-G

마법과도 같은 3스타 셰프의 요리

오랜 전통을 자랑하는 〈미슐랭 가이드〉 3스타 레스토랑 르 드와옝Le Doyen에서 12년 동안 일했던 관록의 셰프 크리스티앙 르 스케르Christian Le Squer가 르 드와옝에서의 셰프 생활을 접고 이곳으로 새롭게 자리를 잡았다. 그는 〈미슐랭 가이드〉 2스타였던 르 쌩크를 3스타로 만들며 한층 격을 높였다. 그의 장기라 할 수 있는 생선 요리는 타의 추종을 불허한다. 또 모든 음식은 최고의 재료를 사용해 정교하게 만드는 과학과 예술의 조화라 평가하기에 부족함이 없다. 캐비어가 함께 나오는 농어, 채소 즙을 얹은 시금치를 곁들인 쇠고기 흉선 요리, 브르타뉴 지역의 딱새우 요리 등이 시그너처 메뉴이며 격조 높은 식사를 즐기는 데 부족함이 없다.

1 럭셔리한 궁전에서 식사를 즐기는 특별한 경험을 선사한다. **2** 봄철 메뉴에 사용되는 화이트 아스파라거스 **3** 셰프의 시그너처 메뉴인 브레타뉴 지역의 랑구스틴 **4** 블루베리와 키위를 곁들인 쫄깃한 식감의 대구 요리

코펜하그 Copenhague 🔊 코펜하그

Add. 142 Avenue Champs Elysées **Tel.** 01 44 13 86 26
Open 12:00~14:00, 19:00~22:15 **Close** 토·일요일
Access M1 George V 역에서 샹젤리제 거리를 따라 도보 2분, M1·2·6·RER A Charles de Gaulle Etoile 역에서 샹젤리제 거리를 따라 도보 4분
URL www.floradanica-paris.com
Price 80€~

샹젤리제에서 즐기는 덴마크식 정찬

샹젤리제 거리에 있는 덴마크 레스토랑으로 문화원 내에 있다. 이 집의 셰프 장 베르나르 코르베시에Jean Bernard Corvaisier는 파리 16구에 있는 고급 레스토랑 빌라 코르스Villa Corse와 〈미슐랭 가이드〉 1스타 레스토랑인 아베 생 앙브루아Abbey Saint-Ambroix 등에서 일한 바 있는 M.O.F(프랑스 정부 공인 요리 장인)다. 북유럽산 훈제연어, 감자 퓌레, 생선 요리가 일품이며 대통령과 총리, 유명 연예인 등이 즐겨 찾는다. 같은 건물 1층에 있는 플로라 다니카는 코펜하그보다 저렴한 비스트로다. 2000년 프랑스의 시사 주간지 〈마리안〉이 뽑은 프랑스 최고의 외국 음식 레스토랑으로 선정되기도 했다. 대표 메뉴로는 레드 라벨의 연어, 피레네산 어린 양, 야콥슨 방식으로 익힌 서대기 등이 있으며 글루틴과 채식주의자를 위한 식단도 즐길 수 있다.

1 붉은색과 흰색의 대비가 인상적인 실내 **2** 야외 테라스에서 즐기는 멋진 만찬 **3** 북유럽산 연어와 감자 퓌레

피에르 가니에르 Pierre Gagnaire 🔊 삐에르 가네-흐

Map P.448-B

Add. 6 Rue Balzac **Tel.** 01 58 36 12 50
Open 12:00〜14:00, 19:30〜21:30 **Close** 토·일요일, 8월
Access M1 George V 역에서 샹젤리제 거리를 따라 걷다가 Rue Balzac 거리로 우회전한다. 도보 3분
URL www.pierre-gagnaire.com
Price 점심 5코스 155€, 저녁 7코스 310€

롯데호텔에도 분점이 있는 분자요리 본점

분자요리의 창시자인 피에르 가니에르가 운영하는 곳으로 파리 미식가들이 열광하는 〈미슐랭 가이드〉 3스타 레스토랑이다. 2009년 서울 롯데호텔에 같은 이름의 레스토랑이 문을 열면서 한국 사람들 사이에서도 유명해졌다. 분자요리는 1960년대 니콜라스 쿠르디가 시작한 조리 방법으로 전자현미경으로 재료 성분을 분석하고 최상의 온도와 다른 재료와의 조화를 추구하는 새로운 조리법이다. 오리 시나몬풍이나 긴 다리 새우 요리, 어린 양고기와 달팽이, 아귀 살을 발라 프로슈토로 얇게 말아 구운 요리 등 재료의 섬세함을 살린 예술적인 요리를 맛볼 수 있다. 1997년 문을 열어 이듬해 〈미슐랭 가이드〉 최고 등급을 얻었다. 런던의 스케치, 파리의 가야, 도쿄의 피에르 가니에르, 두바이의 레플스 파 피에르 가니에르를 낳은 세계적인 셰프의 요리 세계가 시작된 곳이 바로 이곳이다.

1 클래식한 스타일의 레스토랑 내부 **2** 피에르 가니에르는 분자요리의 대표 셰프로 유명하다. **3, 4** 재료 하나하나의 맛이 그대로 살아 있는 예술적 요리

알랭 뒤카스 플라자 아테네 Alain Ducasse au Plaza Athénée

알랭 뒤카스 오 플라자 아테네

Add. 25 Avenue de Montaigne **Tel.** 01 53 67 65 00
Open 12:45~14:15, 19:45~22:15
Close 월~수요일 점심, 토·일요일, 7~8월, 12/25, 연말 연초
Access M9 Alma Marceau 역에서 Pl.de l'Alma를 지나 Av. Montaigne를 따라 도보 5분 **URL** www.alain-ducasse.com
Price 점심 코스 210€~, 저녁 코스 380€

2016년 〈미슐랭 가이드〉 3스타에 재등극

〈섹스 앤 더 시티〉에 등장해 유명해진 플라자 아테네 호텔에 있는 알랭 뒤카스의 레스토랑으로 좋은 몽테뉴 거리에 있다. 알랭 뒤카스는 33세 나이에 〈미슐랭 가이드〉 3스타 레스토랑을 맡았으며 현재 그가 운영하는 레스토랑이 〈미슐랭 가이드〉로부터 받은 별을 합치면 모두 9개나 될 정도로 세계적으로 정평이 난 셰프다. 이곳의 주방은 알랭 뒤카스와 오랫동안 함께 일해왔던 로망 메데가 책임지고 있다. 알랭 뒤카스는 2014년 레노베이션을 통해 더 화려한 모습으로 태어났다. 작은 바닷가재와 캐비아, 아스파라거스와 함께 나오는 농어, 농장에서 키운 비둘기 요리가 그의 스페셜 메뉴다. 궁전에서 식사를 하는 듯한 착각이 들 정도로 럭셔리하게 실내를 꾸몄다. "요리는 재료와 순간의 미학"이라고 말하는 요리하는 철학자 알랭 뒤카스의 솜씨를 엿보기 위해선 예약이 필수.

1 샹들리에가 화려한 레스토랑의 실내 **2** 고급 식기를 사용하는 정통 프랑스 레스토랑이다. **3** 눈부시도록 아름다운 샹들리에 아래서 즐기는 만찬 **4** 작은 바닷가재와 캐비아 요리

Area 1 / Champs Elysées

엑세테라 Etcetera 엑제테라

Add. 2 Rue la Pérouse
Tel. 01 49 52 10 10
Open 12:00~14:30, 19:30~22:30 **Close** 토요일 점심, 일요일
Access M6 Boissière 역에서 Av. Kléber를 따라 걷다가 Rue de Belloy로 좌회전한다. 도보 4분
Price 점심 코스 48.50€, 저녁 코스 50€~, 아 라 카르트 77€

Map P.448-F

과거 〈미슐랭 가이드〉 1스타였던 훌륭한 모던 퀴진

바스크 지방 출신의 셰프 베르나르 피노Bernare Pinaud가 최고급 레스토랑 루카스 칼턴Lucas Carlton, 르 드와영 Le Doyen 등에서 갈고닦은 요리 솜씨를 선보인다. 이곳의 추천 메뉴는 우리네 순대 모양과 비슷한 프랑스식 소시지 부댕(돼지피, 기름, 돼지창자, 피망, 양파와 같은 양념으로 속을 채운 것), 양고기에 푸아그라를 곁들인 요리 등이다. 실내는 모던한 분위기로 꾸며져 있다. 변호사 사무실이 모여 있는 파리 16구에 있어 프랑스 중상류층이 즐겨 찾는다. 친절한 직원들의 서비스가 기분 좋은 곳이다. 레스토랑 이름은 '기타 등등ect'의 의미가 아닌 '전통 요리에 대한 탐닉Epicurean Traditional Cuisine'을 뜻하는 약자, ETC로 흔히 불린다.

1 〈미슐랭 가이드〉 1스타 레스토랑에서 저렴한 점심 식사를 할 수 있다. **2** 모던한 분위기의 실내 **3** 1978년에 처음 요리를 시작한 베테랑 셰프, 베르나르 피노 **4** 이곳의 스페셜 메뉴는 양고기와 푸아그라

스텔라 마리 Stella Maris 🔊 스텔라 마히

Add. 4 Rue Arsène Houssaye
Tel. 01 42 89 16 22
Open 12:00~14:30, 19:30~22:30 **Close** 토요일 점심, 일요일
Access M1·2·6·RER A Charles de Gaulle Etoile 역에서 도보 6분
URI www.stellamaris-paris.com
Price 점심 52€~, 저녁 80€~

일본 유명 셰프가 선보이는 프렌치 요리

개선문 근처에 있는 고급 프렌치 레스토랑으로 오너이자 셰프는 조엘 로부숑에게 사사한 일본 요리사 다테루 요시노가 맡고 있다. 유기농 재료를 사용해 프렌치 퓨전 요리를 지향하면서 일본 스타일을 가미해 깔끔한 맛을 선보인다. 튀김과 푸아그라를 하나의 요리로 내놓는 등 아이디어 넘치는 플레이팅으로 유명하다. 이곳의 특선 요리는 송아지 머리 고기와 참치를 얇게 겹쳐 만든 밀푀유 통Mille feuille thon. 요시노 셰프는 이곳 말고도 일본의 파크 호텔과 도쿄 등 3개의 레스토랑을 운영하고 있다.

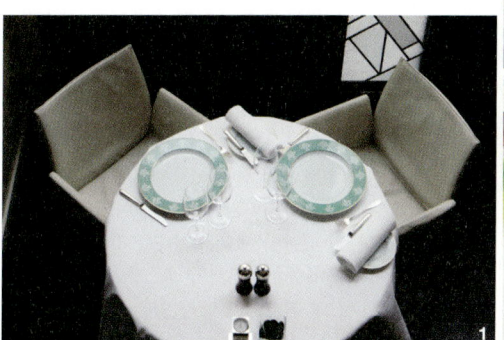

1 테이블이 몇 개 되지 않는 파인다이닝 레스토랑 **2** 버섯과 감자를 곁들인 송아지 머리 고기 **3** 일본과 프랑스를 오가며 레스토랑 사업을 하는 일본인 셰프 오너가 운영한다. **4** 일본의 맛이 느껴지는 참치 요리

Area 1 / Champs Elysées

마켓 Market 막껫

Add. 15 Avenue Matignon
Tel. 01 56 43 40 90
Open 12:00〜15:00(토·일요일 〜16:00), 19:00〜23:30
Access M1·9 Franklin D Roosevelt 역에서 Av. Matignon을 따라 도보 3분
Price 브런치 39€, 식사 29~36€
URL www.restaurant-market.fr

정치가와 예술가들의 단골 맛집

영화감독 뤽 베송과 유통업계의 실력자 프랑수아 피노가 공동으로 투자한 레스토랑으로 셰프 장 조지 봉제리히탕이 콘티넨털 요리를 선보인다. 블랙 트뤼플을 넣은 피자, 푸아그라와 버섯을 곁들인 안심 스테이크 맛이 뛰어나다. 인테리어는 유명 데커레이터 크리스티앙 리에그르가 맡아 폴리네시아와 보르네오 스타일로 재구성했다. 총리 관저와 크리스티 경매장이 근처에 있어 정치가와 예술가들이 단골로 드나든다. 동남아시아와 오세아니아 등 전 세계 유명 호텔에서 경험을 쌓아온 셰프는 까다로운 고객의 취향을 만족시키기 위해 계절마다 새로운 메뉴를 선보인다. 갈 때마다 새로운 기대를 갖게 하는 레스토랑이다. 이미 뉴욕에서만 8개의 레스토랑을 성공적으로 이끈 비즈니스의 귀재이자 감각 있는 요리를 선보이는 셰프의 활약이 돋보인다.

1 단정한 스타일의 레스토랑으로 정재계 인사들이 많이 찾는다. **2** 매일 새벽장에서 들여오는 신선한 재료를 사용한다. **3** 영화감독 뤽 베송과 프랑스 재계의 거물 프랑수아 피노가 투자한 고급 레스토랑이다. **4** 채소를 갈아 만든 퓌레와 곁들여 내는 대구 요리

랄자스 l'Alsace 🔊 랄자스

Add. 39 Avenue des Champs Elysées
Tel. 01 53 93 97 00
Open 24시간, 연중무휴
Access M1·9 Franklin D Roosevelt 역에서 샹젤리제 거리를 따라 도보 4분
URL www.restaurantalsace.com
Price 전식+본식 또는 본식+디저트 20.90€, 전식+본식+디저트 27.20€

365일 영업하는 알자스 요리 전문점

샹젤리제 거리에 있는 알자스 요리 전문 비스트로. 알자스는 프랑스와 독일의 경계에 있는 지역으로 양배추를 식초에 절여 소시지와 햄을 함께 먹는 슈크루트 Choucroute와 맥주로 유명하다. 1900년대풍으로 꾸며진 실내가 인상적이며 주요 메뉴는 슈크루트와 모둠 해산물 요리 프리 드 메르, 이와 잘 어울리는 달콤한 리슬링 와인 등이고, 프랑스식 돼지족발 요리 Jarret de porc braisé도 있는데 한국인 입맛에 맞는 편이다. 24시간 연중무휴로 영업하는 것도 프랑스의 다른 레스토랑에서는 찾아보기 힘든 장점이다. 추천 메뉴로는 전식 양파수프 또는 푸아그라, 본식 슈크루트 또는 그릴에 구운 닭고기, 디저트 사과파이가 있다.

1 샹젤리제 거리에 있는 랄자스 **2** 알자스 지방의 문장이 보이는 레스토랑 외관 **3** 샹젤리제 거리에서 알자스를 경험할 수 있다. **4** 아르누보 스타일로 장식한 조명과 데커레이션 **5** 지역색이 뚜렷한 요리 슈크루트는 김치찌개와 비슷한 맛이 난다.

> **Area 1 / Champs Elysées**

메종 블랑슈 Maison Blanche 🔊 메종 블랑슈

Map P.449-G

Add. 15 Avenue Montaigne **Tel.** 01 47 23 55 99
Open 12:00~14:00, 20:00~23:00 *주말 저녁은 예약 필수
Close 토·일요일 점심
Access M9 Alma Marceau 역에서 Av. Montaigne를 따라 도보 7분
URL www.maison-blanche.fr
Price 점심 48~58€

랑그도크 지방 요리가
오감 만족 요리로 변신하다

1913년에 세워진 콘서트홀 샹젤리제 테아트르 꼭대기 층에 자리 잡은 전망 좋은 레스토랑으로 건축가 오귀스트 페레가 모던함과 클래식의 매력을 잘 버무려냈다. 필립 스탁의 제자 중 한 사람인 이마드 라무니가 2001년에 레노베이션을 하면서 공간과 빛의 조화를 잘 이끌어낸 라운지 바가 새롭게 각광받고 있다.
랑그도크 지역 요리를 기본으로 감각 있는 요리를 선보인다. 메인 셰프인 파브리스 지로Fabrice Giraud의 오감 만족 요리를 경험할 수 있는 좋은 기회다.

1 이마드 라무니가 인테리어에서 가장 신경 쓴 부분은 조명이다. **2** 에펠탑이 바라다보이는 테라스는 여름에 인기 있다. **3** 저녁 식사 전에 도착해 라운지에서 칵테일을 즐긴다. **4, 5** 퓨전 요리는 입맛 까다로운 미식가들에게 높은 점수를 받고 있다.

미니 팔레 Mini Palais 🔊 미니 빨레

Add. Perron Alexandre Ⅲ, Avenue Winston Churchill
Tel. 01 42 56 42 42 **Open** 10:00~익일 02:00
Access M1·13 Champs Elysées Clemenceau 역에서 Av. Winston Churchill를 따라 도보 4분
URL www.minipalais.com
Price 전식 9~19€, 본식 17~39€, 디저트 8~11€

예술의 감동을 전하는 식탁

그랑 팔레 정문에서 센 강변으로 가다 보면 BMW 미니를 콘셉트로 한 모던 레스토랑을 발견할 수 있다. 150평의 넓은 공간을 자랑한다. 한낮에는 햇빛이 내리쬐는 테라스 자리가 좋으며 오후 2시부터 밤 11시까지 DJ가 음악을 틀어준다. 조르주 생크 거리에 있는 레노마 갤러리 카페의 수석 셰프를 겸하고 있는 질 슈크룬이 창작 요리를 선보인다. 추천 메뉴는 감자를 갈은 퓌레와 함께 나오는 연어, 감자 튀김과 육회 등이다. 2011년 질 & 보아시에 건축 회사가 과거의 모던한 분위기와 달리 역사적인 건물이 주는 중후함과 세련미를 동시에 담은 건물로 새로 꾸몄다. 식사 시간을 놓쳤을 때는 테라스에 앉아 음료만 즐길 수도 있다. 2014년부터 〈미슐랭 가이드〉 3스타 셰프이자 M.O.F(프랑스 정부 공인 요리 장인) 에릭 프레숑이 메뉴 개발에 참여해 음식이 한결 고급스러워졌다.

1 감각적인 조명과 음악이 인상적인 미니 팔레 **2** 천장이 높아 개방감을 준다. **3** 화창한 날이면 언제나 많은 사람들이 몰리는 테라스 **4** 셰프가 선보이는 창작 요리는 레노마 카페 갤러리(p.88)와 같은 콘셉트다.

Area 1 / Champs Elysées

레슈 Rech 🔊 헤쉬

Add. 62 Avenue des Ternes **Tel.** 01 45 72 29 47
Open 12:00~14:00, 19:30~22:00
Close 일·월요일, 7월 말~8월 말
Access M2 Ternes 역에서 Av. des Ternes를 따라 도보 6분
URL www.restaurant-rech.fr
Price 점심 44€, 저녁 54€

Map P.448-A

알랭 뒤카스 그룹이 운영하는 해산물 레스토랑

알자스로렌 출신의 아드리안 레슈가 슈크루트와 굴 전문 레스토랑으로 문을 연 것이 시초였다. 이후 뮈니에 부부가 이곳의 주인이 됐는데 이곳의 역사적 가치를 알아본 알랭 뒤카스 그룹이 2007년에 인수했다. 브라스리 철학은 그대로 유지하되 인테리어는 모던하게 바꿨다. 해산물을 조리하는 기술이 탁월한 자크 막시민 셰프가 강렬하고 심플한 맛을 선보인다. 추천 메뉴는 홍어, 이탈리아산 밤을 곁들인 굴 수프, 모둠 해산물 등이다. 규모가 작은 대신 직원들의 세심한 배려가 돋보인다. 제철 음식을 고집하는 곳이라 철마다 생선 요리에 사용하는 재료가 다르다. 생선 요리를 맛볼 생각이라면 주문 전에 재료를 확인할 필요가 있다.

1 서민적인 브라스리가 알랭 뒤카스 그룹의 손을 거쳐 정통 레스토랑으로 변신했다. **2** 싱싱한 해산물이 매일 직송된다. **3** 그날그날 신선한 메뉴를 직원이 추천해준다. **4** 셰프와 홀 매니저는 오랜 시간 호흡을 맞춰온 환상의 파트너

레옹 드 브뤼셀 Léon de Bruxelles 레옹 드 브휘쎌

Add. 63 Avenue des Champs Elysées
Tel. 01 42 25 96 16
Open 12:00~24:00(금·토요일 ~일요일 01:00)
Access M1 George V 역에서 샹젤리제 거리를 따라 도보 4분
URL www.leon-de-bruxelles.fr
Price Le Tradition(홍합+디저트) 15.90€, Le Gourmand(홍합+디저트) 22.90€

한국인 입맛에 맞는 홍합 요리 전문점

샹젤리제 거리에 있어 접근성이 좋고 가격도 합리적이다. 요리도 한국인 입맛에 잘 맞아 언제나 한국 여행자들로 북적인다. 200여 년 전 브뤼셀 푸줏간 거리의 뒷골목에서 시작한 프랜차이즈로 200명가량 수용할 수 있는 규모라 웬만해선 기다리지 않고 식사할 수 있다. 따뜻한 국물이 좋은 사람은 무쇠 냄비에 담겨 나오는 국물 있는 홍합 요리를, 정통의 맛을 느껴보고 싶은 사람은 화이트 와인과 셀러리, 양파 등을 넣어 만든 깔끔한 국물의 물 마리니에르Moules Marinière나 달팽이 요리에 파슬리, 파르메산 치즈 등을 뿌려 오븐에 구워내는 물 아 레스카르고 Moules à l'Escargot를 추천한다. 대체로 짠맛이 강하므로 벨기에산 맥주를 곁들여 먹으면 좋다. 레옹 드 브뤼셀 페이스북(www.facebook.com/leondebruxelles)에서 10% 할인 쿠폰을 받을 수 있다.

1 샹젤리제 거리를 따라 걷다 보면 파란색 지붕의 레옹 드 브뤼셀이 보인다. 2 오랜 역사를 증명하는 사진과 메뉴 팻말 3 간단한 샐러드 전채와 홍합 요리 본식, 디저트를 점심 메뉴로 맛볼 수 있다. 4 느끼하지 않아 좋은 마리니에르 홍합 요리

Area 1 / Champs Elysées

라 타블 뒤 위트 La Table du Huit 라 타블 뒤 위뜨

Map P.449-H

secret

Add. 8 Rue Jean Goujon **Tel.** 01 40 74 64 95 **Open** 07:00~10:00, 12:00~14:00, 일요일 브런치 12:00~15:00, les Incontournables(간단한 요기) 15:00~19:00, Tapas(안주) 18:00~, 저녁 19:00~22:30, 바 11:00~익일 01:30 **Access** M13 Champs-Élysées Clemenceau 역에서 Av. du Général Eisenhower을 따라 도보 6분, M1·9 Franklin D Roosevelt 역에서 Av. Franklin Delano Roosevelt를 따라 도보 4분 **URL** www.latableduhuit.fr **Price** 전식+본식 45€, 전식+본식+디저트 55€

마르탱 마르지엘라가 디자인한 레스토랑

안트베르펜 왕립학교를 졸업한 유명 디자이너 5인방 중 한 사람인 마르탱 마르지엘라가 레스토랑의 디자인을 맡았다. 하얀 천으로 의자를 덧씌우고 오직 화이트만을 고집하는 디자이너의 독특한 콘셉트가 고스란히 드러난 장소로 동명의 바와 테라스 레스토랑까지를 포함한다. 샹젤리제 거리 근처에 있어 여행자들이 접근하기 좋은 것도 많은 사람이 붐비는 이유 중 하나.

제철 재료를 사용한 점심 메뉴는 가볍게 즐길 수 있다. 작은 바닷가재의 일종으로 만든 샐러드 등 셰프의 일품 요리를 즐길 수 있는 저녁 식사는 분위기가 훌륭하다. 그가 디자인한 호텔에서 숙박하지 않더라도 분위기 있는 식사를 맛볼 수 있다는 것이 매력이다.

1 화이트 컬러의 천으로 덮은 가구는 마르지엘라의 캐릭터를 보여준다. **2** 거대한 문과 투명한 의자가 럭셔리한 느낌을 준다. **3** 샹젤리제 거리에서 한 걸음 물러선 곳에 있는 레스토랑 **4** 예술적인 요리는 맛도 뛰어나다.

크리스털 룸 Cristal Room 🔊 크리스탈 룸

Map P.448-F

Add. 11 Place des Etats Unis **Tel.** 01 40 22 11 10
Open 12:00~14:00, 19:30~22:00 **Close** 일요일
Access M6 Boissière 역에서 Rue Galilée를 따라 도보 4분, M6 Iéna 역에서 Rue de l'Amiral Hamelin을 따라 도보 7분
URL www.cristalroom.com
Price 점심 전식+본식 또는 본식+디저트 36€, 전식+본식+디저트 55€

미슐랭 스타 셰프와 필립 스탁의 만남

세계적인 산업 디자이너인 필립 스탁이 설계한 건물 내에 위치한 레스토랑. 프랑스의 유명 크리스털 제조업체 바카라가 운영한다. 클래식한 외관과는 달리 모던한 스타일로 꾸며진 실내에 들어서면 다른 세계에 온 듯하다. 바카라의 우아한 크리스털 샹들리에와 촛대가 필립 스탁의 환상적인 디자인과 조화를 이룬 레스토랑과 프라이빗 테라스가 있는 로제 살롱으로 나뉜다. 〈미슐랭 가이드〉 2스타의 유명 셰프, 기 마르탱Guy Martin이 디자인한 요리가 환상적이다. 2016년 추천 메뉴로는 폴렌타 올리브와 루크 샐러드를 곁들인 대구, 랜치 소스로 조리한 돼지고기, 망고와 파인애플 수프, 바나나와 열대 과일로 만든 셔벗 등이 있다. 수준 높은 프렌치 창작 요리를 즐기기에 좋다. 배우 고현정이 단골로 들르는 곳이다.

1 천장의 화려한 샹들리에가 이곳의 트레이드마크 **2** 크리스털을 풍부하게 활용한 실내 가구 **3** 마치 박물관에 와 있는 듯한 착각에 빠지게 만든다. **4** 우아하고 기품 있게 식사할 수 있는 장소

Area 1 / Champs Elysées

카페 쿠스미초프 LE CAFÉ KOUSMICHOFF

르 카페 쿠츠미초프

Map P.449-G

Add. 71 Avenue des Champs Elysées **Tel.** 01 45 63 08 08
Open 월~금요일 08:00~23:00, 토·일요일 10:00~23:00
Access M1·9 Franklin Roosevelt 역에서 도보 7분, M1 Georges V 역에서 도보 3분 **URL** www.cafekousmichoff.com **Price** 아침 7.50~20€, 점심 20~30€

식사와 쇼핑을 한곳에서 즐길 수 있는 매장

샹젤리제 거리에서 즐기는 티타임

마리아주 프레르와 더불어 한국인들에게도 가장 친숙한 홍차 브랜드 중 하나인 쿠스미 티에서 오픈한 샹젤리제 거리의 숍 & 레스토랑. 모슬린 티백을 비롯해 다양한 제품을 만나볼 수 있다. 2층에 있는 레스토랑에서는 담백한 스타일의 아침과 저녁 식사를 맛볼 수 있고 1층의 매장에서는 여유로운 쇼핑을 즐길 수 있다.

카페 르 노트르 샹젤리제 Café Le Nôtre Champs Elysées

까페 르 노트흐 샹젤리제

Map P.449-H

Add. 10 Avenue des Champs Elysées **Tel.** 01 42 65 85 10
Open 식사 12:00~14:30, 19:00~22:00, 티타임 15:00~18:00 **Close** 일·월요일
Access M1·9 Franklin D Roosevelt 역에서 샹젤리제 거리를 따라 도보 5분
URL www.lenotre.com **Price** 풀코스 50~75€

샹젤리제 거리에 있어 쉽게 찾을 수 있다.

샹젤리제 거리의 오아시스

1900년 그랑 팔레와 함께 세워진 역사적인 건물 르 노트르 엘리제 저택 Le Pavillon le Nôtre Elysées에 있다. 세계적인 초콜릿 장인인 르 노트르가 세운 곳으로 1957년에 자신의 이름을 내건 가게를 연 이후 현재 파리를 포함한 전 세계 13개국 52개의 지점이 있다. 식사 시간 이외에는 티타임을 즐길 수도 있다. 베이커리 부문에서 괄목할 업적을 쌓아온 만큼 일반인들이 제과 과정을 배울 수 있는 학교도 같은 건물에서 운영 중이다. 샹젤리제 거리를 산책하다가 달콤한 유혹에 빠지고 싶을 때 들러보자.

베 브랑제피시에 Be Boulangépicier 베 블랑제피씨에

Add. 73 Boulevard de Courcelles
Tel. 01 46 22 20 20
Open 07:00~20:00 **Close** 일요일
Access M2 Ternes 역에서 Bd de Courcelles를 따라 도보 3분, M2 Courcelles 역에서 도보 2분
URL www.boulangepicier.com

알랭 뒤카스 그룹의 웰빙 콘셉트 베이커리

빵 가게와 식료품점의 합성어를 의미하는 '브랑제피시에'라는 말에서 알 수 있듯 빵과 식재료를 함께 판매하는 베이커리다. 동네 빵집처럼 친근한 분위기의 베이커리로 알랭 뒤카스 그룹과 유명 베이커리 그룹인 에릭 카이저가 공동으로 론칭한 브랜드. '좋고, 아름답고, 정직한' 음식을 만들겠다는 캐치프레이즈를 내걸고 샌드위치, 샐러드, 디저트, 수프 등을 선보인다. 조엘 로부숑, 피에르 가니에르 등과 함께 세계 최고의 요리사로 알려진 알랭 뒤카스가 선택한 올리브 오일부터 송로버섯에 이르기까지 최고의 퀄러티를 보장하는 식재료를 함께 살 수 있어 믿음이 간다. 점심시간이라 붐비거나 자리가 없을 때는 샌드위치와 음료를 사서 도보 5분 거리의 몽소 공원으로 가자. 그럴싸한 피크닉 타임을 만끽할 수 있을 것이다.

1 모던한 분위기로 꾸며진 실내, 화려하진 않지만 아늑한 매력이 있어 언제든 찾고 싶은 분위기다. **2** 간단하게 한 끼 식사를 해결할 수 있다. **3** 최고급 빵과 음료가 준비돼 있다.

Area 1 / Champs Elysées

귀족의 집에 초대된 것 같은 2층 라 뒤레 내부

라 뒤레 La Durée 🔊 라 듀헤

Add. 75 Avenue des Champs Elysées
Tel. 01 40 75 08 75
Open 월~금요일 07:30~23:00, 토요일 07:30~24:00,
일요일 07:30~22:00(공휴일 전날은 ~00:30)
Access M1 George V 역에서 도보 3분
URL www.laduree.com

마카롱으로 유명한 고급 베이커리

1862년 루이 어니스트 라 뒤레가 처음 오픈한 살롱 드 테로 오랜 세월 동안 파리지앵의 사교장이었던 곳이다. 2차 제정시대를 거치면서 파리의 살롱 드 테들은 한층 더 고급스러워졌으며 파리 만국박람회로 세계적으로 알려진 라 뒤레는 샹젤리제 거리에 문을 열었다. 마치 고급스러운 귀족의 저택에 초대된 듯한 느낌을 준다.
1층은 레스토랑과 마카롱, 달콤한 케이크 등을 파는 포장 전용 베이커리가 있으며 2층에는 유명 인테리어 디자이너 자크 가르시아가 디자인한 살롱 드 테가 있다.

1 샹젤리제 거리에 있어 찾기 쉽다. **2** 먹기 아까운 파스텔 톤 마카롱 **3** 커피와 함께 먹으면 더욱 맛있다. **4** 선물용으로 포장된 마카롱은 4~5일 내에 먹는 게 좋다.

Area 1 / Champs Elysées

레노마 카페 갤러리 Rénoma Café Gallery 헤노마 카훼 갤러리

Add. 32 Avenue George V
Tel. 01 47 20 46 19
Open 월~수요일 12:00~23:00, 목~토요일 12:00~23:30, 일요일 12:00~16:00
Access M1 George V 역에서 Av. George V를 따라 도보 4분
URL www.renoma-cafe-gallery.com
Price 점심 메뉴(월~금요일) 24€

패션 디자이너가 운영하는 카페 갤러리

카페 갤러리라는 이름에 걸맞게 언제나 감각적인 작품들이 넘친다. 사진과 아트에 일가견 있는 패션 디자이너 모리스 레노마의 철학이 느껴지는 카페로 2001년에 처음 문을 열었다. 디자이너 자신이 직접 찍은 작품과 신인 작가들의 작품 전시가 연중 지속된다. 그랑 팔레 건물에 있는 레스토랑인 미니 팔레(p.79)와 함께 심플하면서 모던한 요리와 파리 & 뉴욕 스타일의 창작 요리를 19유로(점심)에 즐길 수 있다. 바도 함께 운영하며 오후 6시에서 8시 사이에 알코올 음료를 주문하면 타파스 1접시가 무료로 제공된다. 몽테뉴 거리, 샹젤리제 거리와 가깝고 공간이 탁 트여 있어 패션 관계자들과 예술가들이 미팅 장소로 애용한다. 식사 시간 외에는 가볍게 와인을 즐기는 분위기다. 와이파이 속도가 빠른 것도 파리의 다른 레스토랑에서는 보기 드문 장점 중 하나.

1 모던하고 넓은 공간이 언제 찾아도 편안하다. **2** 샹젤리제 거리에서 가까운 카페로 갤러리 분위기를 풍긴다. **3** 이곳만의 창작 요리를 맛볼 수 있다. **4** 아티스틱한 레노마의 사진과 아방가르드한 옷들을 만날 수 있다.

바 뒤 플라자 아테네 Bar du Plaza Athénée   바 뒤 플라자 아테네

Add. 25 Avenue Montaigne
Tel. 01 53 67 66 65
Open 18:00~익일 02:00
Access M9 Alma Marceau 역에서 Av. Montaigne를 따라 도보 4분
URL www.plaza-athenee-paris.com
Price 칵테일 24~34€

패트릭 주앙의 콘셉트 바

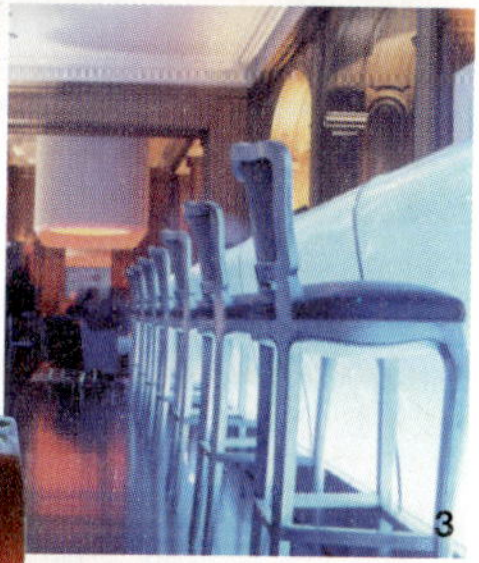

필립 스탁의 뒤를 잇는 프랑스 데커레이션 디자이너 패트릭 주앙이 디자인한 바로 플라자 아테네 호텔 1층에 있다. 클래식과 모던함의 조화로 파리에서 가장 멋지고 유명한 칵테일 바라는 명성을 듣고 있다. 낮에도 야외 테라스에서 가벼운 스낵과 칵테일을 즐길 수 있으며, 여러 가지 트렌드를 접목한 인테리어 콘셉트가 음악과 어우러져 묘한 분위기를 연출한다. 럭셔리한 호텔 내에 있다고 겁먹지 말자. 파리에서 가장 멋진 칵테일 바에서 보내는 시간은 평생 잊지 못할 것이다. 방돔 광장에 위치한 리츠 파리Ritz Paris와 더불어 파리에서 최고의 명성을 자랑하는 칵테일 바로 연인이나 부부에게 추천하고 싶은 장소.

1 모던함과 클래식의 조화가 느껴지는 바는 패트릭 주앙의 작품 **2** 파리에서 멋진 밤을 즐길 수 있는 장소 **3** 환상적인 조명이 파리의 낭만을 더해준다. **4, 5** 잊을 수 없는 맛을 선사하는 칵테일

Area 1 / Champs Elysées

미스 고 Miss KO 🔊 미스 고

Add. 49-51 Avenue George V **Tel.** 01 53 67 84 60
Open 11:00~익일 02:00
Access M1 George V 역에서 도보 2분
URL www.miss-ko.com

천장이 높고 탁 트인 라운지 바의 소파

'미스 고'라는 한글 간판에 눈길이 가는 곳

유명 디자이너 필립 스탁이 아시안 스타일로 꾸몄다. 바텐더 앞의 테이블 석에서는 〈무한도전〉을 비롯한 아시아 방송이 흘러나오며 새우깡과 참이슬도 소품으로 훌륭하게 사용하고 있다. 브레이크 타임 없이 영업하므로 샹젤리제 거리를 걷다가 출출한 배를 채우거나 저녁시간에 칵테일 한잔 즐기기에 좋다. 주말에 즐길 수 있는 브런치는 29유로, 음료는 6유로부터.

파라디 뒤 프뤼 Paradis du Fruit 🔊 파라뒤 뒤 프뤼

Add. 47 Avenue Georges V **Tel.** 01 47 20 74 00 **Open** 12:00~익일 02:00
Access M1 Georges V 역에서 Av. des Champs-Elysées를 따라 걷다가
Av. George V로 우회전한다. 도보 2분 **URL** www.leparadisdufruit.fr
Price 요 리타 프리즌 요거트 7.60€

1 실내 분위기는 세련되고 깔끔하다. 2 브런치 세트 메뉴

향긋한 과일로 피로를 말끔히

우리말로 '과일 천국'이라 불리는 곳으로 샹젤리제 거리에서 가깝다. 칼로리가 낮아 몸에 좋은 식사로 유명하지만 이곳의 주인공은 과일이다. 우리에게 익숙한 프로즌 요쿠르트와 신선한 과일 맛이 조화를 이룬 요 리타 프로즌 요거트 Yo'Lita Frozen Yogurt를 추천한다. 유명 디자이너 필립 스탁이 설계한 심플하고 럭셔리한 인테리어가 연출하는 멋진 분위기에서 파리의 나이트라이프를 즐기기에 좋다.

샤를리 버디 Charlie Birdy 🔊 샤흘리 벌디

Add. 124 Rue la Boétie **Tel.** 01 42 25 18 06 **Open** 10:00~익일 02:00
Access M1·9 Franklin D Roosevelt 역에서 샹젤리제 거리를 따라 걷다가 Rue La Boétie으로 좌회전한다. 도보 6분, M9 Saint Phillippe du Roule 역에서 Rue La Boétie를 따라 도보 4분 **URL** www.charliebirdy.com
Price 칵테일 9.9€~, 맥주 4.5€~
*월~금요일 오후 4~8시에 맥주와 칵테일을 50% 할인된 가격에 즐길 수 있다.

해피아워면 언제나 북적이는 바

윈스턴 처칠이 사랑한 애완용 앵무새 이름에서 상호를 땄다. 2004년에 젊은 디자이너 그룹, 아네질Anégil이 디자인해서 문을 열었다. 음악을 듣거나 춤을 출 수 있는 공간도 있고 때로는 콘서트가 열리기도 하는 자유분방한 분위기의 바로 축구, 럭비 등 중요한 운동 경기가 있을 때는 대형 스크린이 설치된다. 영국식 퍼브 스타일을 따랐다. 롱아일랜드식 스페셜 칵테일 등 50여 종이나 되는 칵테일을 서비스하고 있으며, 매주 일요일과 공휴일에는 솔 음악과 재즈 연주를 들으며 브런치를 즐길 수 있다. 저녁에는 하우스, 펑크, 록 음악 위주로 디제잉한다.

Tip 잔잔한 솔 음악과 재즈 음악이 흘러나오는 분위기에서 식사를 즐길 수 있는 브런치 타임은 일요일과 공휴일 12:00~16:00다.

1, 2 파리에서 보기 드문 개방적인 느낌의 실내 **3** 컬러풀하면서 세련된 실내 인테리어 **4** 샹젤리제 거리와 가까운 곳에서 수준급 음식과 멋진 음악을 즐길 수 있다.

Area 1 / Champs Elysées

장 피에르 코히에 Jean Pierre Cohier 장 삐에흐 코이에

Add. 270 Rue du Faubourg Saint Honoré
Tel. 01 42 27 45 26
Open 07:30〜20:00
Close 8월
Access M2 Ternes 역에서 도보 1분
URL www.boulangerie-patisserie-artisanale-paris8.com

Map P.448-B

프랑스 대통령이 먹는 바게트

파리 시에서 '2006년 파리 최고의 바게트 장인'으로 선정한 장 피에르 코히에가 운영하는 베이커리. 그는 대회 참가 네 번째에 영광의 금메달을 걸었다. 프랑스 전통 방식으로 화덕에서 구워낸 빵을 판매하며, 매일 엘리제 궁전에 25개의 바게트를 납품해 '대통령이 먹는 바게트'로도 잘 알려져 있다. 보통의 바게트는 화덕에서 17분을 구워내지만 24시간 동안 숙성을 거친 최고 품질의 밀가루를 사용하며 24분간 구워내는 것이 맛의 비결이라고 한다. 파리 시내 주요 레스토랑은 물론이고 파리에서 3시간 떨어진 레스토랑에서도 이 집의 빵을 사기 위해 달려올 정도로 열성 고객들이 많다. 바에서 커피와 함께 금방 나온 빵을 먹을 수 있다. 프랑스의 유명 요리 평론가 질 푸들로스키는 바바 오 럼Baba au Rhum만큼은 파리에서 이 집이 최고라고 평가했다.

1 바게트뿐 아니라 어떤 빵을 먹어도 후회가 없다. **2** 2006년 파리 시 주최 바게트 경연대회에서 금메달을 수상했다. **3** 바삭한 크루아상과 에스프레소 **4** 초콜릿이 듬뿍 들어간 케이크는 생각보다 달지 않고 깊은 맛이 난다.

메종 뒤 쇼콜라 La Maison du Chocolat 🔊 라 메종 뒤 쇼콜라

Add. 225 Rue du Faubourg Saint Honoré
Tel. 01 42 27 39 44
Open 10:00~19:30(일요일 ~13:00)
Close 1/1, 12/25
Access M2 Ternes 역에서 Rue du Faubourg Saint-Honoré를 따라 도보 2분
URL www.lamaisonduchocolat.com

초콜릿의 오트쿠튀르

1955년 초콜릿에 대한 열정으로 로베르 링스가 창업한 가게로 '초콜릿 업계의 오트쿠튀르'라는 별명에 걸맞는 수준 높은 초콜릿을 만들고 있다. 1977년에 르 노트르 그룹에 합병됐으나 최고의 퀄리티를 주장하는 창업 정신은 그대로 이어져 마다가스카르, 멕시코 등지에서 가져온 원료를 사용해 뉴욕, 도쿄 등에 지점을 내면서 세계적으로 명성을 떨치고 있다. 다크 초콜릿Ganache과 밀크 초콜릿Pralinés 라인이 가장 인기 있다. 다크 초콜릿 20개들이 선물세트가 22유로, 밀크 초콜릿 16개들이 선물세트가 20유로. 입안에서 살살 녹는 진정한 초콜릿을 체험할 수 있다. 어떤 초콜릿을 사야 할지 잘 모를 때는 직원에게 부탁해 시식하고 결정한다.

1 메종 뒤 쇼콜라 외관 **2** 심플한 분위기의 내부에는 다양한 초콜릿이 전시된다. **3** 바삭함이 입안 가득 느껴지는 마카롱 **4** 달콤한 초콜릿 크림이 들어 있는 에클레르

Area 1 / Champs Elysées

르 66 LE 66 🔊 르 수와쌍 씨스

Add. 66 Avenue des Champs Elysées
Tel. 01 53 53 33 80
Open 월~토요일 11:30~20:30, 일요일 13:00~20:00
Access M1 George V 역에서 샹젤리제 거리를 따라 도보 4분
URL www.le66.fr

독특한 제품들로 가득한 편집 매장

샹젤리제 거리에 있는 셀렉트 숍. 파리의 대표적인 편집 매장인 레클레르르나 콜레트처럼 젊은 분위기의 편집 매장으로 부담 없이 드나들 수 있다. 아크네ACNE, 헬무트 랭Helmut Lang, 메종 마르탱 마르지엘라Maison Martin Margiela가 있으며, 일반적인 브랜드보다 파리의 다른 숍에서는 찾아보기 힘든 스웨덴의 블랑크Blank, 덴마크의 바바라 아이 고지니Barbara I Gongini, 비즈볼 드 아르스Visbol de Arce와 같은 창의적인 디자이너의 제품들이 있다. 샹젤리제 거리 안쪽에 있어 그냥 지나치기 쉬우므로 번지수를 확인하고 찾아 들어간다. 입구에는 신발 전용 매장이 있고, 1층은 여성 패션 아이템, 지하는 남성 패션 아이템을 취급한다. 말쑥한 오피스 룩보다는 개성 넘치는 캐주얼 룩에 열광하는 멋쟁이들에게 추천하고 싶은 패션 부티크다.

1 샹젤리제 거리 안쪽으로 들어가면 있다. **2** 남성 매장은 지하 1층에 있다. 아이템과 잘 어울리는 디스플레이가 인상적이다. **3** 디자이너들의 멋진 티셔츠 **4** 패션에 포인트를 주는 아이웨어

리브레리 아르퀴리알 Librairie d'Artcurial 리브레히 다 아큐리알

Map P.449-G

Add. 7 Rond Point des Champs Elysées
Tel. 01 42 99 16 20
Open 월~금요일 09:00~19:00, 토요일 10:30~19:00(일요일은 전시회가 있는 기간만 13:00~19:00)
Access M1·9 Franklin D Roosevelt 역에서 Av. Montaigne를 따라 도보 1분
URL http://librairie.artcurial.com

예술 서적 전문 서점

예술품 전문 경매장 1층에 있는 예술 전문 서점으로 아트, 디자인, 그래픽, 건축, 패션, 포토 등 1만8000여 권의 장서를 갖추고 있다. 귀족의 저택에 초대된 것처럼 클래식한 인테리어가 눈길을 끌며 전체적인 내부 데커레이션에서 예술적인 감성을 느낄 수 있다. 신인 작가들의 사진 작품을 전시, 판매하기도 하며 예술품 경매 날짜에 맞춰 가면 생생한 경매 장면을 볼 수도 있다. 예술품 경매는 주얼리, 빈티지, 모던 아트 컬렉션, 앤티크 가구, 현대 회화 등의 다양한 카테고리로 나눠 활발히 진행하며 홈페이지에 일정을 고지한다. 서점에서 작가의 사인이 든 책이나 오리지널 사진 작품을 살 수도 있지만 소장 가치가 높아 가격이 무척 비싼 편이다. 이 건물의 외관이 낯익은 까닭은 드라마 〈파리의 연인〉에서 첨단 시설을 갖춘 박신양의 오피스로 소개된 곳이기 때문이다.

1 〈파리의 연인〉에서 박신양의 사무실로 나왔던 건물 외관 **2** 예술품 경매장과 예술 서적 전문 서점이 있다. **3** 유명 작가들의 조각이 정원에 전시돼 있다. **4** 매주 새로운 예술 관련 책들이 업데이트된다.

Area 1 / Champs Elysées

퍼블리시스 드러그 스토어 Publicis Drug Store 퍼블리시스 드럭 스토어

Map P.448-F

secret

Add. 133 Avenue des Champs Elysées
Tel. 브라스리 01 44 43 77 64, 부티크 01 44 43 75 07
Open 월~금요일 09:00~익일 01:00(토·일요일 ~익일 01:00)
Access M1·2·6·RER A Charles de Gaulle Etoile 역에서 샤를 드 골 광장을 빠져나와 샹젤리제 거리를 따라 도보 3분 **URL** www.publicisdrugstore.com
*365일 담배를 살 수 있는 가게가 잡지 가게 안에 있다.

광고대행사가 운영하는 쇼핑몰

프랑스 최고의 광고대행사 중 하나인 퍼블리시스에서 운영하는 쇼핑몰. 약 900평에 이르는 공간에 고급 식료품점, 와인 숍, 레스토랑, 화장품 브랜드 키엘, 마카롱을 전문으로 하는 피에르 에르메의 숍, 전 세계 잡지를 파는 서점, 패션 브랜드 편집 매장, 그리고 고급 시가를 파는 시가 전문 숍이 함께 있다. 휴일 없이 운영하므로 주말에 들러도 언제나 즐거운 쇼핑을 할 수 있다. 1층에는 서점과 레스토랑, 약국, 피에르 에르메, 키엘, 슈에무라, 가방과 액세서리 중심의 작은 편집 매장 등이 있으며 지하에는 와인과 시가 코너, 디자인 소품 코너, 파리 기념품 코너가 마련돼 있다. 트렌드에 따라 수시로 아이템이 바뀌는 변화무쌍한 복합 쇼핑 공간이다. 지하 1층에는 세계적인 셰프 조엘 로부숑이 도쿄, 뉴욕 등에 문을 연 아틀리에 조엘 로부숑의 파리 2호점이 있다.

1 와인과 시가를 살 수 있는 지하 매장 **2** 전 세계 잡지와 신문을 구입할 수 있는 1층 프레스 섹션 **3** 프랑스 최고의 광고대행사 중 하나인 퍼블리시스 건물 외관 **4** 이 건물에서 가장 인기있는 피에르 에르메 마카롱

Area 1 / Champs Elysées

Everybody 흔들어! 파리 클러빙

런던과 함께 유럽의 클럽 문화를 이끄는 파리에서 신나는 나이트 라이프를 즐겨보는 것은 어떨까? 달콤한 유혹으로 다가오는 파리 클럽의 즐거움을 만끽하는 것도 파리 여행의 색다른 추억으로 남을 것이다. 파리 베스트 클럽 4곳을 소개한다.

파리 클럽 랭킹에서 당당히 1위를 차지한 곳

듀플렉스 Le Duplex　　　P.448-F

여러 스타일의 음악을 틀어 어떤 음악 취향을 가진 사람이라도 갈 수 있다. R&B, 힙합, 하우스, 1980년대 히트 뮤직까지 모두 즐길 수 있다. 종종 셀러브리티도 출몰한다. 대신 제대로 차려입고 가지 않으면 입구에서부터 엄격히 입장을 제한하니 옷차림에 각별히 신경 쓸 필요가 있다. 무대 조명이 파리 어떤 클럽보다 멋지며 음악 선정도 실망을 안겨주는 법이 없는 파리의 베스트 클럽이다. 18~25세 젊은이들이 많고, 주로 상류층 자제들이 찾는다는 후문이다.

Add. 2 Bis Avenue Foch
Tel. 01 45 00 45 00 **Open** 23:00~
Access M1·2·6 Charles de Gaulle Etoiles
Price 15~20€(음료 한 잔 포함) *목·금요일 01:00 이전에 입장하는 여성은 무료

세계적인 셀러브들이 즐겨 찾는 럭셔리 클럽

VIP 룸 VIP Room　　　P.451-G

소품에서 소파까지 모두 럭셔리한 인테리어가 환상적이다. 럭셔리가 이곳의 메인 콘셉트다. 편안하고 친근해서 사람을 사귀기에 좋은 분위기지만 상류층 자제들이 많아 오히려 그들의 오만함 때문에 기분이 상할 수도 있다. 음악은 테크노부터 힙합, 솔, R&B까지 모두 들을 수 있으며 음악 감상을 하면서 이야기하며 쉬는 사람들도 많다. 가기 전에 그날의 테마를 미리 체크해보는 것이 좋으며 제대로 차려입지 않으면 입장이 어렵다. 20~35세의 연령대가 많으며 셀러브리티들의 입장이 빈번하다.

Add. 188 Bis Rue de Rivoli **Tel.** 01 58 36 46 00 **Open** 화~일요일 23:55~익일 05:00
Access M1·7 Palais Royale Musée du Louvre **Price** 30€~(음료 한 잔 포함)

센 강이 보이는 로맨틱 클럽
쇼케이스 Showcase P.457-C

알렉상드르 3세교 아래에 있는 클럽으로 마크 제이콥스를 비롯해 유명 셀럽들이 즐겨 찾는다는 소문이 퍼지면서 최근 인기 급상승 중이다. 클럽 창문을 통해 센 강을 볼 수 있으며, 클럽 한가운데 바가 있다. 운동화를 신고 가는 일은 자제하는 것이 좋고, 입장하려면 의상에 많이 신경 써야 한다. 특히 이곳에 오는 여성들은 거의 파티 복장이다. 센 강에 있는 특성 때문에 잊지 못할 이벤트를 만들기에 좋다. 일렉트로닉 하우스 음악이 주로 나온다.

Add. Port des Champs Elysées
Tel. 01 45 61 25 43 **Open** 23:30〜
Close 월요일 **Access** M1·13 Champs élysées Clemenceau
Price 15€〜(음료 한 잔 포함)

누구든지 이용할 수 있는 클럽
믹스 클럽 MixClub P.458-A

R&B에서 힙합, 일렉트로닉 음악까지 다양하게 변신하는 곳으로 친구들끼리 그룹으로 오는 경우가 많아 새로운 사람을 사귀기에는 쉽지 않은 분위기다. 1층은 댄스 플로어 2, 3층은 음료를 마시는 곳이며, 1층을 내려다볼 수 있다. 인터넷에서 쿠폰을 인쇄해가면 입장이 공짜일 수도 있고, 새벽 1시 이전에 입장하는 여성은 무료다. 일반적으로 18〜25세가 즐겨 찾으며 옷차림에 특별히 신경 쓰지 않고 편안하게 입장할 수 있는 것이 장점이다.

Add. 24 Rue de l'Arrivée
Tel. 01 56 80 37 37
Open 23:00〜익일 06:00
Access M4·6·12·13 Montparnasse Bienvenüe
Price 20€〜(음료 한 잔 포함)

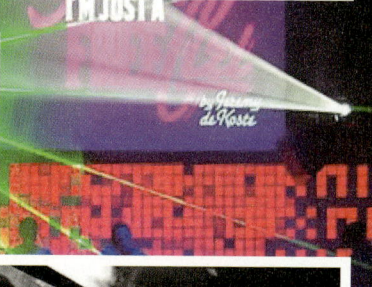

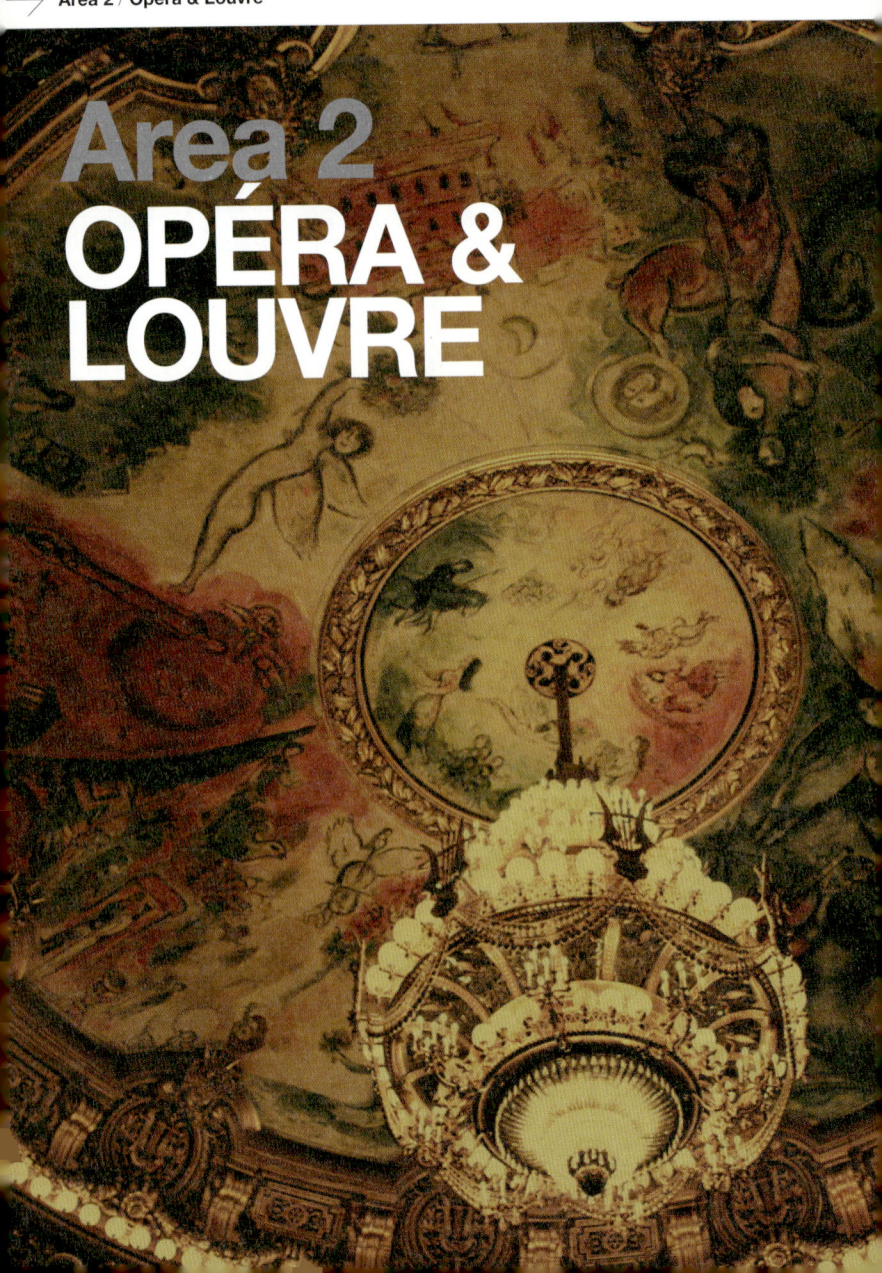

Area 2
OPÉRA & LOUVRE

오페라 & 루브르

● 19세기 오스만 남작에 의해 화려한 모습으로 다시 태어난 지역이다. 파리에서 가장 화려한 건축물 중 하나인 팔레 가르니에 앞 광장에서 루브르 박물관까지 700m에 걸친 대로를 중심으로 고색창연한 건물들이 줄지어 서 있다. 식도락, 유흥, 쇼핑, 금융의 중심지며, 카푸신 거리에는 뤼미에르 형제가 세계 최초로 영화 상영을 한 카페가 남아 있는가 하면 세계적인 발레리나들의 공연을 볼 수 있는 오페라 극장, 몰리에르 등 프랑스 극작가들의 원작이 공연되는 코미디 프랑세즈, 모나리자와 미술사의 한 획을 그은 대작을 볼 수 있는 루브르 박물관까지 거리 가득 문화의 향기가 물씬 느껴지는 지역이다.

팔레 가르니에 북쪽의 오스만 대로에는 프렝탕 백화점과 갤러리 라파예트와 같은 대형 백화점이, 생 토노레 거리에는 유명 셀렉트 숍인 콜레트 등 세계 유명 브랜드의 숍이 즐비해 언제나 쇼핑을 즐기는 사람들로 인산인해를 이룬다.

> Area 2 / Opéra & Louvre

Access
가는 방법

오페라 Opéra 역
방향 잡기 파리의 대표적인 쇼핑 명소인 오스만 거리 Bd. Haussmann에는 프렝탕 백화점과 라파예트 백화점, 자라, H&M 등이 모여 있다. 라파예트 백화점 앞에서 내리려면 7·9호선 쇼제 당탕 라파예트 Chausée d'Antin Lafayette가 편리하고 프렝탕 백화점 앞에서 내릴 때는 3·9호선 아브르 코마르탱 Havre Caumartin이나 RER A선 오베르 Auber가 편리하다.

루브르 Palais Royal Musée du Louvre 역
방향 잡기 지하철로 루브르 박물관이나 생 토노레 명품 거리에 가려면 여기서 내리면 된다. 메트로 1호선을 타면 루브르 박물관까지 지하 통로로 연결된다.

Check Point
● 관광객이 많은 팔레 가르니에와 루브르 박물관 주변은 특히 소매치기가 많은 지역이다. 스타벅스나 맥도날드 등 사람이 많은 장소에서 손가방과 카메라를 많이 잃어버린다.

● 세계적인 보석상들이 모여 있는 거리는 방돔 광장 주변이며 패션 관련 브랜드 숍은 생 토노레 거리 주변에 모여 있다.

● 오페라 역에서 루브르 역 사이에는 일본 타운이 형성돼 있다. 오페라 대로 Avenue Opéra에서 한 블록 안쪽에 있는 생탕 Sainte Anne 거리를 중심으로 한국 슈퍼마켓과 맛있는 일본 우동, 라면 집이 옹기종기 모여 있어 저렴하게 한 끼를 때우기에 좋다.

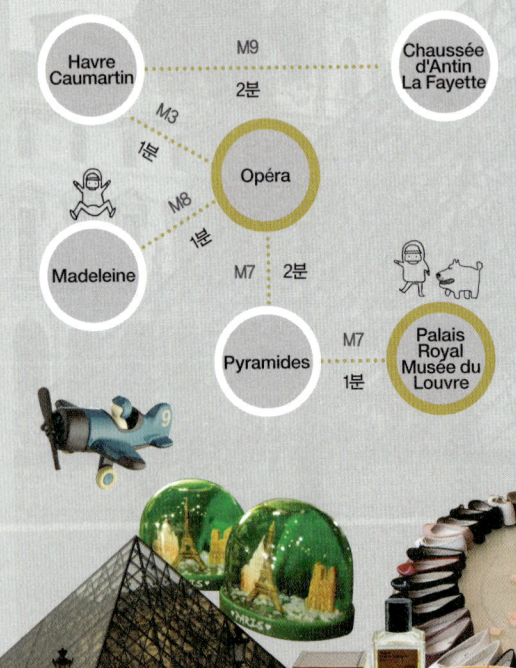

- Havre Caumartin — M9 2분 — Chaussée d'Antin La Fayette
- Havre Caumartin — M3 1분 — Opéra
- Madeleine — M8 1분 — Opéra
- Opéra — M7 2분 — Pyramides
- Pyramides — M7 1분 — Palais Royal Musée du Louvre

Plan
추천 루트 1
문화의 거리 오페라, 루브르 알차게 즐기기

루브르 박물관 Musée du Louvre — 09:00
하루 종일 봐도 시간이 모자랄 수 있으니 문 여는 시간에 도착하는 것이 관건. 일찍 가야 줄도 덜 서고 맑은 정신으로 대작들과 만날 수 있다. 워낙 규모가 크므로 박물관을 돌기 전에 중앙 홀에서 반드시 지도(한국어판)를 챙길 것

도보 5분

르 퓌무아 Le Fumoir — 13:20
루브르와 마주하고 있는 프랑스 레스토랑으로 문화계 인사나 여행자들이 즐겨 찾는다. 화창한 날에는 햇살이 테라스는 물론 실내까지 들어와 금세 기분이 좋아진다.

도보 6~12분

15:00 **팔레 루아얄과 갤러리 비비안 Palais Royal & Galerie Vivienne**
왕실의 산책 코스인 팔레 루아얄은 시세이도 스파 숍과 마크 제이콥스 숍이 들어서면서 활기를 띠고 있다. 산책과 쇼핑을 동시에 즐길 수 있다. 갤러리 비비안은 역사적인 파리의 파사주(지붕이 있는 상가 아케이드)로 현대적인 쇼핑몰에서 느낄 수 없는 클래식한 분위기가 인상적이다.

도보 14분

16:30 **팔레 가르니에 Palais Garnier**
나폴레옹 시대의 건축양식으로 지어진 화려한 오페라하우스를 돌아본다. 발레 공연을 보는 것도 좋지만 공연이 없을 때는 내부 관람이 허용된다. 샤갈이 그린 아름다운 천장화도 놓치지 말자.

도보 13분

17:30 **안젤리나 Angélina**
파리에서 가장 맛있는 핫 초콜릿과 몽블랑으로 달콤한 파리를 느낀 다음 근처 튈르리 정원 산책으로 하루를 마무리한다.

Area 2 / Opéra & Louvre

Plan
추천 루트 2
쇼핑에 열광하는
당신을 위한 하루 일정

10:00 생 토노레 거리 Rue Saint Honoré
샤넬, 셀린, 프라다, 디올과 같은 세계적인 브랜드 숍이 즐비한 생 토노레 거리. 마들렌 또는 콩코르드 역에서 출발해 루브르 쪽으로 거슬러 올라간다.

도보 4분

12:00 콜레트 Colette
세계적으로 유명한 편집 매장인 콜레트에 들러 파리의 최신 트렌드를 한눈에 파악한다.

도보 6분

13:00 쿠니토라야 또는 에이스 구르메 Kunitoraya / Ace Gourmet
따뜻한 국물이 생각날 때 일본 라면과 우동집을 찾는 것은 현명한 선택이다. 싸고 맛있는 일본식으로 점심을 해결한다. 한국 음식이 생각난다면 10유로 미만으로 한국 음식을 먹을 수 있는 에이스 구르메를 추천한다.

도보 8분
(메트로 10분)

14:00 방돔 광장 Place Vendôme
세계적인 보석상들이 모여 있는 방돔 광장 주변은 쇼윈도가 시선을 사로잡는 곳이다. 매장 디스플레이 하나하나가 예술이다. 고 다이애나 왕세자비가 마지막 순간을 보낸 리츠 칼튼 호텔에서 커피 한 잔 마시는 호사를 누려보는 것도 나쁘지 않을 듯.

도보 11분
(메트로 10분)

15:30 오스만 거리 Boulevard. Haussmann
프렝탕 백화점, 라파예트 백화점, 자라, H&M 등이 있다. 매머드급 매장이라 구경만 하는 데도 오랜 시간이 걸린다.

도보 5~15분

17:30 델리시유 Délicieux
프렝탕 백화점 뷰티 홀관 9층에 있는 카페로 환상적인 파리 전망을 파노라마로 즐길 수 있다.

팔레 가르니에 Palais Garnier 🔊 빨레 가흐니에

Add. 8 Rue Scribe **Tel.** 08 92 89 90 90
Open 10:00~17:00(7월 중순~8월 말 10:00~18:00) **Close** 1/1, 5/1
Access RER A Auber 역에서 Rue Auber를 따라 걷다가 Rue Scribe로 좌회전한다. 도보 3분, M3·7·8 Opéra 역에서 도보 3분
URL www.operadeparis.fr
Admission Fee 일반 11€, 만 25세 이하 7€, 만 10세 이하 무료

★★

세계 최대 규모를 자랑하는 오페라 극장

1860년에 콩쿠르에 당선된 35세의 무명 건축가 장 루이 샤를 가르니에가 지어 그의 이름을 딴 오페라 극장이다. 당시 대부분의 건축물이 그리스 양식으로 지어졌으나 가르니에는 바로크와 클래식 양식을 혼합한 독특한 스타일로 설계했다. 높이 30m의 홀과 대형 계단, 대리석으로 이뤄진 실내는 고급스러운 분위기다. 450명의 발레단이 동시에 춤을 출 수 있는 이곳은 예전에는 오페라를 공연했지만 지금은 바스티유 오페라(p.198)에 그 자리를 물려주고 발레 공연을 전문으로 한다. 샤갈이 그린 천장 벽화 〈꿈의 꽃다발〉을 비롯해 바로크 양식으로 지어진 화려한 내부는 공연이 없을 때도 일반인에게 공개한다. 우리에게는 프랑스의 추리소설 작가였던 가스통 르루가 발표한 소설이자 이후 뮤지컬로 각색된 〈오페라의 유령〉의 배경으로 더 친숙하다.

1 대형 케이크 모양을 닮은 팔레 가르니에 외관 **2** 나폴레옹 시대의 건축양식으로 지어진 건물 **3** 무대 장식이 한창인 공연장을 구경할 수 있다. **4** 샤갈의 작품 〈꿈의 꽃다발〉이 천장을 장식하고 있다.

마들렌 성당 Paroisse de la Madeleine ◀ 빠후아스 드 라 마들렌

Map P.450-E

Add. Place de la Madeleine
Tel. 01 44 51 69 00
Open 09:30~19:00
Access M8·12·14 Madeleine 역에서 Pl. de la Madeleine을 따라 도보 3분
URL www.eglise-lamadeleine.com
Admission Fee 무료

★★

그리스풍의 웅장한 건물

1764년에 공사를 시작해 의회, 도서관, 재판소, 철도 역사 등 다양한 용도로 사용된 건물이다. 나폴레옹은 프랑스군의 승리를 기념해 짓기 시작했는데 80여 년이 걸렸기 때문에 생전에 성당의 완성된 모습을 보지 못했다. 루이 18세가 이곳에 가톨릭 성당을 세웠다. 내부에 있는 벽에는 창이 없고 둥근 천장을 통해서만 빛이 들어오게 돼 있다. 르메르의 〈최후의 심판〉, 플라디의 〈성모마리아상〉 등 19세기 조각이 볼만하다. 교회문의 청동 부조는 십계명을 묘사한 것이다. 높이 20m의 코린트식 기둥 52개가 신고전주의 신전 양식으로 설계된 건물 외관을 위엄 있게 둘러싸고 있다. 2008년 팝페라 가수 정세훈, 2013년에는 임형주의 독창회가 이곳에서 열린 바 있다.

1 그리스 파르테논 신전처럼 생긴 이 건물은 그리스 로마 문명에 관심이 많았던 나폴레옹이 지시해서 짓기 시작했다. **2** 성스러운 분위기의 성당 내부 **3** 내부의 웅장함과 아름다움은 평상시에도 많이 찾아오는 신자들을 경건하게 맞아준다.

방돔 광장 Place Vendôme ◀ 쁠라스 방돔

Add. Place Vendôme
Access M1 Tuileries 역에서 Rue Saint-Honoré를 따라 도보 6분.
M7·4 Pyramides 역에서 Av. de Opéra를 따라 걷다가 Rue Danine Casanova로
좌회전한다. 도보 7분

세계 유명 보석상들이 모여 있는 광장

쇼메, 미키모토, 샤넬과 같은 세계 최고의 주얼리 숍들이 모여 있는 직사각 형태의 광장으로 명칭은 이 땅의 주인인 방돔 공작의 이름에서 따왔다. 광장 중앙에 1805년 오스테를리츠 전투에서 승리한 나폴레옹 1세가 적으로부터 포획한 1250문의 청동 대포를 녹여 만든 높이 44m의 탑이 있다. 처음 건립된 당시에는 탑 꼭대기에 나폴레옹 동상이 있었으나 그의 실각 이후 앙리 4세의 동상을 세웠다가 나폴레옹이 재집권하면서 다시 나폴레옹 부조를 세웠다. 광장 12번지에는 쇼팽이 1849년부터 숨을 거둘 때까지 살았으며, 맞은편에는 비운의 교통사고로 유명을 달리한 고 다이애나 왕세자비가 애인과 마지막 시간을 보낸 리츠 칼튼 호텔이, 광장 21번지에는 패션계의 초현실주의자인 엘자 스키아파렐리의 저택이 있다.

1 광장을 병풍처럼 둘러싸고 있는 프랑스 법무부 건물과 리츠 칼튼 호텔 **2** 나폴레옹이 집권하면서 꼭대기에 나폴레옹의 부조를 세웠다. **3** 샤넬을 비롯해 세계 굴지의 보석상들이 모여 있다. **4** 방돔 광장 12번지는 쇼팽이 살던 곳이다.

Area 2 / Opéra & Louvre

튈르리 정원 Jardin des Tuileries 자흐당 뒤 튈르리

Map P.450-F

Add. Place de la Concorde, Rue de Rivoli
Access M1 Tuileries 역에서 Rue de Rivoli를 따라 걷다가 Pl. de la Concorde로 좌회전한다. 도보 10분

★★

파리 시민들의 휴식처

콩코르드 광장에서 루브르 궁전까지 연결된 파리 시민들의 휴식처로 베르사유 궁전을 비롯해 샹티이, 보르비콩트, 퐁텐블로 등 프랑스 주요 성의 정원 설계를 맡았던 르 노트르가 프랑스식으로 설계했다. 1563년 왕비 카트린 드 메디시스가 자신이 떠나온 고국 이탈리아 정원을 만들게 한 것이 튈르리 정원의 조성 계기가 됐다. 프랑스대혁명을 거치면서 정원 외 건축물의 기능은 축소됐으며 파리 코뮌 때 주요 건물이 소실되었다. 공원에는 모네, 르누아르, 세잔의 작품을 만날 수 있는 오랑주리 미술관(p.114)과 현대 작가들의 사진 전시가 주로 열리는 죄 드 폼(p.119)이 있다. 2005년 새롭게 조성된 공원에는 18~19세기의 조각 작품 100여 점이 있는데 특히 마이욜의 여인상은 눈부시도록 아름답다.

1 튈르리 정원 시작 지점에 있는 카루젤 개선문 **2** 튈르리 정원은 산책과 조깅을 즐기는 파리지앵의 휴식 공간이다. **3** 아름답게 낙엽이 지는 튈르리 정원

갤러리 비비안 Galerie Vivienne 갈르히 비비안느

Add. 5 Rue de la Banque
Open 가게마다 다름
Access M3 Quatre Septermbre 역에서 Rue de 4 Septermbre를 따라 걷다가 Rue Vivienne로 우회전한다. 도보 8분
URL www.galerie-vivienne.com

파리에서 가장 아름다운 파사주

파리에 남아 있는 파사주 중에서 가장 아름다운 파사주로 1826년에 문을 열었다. 흔히 프랑스에서 말하는 파사주는 건물들 중앙에 길을 내 상업적인 갤러리들이 함께 모여 있는 공간을 말한다. 이곳 역시 비스트로, 소품 숍, 서점, 와인 숍, 보석 전문점과 같은 다양한 가게들이 들어서 있다. 어디에 가도 볼 수 있는 유명 브랜드 숍을 이곳에선 쉽게 찾아볼 수 없으며, 오히려 개인이 운영하는 숍에서 세상에 단 하나뿐인 제품을 만날 수 있는 장점이 있다. 파리지앵이 편애하는 개성 넘치는 디자이너 숍을 둘러보자. 패션 트렌드를 알고 싶어 하는 여행자라면 한 번쯤 가볼 만한 곳이다. 특히 아픈 다리를 쉬어갈 수 있는 찻집인 아 프리오리 테(p.148), 와인 바와 숍을 겸하고 있는 그랑 피스 에 피으Le Grand Filles et Fils를 놓쳐서는 안 된다.

1 오랜 역사를 지닌 아름다운 파사주는 비 오는 날에 산책하기 좋다. **2** 옛 전통을 지키고 있는 고서점이 여전히 성업 중이다.
3 갤러리 비비안에 있는 여유로운 분위기의 카페

Area 2 / Opéra & Louvre

내부 관람을 마치고 분수대에서 휴식을 즐기는 여행자들

이오 밍 페이가 완성한 유리 피라미드

루브르 박물관 Musée du Louvre 🔊 뮤제 뒤 루브흐

Add. Musée du Louvre **Tel.** 01 40 20 53 17
Open 09:00~18:00(수·금요일 ~21:45) **Close** 화요일, 1/1, 5/1, 11/11, 12/25
Access M1·7 Palais Royal Musée du Louvre 역에서 도보 3분
URL www.louvre.fr
Admission Fee 일반 12€, 18세 미만 무료(금요일 18:00 이후 만 26세 이하 무료, 10~3월 중 첫째 주 일요일 무료)

미술사에 한 획을 그은 대작들의 보고

러시아의 에르미타주 미술관, 영국의 대영박물관과 함께 세계 3대 미술관으로 꼽히는 루브르 박물관은 30만여 점의 작품을 소장하고 있다. 루브르 박물관이 대중에게 공개된 것은 1793년부터다. 이탈리아 예술가들을 사랑한 16세기의 왕 프랑수아 1세가 레오나르도 다빈치를 프랑스로 데려와 이탈리아에서 가지고 온 10여 점의 회화로 박물관을 열었으며 루이 16세와 나폴레옹 1세를 지나면서 작품이 늘어났다. 루브르 박물관이 지금과 같은 모습을 갖추게 된 것은 나폴레옹 3세 때로 드농관과 리슐리외관을 완성하면서 부터다. 1989년 고 미테랑 대통령이 '그랑 루브르 계획'의 일환으로 중국계 미국인 건축가 이오 밍 페이Ieoh Ming Pei가 만든 유리 피라미드를 세웠다. 영화 <다빈치 코드>의 흥행으로 관람객들이 모여들기 시작한 루브르 박물관의 하이라이트는 <모나리자>, <밀로의 비너스>, <함무라비 법전>, <레이스를 뜨는 여인> 등이다. 루브르 박물관 내외에서 소매치기를 주의한다. 주로 사진 촬영을 하거나 작품을 관람하는 사람들을 타깃으로 삼으니 주의를 게을리해서는 안 된다.

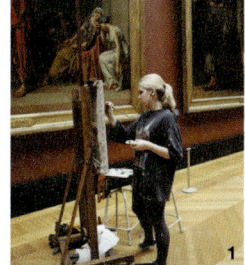

Tip 효율적인 박물관 관람법
루브르 박물관 소장품을 모두 보려면 작품당 40초씩 일주일을 쉬지 않고 봐야 한다는 계산이 나온다. 루브르 박물관을 제대로 둘러보려면 그만큼 많은 시간이 걸린다는 뜻이다. 가운데에 있는 나폴레옹홀 인포메이션에 들러 한글로 된 팸플릿을 구한 후 소지한 가방과 외투를 맡기는 것이 가장 먼저 해야 할 일이고 1층 리슐리외관 → 2층 드농관 → 3층 실리관 → 나폴레옹홀 순으로 둘러보는 게 편하다.

1 루브르 박물관의 명화를 모작하는 미술 전공 학생 **2** 루브르 박물관 3층에서 내려다본 바깥 풍경 **3** 메디치 가문 연작이 전시되고 있는 전시실

Area 2 / Opéra & Louvre

루브르 박물관에서 놓쳐서는 안 될 주요 작품

Info 표기된 층은 프랑스식 기준(예: 프랑스의 1층은 한국의 2층을 뜻함)

밀로의 비너스 Venus de Milo
작자 미상, 기원전 2세기 말경 – Sully관 0층 Sallle 16

1820년 밀로 섬에서 발견된 이 조각상은 작가 미상일 뿐 아니라 조각된 이유를 도무지 알 수 없는 미스터리 때문에 더 유명해졌다. 여인의 허리 위에 주름을 잡아 미끄러지는 듯한 옷은 헬레니즘 양식을 한 차원 발전시킨 것이다. 〈밀로의 비너스〉는 도도한 얼굴 표정과 눈, 코, 입 등의 조화 그리고 무심한 얼굴 표정 및 머리와 우아한 옷 주름이 지금과는 비교할 수 없을 만큼 발달된 조각 기술을 보여주는데 학자들은 헬레니즘 시대인 기원전 2세기 작품으로 추정하고 있다.

사모트라케의 니케 Victoire de Samothrace Niké
작자 미상, 기원전 190년경 – Sully관 2층(1er étage) 다루(Daru) 계단

헬레니즘 시대의 가장 뛰어난 조각으로 꼽히는 사모트라케의 니케('승리의 여신상'으로도 불린다)는 원래 에게 해 북쪽 사모트라케 섬 언덕 위에 서 있었다. 기원전 190년경 로도스 섬 유다모스가 안티오코스 대왕(기원전 242~187년)이 이끄는 시리아군과의 해전에서 승리한 것을 기념해 제작한 조각이다. 지금은 파괴된 여신의 오른팔에는 승리자에게 씌어줄 월계수 화관이 있었다고 한다. 손발이 없을 정도로 손상이 심각하지만 그 자체만으로도 얼마나 아름다운 작품인지 충분히 보여주고 있다.

루이 15세 왕관 Couronne de Louis XV
작자·연대 미상 – Denon관 1층 Galerie d'Apollon Salle 66

루이 15세를 위해 만든 두 개의 왕관 중 하나로 금관 주변을 값진 보석들이 둘러가며 박혀 있는데 왕관의 머리 끝부분은 다섯 개의 커다란 다이아몬드가 박혀 있는 백합꽃 모양이다. 머리띠 부분은 두 줄로 늘어선 진주들과 에메랄드, 루비, 사파이어, 토파즈 등 여덟 가지 색깔의 보석과 다이아몬드로 장식돼 있다. 다섯 개의 다이아몬드로 구성된 아이리스 형태에서 반원형이 시작된다. 루이 15세 왕관은 보석 세공사인 클로드 론데Claude Rondé가 디자인하고 왕의 보석 세공사였던 오귀스트 뒤플로August Duflos가 제작했다. 273개의 다이아몬드로 만든 루이 15세의 왕관은 호화로운 왕가 의식을 암시하는 동시에 18세기 보석 세공인의 장인 기술을 그대로 보여주고 있다.

사기 도박꾼 Le Tricheur à l'as de Carreau
조르주 드 라 투르 Georges de la Tour, 1635년경
- Sully관 3층(2é étage) Salle 24

조르주 드 라 투르의 〈사기 도박꾼〉은 카라바조 이후 빈번하게 다뤄지던 도박 사기꾼을 그린 그림이다. 젊은 남성은 17세기 도덕에는 어긋나지만 어쩔 수 없이 세 가지 유혹에 빠져들고 있다. 도박, 술, 여자를 주제로 표현한 이 작품은 조르주 드 라 투르가 남긴 작품 중 특별히 걸작으로 평가되고 있다. 네 명의 인물들은 카드 게임을 하기 위해 테이블에 모여 있는데 잠시 동작을 멈춘 것처럼 보인다. 오른쪽의 화려한 옷을 입은 젊은 남성이 패를 들여다보고 있는 틈을 타 다른 사람들은 서로 곁눈질하고 있다. 그림 안에서도 그는 공모자들에게 고립돼 있음을 명백하게 보여주고 있다.

가나의 혼인잔치 Les Noces de Cana
파올로 베로네제 Paolo Véronèse, 1562년경 – Denon관 1층 Salle 6

누가복음 2장 1절에 나오는 가나의 혼인잔치에서 일어난 예수의 기적을 그린 것이다. 결혼식의 주인공인 두 부부는 중앙에 있는 예수로부터 떨어진 채 커다란 식탁의 왼쪽 가장자리에 앉아 있다. 예수는 성모 마리아와 그의 열두 제자, 왕자들과 베네치아 귀족들, 터번을 쓴 동양인과 하인, 백성 등 많은 인물에 둘러싸여 있다. 화폭의 중심에 있는 하인이 자르고 있는 고기는 그리스도의 신비로운 몸을 상징하고 디저트로 서비스하고 있는 마르멜로 열매 상자는 결혼의 상징으로 표현되고 있다. 베로네제는 특별히 베네치아 상인들이 들여온 동방의 물감을 사용해 오렌지색, 노란색 등 색조가 강한 붉은색을 표현하고 있다.

메두사의 뗏목 Le Radeau de la Méduse
테오도르 제리코 Théodore Gericault, 1819년 – Denon관 1층 Salle 77

이 작품은 실제로 세네갈을 식민지화하기 위해 1816년 출항했던 프랑스 군함이 폭풍우로 난파해 13일 만에 150여 명 중 10명만 살아남고 모두 죽었던 사실을 드라마틱하게 묘사하고 있다. 피해 상황의 비참함은 10여 명의 사람들이 살아남기 위해 시신의 인육을 먹었던 사실을 통해 극명하게 드러낸다. 정치적이면서도 인간 본성의 비참함을 그리고 있는 이 작품은 프랑스 낭만주의 양식의 대표작으로 평가되고 있다. 제리코는 당시 상황을 정확하게 알아보기 위해 송장을 분석하고 연구하기도 했다.

터키 욕탕 Le Bain Turc
장 오귀스트 도미니크 앵그르 Jean Auguste Dominique Ingres, 1862년 – Sully관 3층(2é étage) Salle 60

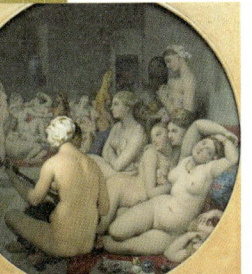

앵그르는 인생 말년에 이슬람교도들의 여인들이 모이는 하렘Harem을 배경으로 상당히 에로틱한 그림을 그렸다. 이 그림은 18세기 초 이스탄불 여성 목욕탕을 방문했던 영국 대사 부인의 편지에서 영감을 받아 그린 것이다. 1848년 나폴레옹 3세의 사촌인 나폴레옹 왕자가 하렘의 여인들을 그려달라고 주문해 제작됐으나 작품을 본 왕비가 그림에 충격을 받아 1905년이 되어서야 앵그르 회고전에서 일반인들에게 공개될 수 있었다. 열 명 정도의 터키 여성들이 동양식 실내 장식으로 꾸며진 목욕탕 안에서 다양한 자세로 소파 위에 앉아 있다.

Area 2 / Opéra & Louvre

오랑주리 미술관 Musée de l'Orangerie 뮤제 드 로랑쥬리

Map P.450-F

Add. Jardin des Tuileries, Place de la concorde, Rue de Rivoli
Tel. 01 44 50 43 00 **Open** 09:00~18:00 **Close** 화요일, 5/1, 7/14(오전), 12/25
Access M1·8·12 Concorde 역에서 Pl. de la Concorde를 따라 도보 3분
URL www.musee-orangerie.fr
Admission Fee 일반 9€, 17:00 이후 입장 6.50€(오랑주리+오르세 미술관 콤비 16€, 모네의 집+오랑주리 미술관 콤비 18.50€)

모네의 〈수련〉 연작과 만나다

클로드 모네의 대표작 〈수련〉 연작이 타원형 방의 벽을 가득 메우고 있는 미술관으로 콩코르드 광장 쪽으로 나 있는 입구로 들어가면 튈르리 정원 오른쪽에 있다. 1927년에 미술관으로 처음 문을 열어 인상파에서 1930년까지의 근대 회화를 중심으로 그림 상인 폴 기욤과 그의 부인, 건축가 장 발터가 수집한 개인 컬렉션이 미술관의 핵심을 이룬다. 제1차 세계대전의 종전을 기념하기 위해 모네는 자신의 〈수련〉 연작 2점을 국가에 기증했다. 제3전시실에는 르누아르의 〈피아노 앞의 소녀들〉, 세잔의 〈사과와 비스킷〉 등이 있다. 다른 미술관과 달리 내부가 둥근 모양이며 인공 조명이 아닌 자연 채광으로 감상할 수 있어 더욱 색다른 감흥을 준다.

1 오랑주리 미술관 전경 **2** 모네, 마티스, 피카소, 모딜리아니 등 기라성 같은 화가의 작품이 많다. **3** 르누아르와 세잔의 작품이 있는 제3전시실 **4** 〈수련〉 연작은 타원형으로 벽 전면을 차지한다.

생 제르맹 록세루아 교회 Eglise Saint Germain L'Auxerrois

Add. 2 Place du Louvre
Tel. 01 42 60 13 96
Open 월~토요일 08:00~19:00, 일요일 09:00~20:00
Access M1 Louvr Rivoli 역에서 도보 2분, M7 Pont Neuf 역에서 도보 2분
URL www.saintgermainauxerrois.cef.fr
Admission Fee 무료

성 바르톨로메오 학살 현장

메로빙거 왕조에 의해 세워졌으나 885년과 이듬해 노르만족의 침입에 의해 파괴됐다가 재건했다. 로베르 2세에 의해 1220~1230년에 지금의 문이 세워졌으며 1580년에 이르러서야 지금의 모습을 갖추게 됐다. 다양한 건축양식이 혼재돼 있으며 우뚝 솟은 종루는 현존하는 가장 오래된 로마네스크 양식 건물로 기록돼 있다. 이 성당이 유명한 이유는 '성 바르톨로메오의 학살'이라는 역사적인 사건 때문이다. 1572년 8월 24일 새벽, 카트린 드 메디시스의 딸 마그리트의 결혼식 참석차 파리로 온 위그노파(프로테스탄트)가 대량 학살된 곳으로 수천 명이 이곳에서 죽음을 맞은 것으로 전해진다. 이 사건 이후 루앙, 리옹, 오를레앙 등 프랑스 신교도인 위그노 학살이 지방으로 번지면서 수개월에 걸쳐 2만7000명이 넘는 사람이 목숨을 잃었다.

1 성 바르톨로메오 축일의 학살로 많은 신교도가 이곳에서 죽음을 맞았다. **2** 다양한 건축양식이 공존해 약간 혼란스러울 수도 있다. **3** 현존하는 가장 오래된 로마네스크 양식의 종루 **4** 5세기에 걸친 건축양식을 볼 수 있는 교회 내부

Area 2 / Opéra & Louvre

장식예술박물관 Musée des arts décoratifs 뮤제 데 아흐 데꼬라티브

Add. 107 Rue de Rivoli **Tel.** 01 44 55 57 50
Open 11:00~18:00(목요일 ~21:00) *입장 마감 폐관 30분 전 **Close** 월요일 1/1, 5/1, 12/25 **Access** M1·7 Palais Royal Musée du Louvre 역에서 Rue de Rohan을 따라 걷다가 Rue de Rivoli로 우회전한다. 도보 4분
URL www.lesartsdecoratifs.fr
Admission Fee 일반 11€, 학생 8.50€

디자인에 관심 있다면 놓쳐서는 안 될 곳

중세, 르네상스 시대, 17~18세기, 19세기, 아르누보와 아르데코, 현대로 구분된 5개의 전시관을 통해 디자인의 역사를 한눈에 볼 수 있다. 니키 드 생팔의 〈클라리스 의자〉, 앙투안 필리퐁과 자크린 르콕의 〈텔레비전과 가구〉, 앙드레 그루의 〈서랍장〉, 장 프루베의 〈강의용 의자〉 등 디자인 역사에 한 획을 그은 기념비적인 작품을 전시한다. 프랑스 예술의 살아 있는 증인이자 장인 정신의 모든 것을 보여주는 곳이다. 의상과 텍스타일, 광고박물관도 같은 건물에 있어 1년 내내 다양한 특별 전시가 열리며 티켓 한 장으로 모두 관람할 수 있다. 박물관 입장권이 있으면 1층 레스토랑이나 디자인 전문 서점 107 리볼리(p.177)에서 할인 혜택을 받을 수 있다. 박물관 관람을 마치고는 튈르리 정원 쪽으로 나 있는 테라스 레스토랑 르 소 뒤 루(p.128)에 들러보는 것도 좋겠다.

1 패션과 텍스타일 박물관의 전시 공간 **2** 장식예술박물관 전경 **3, 4** 툴루즈 로트레크를 주제로 한 광고 포스터 공모전 당선 작품들

자크마 앙드레 미술관 Musée Jaquemart André 뮈제 자끄마 앙드레

Map P.449-C

Add. 158 Boulevard Haussmann
Tel. 01 45 62 11 59
Open 10:00~18:00(월·토요일 ~20:30)
Access M9·13 Miromesnil 역에서 도보 6분
URL www.musee-jacquemart-andre.com
Admission Fee 일반 12€, 학생 10€

플라망 화가의 컬렉션이 볼거리

19세기 오스만 양식의 대저택에 들어선 미술관으로 에두아르 앙드레와 넬리 자크마 부부가 수집한 플라망 화가들의 컬렉션과 18세기 프랑스 화가, 이탈리아 르네상스 작품들을 전시한다. 루이 14세 시대의 가구들이 있는 살롱 태피스트리와 반다이크, 프란스 할스, 렘브란트의 작품이 있는 서재, 보티첼리 등 이탈리아 화가들의 작품이 있는 플로랑스의 방 등이 볼만하다. 박물관 관람을 마치면 파리에서 아름다운 살롱 드 테로 알려진 박물관 내 찻집에 들를 것. 가볍게 차와 크루아상을 즐길 수 있는 티타임(15:00~17:30) 메뉴는 9유로이고, 파이와 샐러드, 빵을 함께 먹을 수 있는 점심 메뉴(11:45~15:00)는 16.50유로다. 루벤스, 그레고, 반다이크 등의 다양한 특별전이 열렸던 2012년에는 50만 명이 이곳을 다녀갔다.

1 널찍한 안마당이 보이는 자크마 앙드레 미술관 외관 **2** 화려함이 베르사유 궁전 못지않다. **3** 정면 샤르댕의 정물화와 오른쪽 위 프라고나르의 작품들이 보이는 살롱 **4** 벽난로가 있는 살롱 내부

프라고나르 향수 박물관 Musée du Parfum Fragonard 뮤제 뒤 파퓸 프라고나르

Add. 9 Rue Scribe
Tel. 01 47 42 04 56
Open 09:00~18:00(일요일·공휴일 ~17:00)
Access M3·7 Opéra 역에서 Pl. de l'Opéra를 따라 걷다가 Rue Scribe로 좌회전한다. 도보 3분
URL www.fragonard.com

향수에 관한 모든 것

그라스Grasse 태생의 유명 화가인 장 토노레 프라고나르의 이름을 따서 만든 박물관으로 원래 그라스에 박물관이 있지만 파리에는 1983년에 팔레 가르니에 근처에 문을 열었다. 나폴레옹 3세 스타일로 지어진 대저택에서 향수 제조 공정, 향수병과 광고의 변천사, 향수 추출을 위한 증류기 및 시대별 향수 제조 기구, 향수 포장의 역사와 관련한 전시가 열리며 가이드가 무료로 향수 전반에 대해 설명해준다. 관람을 마치고 박물관과 연결된 매장에 들러 일반 매장에서 볼 수 없는 향수와 비누 등을 구입할 수도 있다. 추천 아이템으로는 장미의 플로럴과 모던 머스크가 어우러진 프라고나르의 대표 향수 '밤의 여왕 Belle de Nuit', 장미와 시더우드의 향기가 조화를 이루는 향초 '프로방스 가든Laurier Rose Cèdre'을 추천한다.

1 시립 박물관을 방불케 하는 내부 전시 공간 **2** 각종 과일 향을 테이스팅할 수 있는 코너가 마련돼 있다. **3** 전시장을 빠져나가면 제품을 구매할 수 있는 숍으로 연결된다. **4** 향수에 관심이 많은 현지인들로 늘 붐비는 매장

Area 2 / Opéra & Louvre

팔레 루아얄 Palais Royal 팔레 후와얄

Map P.451-G

Add. Place du Palais Royal
Access M1·7 Palais Royal Musée du Louvre 역에서 Galerie de Nemours를 따라 도보 1분
Admission Fee 무료

★★

리슐리외 추기경 저택이자 왕가의 궁전

자크 르메시에가 루이 13세 당시의 재상이었던 리슐리외 추기경의 저택으로 디자인한 곳으로 1629년에 완성됐다. '왕가의 궁전'이란 명칭이 무색하게 루이 14세만 이곳에서 유소년 시절을 보냈으며 그 역시 1649년 이후 루브르 궁전으로 되돌아갔다. 이후 루이 14세의 동생 루이 필립 오를레앙이 정원에 회랑을 두르고 아파트와 점포를 임대해 수입을 얻었으며 한때 매춘과 도박의 중심지가 되기도 했다. 지금은 아름다운 정원을 중앙에 두고 빈티지 패션의 1번지 디디에 뤼도, 시세이도의 뷰티 살롱, 〈미슐랭 가이드〉 2스타에 빛나는 고급 레스토랑 그랑 베푸(p.124), 마크 제이콥스 매장 등이 들어서 있다. 팔레 루아얄의 또 하나의 명소는 프랑스 최고 명문 극단인 코미디 프랑세즈. 세계에서 가장 오래된 극단이며 현재까지도 연 900회 이상 다양한 공연을 선보인다.

1 노천카페에서 음료를 즐기는 파리지앵 **2** 다니엘 뷰렌의 〈두 개의 고원〉이란 유명한 조형물이 팔레 루아얄 중앙에 있다. **3** 시간을 거슬러 올라가는 느낌이 드는 팔레 루아얄의 파사주 **4** 정원에서 책을 읽는 사람들이 많다.

생 외스타슈 성당 Paroisse Saint Eustache 파로이즈 쌩 퇴수타슈

Add. 2 Impasse Saint Eustache **Tel.** 01 42 36 31 05
Open 09:30~19:00(토 · 일요일 09:00~),
미사 평일 12:30/18:00, 토요일 18:00, 일요일 09:30/11:00/18:00
Access M4 Les Halles 역에서 Rue Rambuteau를 따라 걷다가
Rue Montmmartre로 좌회전한다. 도보 3분
URL www.saint-eustache.org

★★

프랑스에서 가장 큰 파이프오르간

지금은 파리 남쪽의 헝지스로 자리를 옮긴 옛 중앙 시장 자리에 세워졌다. 고딕과 르네상스 양식이 조화를 이루고 있는 건물로 1532년부터 약 100여 년에 걸쳐 지어졌다. 고딕 양식으로 지은 건물 위에 르네상스 양식의 세부 조각들을 더했으며 내부에는 프랑스에서 가장 큰 8000개의 파이프가 있는 파이프오르간이 있다. 프랑스의 역사적인 인물들이 드나들기도 한 곳으로 극작가 몰리에르, 마담 퐁피두르, 루이 14세가 이곳에서 세례를 받았으며, 1778년에는 모차르트 어머니의 장례식이 치러지기도 했다. 길이 105m, 폭 43m, 높이 33m의 장엄한 외관을 보여주는 성당으로 레알 쪽으로 나 있는 남쪽 입면이 가장 아름다운 부분이다. 성당 앞에 있는 커다란 사람의 얼굴 조각은 브랑쿠시의 작품이다.

1 100여 년 동안 지어진 고딕 양식의 성당이다. **2** 신록이 우거진 공원 뒤로 생 외스타슈 성당이 보인다. **3** 성당 조형물 앞은 기념 촬영을 하는 사람들로 붐빈다. **4** 아름다운 스테인드글라스가 있는 성당 내부 제단

쥐 드 폼 Jeu de Paume 쥐드 뽐

Add. 1 Place de la Concorde **Tel.** 01 47 03 12 50
Open 11:00~19:00(화요일 ~21:00) **Close** 월요일, 1/1, 5/1, 12/25
*12/24·31은 17:00에 문 닫음 **Access** M1·8·12 Concorde 역에서 도보 3분
URL www.jeudepaume.org **Admission Fee** 일반 10€, 학생 7.50€
*매월 마지막 화요일 11:00~21:00 만 25세 이하 학생 무료

현대미술, 사진, 설치미술 등 특별 전시로 유명한 곳

오랑주리 미술관과 튈르리 정원을 사이에 두고 있는 공간이다. 상설 전시보다 사진, 영화, 비디오와 설치미술과 관련된 특별전이 주로 열린다. 마틴 파, 로버트 유로크, 리 밀러, 장 뢱 물랭, 윌리 로니스 등 과거부터 현재에 이르기까지 다양한 작가들의 전시가 열리고 있다. 홈페이지에서 전시 일정을 확인하고 가자.

튈르리 정원 안에 있는 쥐 드 폼 전경

카루젤 개선문 Arc du Triomphe Carrousel 악끄 뒤 트리엉프 까후젤

Add. Place du Carrousel
Access M1·7 Palais Royal Musée du Louvre 역에서 Rue de Rohan을 따라 걷다가 Pl. du Carrousel로 우회전한다. 도보 5분

파리에 있는 두 개의 개선문 중에서 더 오래된 것이다.

가장 오래된 개선문

오스테를리츠 전투의 승리를 기념하기 위해 세운 개선문으로 튈르리 정원에 있다. 나폴레옹이 로마의 콘스탄티누스 개선문을 본떠 만들었으나, 생각보다 작은 것에 실망해 에투알 개선문을 건축하는 계기가 됐다. 이 개선문은 8개의 기둥이 문을 받치고 있으며 나폴레옹 1세가 베네치아에서 가져온 네 마리 말이 있었으나 그의 실각 후 마차를 탄 여신상으로 바뀌었다.

막심 드 파리 Maxime's de Paris 🔊 막시므 드 빠리

Add. 3 Rue Royale
Tel. 01 42 65 27 94
Open 화~금요일 19:00~22:00, 토요일 19:00~익일 05:00
Close 월·일요일
Access M1·8·12 Concorde 역에서 도보 1분
URL www.maxime-de-paris.com **Price** 풀코스 210€~

파리 사교계의 전설

1893년 한 카페의 웨이터였던 막심 가이야Maxime Gaillard가 문을 열었다. 20세기 초 유행하던 아르누보 양식으로 꾸며졌으며 장 콕토, 마르셀 프루스트를 비롯해 파리 사교계 인사들의 아지트가 되면서 예술가, 정치인, 외교관, 할리우드 스타에 이르기까지 다양한 인사들이 드나들었다. 1981년 패션 디자이너 피에르 가르뎅이 새 주인이 되었다. 100여 년 전으로 시간 여행을 떠난 듯한 착각에 빠지게 만드는 우아하고 고풍스러운 실내장식이 압권이다. 레스토랑과 카바레, 바를 겸하고 있어 지금도 파리의 밤을 즐기려는 외국인과 향수에 젖은 파리지앵들의 발걸음이 끊이지 않고 있다. 일본인들에게 워낙 인기가 많아 도쿄에 분점을 세웠으며 우디 앨런의 영화 <미드나잇 인 파리>의 배경이 되기도 한 곳이다.

1 역사의 흔적이 켜켜이 쌓인 실내 공간 **2** 스테인드글라스와 아르누보 스타일의 장식이 눈에 띈다. **3** 이곳을 드나든 명사들의 사진
4 미국인과 러시아인에게 특별히 인기 많은 파리를 대표하는 레스토랑

Area 2 / Opéra & Louvre

심플하면서 에지 있는 그랑 베푸의 요리

그랑 베푸 Le Grand Véfour 르 그헝 베푸

Add. 17 Rue de Beaujolais **Tel.** 01 42 96 56 27
Open 12:00~14:00, 20:00~22:00 **Close** 토·일요일
Access M7·14 Pyramides 역에서 도보 8분,
M1·7 Palais Royal Musée du Louvre 역에서 도보 5분
URL www.grand-vefour.com
Price 점심 115€, 저녁 315€

귀족들의 저녁 식사에 초대된 것 같은 프랑스 레스토랑

멋진 샹들리에와 장식들만 봐도 대번에 파리 최고의 레스토랑임을 직감할 수 있는 곳으로 〈미슐랭 가이드〉에서 2스타 평가를 받았다. 1784년 샤르트르 카페Le Café Chartre로 시작했다가 프랑스대혁명 이후 다시 레스토랑으로 문을 열었다. 소문난 미식가 나폴레옹과 조세핀, 볼테르, 장 콕토, 콜레트 같은 명사들이 드나들었으며 벨에포크 시대를 거치면서 파리 최고급 레스토랑으로 확실한 자리매김을 했다. 빅토르 위고, 장 폴 사르트르, 알렉상드르 뒤마, 마리아 칼라스 등의 유명 인사들이 즐겨 찾았지만 세계대전을 겪으며 막심에게 소유권이 넘어가는 등 시련을 겪었다. 레이몽 올리버라는 셰프가 프랑스 요리를 선보이면서 제2의 전성기를 맞고 있다. 지금은 파리와 뉴욕 등지에서 150여 명의 직원을 거느리고 있는 기 마르탱Guy Martin이 바통을 이어받아 예술적인 요리를 내놓으면서 전 세계 미식가들의 찬사를 받고 있다. 어떤 음식을 주문해도 후회가 없지만 경제적으로 식사하려면 절반 값에 즐길 수 있는 점심이 좋을 듯하다. 저녁 식사를 제대로 하면 200유로가 훌쩍 넘는다. 오랫동안 사랑받아온 클래식 메뉴로는 송로버섯이 들어간 크림 향이 풍부한 푸아그라 라비올리Ravioles de Foie Gras, Crème Foisonnée Truffee, 비둘기 요리Pigeon Prince Rainier III, 게랑드 소금과 캐러멜이 들어간 아이스크림이 함께 있는 초콜릿과 개암나무 팔레트 등이 있다.

1 셰프 기 마르탱이 그랑 베푸의 새로운 역사를 쓰고 있다. **2** 심플하면서 감각적인 그랑 베푸의 요리 **3** 클래식한 분위기의 레스토랑으로 예전부터 왕족과 귀족들이 드나들던 곳이다.

Area 2 / Opéra & Louvre

토마토와 채소, 청어로 맛을 낸 스타터

르 슬라동 Le Celadon 르 슬라동

Add. 15 Rue Daunou
Tel. 01 47 03 40 42
Open 12:30~14:00, 19:30~21:30 **Close** 토·일요일
Acces M3·7·8 Opéra 역에서 Rue de la Paix를 따라 도보 2분
URL www.leceladon.com
Price 점심 53€, 저녁 69€

30년째 〈미슐랭 가이드〉 스타를 지키고 있는 전통 레스토랑

방돔 광장 근처의 웨스트민스터 호텔에 있는 〈미슐랭 가이드〉 1스타 레스토랑. 중국의 청자를 컬렉션하던 웨스트민스터 호텔의 예전 주인이 청자를 뜻하는 '슬라동'이라는 이름을 붙였다. 크리스틸, 실크와 같은 고급 소재를 사용한 인테리어와 톤 다운된 그린 컬러가 주축을 이뤄 동양적인 분위기와 프렌치 스타일이 절묘하게 어우러진 모습이다. 퓨전보다 재료 하나하나의 맛을 중시하는 프랑스 요리의 전통을 지키는 젊은 셰프 크리스토프 모아상이 자몽과 마멀레이드를 곁들인 푸아그라, 옛날 왕실에서 사용하던 조리법으로 만든 토끼 요리 등을 선보인다. 프랑스 중부 솔로뉴 지방에서 나는 버섯과 바닷가재가 들어간 크레페는 6월 중순에서 10월 중순까지만 맛볼 수 있다. 테이블이 많지 않아 미리 예약하는 게 좋다.

1 클래식한 분위기에서 정찬을 즐기길 원한다면 르 슬라동을 추천한다. **2** 젊은 나이에 〈미슐랭 가이드〉 스타급 셰프의 영광을 차지한 크리스토프 모아상 **3** 웨스트민스터 호텔 내에 있는 레스토랑 **4** 동양의 청자를 메인 테마로 한 테이블웨어

Area 2 / Opéra & Louvre

콩 Kong 콩

Map
P.451-H

secret

Add. 1 Rue du Pont Neuf
Tel. 01 40 39 09 00
Open 레스토랑 일~목요일 12:00~23:45, 금·토요일 12:00~익일 01:00, 브런치&칵테일 바 일요일 18:00~익일 02:00, 클럽 금·토요일 23:00~익일 03:00
Access M7 Pont Neuf 역에서 도보 1분 **URL** www.kong.fr
Price 전식 19~24€, 본식 32~48€, 디저트 13~15€

펜트하우스를 연상케 하는 레스토랑

패션 브랜드 겐조 본사 건물 꼭대기 층에 있는 레스토랑 겸 바. '게이샤가 유럽의 호화로운 펜트하우스를 만나 하나가 된다'는 콘셉트로 문을 열었으며 인테리어는 필립 스탁이 맡았다. 레스토랑 천장에 있는 게이샤 사진 때문에 퇴폐적인 느낌이 들기도 하지만 프랑스인들이 좋아하는 오리엔탈리즘을 고수했다. 미국 드라마 〈섹스 앤 더 시티〉에서 극중 캐리가 이곳에서 점심 식사 하는 것을 좋아한다는 내용이 나온 이후로 관광객들도 심심찮게 찾아온다. 아래층에 있는 바에서는 베아트리스 아디슨이 디제잉하는 라운지 음악을 들으며 와인과 칵테일을 즐길 수 있다. 파리에서 전망이 좋기로 손꼽히는 레스토랑이다. 추천 메뉴로는 여러 종류의 딤섬, 매콤한 소스가 들어간 와규, 스파게티 우동이 포함된 바닷가재가 있다.

1 〈섹스 앤 더 시티〉에 등장해 더욱 유명해진 레스토랑 **2** 레스토랑 1층에는 콩의 인테리어를 볼 수 있는 대형 사진이 걸려 있다.
3 해피 아워에는 조용한 분위기에서 저렴하게 칵테일을 즐길 수 있다. **4** 필립 스탁이 디자인한 가구와 액세서리가 바에 전시돼 있다.

르 퓌무아 Le Fumoir 르 퓌므와

Add. 6 Rue de l'Amiral de Coligny
Tel. 01 42 92 00 24
Open 11:00~익일 02:00 **Close** 일요일 점심
Access M1 Louvre Rivoli 역에서 도보 1분
URL www.lefumoir.com
Price 전식+본식 또는 본식+디저트 23€, 전식+본식+디저트 27€

루브르와 이웃한 프랑스 레스토랑

루브르를 마주하고 있는 시크한 분위기의 카페 겸 레스토랑. 19세기를 연상케 하는 고풍스러운 영국 스타일의 아늑한 인테리어가 낭만을 불러일으킨다. 프랑스 정찬이 주메뉴다. 시금치와 달걀 반숙이 들어간 수프Velouté d'Epinard와 파르메산 치즈가 들어간 아스파라거스 리소토Risotto aux asperges et petits pois, 허브와 버터가 들어간 감자 퓌레를 곁들인 대구Cabillaud poéleé et couteaux 요리가 유명하다. 해피아워(18:00~20:00)에는 6유로에 칵테일을 즐길 수 있다. 여름에는 테라스에서 시원한 음료를 마실 수 있다. 르 퓌무아는 '흡연실'이라는 뜻이지만 레스토랑 안은 금연이다. 일요일에 즐길 수 있는 브런치는 24유로이며 과일 주스와 차, 삶은 달걀, 훈제 햄, 팬케이크 등이 서비스된다. 테라스 쪽 바에서는 샐러드와 클럽 샌드위치와 같은 메뉴로 간단한 식사를 즐길 수 있다.

1 루브르 박물관을 마주하고 있는 레스토랑 르 퓌무아 전경 **2** 해피아워에 바에서 칵테일을 즐기는 사람들 **3** 편안한 분위기의 살롱에서는 책을 빌려 볼 수도 있다. **4** 활기찬 살롱의 점심시간

Area 2 / Opéra & Louvre

레스토랑 샤르티에 / Bouillon restaurant Chartier
부이용 레스토랑 샤흐띠에

Map P.451-C

Add. 7 Rue du Faubourg Montmartre
Tel. 01 47 70 86 29
Open 11:30~22:00
Access M8·9 Grands Boulevards 역에서 Rue Montmartre를 따라 도보 3분
URL www.restaurant-chartier.com
Price 전식 1.80~6.80€, 본식 8.50~13.50€, 디저트 2.20~4€

파리의 오래된 비스트로와 만나다

프레데릭과 카미유 샤르티에 두 형제가 1896년에 처음 문을 연 레스토랑으로 정통 프랑스 요리를 고수한다. 300여 석이나 되는 레스토랑이지만 훌륭한 분위기와 싸고 맛있는 음식에 대한 평가 때문에 늘 빈자리가 없다. 19세기 아르누보 건축양식이며 유리로 된 천장과 짙은 갈색 나무 가구가 인상적인 건물은 1989년 국가에서 보호하는 문화재로 지정됐다. 가정식 요리 중 전채로 달팽이, 메인 요리는 닭고기와 쇠고기 종류를 추천한다. 강한 소스보다 건강식을 고집하는 레스토랑이다. 100년 전통이 있는 만큼 언제나 입구는 줄 서 있는 사람들로 붐빈다. 배낭여행자들도 저렴한 가격 때문에 많이 찾아온다. 5대에 걸쳐 경영해온 곳으로 대략 5000만 명이 여기에서 식사했다는 사실이 놀라울 따름이다.

1 오래된 분위기가 느껴지는 레스토랑 외관 **2** 300여 석이나 되는 큰 홀에는 언제나 많은 사람들이 가득하다. **3** 정통 프랑스 비스트로로 저렴한 가격이 인기 비결이다. **4** 아르누보 양식으로 꾸민 실내가 아늑하다.

오 리오네 Aux Lyonnais 오 리오네

Add. 32 Rue Saint Marc **Tel.** 01 58 00 22 06
Open 12:00~14:00, 19:30~22:00
Close 토요일 점심, 일·월요일, 7월 말~8월 말
Access M3 Quatre Septembre 역에서 Rue de Richelieu를 따라 도보 5분,
M8·9 Richelieu Drouot 역에서 도보 4분 **URL** www.auxlyonnais.com
Price 점심 전식+본식+디저트 34€, 저녁 전식+본식+디저트 35€

리옹의 손맛

식도락의 도시, 리옹의 맛을 파리에서 느낄 수 있는 곳으로 1914년에 푸에 가족이 처음 문을 열었으며 후에 알랭 뒤카스 그룹이 인수했다. 정통 브라스리 분위기를 고스란히 간직한 디테일이 돋보이며 옛스러운 타일 장식, 거울을 활용한 인테리어가 볼거리다. 오 리오네에서 선보이는 리옹 전통 요리는 집에서 어머니가 해주는 음식을 연상시킨다. 특히 말린 소시지 모둠Planche de Charcuterie, 긴 생선이나 고기에 달걀이나 크림을 넣어 양념한 리옹 전통 음식 크넬Quenelle à la Lyonnais, Sauce Nantua 등이 맛있다.

1 리옹 지역의 문장이 걸려 있는 오 리오네 레스토랑 정문 **2** 오늘의 메뉴가 적혀 있는 칠판 **3** 식사를 기다리며 대화를 나누는 파리지앵 **4** 신선한 모둠 베이컨은 리옹 지역의 특산물 **5** 감자를 곁들인 어린 송아지 간 요리

Area 2 / Opéra & Louvre

히구마 Higuma 이구마

Map P.451-G

Add. 32 Bis Rue Saint Anne
Tel. 01 47 03 38 59
Open 11:30~22:00 **Close** 1/1, 12/25
Access M7·14 Pyramides 역에서 Rue des Pyramides를 따라 간다.
Rue Thérèse로 우회전해 걷다가 Rue Saint-Anne로 좌회전한다. 도보 3분
URL www.higuma.fr **Price** 7~13€

김치라멘이 끝내줘요

유독 비가 자주 내리는 파리의 겨울이 찾아오면 특히 생각 나는 곳이 라멘집이다. 돈가스 덮밥이나 닭고기 카레 등도 있지만 한국인 입맛에 맞는 최고의 메뉴는 역시 매콤한 김치를 곁들인 김치라멘Kimuchi Lamen(9.50€)이다. 돼지고기로 진한 국물을 낸 다음 신선한 면과 채소, 돼지고기를 넣어 조리한 이곳 김치라멘은 파리에서 가장 맛있다고 해도 과언이 아니다. 콜레트를 비롯해 명품 브랜드 숍이 즐비한 생 토노레 163번지에도 같은 주인이 운영하는 동명의 레스토랑이 있다. 주변에 일본 식당이 많지만 이 집 줄이 제일 길다. 매콤한 김치라멘 외에 채소와 오징어, 돼지고기가 들어간 짬뽕라멘Champon Lamen(8.50€)이나 쫄깃한 면발을 소스에 찍어 시원하게 즐길 수 있는 자루라면Zalu Lamen(8.0€)을 추천한다.

1 오픈된 주방에서 주문을 받자마자 바로 조리해준다. 2 식사 시간을 피해 가지 않으면 30분 정도 기다릴 각오를 해야 한다.
3 히구마의 간판 스타, 김치라멘

보코 Boco 보코

Add. 3 Rue Danielle Casanova
Tel. 01 42 61 17 67
Open 11:00~22:00 **Close** 일요일
Access M7·14 Pyramides 역에서 Rue des Pyramides를 따라 걷다가 Rue Danielle Casanova로 좌회전한다. 도보 3분
URL www.boco.fr **Price** 점심 전식+본식+디저트 14.80€

〈미슐랭 가이드〉 스타급 요리사들이 만드는 요리의 품격

100% 바이오를 고집하는 슬로 푸드의 선두 주자로 금융가 종사자들이 단골로 드나든다. 오랜 세월 스위스 호텔 등에서 경력을 쌓아온 오너가 개인적인 친분이 있던 7명의 유명 셰프와 컬래버레이션해 그들의 요리를 즐길 수 있게 구성한 기발한 콘셉트가 돋보인다. 냉장고에 신선하게 보관되어 있는 요리를 꺼내 들고 계산을 마치면 데워준다. 〈미슐랭 가이드〉 3스타 셰프 질 구종Gilles Goujon과 엠마누엘 르노Emmanuel Renaut, 2스타 셰프인 올리비에 벨랑Olivier Bellin 등이 제철 재료를 사용하는 계절 레서피를 개발하고 관리하므로 격식 차리지 않고 고급 레스토랑의 요리를 맛볼 수 있다.

1 보코의 본점 격인 오페라 점의 외관 모습 **2** 음식이 디스플레이 되는 냉장고 **3, 4** 음식을 고른 후 계산대에서 계산을 마치면 전자레인지에 데워준다.

오페라 레스토랑 **Opéra Restaurant** 🔊 오뻬하 레스토랑

Map
P.450-B

Add. Palais Garnier, Place Jacques Rouché
Tel. 01 42 68 86 80
Open 카페 07:00~10:30, 레스토랑 11:45~15:00, 18:00~23:00
Access M·3·7·8·9 Opéra 역에서 Rue Halévy를 따라 도보 3분
URL www.opera-restaurant.fr
Price 오늘의 요리 37€(전식+본식 또는 본식+디저트, 물 포함)

팔레 가르니에의 새로운 명소

팔레 가르니에 건물 1층에 위치한 레스토랑. 절대 미각을 지닌 〈미슐랭 가이드〉 스타 요리사 크리스토프 앙베르 Christophe Anbert가 모던 스타일의 요리를 선보이는데 생선 메뉴의 평이 좋다. 레드와 화이트로 단순하면서 럭셔리하게 꾸민 실내는 프랑스의 유명 건축가, 오딜 데크 Odile Decq가 고딕과 펑크 양식을 적절히 융합해 구현했다. 밀라노와 상하이에도 지점이 있는 마티니 바 역시 식사 전에 한잔 즐기기에 훌륭하다. 팔레 가르니에 정면을 마주 보고 섰을 때 오른편으로 돌면 나온다.

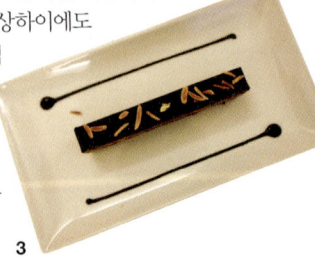

1 날씨가 좋을 때 인기 있는 테라스 **2** 거대한 통유리가 바깥세상을 보여주는 통로 역할을 한다. **3** 먹기에 아까운 예술적인 디저트

실크 앤 스파이스 Silk & Spice 실크 앤 스파이스

Add. 6 Rue Mandar **Tel.** 01 44 88 21 91
Open 12:00~14:00, 19:30~22:30 **Close** 토·일요일 점심, 1/1, 12/24·25
Access M4 Etienne Marcel 역에서 Rue Francaise를 따라 걷는다. Rue Mintorgueil로 우회전해 걷다가 Rue Mandar로 좌회전한다. 도보 5분
URL www.silkandspice.fr **Price** 점심 전식+본식+커피 19€, 저녁 본식+디저트 27€, 전식+본식 29€, 전식+본식+디저트 33€

입맛 당기는 매콤한 타이 요리

〈루이 비통 시티 가이드〉,〈미슐랭 가이드〉,〈엘르〉등 유수의 프랑스 언론에서 추천하는 레스토랑으로 선정된 곳이다. 타이 정통 스타일의 맛으로 명성을 떨치고 있다. 한국인 오너 김정훈 씨가 운영하며 주방은 타이에서 온 두 명의 셰프가 책임지고 있다. 파파야, 새우, 땅콩, 레몬이 들어간 타이식 샐러드 쏨땀Som Tam, 새콤한 해산물 수프 톰얌, 볶음국수 팟타이Phad Thai, 타마린과 매콤한 소스를 곁들인 새우 튀김 쿵 완 프릭Koong Warn Prik, 세계 3대 수프 중 하나로 매콤, 달콤, 시큼한 맛이 조화롭게 어우러져 우리 입맛에도 잘 맞는 똠얌꿍Tom Yam Koong 등을 추천하는데 한국인 직원이 있어 한국어로도 주문할 수 있는 것이 장점이다. 따뜻한 국물이 생각날 때, 매콤한 음식이 그리울 때 들르면 좋은 곳이다.

1 실크 앤 스파이스의 외관 **2** 모던한 분위기로 꾸며진 지하 홀 전경 **3** 향긋한 레몬소스와 새우가 들어간 타이 요리 **4** 리치와 파인애플을 곁들인 카레 소스가 들어간 오리고기 캉 팻 리치

루브르 브테이 | Louvre Bouteille 🔊 루브르 쁘떼이

Add. 150 Rue Saint Honoré **Tel.** 01 73 54 44 44
Open 12:00~14:30, 19:30~22:30 **Close** 일요일
Access M1 Louvre Rivoli 역에서 도보 2분, M1·7 Palais Royal Musée du Louvre 역에서 도보 4분 **URL** www.louvrebouteille.fr **Price** 점심 전식+본식 또는 본식+디저트 27.50€, 전식 또는 본식+와인+커피 19.50€, 전식+본식+디저트 36€ 저녁 전식+본식 또는 본식 디저트 34.50€, 전식+본식+디저트 42€

마스터 셰프의 달콤한 인생

최고의 셰프를 뽑는 요리 서바이벌 프로그램인 〈마스터 셰프Master Chef〉에서 당당히 우승을 거머쥔 시릴 후케 Cyril Rouquet가 시골 청년의 티를 벗고 파리 레스토랑의 셰프가 되었다. 유통 관련 일을 하던 커리어를 던져버리고 당당히 주방에서 앞치마를 두른 그의 모습이 조금 낯설지만 베이징 요리 올림픽에서 금메달을 땄으며 여러 권의 요리책과 블로거로 이름을 날리던 그에게 요리는 취미 그 이상이었다. 현대적인 스타일의 아담한 레스토랑으로 딸기와 개암나무 열매가 들어간 오리 간Confit de Foie Gras de Canard, 레드 와인 소스와 캉탈 치즈와 감자로 만든 밀푀유와 소 볼 살Joue de Boeuf, 피스타치오 크림이 가득한 슈를 쌓아 올린 피스타치오 생 토노레Saint Honoré a la Pistache를 추천한다.

1 새롭게 레노베이션을 한 레스토랑 내부 **2** 사무실이 많은 지역이어서 점심 손님이 많다. **3** 편안한 가정식 요리가 입맛을 돋운다. **4** 서바이벌 방식으로 셰프를 뽑는 프로그램에서 당당히 우승한 오너의 모습

비스트로 미 Bistrot Mee 🔊 비스트로 미

Add. 5 Rue d'Argenteuil
Tel. 01 42 86 11 85
Open 12:00~15:00, 19:00~22:30
Close 일요일
Access M14 Pyramides 역에서 도보 3분
Price 전식 4~6€, 본식 14~17€, 디저트 3~5€

최고의 가성비를 자랑하는 한식 레스토랑

2016년 〈미슐랭 가이드〉에서 가격대비 음식 맛이 좋은 레스토랑에 주는 빕 구르망Bip Gourmand을 획득한 한식 비스트로. 이미 파리에서 맛집으로 소문 난 모던 한식 레스토랑인 권스 다이닝Gwon's Dining의 오너 부부의 아들이 운영하고 있다. 내부 인테리어는 캐주얼한 스타일이어서 부담 없이 즐길 수 있는 분위기다. 우리에게는 친숙한 매운 돼지갈비, 굴 튀김, 돌솥비빔밥 등이 시그니처 메뉴로 준비되어 있어 한식이 생각날 때 들르기 좋다. 맛있는 음식을 합리적인 가격에 맛볼 수 있고, 루브르 박물관 근처에 있다는 지리적 장점 덕분에 인기몰이 중이다.

1 길가는 사람들의 발길을 멈추게 하는 세련된 외관 **2** 한국적인 느낌과 빈티지 스타일의 벽이 어우러진 실내 **3** 밥 한 그릇도 뚝딱 해치울 수 있는 매운 돼지갈비 **4** 오래된 건물의 벽을 살리고 큰 테이블을 놓은 레스토랑 내부

Area 2 / Opéra & Louvre

브라스리 프렝탕 Brasserie Printemps ◀ 브라스리 쁘렝떵

Map P.450-B

Add. 64 Boulevard Haussmann **Tel.** 01 42 82 58 84
Open 09:35~20:00(목요일 ~22:00) **Close** 일요일
Access M3·9 Havre Caumartin 역에서 도보 1분, M7·9 Chausee d'Antin La Fayette 역에서 도보 5분 **Price** 전식 9.50~17€, 본식 19~30€, 디저트 9.50~12€

채광이 좋은 창가 쪽 자리

쇼핑 후 즐기는 달콤한 휴식

프렝탕 백화점(p.154)에 있는 브라스리로 아르데코 스타일의 아름다운 스테인드글라스를 통해 내리쬐는 빛이 분위기를 더해준다. 클래식한 건물 전체 분위기를 모던하게 리뉴얼한 유명 디자이너 디디에 고메즈Didier Gomez의 섬세한 솜씨를 느낄 수 있다. 음식 역시 전통에 근거한 조리 방식에 모던한 푸드 데커레이션을 가미했다. 식사 시간을 피한다면 2~5유로로 커피나 차를 즐길 수 있다.

피루에트 레스토랑 Restaurant Pirouette ◀ 헤스토렁 피루에트

Map P.452-A

Add. 5 Rue Mondétour
Tel. 01 40 26 47 81
Open 12:00~14:00, 19:30~22:30 **Close** 일요일
Access M4 Les Halles·Etienne Marcel 역에서 도보 3분

가족적인 분위기의 레스토랑

혜성처럼 등장한 비스트로

오랜 역사를 지니며 프랑스를 대표하는 레스토랑 타유방, 뫼리스와 뉴욕의 블루드 등에서 실력을 쌓은 셰프 토미 구셋 Tomy Gousset이 2013년 새로 문을 연 레스토랑으로 샤를레 지역에 있다. 36유로라는 합리적인 가격에 〈미슐랭 가이드〉 스타 레스토랑에서 일하던 셰프의 솜씨를 맛볼 수 있다는 것은 행복한 일이 아닐 수 없다.

르 소 뒤 루 Le Saut du Loup 🔊 르 쏘 뒤 루

Add. 107 Rue de Rivoli **Tel.** 01 42 25 49 55 **Open** 12:00~익일 02:00
Access M1·7 Palais Royal Musée du Louvre 역에서 도보 3분
URL www.lesautduloup.fr
Price 오늘의 요리+디저트+물 또는 와인 25€~

아르데코 박물관에 있는 모던한 레스토랑

흰색과 검은색으로 꾸민 실내는 전체적으로 모던하고 심플한 분위기다. 얇게 썰어 내는 가리비, 오렌지와 푸아그라, 아일랜드산 쇠고기로 만든 안심 등 창작 요리가 주메뉴로 정통 프랑스 요리보다 유행에 맞춰 다양한 요리를 내놓는다. 아르데코 박물관 티켓 소지자는 3유로 정도 할인을 받을 수 있다.

화창한 날에는 에펠탑이 보이는 테라스를 추천한다.

베로 도다 Véro Dodat 🔊 베호 도다

Add. 19 Galerie Véro Dodat **Tel.** 01 45 08 92 06
Open 12:00~15:30, 18:30~22:00 **Close** 일·월요일, 8월
Access M1 Louvre Rivoli 역에서 도보 5분
Price 전식+본식+디저트 17.50€

클래식한 분위기의 레스토랑

1826년 생겨난 예쁜 갤러리와 숍들이 늘어서 있는 파사주 안에 있다. 빈티지 스타일의 가구가 키치한 분위기를 연출한다. 합리적인 가격에 음식의 퀄러티도 만족할 만하다. 메인 요리로는 마늘이 들어간 양고기 스테이크, 디저트로는 플레인 요구르트와 산딸기 타르트를 추천한다. 음료를 제외한 풀코스 요리를 20유로에 즐길 수 있다.

가장 오래된 파사주 중 하나인 베로 도다 파사주에 있다.

Area 2 / Opéra & Louvre

에이스 구르메 Ace Gourmet 에이스 구르메

Map P.451-G

Add. 18 Rue Thérèse **Tel.** 01 47 03 94 38
Open 12:00~20:30 **Close** 일요일
Access M7·14 Pyramides 역에서 Rue des Pyramides를 따라 도보 3분
Price 8~15€

파리의 한식 도시락 전문점

파리의 한인 슈퍼마켓 에이스 마트Ace Mart의 주인이 운영하는 도시락 전문점. 일본, 중국 레스토랑이 즐비한 지역에서 저렴한 가격과 한국 음식의 유행에 힘입어 언제나 줄을 서야 할 정도로 인기가 많다. 도시락은 돼지 불고기, 쇠고기 불고기의 두 가지 메인 요리와 장아찌, 콩자반, 김치 등의 밑반찬, 미소 된장과 디저트까지 푸짐하게 구성돼 있다.

1 에이스 구르메는 오페라 근처에 있어 이용이 편리하다.
2 다섯 가지 반찬과 두 가지 주 메뉴가 푸짐하게 나오는 에이스 도시락

사툰 Saturne 사툰

Map P.451-C

Add. 17 Rue Notre-dame des Victoires **Tel.** 01 42 60 31 90 **Open** 월~금요일 12:00~14:30, 20:00~22:30 **Access** M3 Bourse 역에서 Pl. de la Bourse를 따라 걷다가 Rue Notre-Dame des Victoires로 우회전한다. 도보 1분
URL www.saturne-paris.fr **Price** 점심 3코스 45€, 6코스 75€, 저녁 6코스 75€

2016년 〈미슐랭 가이드〉 1스타에 등극

〈미슐랭 가이드〉 3스타 셰프인 알랭 파사르에게 요리를 배우고 라신Racine의 셰프로 명성을 떨친 스칸디나비아 출신의 셰프가 지휘한다. 참치, 성게, 버섯 등 엄선한 재료에 그의 열정이 합쳐졌다. 바이오 와인을 중심으로 하는 엄선된 셀렉션 역시 뛰어나다. 3코스로 나오는 점심 메뉴는 37유로. 저녁 식사는 코스가 다양하며 55유로, 69유로에 맛볼 수 있다.

스칸디나비아 스타일로 장식된 인테리어

쿠니토라야 Kunitoraya 쿠니토라야

Add. 1 Rue Villedo **Tel.** 01 47 03 33 65
Open 12:00~14:00, 19:00~22:30 **Close** 수요일
Access M7·14 Pyramides 역에서 도보 6분
URL www.kunitoraya.com **Price** 16~25€

천연 재료로 만든 국수

파리에서 제대로 된 국수 요리를 맛볼 수 있는 레스토랑이다. 식사 시간만 되면 긴 줄이 이어지는 이곳은 일본에 본점이 있다. 한국 유학생과 교민들 사이에서 파리에서 가장 맛있는 우동집으로 소문난 곳으로 큰 새우 튀김이 들어간 덴푸라 우동(20유로)과 여름철 인기 메뉴인 냉우동, 자루우동을 추천한다. 추운 겨울 저녁시간대는 30분 정도 줄을 서서 기다려야 할 정도로 인기 있는 곳이다.

주문 후 음식을 만들어 신선한 맛을 즐길 수 있다.

킨타로 Kintaro 긴따로

Add. 24 Rue Saint Augustin **Tel.** 01 47 42 13 14
Open 11:30~22:00 **Close** 일요일
Access M7·14 Pyramides 역에서 Av. de l'Opéra를 따라 걷다가 Rue Gaillon으로 우회전한다. 도보 5분 **Price** 10.50~16€

일본 축구 스타 나가타의
단골 덮밥 레스토랑

저렴한 가격에 푸짐하게 먹을 수 있는 곳이지만 긴 줄을 서야 한다. 오페라 근처에 있는 일본 레스토랑으로 개방된 주방을 지나면 일본의 유명 축구선수 나가타의 유니폼이 눈길을 끈다. 돈가스와 샐러드, 된장국이 함께 나오는 돈가스 덮밥 세트나 일본식 불고기 세트는 지친 여행자에게 즐거운 한 끼 식사로 충분하다.

푸짐한 덮밥과 장국, 샐러드가 함께 나오는 점심 메뉴

Area 2 / Opéra & Louvre

라 담 드 픽 La Dame de Pic 라담드픽

Map P.451-G

Add. 20 Rue du Louvre **Tel.** 01 42 60 40 40
Open 12:00~14:00, 19:00~21:30 **Close** 일 · 월요일
Access M1 Louvre-Rivoli 역에서 도보 1분
URL http://ladamedepic.fr

안 소피 픽만의 향기와 맛을 담은 심플한 레스토랑

〈미슐랭 가이드〉 스타 셰프의 매혹적인 향연

프랑스를 대표하는 유명 여성 셰프 안 소피 픽이 운영하는 레스토랑. 우아하고 즐거운 분위기에서 식사를 즐길 수 있다. 이미 남부 프랑스에서 〈미슐랭 가이드〉 3스타 레스토랑의 셰프로 실력을 인정받은 그녀는 이곳에 문을 연 지 얼마 되지 않아 미슐랭 1스타의 자리에 올랐다. 점심 메뉴는 49유로부터, 계절 요리는 80유로.

프랑시 투 고 Frenchie To Go 프랑시투고

Map P.451-D

Add. 9 Rue du Nil
Open 월~금요일 08:30~16:30, 토 · 일요일 09:30~17:30
Access M3 Sentier 역에서 도보 2분
URL www.frenchietogo.com

테이크아웃 전문 레스토랑

테이크아웃 비스트로

제이미 올리버에게 요리를 배운 오레고리 마샹이 뉴욕과 런던, 스페인, 아시아를 여행하며 경험한 요리를 선보인다. 가볍게 즐길 수 있는 합리적인 가격을 내세워 테이크아웃을 전문으로 한다. 바이오 재료만을 사용하지만 프렌치 스타일의 음식 맛은 살아 있다. 다만 빠르게 서비스 할 수 있도록 레서피를 간소화했다. 본식으로는 피시 앤 칩스(14유로), 디저트로는 파나 코타(6유로)를 추천한다.

베흘레 Verlet 🔊 베흘레

Add. 256 Rue Saint Honoré
Tel. 01 42 60 67 39
Open 카페 09:30~18:30, 부티크 09:30~19:00 **Close** 일요일
Access M1 Tuileries 역에서 Rue de Rivoli를 따라 도보 5분,
M1·7 Palais Royal Musée du Louvre 역에서 Rue de Rohan을 따라 도보 3분
URL www.verlet.fr

진짜 커피 맛으로 승부한다

1180년부터 아라비카 커피의 매력적인 맛과 향을 파리지앵에게 선보인 곳. 20세기 초 지금의 자리로 이사 와서 다시 매장 문을 연 사람은 오귀스트 우엘레. 향료와 차, 커피 등을 수입해 팔다가 피에르 베를레Pierre Verlet가 1965년 이후 경영권을 손에 쥐면서 커피에 집중했다. 지금은 에티오피아, 과테말라, 코스타리카, 브라질, 케냐 등지에서 가져온 최고 품질의 커피를 판매하며 파리에서 손꼽히는 카페 겸 부티크로 입소문이 나 있다. 겨울철에는 남부 프랑스 사람들이 즐겨 먹는 설탕에 절인 과일도 다른 곳에서는 살 수 없는 귀한 음식으로 손꼽힌다.

추천 커피로는 자메이카산 블루 마운틴 커피, 파나마산 게이샤, 케냐산 투에이 플러스 키리루, 에티오피아산 모카 예르가체프 등이 있으며 원두 구입도 가능하다.

1 쇼핑을 마치고 휴식을 즐길 수 있는 카페 내부 **2** 커피 전문가가 엄선한 원두는 단골을 불러들인다. **3** 푸근한 인상의 주인이 가게를 지킨다.

Area 2 / Opéra & Louvre

르 그랑 카페 Le Grand Café 르 그랑 까페

Add. 4 Boulevard des Capucines
Tel. 01 43 12 19 00
Open 24시간
Access M3·7·8 Opéra 역에서 Pl. de l'Opéra를 따라 도보 2분
URL www.legrandcafe.com
Price 전식 17~29.50€, 본식 26~43€, 디저트 10.50~11.10€, 모둠 해산물 25€~

Map P.450-B

세계 최초로 대중에게 영화를 상영한 장소

자크 가르시아라는 프랑스의 유명 인테리어 디자이너가 고전과 현대를 절묘하게 조화시킨 카페. 팔레 가르니에, 백화점, 극장들이 모여 있는 중심가에 자리하고 있다. 시골에서 직송해 오는 푸아그라를 비롯해 바닷가재 등의 해산물 요리가 유명하다. 특히 세계 최초의 영화 상영이라는 역사적 사건은 르 그랑 카페를 더욱 특별하게 만든다. 1895년 12월 28일 오귀스트 뤼미에르와 루이 뤼미에르가 이곳에서 3분 남짓한 단편영화를 대중에게 최초로 선보였고, 그 인연으로 영화 관계자들이 많이 찾는 명소가 되었다. 추천 메뉴로는 굴과 딱 새우, 새우, 굴, 바닷가재, 소라 등이 나오는 모둠 해산물 La Mer sur un Plateau이 있다.

1 아르데코 양식으로 꾸며 고풍스러운 분위기 **2** 오페라 근처에 있어 쉽게 찾을 수 있다. **3** 실내는 나무 장식과 거울로 꾸몄다.

안젤리나 Angélina 🔊 앙젤리나

Add. 226 Rue de Rivoli Tel. 01 42 60 82 00
Open 07:30~19:00(토 · 일요일 08:30~) Close 일부 공휴일
Access M1 Tuileries 역에서 Rue du 29 Juillet을 따라 도보 2분
URL www.angelina-paris.fr
Price 아침 20€~, 크로크무슈 16€, 오믈렛 14.50€~, 디저트(몽블랑 9.10€, 생 토노레 9.40€)

몽블랑 & 핫 초콜릿과 함께하는 오후

제아무리 하루를 즐겁게 살아가는 사람이라도 매일 내리는 파리의 겨울비 앞에서는 쉽게 피곤해진다. 울적할 때나 추운 날씨에 특히 생각나는 안젤리나의 핫 초콜릿과 몽블랑은 금세 기분을 좋게 만드는 매력이 있다. 점심을 먹고 난 나른한 오후 시간에 안젤리나 앞에 서 있는 행렬을 보면 수많은 파리지앵도 그렇게 생각하는 것 같다. 너무 달아 싫어하는 사람도 있지만 전통 있는 과자점에서 즐기는 티타임은 파리에서 반드시 해야 할 일 중 하나다. 이곳은 1903년 오스트리아의 파티시 럼플메이에가 처음 문을 연 유서 깊은 곳으로 코코 샤넬, 마르셀 프루스트 같은 유명 인사들이 즐겨 찾았다. 루이 15세 시대의 스타일로 꾸며진 실내와 남부 프랑스의 코트 다쥐르를 배경으로 그린 클래식한 분위기의 벽화가 편안한 느낌을 준다.

1 튈르리 정원 앞에 있는 안젤리나의 정문 2 선물용으로 좋은 안젤리나 제품들이 놓인 진열장 3 노르망디 지역에서 생산되는 신선한 잼과 버터 4 파리에서 가장 맛있다는 평을 듣는 핫 초콜릿 5 보기에도 먹음직한 몽블랑

카페 에티엔 마르셀 Café Etienne Marcel 카페 에티엔 마르셀

Map P.451-H

Add. 64 Rue Tiquetonne
Tel. 01 45 08 01 03
Open 09:00~익일 02:00(목~토요일 ~익일 03:30)
Access M4 Etienne Marcel 역에서 Rue Tiquetonne를 따라 도보 4분
Price 메인 요리 15~24€

독특한 인테리어로 눈길을 끄는 트렌디 카페

파리의 유명 디자이너들이 인테리어 디자인에 참여해 정육점으로 사용했던 공간을 파리에서 가장 세련된 장소로 변신시켰다. 거미처럼 늘어진 독특한 조명등, 모던한 가구, 벽면을 장식한 일러스트 등이 범상치 않은 공간임을 짐작하게 한다. 파리의 트렌드세터들이 모여드는 시크한 장소로 카페, 바의 역할도 하지만 프랑스 요리를 즐길 수 있는 레스토랑도 성업 중이다. 언제나 라운지 음악이 빵빵하게 실내에 울려 퍼져 신나는 곳이다. 주말 브런치가 소문나 있지만 파리에서 가장 트렌디한 바로 변신하는 저녁에 들러 파리의 멋쟁이들과 저녁시간을 보내보자. 따사로운 햇살이 내리쬐는 날에는 거리의 멋쟁이들을 구경할 수 있는 야외 테라스에 자리를 잡자.

1 패션 종사자들이 자주 모이는 카페 **2** 테라스에 앉아 식사를 즐기는 사람들 **3** 공상과학 영화의 한 장면을 연상시키는 분위기의 카페 내부 **4** 세계적인 디자이너들이 참여한 인테리어가 돋보인다.

카페 마를리 Café Marly 까페 마흘리

Add. 93 Rue de Rivoli
Tel. 01 49 26 06 60
Open 08:00~익일 02:00
Access M1·7 Palais Royal Musée du Louvre 역에서 Rue Saint-Honoré을 따라 걷다가 Pl. du Palais-Royal로 우회전한다. 도보 2분
Price 식사 15~52€, 음료 4.50~14€

루브르 박물관 심장부에 있는 카페

대형 유리 피라미드가 내려다보이는 환상적인 위치에 있다. 데커레이션 전문가 올리비에 가네르와 이브 타라롱이 나폴레옹 3세 스타일로 디자인한 시크한 분위기의 카페로 파리의 트렌드세터들이 자주 드나든다. 붉은색과 검은색의 강렬한 색상 대비가 고급스러움을 더해주는 인테리어와 이곳에서 서빙하는 멋진 웨이터들이 볼거리다. 그릴에 구운 농어와 샐러드, 토마토와 바질을 넣은 파스타를 추천한다. 세계적으로 유명한 DJ 스테판 폼푸냑이 디제잉한 호텔 코스트의 라운지 음악이 하루 종일 흘러나온다. 카페 마를리는 실내석과 테라스석으로 나뉘는데 실내석은 식사를 하는 사람이, 테라스석은 차를 마시는 고객들이 이용할 수 있다. 카페 테라스에서 보이는 유리 피라미드의 야경은 환상적이다.

1 루브르 박물관의 유리 피라미드를 마주하고 있는 카페 전경 **2** 베네치아의 무라노 섬에서 공수해온 샹들리에가 멋진 분위기를 연출한다. **3** 모델과 패션 관계 전문가들의 아지트로 사랑받는 장소

Area 2 / Opéra & Louvre

아 프리오리 테 A Priori thé 아 프리오리 떼

Add. 35-37 Galerie Vivienne **Tel.** 01 42 97 48 75
Open 12:00~18:00
Access M3 Bourse 역에서 Rue de la Banque를 따라 걷다가 Galerie Vivienne로 우회전한다. 도보 5분
URL http://apriorithe.com
Price 세트 15~20€, 케이크 6.50€~, 브런치 26~28€, 아침 10~15€

Map
P.451-G

최상의 애프터눈 티타임

1980년 이래 하디자라는 파티시에가 만드는 스콘이 이곳의 인기 아이템. 함께 나오는 버터, 오렌지 잼, 산딸기 잼을 취향에 따라 발라 먹으면 된다. 달콤한 초콜릿 맛이 느껴지는 브라우니, 수제 치즈 케이크와 크럼블도 다른 곳에선 맛볼 수 없는 특별한 메뉴다. 여름에는 블루베리 머핀이 가장 인기 있다. 미국인 페기 여사가 파리에서 운명적인 사랑을 만나 정착하면서 갤러리 비비안에 문을 열었다. 점심 식사도 할 수 있지만 테라스에 앉아 즐기는 차가 생각날 때나 주말에 느긋한 브런치가 생각날 때 들르기 좋은 곳이다. 브런치는 사람이 많아 오래 기다려야 한다. 폭넓은 선택이 가능한 샐러드나 신선한 과일로 만든 타르트는 식사 시간을 놓쳤을 때 차와 함께 출출함을 달래기 좋다.

1 치즈 케이크와 함께하는 차 한 잔의 여유 **2** 신예 작가들의 작품이 전시되고 있는 살롱 드 테의 벽면 **3** 파리에서 이 정도로 맛있는 스콘을 맛보기는 어렵다. **4** 가정식 브라우니

카페 드 라 페 Café de la Paix 카훼 드 라 페

Add. 5 Place de l'Opéra **Tel.** 01 40 07 36 36
Open 12:00~15:00, 18:00~23:30
Access M3·7·8 Opéra 역에서 도보 1분
URL www.cafedelapaix.fr
Price 본식+디저트 39€, 전식+본식 43€, 전식+본식+디저트 53€, 모둠 해산물 62~195€

고풍스러운 상류층 카페

팔레 가르니에를 설계한 샤를 가르니에의 손길이 닿은 곳으로 유명하다. 1862년에 처음 문을 연 카페 드 라 페는 팔레 가르니에 옆에 있어 오페라 관람을 즐기는 프랑스 상류층의 사랑을 오랫동안 받아왔다. 증권가, 은행가와 인접해 있어 금융 관계자들이나 예술계 인사들의 출입도 잦다. 1896년 뤼미에르와 라이벌 관계에 있던 위젠 피루라는 영화감독이 시네마토그래프Cinématographe를 1유로에 상영한 곳으로 알려져 있다. 오손 웰스, 이브 몽탕, 피에르 가르뎅, 파코 라반, 폴 보퀴즈, 살바도르 달리, 장 폴 고티에, 에밀 졸라, 기 드 모파상과 같은 유명 인사들의 이름이 단골손님 방명록을 장식하고 있다. 한국인들에게는 카페 드 라 페의 한글 이름인 '평화 다방'으로 잘 알려져 있다.

1 품격이 느껴지는 클래식한 내부 **2** 팔레 가르니에를 보며 식사와 차를 즐길 수 있다. **3** 호텔에서 운영하는 카페라 음료 가격이 좀 비싼 것이 흠이다. **4** 프랑스 상류층이 약속 장소로 즐겨 찾는 곳이다.

카페 리슐리외 Café Richelieu 까페 리슐리외

Add. Musée du Louvre, Rue de Rivoli **Tel.** 01 49 27 93 31
Open 월·수~일요일 10:00~16:50(수·금요일 ~20:50) **Close** 화요일
Access M1 Louvre Rivoli 역에서 Rue de l'Oratoire를 따라 도보 2분
URL www.louvre.fr **Price** 아침 파리지엔 스타일 티, 카페, 핫 초콜릿 중 선택+오렌지 또는 자몽 주스 중 선택+크루아상 또는 팽 오 쇼콜라, 버터와 잼, 꿀 토스트 20.65€, 클럽 샌드위치 19.65€, 크로크 무슈·키슈 로렌 15.95€, 몽블랑 9.3€

Map P.451-G

루브르 박물관의 숨은 보석

루브르 박물관 관람을 마친 후나 박물관 관람을 하다가 잠시 쉬어야 할 때 들르기 좋은 카페. 여름철이면 유리 피라미드를 바라보면서 로맨틱한 테라스에서 식사를 즐길 수 있고 조용히 카페에 앉아 책을 읽거나 휴식을 취할 수도 있다. 신선한 채소 샐러드는 물론 몽블랑과 핫 초콜릿으로 유명한 안젤리나(p.145)에서 엄선한 식단을 즐길 수 있다. 언제나 길게 줄을 늘어선 안젤리나 본점보다는 자리에 여유가 많은 것이 매력이다. 카페에 들어가려면 박물관 2층 입장권이 필요한 것이 장점이자 단점.

1 널찍하고 한가로운 카페 내부는 루브르의 숨은 장소다. **2** 여름철에는 시원한 테라스에 앉을 수 있다. **3** 다양한 케이크는 박물관 관람 시 쌓인 피로를 씻어준다. **4** 몽블랑과 핫 초콜릿은 카페 리슐리외가 자랑하는 최고의 메뉴

윌리스 와인 바 Willi's Wine Bar 월리스 와인 바

Add. 13 Rue des Petits Champs
Tel. 01 42 61 05 09
Open 바 12:00~24:00, 점심 12:00~14:30, 저녁 19:00~23:00 **Close** 일요일
Access M7·14 Pyramides 역에서 Rue des Pyramides를 따라 도보 6분
URL www.williswinebar.com
Price 점심 전식+본식+디저트 25.80€, 저녁 전식+본식+디저트 36€

아티스틱한 포스터에 주목

애비뉴 오페라 중간쯤에서 뻗어 나오는 프티 샹Petits Champs 거리 13번지에 1980년 자리를 튼 윌리스 와인 바는 일반적으로 내부가 어두운 파리의 바들과는 달리 산뜻하고 환한 조명과 채광으로 연인에서 온 가족에 이르기까지 모든 이들이 즐겨 찾는 공간이다. 론Rhône과 랑그도크Languedoc 지역에서 나는 250여 종의 와인을 맛볼 수 있다. 제철 음식을 기본으로 한 지중해식 레서피를 선보인다. 이곳에서 놓쳐선 안 될 한 가지는 주인 윌리Willi가 직접 작가들에게 주문해 만든 와인 바 전용 포스터다. 얼마 전 새롭게 단장한 윌리스 와인 바의 문을 열고 들어서면 벽면을 따라 붙어 있는 포스터가 눈을 즐겁게 한다. 오너는 전문가의 블라인딩 테스트로 프랑스 와인의 코를 납작하게 만든 '파리의 심판'을 이끌어낸 주역이기도 하다.

1 윌리스 와인 바의 특별한 점은 주문 제작한 포스터들이다. **2** 최근 새롭게 단장한 바 입구 **3** 칙칙한 분위기의 여느 바와는 사뭇 다른 깔끔한 내부 **4** 혼자서도 와인을 가볍게 즐길 수 있다.

Area 2 / Opéra & Louvre

에클뤼즈 L'Ecluse 레끌뤼즈

Add. 15 Place de la Madeleine
Tel. 01 42 65 34 69
Open 08:30~익일 01:00
Access M8·12·14 Madeleine 역에서 도보 2분
URL www.lecluse-restaurant-paris.fr
Price 와인(한 잔) 11~75€, 식사 20~30€

Map
P.450-F

보르도 와인 전문 바

파리에만 샹젤리제 거리와 마들렌 성당 근처에 여러 지점을 거느리고 있는 와인 바 겸 레스토랑으로 보르도 와인 전문이다. '와인 업계의 롤스로이스'라 불리는 샤토 안젤리스, 페트뤼스, 샤토 라피트 로쉴드, 샤토 디켐과 같은 최고급 와인뿐 아니라 전문 소믈리에가 추천하는 여러 종류의 와인을 글라스로 즐길 수 있어 평소 마시고 싶었던 와인을 다양하게 맛볼 수 있는 것이 장점이다. 와인과 훌륭한 마리아주를 보여 주는 치즈나 햄, 식사 대용 요리도 함께 맛볼 수 있다. 병이 아닌 잔 단위로 주문할 수 있어 가볍게 마셔볼 수 있는 좋은 장소.

1 와인 박스로 장식된 내부 벽면 **2** 편안하게 식사를 즐길 수 있는 실내 **3** 파리 유일의 보르도 와인 전문 바 **4** 보르도에서 직송해오는 와인을 골라 마실 수 있는 재미가 있다.

렉스 클럽 Le Rex Club 르 헥스 클럽

Add. 5 Boulevard Poissonnière
Tel. 01 42 36 10 96
Open 23:30~익일 07:00 **Close** 일~화요일
Access M8·9 Bonne Nouvelle 역에서 도보 1분
URL www.rexclub.com
Price 6.70~13.70€

일렉트로닉과 하우스 뮤직 클럽

프랑스 시네마의 역사라 할 수 있는 시네마테크의 렉스 Rex 지하에 들어선 동명의 클럽. 20년이 넘도록 파리 젊은이들의 한결같은 사랑을 받고 있는 곳으로 파리 최고의 사운드와 타의 추종을 불허하는 수준 높은 디제잉이 인기 비결이다. 1970년대에는 디스코, 1980년대에는 록, 지금은 일렉트로닉과 하우스, 테크노 마니아들의 아지트가 됐다. 칼 콕스, 로랑 가니에, 미스 키틴 등 프랑스에서 잘나가는 DJ들을 만날 수 있다. 스티브 버그, 제프 밀스와 같은 해외파 DJ도 종종 초대되는데 이들이 이곳을 방문하면 파리의 클러버들이 다 모여든다고 보면 된다. 주말에는 워낙 많은 젊은이가 찾는 곳이어서 파리의 클럽 문화를 한눈에 엿볼 수 있다. 단 복장에 각별히 신경을 써야 입장할 수 있다.

1 널찍한 실내 공간. 자정이 가까워지면 발 디딜 틈 없이 가득 찬다. **2** 세계적인 수준의 디제잉을 경험할 수 있다. **3, 4** 멋쟁이 파리지앵은 모두 이곳으로!

Area 2 / Opéra & Louvre

프렝탕 백화점 Printemps 쁘렝떵

Add. 64 Boulevard Haussmann
Tel. 01 42 82 50 00
Open 09:35~20:00(목요일 ~20:45)
Close 일요일(12월 첫째·둘째·셋째 주 일요일 운영), 1/1, 12/25
Access M9 Havre Caumartin 역에서 도보 1분
URL www.printemps.com

파리에서 즐기는 쇼핑 타임

1865년에 질 잘루조에 의해 탄생한 파리의 대표적인 백화점으로 이탈리아의 대표적인 백화점 리나센토의 오너인 모리지오 볼레티에서 카타르 부호의 손으로 경영권이 넘어가면서 새롭게 태어났다. 백화점 정면 위쪽에는 앙리 사퓌가 디자인한 조각들이 있으며 건물 내부는 아르누보 양식을 기반으로 완성했다. 메인이 되는 여성 의류 매장, 뷰티와 인테리어 전문 매장, 남성 의류 매장, 스포츠 전문 매장 스타디움 등 네 개 건물로 나뉘어 있으며 라이벌인 갤러리 라파예트와 같은 길에 있다. APC, 이자벨 마랑, 자딕 앤 볼테르, 바네사브루노, 아메리칸 레트로, 헬무트 랭과 같은 영 트렌드에 민감한 사람이라면 새로 문을 연 패션관 Mode 4층 매장을 놓치지 말도록.

1 프렝탕 백화점 남성관 외관 **2** 이브 생 로랑의 매장 **3** 브랜드가 모여 있어 원스톱 쇼핑으로 시간을 절약할 수 있다. **4** 파리지앵 스타일을 따라잡는 데는 백화점이 최고다.

갤러리 라파예트 Galerie Lafayette 🔊 갈르히 라파옛

Map P.450-B

Add. 40 Boulevard Haussmann
Tel. 01 42 82 34 56
Open 09:35~20:00(목요일 ~20:45)
Close 일요일(12월 첫째·둘째·셋째 주 일요일 운영), 1/1, 12/25
Access M7·9 Chaussée d'Antin La Fayette 역에서 도보 1분
URL www.galerieslafayette.com

고급 식품관이 있는 클래식 백화점

파리를 포함해 전 세계에 63개의 지점이 있는 프랑스의 유명 백화점으로 1895년 테오필 바드르와 그의 사촌 알폰스 칸의 작은 옷가게에서 출발했다. 1912년 니스에 갤러리 라파예트 1호점을 연 이후 낭트, 몽펠리에에도 문을 열었고 1996년에는 베를린에 지점을 개설하기도 했다. 갤러리 라파예트가 유명한 이유는 높이 33m에 달하는 네오 비잔틴 양식의 유리돔 때문이다. 돔 천장을 통해 자연광이 1층 화장품 매장으로 쏟아져 들어오는 구조다. 7만여 개의 아이템과 만날 수 있으며 패션관 1층에는 꼼 데 가르송, 존 갈리아노, 준야 와타나베, 비비안 웨스트우드 등 23개의 오트쿠튀르 디자이너 브랜드가 입점해 있다. 특히 라파예트 구르메의 라 카브는 1200여 종의 보르도 와인이 모여 있는 보르도텍을 포함하고 있어 전 세계에서 가장 많은 보르도 와인을 선보이고 있다.

1 갤러리 라파예트의 아름다운 돔형 지붕 **2** 패션 브랜드들의 열린 전시장과 같다. **3** 명품 브랜드 숍이 가득 **4** 1층 뷰티 매장에는 향수뿐 아니라 유명 브랜드의 화장품 라인이 입점해 있다.

Area 2 / Opéra & Louvre

르 카루젤 뒤 루브르 Le Carrousel du Louvre 🔊 르 카루젤 뒤 루브르

Map P.451-G

Add. 99 Rue de Rivoli
Tel. 01 43 16 47 10
Open 부티크 10:00~20:00, 레스토랑 11:00~20:00
Access M1·7 Palais Royal Musée du Louvre 역에서 Rue de Rohan을 따라 걷다가 Pl. du Carrousel로 우회전한다. 도보 2분
URL www.carrouseldulouvre.com

루브르 박물관 지하 쇼핑몰

규모가 크지 않지만 한국인들이 좋아할 만한 브랜드나 숍들이 있어 루브르 박물관 관람을 마치고 쇼핑하기에 좋다. 일요일에도 문을 열어 편리하다. 지하 1층에는 종합 화장품 백화점 세포라, 일요일에도 문을 여는 프렝탕 백화점 루브르 지점, 헤어 액세서리로 인기가 높은 아가타, 애플 스토어, 메종 뒤 쇼콜라, 향이 과하지 않은 향수 브랜드 조 말론 런던, 자연친화적인 제품만 판매하는 나튀르 에 데쿠베르트, 록시땅, 고급 차를 취급하는 마리아주 프레르, 귀엽고 화려해서 선물용으로 인기를 끄는 리빙 아이템 전문 브랜드 필론, 루브르 박물관 티켓과 박물관 패스를 파는 담뱃가게 등이 있다. 엘리베이터로 연결된 1층에는 전 세계의 다양한 요리를 맛볼 수 있는 푸드코트가 있어 싸고 맛있는 식사를 즐길 수 있다.

1 참신한 디자인에 실용성을 갖춘 생활용품이 있는 나튀르 에 데쿠베르트 **2, 3** 파리 최대의 화장품 백화점 세포라

모라 Mora 모하

Add. 13 Rue Montmartre
Tel. 01 45 08 19 24
Open 월~금요일 09:00~18:15, 토요일 10:00~13:00, 13:45~18:30
Close 일요일 **Access** M4 Les Halles 역에서 Allée André Breton을 따라 걷다가 Rue Montmartre로 좌회전한다. 도보 3분
URL www.mora.fr

세계적인 주방용품 전문점

1814년에 레알 중앙시장의 주물 제조업자였던 샤를 트로티에가 처음 문을 열었으며 1924년 가스파 모라가 오너가 되면서 지금의 이름을 갖게 되었다. 프랑스 요리가 인기를 얻으면서 전 세계에 나가 있는 프랑스 요리사들이 사용하는 모라의 제품이 덩달아 명성을 떨치기 시작했다. 한국에서도 요리나 제과를 전공하는 사람들이라면 파리에서 반드시 들러야 할 가게로 알려져 있다. 칼과 도마, 식기, 유니폼, 책 등 요리나 빵을 만드는 데 필요한 5000여 종의 제품들을 한자리에서 살 수 있다.

Tip 모라 근처에 있는 또 다른 요리·베이커리 전문 용품점으로 으 드일랑E. Dehillerin이 유명하다.
Add. 51 Rue Jean Jacques Rosseau
Open 월~토요일 09:00~18:00, 일요일 12:30~14:00

1 기능성과 디자인이 뛰어난 상품 **2** 갈비찜 하기에 좋은 코코트 **3** 다양한 조리 기구를 살 수 있어 요리를 좋아하는 사람들이 잊지 않고 들르는 곳이다. **4** 각양각색의 빵틀은 보는 것만으로도 재미있다.

Area 2 / Opéra & Louvre

라 베셀르리 la vaissellerie 라 베쎌르리

Add. 80 Boulevard Haussmann
Tel. 01 45 22 32 47
Open 10:00~19:00
Close 일요일
Access M3·9 Havre Caumartin 역에서 Rue de Caumartin을 따라 도보 5분
URL www.lavaissellerie.fr

Map P.450-A

합리적인 가격의 기념품

아직도 에펠탑 열쇠고리를 기념 선물로 생각하고 있다면 이곳을 둘러보자. 라 베셀르리의 다양한 냉장고용 자석, 에펠탑이 예쁘게 그려진 접시는 보는 것만으로도 사랑스럽고 선물받는 사람에게도 큰 기쁨을 준다. 합리적인 가격으로 관광객들에게 인기를 끌고 있으며 파리의 추억을 간직하게 해줄 만한 아이템이 많다. 이곳 말고도 세 개의 매장이 더 있으니 길을 걷다가 우연히 같은 이름을 발견하면 일단 들어가 보는 게 상책이다. 그만큼 다양한 아이템이 많다.

1 각종 부엌용품이 가득 쌓인 라 베셀르리 정문 **2** 파리를 추억할 수 있는 냉장고용 자석들 **3** 프렌치 느낌이 나는 문구류도 베스트셀러 **4** 톡톡 튀는 아이디어가 제품 곳곳에 스며들어 있다.

라비니아 Lavinia 라비니아

Add. 3 Bulevard de la Madeleine
Tel. 01 42 97 20 20
Open 12:00~21:00
Close 일요일(12월 첫째·둘째·셋째 주 일요일 운영)
Access M8·12·14 Madeleine 역에서 Bd de la Madeleine를 따라 도보 4분
URL www.lavinia.fr

선택의 폭이 넓은 와인 전문점

파리에서 가장 큰 와인 전문점으로 전 세계 와인을 한 곳에 모아둔 곳이라 해도 과언이 아니다. 총 3층 규모이며, 1층과 지하에 대형 와인 매장이 있다. 2층에서는 와인을 곁들인 식사를 할 수 있는 레스토랑이 있으며, 와인 액세서리를 판매하는 코너도 있고 고급 와인을 글라스로 판매하는 머신이 있다. 유리문을 열고 들어가는 VIP 전용 공간 카브에는 세계 최고의 와인이 가득 들어차 있다. 직원들이 용도나 예산에 맞는 와인을 추천해준다. 30유로 이하의 보르도산 추천 와인으로는 레 투렐 드 롱그빌 2008Les Tourelles de Longueville 2008, 샤토르 퓌 2009Château le Puy 2009, 샤토 오 보세쥬르 2008Château Haut Beauséjour 2008, 마퀴스 드 칼롱 2006Maquis de Calon 2006 등이 있다.

1 세계 5대 와인과 같은 최고급 와인을 따로 보관하는 장소 **2** 좋은 와인을 한 잔씩 즐길 수 있다. **3** 와인, 샴페인과 관련된 행사가 연중 계속된다.

Area 2 / Opéra & Louvre

1층에는 아트 서적과 하이테크 기기가 있다.

디자이너 컬렉션 중에서도 가장 트렌디한 아이템이 진열돼 있다.

콜레트 Colette 꼴레뜨

Add. 213 Rue Saint Honoré
Tel. 01 55 35 33 90
Open 11:00~19:00
Close 일요일, 11/1, 12/25, 1/1
Access M1 Tuileries 역에서 Rue du 29 Juillet를 따라 도보 2분
URL www.colette.fr

트렌드세터의 핫 플레이스

일주일에 한 번 디스플레이를 바꾸는 세계 최초의 매거진 숍. 런던의 셀프리지 백화점과 밀라노의 10 꼬르소 꼬모와 더불어 유럽 3대 셀렉트 숍이라는 당당한 타이틀을 꿰찬 곳이다. 1997년에 처음 문을 연 편집 매장으로 패션 거리 생 토노레 중심에 있다. 3개 층으로 된 약 200평의 공간에는 전 세계 멋쟁이들의 오감을 만족시키는 아이템이 가득해 일단 들어가면 빈손으로 나오기 힘들 정도로 '핫'한 플레이스다. 지하에는 레스토랑 워터 바가 있고 1층에는 뷰티, 하이테크, DVD, CD, 도서, 신발, 선물용품을 구비하고 있으며, 2층에선 유명 디자이너 의류를 판매한다. "7세부터 77세까지 모든 사람이 맘에 드는 아이템을 고를 수 있다"는 매니저의 말처럼 어느 것 하나 갖고 싶지 않은 게 없다.

1 매장에 들어와 구경만 해도 최신 트렌드를 한눈에 알 수 있다. **2** 의류와 액세서리를 매칭할 수 있도록 디스플레이한다. **3** 콜레트 매장 2층 전경

Area 2 / Opéra & Louvre

레페토 Repetto 헤뻬또

Add. 22 Rue de la Paix
Tel. 01 44 71 83 12
Open 09:30~19:30 **Close** 일요일
Access M3·7·8 Opéra 역에서 de l'Opéra를 따라 걷다가 Rue de la Paix로 우회전한다. 도보 2분
URL www.repetto.fr

플랫 슈즈의 메카

1947년 로즈 레페토가 론칭한 발레화 전문 브랜드다. 발레화에서 착안한 플랫 슈즈는 멋쟁이 파리지앵이라면 하나쯤 가지고 있는 아이템이다. 발레 슈즈로 시작했지만 캐주얼에도 잘 어울리는 색상과 디자인으로 일상생활에서 편하게 신을 수 있는 다양한 신발을 선보이고 있다. 카트린 드뇌브, 브리지트 바르도, 샤를로트 갱스부르, 힐러리 클린턴, 장윤주, 신민아까지 전 세계 유명 인사들이 편하고 가벼우면서 세련된 느낌을 주는 레페토 마니아로 알려져 있다. 파리, 리옹, 마르세유 발레학교에서도 레페토 슈즈를 사용한다.

1 편안한 발레 슈즈와 예쁘고 실용적인 가방과 옷도 판매한다. **2, 3** 보기만 해도 사랑스런 레페토의 매장 디스플레이 **4** 레페토 오페라 지점에 구비한 다양한 컬러와 디자인의 제품

카브 오주 Cave Auge 🔊 까브 오주

Add. 116 Boulevard Haussmann
Tel. 01 45 22 16 97
Open 10:00~19:30
Close 일요일
Access M9 Saint Augustin 역에서 도보 2분
URL www.caveauge.com

진짜 와인을 사랑하는 사람들이 단골로 드나드는 곳

1850년 이래 고급 식료품점으로 영업하다가 1980년 와인 전문 상점으로 새로이 문을 열면서 매니저 시바의 수준 높은 와인 셀렉션으로 파리지앵들 사이에서 높은 인기를 끌고 있다. 4만1000여 병의 고급 와인이 잠들어 있는 지하 저장고에는 단골들이 관리를 맡긴 고급 와인들도 상당수 있다. 주인장의 와인 사랑에 감동할 수 있는 곳으로 와인 시음 행사도 자주 연다. 최근에는 화학적인 공정이나 재배 방법을 피한 바이오 와인에 몰두한 그의 취향을 고스란히 반영한 셀렉션이 눈길을 끈다.

1 많아도 너무 많은 와인. 고를 엄두가 안 날 땐 매니저에게 추천해달라고 부탁하자. 2 파리지앵의 남다른 와인 사랑을 엿볼 수 있는 곳 3 테스팅 행사를 자주 연다. 4 바이오 와인은 프랑스는 물론 세계적인 트렌드다.

Area 2 / Opéra & Louvre

마크 제이콥스 Marc Jacobs 마크 제이콥스

Add. 19 Place du Marché Saint Honoré
Tel. 01 40 20 12 80(남성), 01 40 20 11 30(여성)
Open 11:00~19:00
Close 일요일
Access M7·14 Pyramides 역에서 도보 5분
URL www.marcjacobs.com

Map
P.451-G

파리에서 만나는 마크 제이콥스

마크 제이콥스는 뉴욕의 패션 명문 학교 파슨스 디자인 스쿨에서 패션 디자인을 전공하고 1996년 마크 제이콥스 컬렉션을 오픈했다. 1997년 1월 7일 루이 비통은 마크 제이콥스와 아트 디렉터 겸 스튜디오 디렉터 계약을 체결해 브랜드 사상 최초로 남성복과 여성복, 액세서리 라인을 론칭한 바 있다. 이어 마크 제이콥스 브랜드의 지분을 인수하면서 마크 제이콥스는 최고의 주가를 올리고 있다. 팔레 루아얄에 있는 마크 제이콥스의 숍에는 발랄하고 젊은 분위기에 클래식한 요소와 스포티한 감각을 매치한 옷들을 만날 수 있다. 합리적인 가격의 세컨드 브랜드 마크 바이 마크 제이콥스 매장은 도보 10분 거리(19 Place du Marché Saint Honoré)에 있다. 이곳에 가면 비교적 저렴한 가격의 열쇠고리, 가방, 지갑 등을 만날 수 있다.

1 마크 바이 마크 제이콥스의 남성관 옆에는 어린이 매장이 나란히 있다. **2** 세컨드 라인인 마크 바이 마크 제이콥스 매장 외관 **3** 파리 유일의 마크 제이콥스 매장은 팔레 루아얄에 있다.

Maison Martin Margiela 메종 마르탱 마르지엘라

메종 막땅 마르지엘라

Map P.451-G

Add. 25 Bis Rue Montpensier
Tel. 01 40 15 07 55
Open 11:00~19:00 **Close** 일요일
Access M1·7 Palais Royal Musée du Louvre 역에서 Rue de Montpensier를 따라 도보 5분
URL www.maisonmartinmargiela.com

절제된 아름다움이란 이런 것

어떤 매체와도 일절 인터뷰하지 않기로 유명하고 베일에 싸인 디자이너로 통하는 벨기에 출신의 마르탱 마르지엘라의 부티크로 팔레 루아얄과 이웃하고 있다. 모든 가구와 소품, 심지어 직원들의 옷차림까지 화이트 컬러로 통일한 매장이 인상적이다. 장 폴 고티에, 에르메스 여성복 수석 디자이너로 이름을 알리기 시작한 그는 해체와 재조합, 전위적인 패션을 추구하는 '에지' 있는 스타일의 선두 주자라 할 수 있다.

Tip 마르지엘라 의류 라벨에는 브랜드 네임 대신 1부터 23까지 숫자가 적혀 있는데 그중 하나의 숫자에 동그라미가 쳐져 있다. 참고로 1, 10번 라인은 각각 여성과 남성을 위한 컬렉션이고 4, 14번은 서랍장에 넣을 수 있는 이지웨어를 뜻한다.

1 화이트 컬러로 꾸민 심플한 분위기의 매장 내부 **2** 팔레 르와얄 옆 골목에 위치해 있다. **3** 겨울에는 블랙과 레드 컬러를 포인트로 한다. **4** 해체주의의 실험적인 스타일이지만 멋쟁이들의 사랑을 한몸에 받는 컬렉션

Area 2 / **Opéra & Louvre**

샹탈 토마스 Chantal Thomass 샹탈 토마

Add. 211 Rue Saint Honoré
Tel 01 42 60 40 56
Open 10:30~19:00 **Close** 일요일
Access M1 Tuileries 역에서 Rue du 29 Juillet을 따라 걷다가 Rue Saint-Honoré로 우회전한다. 도보 2분
URL www.chantalthomass.fr

Map P.450-F

관능적이면서 로맨틱한 란제리에 주목

멋있는 란제리를 찾는 여성이라면 샹탈 토마스에 주목하자. 샹탈 토마스는 관능적이면서 로맨틱한 아름다움을 가진 브랜드다. 모니카 벨루치, 이자벨 아자니와 같은 영화배우들이 단골손님으로 기본 라인은 팬티와 브레지어, 코르셋이지만 수영복, 파티복, 핸드백, 스타킹 등도 함께 선보인다. 불우한 가정과 어린이 돕기 자선사업으로 란제리 전용 세탁기를 판매해 이슈가 되기도 했다. 한편 그녀는 럭셔리 패딩 재킷 브랜드 몽클레르의 디자인 개발에도 참여해 지퍼 잠금이 아닌 버튼 잠금 방식을 고안한 주인공이다.

1 로맨티시즘과 섹시함이 이곳의 콘셉트다. **2** 블랙 & 레드 컬러 란제리 **3** 란제리뿐 아니라 파티용 의류도 판매한다. **4** 여자친구 선물을 사는 남성 고객이 부쩍 늘고 있다.

아비타 Habitat 🔊 아비따

Add. 8 Rue du Pont Neuf
Tel. 01 53 00 99 88
Open 10:00~19:30
Close 일요일
Access M7 Pont Neuf 역에서 Rue du Pont Neuf를 따라 도보 2분
URL www.habitat.fr

홈 인테리어 업계의 강자

1964년 런던에서 처음 문을 연 토털 홈 인테리어 숍으로 모던한 가구와 식기류, 문구류, 정원용품 등을 판매한다. 영국 여왕에게 경Lord이라는 칭호를 받은 테렌스 콘랜 경의 가구부터 소장 가치가 있는 유명 디자이너의 컬렉션까지 구색을 다양하게 갖췄다. 부피가 큰 제품 외에 선물용으로 괜찮은 작은 조명과 문구류, 주방용품은 여행자들도 욕심낼 만하다.

1 각종 생활용품을 판매한다. **2** 전설적인 극장 올림피아와 간판을 나란히 하고 있다. **3** 책상 앞에 있으면 왠지 사랑스러울 토이 램프 **4** 어린이 코너에 있는 비행기 모형 **5** 예쁜 꽃 모양 양초 **6** 원목 샐러드 볼

Area 2 / Opéra & Louvre

에디아르 Hédiard 에디아르

Add. 21 Place de la Madeleine
Tel. 01 43 12 88 99
Open 09:00~20:00 **Close** 일요일
Access M8·12·14 Madeleine 역에서 Rue de Sèze를 따라 걷다가 Pl. de Madeleine로 좌회전한다. 도보 2분
URL www.hediard.fr

무슨 선물을 살까 고민이라면 이곳으로

포숑과 함께 고급 식료품계의 선두 주자로 꼽히는 에디아르는 파리 상류층의 식탁을 위해 전 세계에서 최고의 품질을 자랑하는 재료들을 공수해왔다. 150년이 넘는 역사를 자랑하며 한국의 신세계백화점에서 수입하고 있지만 파리 본사만큼 화려한 컬렉션을 자랑하지는 않는다. 와인과 푸아그라, 초콜릿, 사탕 등이 예쁜 케이스에 들어 있어 선물용으로 좋고 다른 곳에서는 찾아볼 수 없는 에디아르 블렌드 티도 추천할 만하다.

1 달콤한 맛의 비스킷 **2** 재스민, 우롱, 리치 향 차 **3** 계피·생강·오렌지 잼 **4** 스테이크와 함께 먹을 때 더욱 맛있는 머스터드소스 **5** 계피 향이 나는 배 잼은 이곳에서만 판매하는 특별한 아이템.

포숑 Fauchon 📢 포숑

Add. 24-26 Place de la Madeleine
Tel. 01 70 39 38 00
Open 08:30~20:30
Close 일요일
Access M8·12·14 Madeleine 역에서 도보 1분
URL www.fauchon.com

100년 전통의 식료품 숍

100년이 넘는 세월 동안 파리 상류층들이 주로 이용하는 식료품 숍으로 사랑받아온 곳. 1886년 식료품에서 출발해 살롱 드 테, 파티스리를 잇따라 오픈한 창업주 오귀스트 포숑은 1952년 에어 프랑스에 고급 식료품을 납품하기 시작했고 아보카도와 키위, 칠레산 체리 등의 과일을 최초로 수입해 크리스마스 시즌에 판매하면서 유명해졌다. 지금은 일본과 중국 등에 지점을 두고 있다. 우리나라에서는 롯데백화점에서 일부 베이커리 종류를 수입하고 있으나 한국보다 식료품과 와인을 저렴하게 판매하므로 가족과 친지를 위한 선물을 구입하기 좋다.

1 2007년 대대적인 레노베이션을 단행한 포숑 마들렌 본점 **2** 쇼킹한 핑크 이니셜이 보이는 포숑 부티크의 내부 **3** 시리얼과 블루베리로 덮인 초콜릿 로즈 큐브 **4** 하트 모양의 초콜릿 선물 박스

Area 2 / Opéra & Louvre

메종 프랜시스 커정 / Maison Francis Kurkdjian ◀ 메종 프랜시스 커정

Map P.450-F

Add. 5 Rue d'Alger
Tel. 01 42 60 07 07
Open 11:00〜13:30, 14:30〜19:00 **Close** 일요일
Access M1 Tuileries 역에서 Rue de Rivoli를 따라 걷다가 Rue d'Alger로 우회전한다. 도보 2분
URL www.franciskurkdjian.com

새롭게 문을 연 유명 향수 크리에이터의 숍

15세 때부터 조향사를 꿈꿔 25세에 자신의 첫 번째 향수인 장 폴 고티에 르 말Jean Paul Gaultier Le Male로 스타가 된 조향사 유로시스 커정의 부티크. 장 폴 고티에, 디올, 크리스티앙 라크루아, 겐조, 겔랑, 베르사체 등에서 프리랜서 조향사로 활약해온 그만의 특별한 아이템은 어릴 적 추억을 자극하는 비눗방울 향수다. 메종 프랜시스 커정에서 만날 수 있는 제품은 아쿠아 유니벡살리Aqua Universalis, 아폼Apom, 뤼미에르 누아르Lumiere Noire라는 세 가지 라인의 향이 베이스를 이룬다. 향수 외에 세제, 향이 나는 팔찌, 아로마 초도 판매한다. 트렌드세터의 놀이터 콜레트가 지척에 있어 가기에 편리하나 간판이 없어서 지나치기 쉽다.

1 미니멀한 공간에 있는 향수들은 유니크하다. **2** 파리에서 단 한 군데의 매장만 운영하는 유명 조향사의 아이템을 구입할 수 있다. **3** 동심을 자극하는 비눗방울 향수

킬리워치 **Kiliwatch** 킬리워치

Add. 64 Rue Tiquetonne
Tel. 01 42 21 17 37
Open 11:00~19:45(월요일 14:00~) **Close** 일요일
Access M4 Etienne Marcel 역에서 Rue Étienne Marcel을 따라 걷다가 Rue Tiquetonne으로 우회전한다. 도보 5분
URL http://espacekiliwatch.fr

보물창고 같은 빈티지 숍

마레에 있는 프리 피 스타와 더불어 파리 최고의 빈티지 숍으로 알려져 있다. 믹스매치에 탁월한 능력이 있는 파리지앵은 물론 일본의 멋쟁이들이 파리 쇼핑 리스트에 반드시 포함시키는 쇼핑 스폿이다. 온갖 종류의 패션 아이템부터 패션 서적에 이르기까지 패션에 열광하는 사람들이 원하는 것이 무엇인지를 정확히 파악해 패션 카운슬링도 함께해주는 곳이다. 벼룩시장에 가서 종일 지내는 것보다 여기에 와서 한두 시간 쇼핑하는 것이 유익하다 할 만큼 유럽 빈티지의 모든 것을 알 수 있는 보물창고와 같은 빈티지 숍이다.

Tip 명품 브랜드는 거의 찾아볼 수 없다. 캐주얼과 빈티지 패션 아이템이 주류를 이루고 있다.

1 빈티지 제품부터 신상품에 이르기까지 빼곡히 쌓인 제품 속에서 보물찾기를 즐길 수 있다. **2** 믹스매치의 달인인 파리지앵이 선호하는 소품들 **3** 워낙 아이템이 많아 물건을 고르다 시간이 금세 간다. **4** 파리 최대 규모의 빈티지 숍 킬리워치

Area 2 / Opéra & Louvre

델포닉 Delfonics 델포닉

Add. Carussel du Louvre, 99 Rue de Rivoli
Tel. 01 47 03 14 24 **Open** 10:00~20:00
Access M1·7 Palais Royal Musée du Louvre 역에서 Rue Saint-Honoré을 따라 걷다가 좌회전해 Rue de Rivoli로 진입한다. Passage Richelieu로 우회전해 루브르 박물관 앞에서 우회전한다. 도보 3분
URL www.delfonics.fr

Map
P.451-G

일본 문구가 파리를 찾아온 이유

마패드Mapad 정도를 제외하고는 문구류의 황무지라 할 수 있는 프랑스에 얼마 전부터 무지Muji가 선풍적인 바람을 불러일으키는가 싶더니 파리를 대표하는 라이프스타일 숍 메르시(p.230)에서도 일본산 문구류의 인기가 식을 줄 모른다. 이런 여파 때문인지 전 세계 관광객들이 모여드는 루브르 박물관 지하 피라미드 근처에 델포닉이 들어서 파리지앵들에게 갈채를 받고 있다.
라미Lamy와 같은 필기구는 물론 프랑스의 모눈 노트 로디아Rhodia 외에 자체 브랜드에 이르기까지 다양한 종이류와 문구 아이템을 전시하고 있다. 모든 물품을 직접 만져보고 고를 수 있도록 편안하게 매장을 꾸몄다.

1 루브르 박물관 지하 상가에 자리 잡은 매장 내부 **2** 프랑스인들에게 폭발적인 인기를 얻고 있다. **3** 문구류와 필기구 중 최고의 제품만을 전시하는 진열장 **4** 차곡차곡 정리할 수 있는 다양한 컬러의 파일

미셸 클뤼젤 Michel Cluizel 🔊 미셸 끌뤼젤

Add. 201 Rue Saint Honoré
Tel. 01 42 44 11 66
Open 10:00~19:00 **Close** 일요일, 8월
Access M1 Tuileries 역에서 Rue du 29 Julillet을 따라 걷다가 Rue Saint-Honoré로 우회전한다. 도보 3분
URL www.cluizel.com

장인이 만드는 초콜릿의 깊은 맛

1948년에 창업해 파리, 뉴욕, 리야드에 지점을 낸 미셸 클뤼젤이 명품 브랜드가 늘어선 생 토노레 거리에 초콜릿 부티크를 열었다. 프랑스 사람들이 유별난 초콜릿 사랑에도 불구하고 살이 찌지 않는 이유는 원산지가 확실한 카카오를 사용하고 양보다 질을 택하기 때문이라고 한다. 선물용으로 포장된 초콜릿은 관광객들에게 인기가 좋다. 가장 무난한 선택은 다크 초콜릿과 밀크 초콜릿이 함께 들어 있는 180g 패키지 세트로 가격은 20유로다.

1 다양한 모양과 빛깔의 초콜릿이 들어 있는 진열장 **2** 신선한 초콜릿으로 파리지앵들의 입맛을 사로잡은 매장 전경 **3** 다양한 색깔과 맛의 마카롱 **4** 아프리카와 남아메리카에서 직송되는 카카오 원료를 사용한다.

Area 2 / Opéra & Louvre

드보브 에 갈레 Debauve et Gallais 드보브 에 갈레

Add. 33 Rue Vivienne
Tel. 01 40 39 05 50
Open 09:00~19:00 **Close** 일요일
Access M3 Bourse 역에서 Pl. de la Bourse를 따라 걷다가 Rue Vivienne로 우회전한다. 도보 3분
URL www.debauve-et-gallais.com

Map
P.451-C

프랑스 왕실 납품 초콜릿 전문점

약제사로 활약하던 실피스 드보브가 루이 16세와 마리 앙투아네트를 위해 초콜릿을 만들기 시작하면서 오랜 역사를 이어온 초콜릿 숍이다. 일상적으로 맛볼 수 있는 초콜릿과 이곳의 초콜릿을 비교해보면 세련되고 인공적인 맛보다 다소 투박하지만 장인의 손맛을 느낄 수 있다. 작고 예쁜 가게도 사랑스럽다. 총 40여 종의 초콜릿을 파는데 달콤쌉싸래한 트뤼플은 한국에서 좀처럼 맛보기 힘들다. 카카오 함량에 따라 포장지 컬러가 다른데 금색 포장지가 악명 높은(?) 카카오 99%짜리다. 이 숍의 모토는 '건강에 좋은 초콜릿'이다. 매장은 작은 편이지만 핫 초콜릿이나 홍차를 즐길 수 있는 따뜻한 공간이 마련돼 있어 여유로운 티타임을 즐기기에 그만이다.

1 수백년간 한자리를 지켜온 장인 정신이 돋보이는 숍이다. **2** 역사와 품격이 느껴지는 매장 외관 **3** 친절한 직원이 초콜릿 구입에 관한 카운슬링을 해준다. **4** 그램 단위로 초콜릿을 살 수 있어 다양한 초콜릿을 맛볼 수 있다.

피에르 마르콜리니 Pierre Marcolini 🔊 피에르 마르꼴리니

Add. 3 Rue Scribe **Tel.** 01 44 71 03 74
Open 10:00~19:00(목요일 ~20:00) **Close** 일요일
Access M3·7·8 Opéra 역에서 Bd des Capucines를 따라 걷다가 Rue Scribe로 우회전한다. 도보 3분
URL www.marcolini.be
Price 마카롱 12개들이 선물 패키지 19.20€

쇼콜라티에의 초콜릿

1995년 리옹에서 열린 세계 파티시에 대회에서 우승을 거머쥔 피에르 마르콜리니가 생제르맹데프레 지점에 이어 파리에 두 번째로 오픈한 초콜릿 숍. 2000년 로마에서 열린 유럽챔피언대회에서도 우승한 그는 도쿄, 런던, 뉴욕, 브뤼셀에 자신의 이름을 내건 부티크를 열 정도로 세계인의 입맛을 사로잡았다. 입안 가득 달콤함이 전해지는 초콜릿과 디저트용 케이크를 고르다 보면 주머니가 금세 가벼워질 테니 자제력이 필요하다. 미국 경제 전문지 〈포브스〉가 애플과 삼성의 소송을 두고 '피에르 마르콜리니가 얼그레이 티를 입힌 초콜릿을 개발한 것'이라 비유하면서 우리에게도 익숙해졌다.

1 심플하면서 럭셔리한 매장 내부 **2, 3** 새롭게 문을 연 오페라 매장 **4** 최고의 재료를 사용하는 고급 초콜릿은 선물용으로 제격이다.

Area 2 / Opéra & Louvre

르그랑 피으 에 피스 Legrand Fille et Fils 르그랑 피으 에 피스

Map P.451-C

Add. 1 Rue de la Banque
Tel. 01 42 60 07 12
Open 월요일 11:00~19:00, 화~금요일 10:00~19:30, 토요일 10:00~19:00
Close 일요일
Access M7 Bourse 역에서 Rue de la Banque를 따라 도보 3분
URL www.cave-legrand.com

대대로 내려오는 와인 명가의 전통

'르그랑 가문의 아들과 딸들'이라는 이름에 걸맞게 제1차 세계대전 이후 창업자인 피에르 르그랑Pierre Legrand이 가게를 맡기 전까지는 작은 식료품점에 불과했다. 초기에는 베르시 빌라주에 있는 오크통의 벌크 와인을 유통하면서 부를 축적했고 이후 프랑스 전국의 좋은 와인들을 사 모아 팔기 시작하면서 유명해졌다. 주변에 모여 있는 증권 업계와 금융 업계 종사자들에게 와인 모임과 강의를 시작하면서 가게 이미지를 높은 수준으로 끌어올린 이는 창업자의 2대손인 이브 르그랑Yves Legrand. 단골손님들을 위해 예술가나 유명 가수를 초대해 문화 행사를 열기도 하며 훌륭한 소믈리에들이 상주하고 있다. 매장에서 와인을 구입하면 바에서 바로 먹을 수 있으며 별도의 테이블 차징을 하지 않는 것이 장점이다.

1 와인 애호가들의 비밀스러운 공간 **2** 오래된 사탕과 식료품의 브랜드 제품이 이곳만의 전통을 보여준다. **3** 코르크 차지 없이 와인을 즐길 수 있는 것이 이 집의 장점 **4** 부담 없이 좋은 와인을 잔 단위로 즐길 수 있다.

107 리볼리 **107 Rivoli** 쌩 세트 히볼리

Add. 107 Rue de Rivoli
Tel. 01 42 60 64 94
Open 10:00~19:00
Access M1·7 Palais Royal Musée du Louvre 역에서 Rue Saint-Honoré을 따라 걷다가 삼거리에서 좌회전 후 걷다가 Rue de Rivoli로 우회전한다. 도보 3분

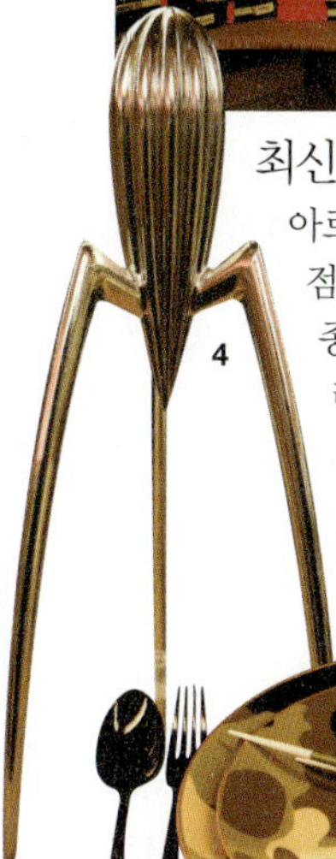

최신 디자인 아이템이 서점과 만나다

아르데코 박물관 1층에 있는 예술 서적 전문점. 주얼리, 패션 소품, 종이, 주방 소품, 각종 디자인 소품을 파는 공간도 있다. 인테리어 디자이너 브루노 무아나가 90평의 공간을 시크하게 꾸몄다. 디자인 소품 중에는 필립 스탁, 카스텔바작, 알레시 등 소장 가치가 있는 아이템이 진열돼 있지만 가격 압박이 만만치 않다. 그래도 마니아라면 욕심내 볼 만하다.

1 보기만 해도 사고 싶은 디자인 상품들 **2** 매달 새로운 잡지가 들어온다. **3** 107 리볼리 내에 한 부분을 차지하고 있는 디자인 숍 내부 **4** 필립 스탁이 디자인한 과즙을 짜는 도구 **5** 패션 디자이너 카스텔바작이 디자인한 식기류

스토레 Stohrer 스토헤

Add. 51 Rue Montorgueil
Tel. 01 42 33 38 20
Open 07:30~20:30
Access M4 Etienne Marcel 역에서 Rue Étienne Marcel을 따라 걷다가 Rue Montorgueil로 우회전한다. 도보 4분
URL www.stohrer.fr

Map P.451-D

200년 전통을 자랑하는 베이커리

루이 15세의 부인 마리 레진스카가 폴란드에서 프랑스로 시집올 때 데려온 파티시에 스토레가 베르사유 궁정에서 일하다가 그만둔 후 지금의 가게를 열었다. 말라가 와인으로 만든 브리오슈에 사프란 향, 크림을 넣어 만들고 〈천일야화〉에 등장하는 알리바바La Baba au Rhum 의 이름을 딴 케이크는 스토레의 상징이다. 영국 엘리자베스 여왕이 몽토게이 거리를 방문했을 때 달걀 모양의 대형 초콜릿을 만들어 여왕에게 선사했다. 창업자 니콜라 스토레의 레서피를 그대로 따르고 있는데 19세기 후반에 고안된 틀로 만들어내는 크림과 바닐라를 겹겹이 쌓고 겉에 캐러멜을 바른 르 퓌 다무르Le Puits D'amour, 신선한 산딸기를 중간에 넣어 만든 피스타치오 마카롱 랑타르 L'Antares도 스토레에서만 맛볼 수 있는 특별한 메뉴다.

1 베네치아 무라노 섬에서 가져온 샹들리에가 천장에 걸려 있다. **2** 보는 것만으로도 기분이 좋아지는 선물용 케이크 **3** 파리의 다른 베이커리에서는 찾아보기 힘든 리옹의 전통 소시지 빵 **4** 크림이 흘러내려 한입에 번개처럼 먹어야 한다는 스토레의 에클레르

가부키 **Kabuki** 카부키

Add. 25 Rue Etienne Marcel
Tel. 01 42 33 55 65
Open 11:00~19:00(월요일 13:00~)
Close 일요일
Access M4 Etienne Marcel 역에서 Rue Étienne Marcel을 따라 도보 1분

바바라 부이가 운영하는 유명 편집 매장

1983년에 문을 연 편집 매장. 패션 디자이너 바바라 부이가 주인으로 그녀의 깐깐한 눈썰미로 고른 의류와 액세서리를 살 수 있다. 이곳에서 만날 수 있는 브랜드로는 프라다, 코스튬 내셔널, 스텔라 매카트니, 마크 제이콥스, 클로에, 안나 수이, 질 샌더, 헬무트 랭, 지방시, 피에르 하르디, 생 로랑 등으로 센스 있는 쇼퍼들의 마음을 사로잡는다. 세계 패션계에 돌풍을 일으키고 있는 바바라 부이는 다양한 문화와 에스닉한 요소를 혼합해 평범하면서도 페미닌한 라인으로 파리 컬렉션에서 승승장구하고 있다. 바바라 부이 매장은 가부키 옆에 자리하고 있다. 빅투아르 광장에서 동쪽으로 뻗어 있는 이 자리에는 유명 부티크나 젊은 디자이너의 제품을 취급하는 종합 패션 매장이 가득하다.

1 최신 유행 아이템을 디스플레이해놓은 매장 안 전경 **2** 가부키는 디자이너 바바라 부이가 오픈한 인기 편집 매장이다. **3** 남성 전용 매장은 옆 건물에 있다.

아네스 베 Agnès B 🔊 아네스 베

Map P.451-H

Add. 6 Rue du jour
Tel. 01 45 08 56 56
Open 여름 10:30~19:30, 겨울 10:00~19:00 **Close** 일요일
Access M4 Les Halles 역에서 Allée André Breton을 따라 걷다가 Rue Rambuteau로 좌회전한다. 도보 3분
URL http://europe.agnesb.com

아네스 베의 플래그십 스토어

패션 잡지 〈엘르〉의 에디터 출신 디자이너 아네스 베의 플래그십 매장으로 1975년 푸줏간으로 사용하던 장소에 CMCcomptoir mondial de creation라는 브랜드로 처음 문을 열었다. 그녀는 2000년 프랑스 훈장 중 가장 명예로운 레지옹 도뇌르 훈장Ordre de la Légion d'honneur을 받기도 했다. 1981년 남성복 디자이너로 자신의 브랜드를 열었고 이후에 여성복을 론칭하면서 1983년 뉴욕의 소호로 진출했다. 이후 세이코를 위한 시계 디자인과 로레알을 위한 뷰티 라인의 컬래버레이션을 하면서 세계적인 명성을 얻었다. 실용적이면서 멋스러운 파리지앵 스타일을 추구하는 특유의 제품을 만날 수 있는 여성복 매장 말고도 같은 거리에 남성복과 아동복 매장도 운영한다. 생 외스타슈 성당과 소방서 사이에 남성, 여성, 아동복 매장이 옹기종기 모여 있다.

1 깔끔하게 꾸민 아네스 베 여성복 매장 **2** 늘 새로운 것을 추구하는 아네스 베 매장에서 아티스트의 작품을 만날 수 있다.
3 그림을 사랑하는 디자이너가 매장 옷 옆에 스케치를 함께 디스플레이했다. **4** 심플함과 여성스러운 멋을 모두 갖춘 여성복 라인

애플 스토어 Apple Store 🔊 애플 스토어

Add. 99 Rue de Rivoli
Tel. 01 43 16 78 00 **Open** 10:00~20:00
Access M1·7 Palais Royal Musée du Louvre 역에서 도보 2분
URL www.apple.com/fr/retail/carrouseldulouvre

만져보고 고를 수 있는 스토어

애플 제품에 대한 사랑이 각별한 프랑스 인들을 위해 카루젤 뒤 루브르 상가에 문을 열었다. 2층 대형 매장 안에는 애플사에서 만든 모든 제품과 액세서리들을 판매한다. 지니어스 바에서는 문제가 있는 기기의 진단과 사용 방법을 설명해주는 1:1 서비스를 선보인다. 루브르 지하에 있어 낮 시간대는 혼잡하므로 오전이나 저녁시간에 가야 편안하게 구경할 수 있다.

아이폰은 물론 다양한 액세서리가 있다.

리브레리 구르망드 Librairie Gourmande 🔊 리브헤리 구르멍드

Add. 92-96 Rue Montmartre **Tel.** 01 43 54 37 27
Open 11:00~19:00 **Close** 일요일, 공휴일
Access M3 Sentier 역에서 Rue Montmartre를 따라 걷다가 사거리에서 우회전한다. 도보 3분 **URL** www.librairiegourmande.fr/boutique

음식 서적 전문점

음식과 와인에 관한 도서를 전문으로 파는 서점으로 과거 자료들도 상당수 있어 요리 관련 종사자들이 즐겨 찾는다. 제이미 올리버, 폴 보퀴즈, 알랭 뒤카스와 같은 유명한 셰프의 레서피 책은 물론이고 파티시에, 에스닉 요리, 와인과 각종 알코올 관련 서적 등 음식에 관한 한 세분화된 전문 도서를 전시, 판매한다. 프랑스 내에서는 인터넷으로 책을 주문할 수도 있다.

〈미슐랭 가이드〉 스타 셰프의 요리책

Area 2 / Opéra & Louvre

아스티에 드 빌레트 Astier de Villette 🔊 아스티에 드 빌레트

Map P.450-F

Add. 173 Rue Saint Honoré **Tel.** 01 42 60 74 13
Open 11:00~19:30 **Close** 일요일
Access M1·7 Palais Royal-Musée du Louvre 역에서 도보 3분
URL www.astierdevillatte.com

낡은 선반과 장인이 만든 접시가 잘 어울리는 매장 내부

세상에 단 하나밖에 없는 그릇

예술적인 아름다움과 내추럴함이 콘셉트인 그릇 브랜드. 파리 국립 미술학교를 졸업한 브누아 아스티에 드 빌레트가 오픈한 매장으로, 젊은 시절 그릇 가게에서 일하면서 이를 만드는 방법에 관심을 가지게 된 것이 이 브랜드의 시초. 지금은 도쿄, 샌프란시스코 등 전 세계 여성들의 절대적인 지지를 받고 있다. 그릇은 비싼 편이지만 향초는 선물용으로 구입하기에 좋다.

셰 무아 파리 Chez Moi Paris 🔊 쉐 무아 파리

Map P.451-G

Add. 25 Rue Hérold **Tel.** 06 61 26 23 31
Open 10:00~20:00 **Close** 월요일
Access M3 Sentier 역에서 도보 6분
URL www.chezmoiparis.com

친구의 집을 방문한 듯한 아늑한 분위기

신진 예술가들의 전시를 감상할 수 있는 상점

자신이 살고 있는 공간을 부티크로 꾸민 이색 상점. 일상에서 사용하는 리빙 제품을 만나볼 수 있다. 20대의 젊은 오너 장 밥티스트 샤르페네 리몽이 사랑하는 아이템으로 가득 채웠지만 물건만을 파는 곳이 아니라 실력 있는 세라믹 아티스트를 비롯해 신진 예술가들의 전시 공간으로도 활용된다.

고야드 Goyard 고야흐

Add. 233 Rue Saint Honoré Tel. 01 42 60 57 04
Open 10:00~19:00 Close 일요일
Access M1 Tuileries 역에서 Rue du 29 Juillet을 따라 걷다가
Rue Saint-Honoré로 좌회전한다. 도보 5분 URL www.goyard.com

고야드 본점

창업주 프랑수아 고야드가 지금의 자리에 메종 고야드를 세우면서 시작한 브랜드. 수공예 생산 기법을 유지하기 위해 지금까지 유럽 내에서 단 한 개의 매장을 운영하고 있는 고야드 본점이다. 아삼과 면, 대마를 열처리하고 그 위에 크리스털 아라비아 고무를 덧댄 패브릭으로 가방을 만들어 가볍다. 생 루이 백은 할리우드 스타들이 즐겨 드는 가방으로 유명하다.

고야드의 여행용 트렁크

디디에 뤼도 Didier Ludot 디디에 뤼도

Add. 24 Galerie Monpensier Tel. 01 42 96 06 56
Open 10:30~19:00 Close 일요일
Access M1·7 Palais Royal-Musée du Louvre 역에서 도보 3분,
M7·14 Pyramides 역에서 도보 6분 URL www.didierludot.fr

빈티지 컬렉터의 부티크

프랑스 패션업계의 최고 위치를 지키려는 개인 수집가의 부티크. 미우치아 프라다, 칼 라거펠트 같은 디자이너와 나오미 캠벨, 케이트 모스 등의 모델이 단골로 드나든다. 1930~1940년대 컬렉션을 두루 갖추고 있어 마치 근대 패션 박물관에 온 듯하다. 팔레 루아얄에만 두 개의 부티크가 있으며 한국에는 10 꼬르소 꼬모 서울이 디디에 뤼도의 컬렉션을 전시한 바 있다.

박물관 전시품처럼 디스플레이한 명품 잡화

> Ask Local

바바라 부이Barbara Bui 디자이너 출신
유한나의
시크릿 파리

시크릿 파리 >> 파리에서 살면서 가장 큰 즐거움이 있다면?
유한나 >> 도시 전체를 감싸고 있는 감성적이고 예술적인 건물들과 파리만이 가진 컬러, 곳곳에 있는 전시관, 박물관, 예술 서적, 오래된 빈티지 숍들, 오래된 카페, 다양한 삶을 인정하고 살아가는 여러 나라 사람들과의 만남…. 이 모든 것들이 디자이너로 살아가는 나에게 큰 영향을 미칩니다.

시크릿 파리 >> 즐겨 찾는 장소 중 한국인 여행자에게 반드시 추천하고 싶은 장소가 있다면?
유한나 >> 짧은 시간에 많은 것들을 봐야 한다는 생각에 파리에서 묻어나는 여유로움을 전혀 느끼지 못하는 여행자를 여럿 봤어요. 특별히 추천하고 싶은 특정 장소보다 무작위로 버스를 타고 도시를 다니다 보면 마음을 빼앗기는 곳이 나타날 테니 그곳에 내려서 골목골목을 걷다가 지치면 동네 사람들이 갈 것 같은 카페에서 커피도 마시면서 여유를 누려보세요. 파리의 강점인 곳곳에서 볼 수 있는 공원에 한 번쯤 누워 파리의 하늘과 공기를 즐겨보시길 바라요.

시크릿 파리 >> 주말에 갈 만한 장소를 살짝 공개한다면?
유한나 >> 레부이랑트L'Ebouillante(www.restaurant-ebouillante.com)는 젊은 작가들의 전시회가 열리는 오래된 살롱 드 테예요. 햇살 좋은 오후, 여유롭고 싶은 주말 오후에 잘 가는 곳입니다. 월리스 와인 바(p.151)는 1980년에 문을 열었어요. 그때부터 지금까지 와인과 예술을 접목해 매년 다른 아티스트들의 일러스트로 가게의 아트 포스터를 만들어온 와인 바입니다. 250개 이상의 와인을 갖추고 있지요. 마음이 느슨해진 금요일 밤에 가고 싶은 곳이에요.

시크릿 파리 >> 파리지앵이 옷 잘 입는 비결은?
유한나 >> 파리지앵은 할머니의 옷장, 어머니의 옷장 속 아이템을 가치 있게 여기지요. 패션이라는 것이 계속해서 돌고 돌면서 새로운 것을 만들어가는 것이니 오래된 것들을 멋지게 바라보는 그들의 시선과 생활 습관이 그렇게 만드는 것 아닌가 싶어요.

시크릿 파리 >> 자신의 드레스 코드와 스타일은?
유한나 >> 일부러 멋을 내서 옷을 입어야 하는 아침은 평소보다 배로 시간을 들여 고민하다가 결국 편안하고 자연스러운 스타일로 갈아입고 나갑니다. 여자 옷보다 사이즈만 맞는다면 남자 옷을 더 선호하고, 모노 톤의 뉴트럴 컬러들을 좋아하는 편이에요. 장식적인 디테일이 많은 옷보다 가볍고 부드러운 소재의 심플한 옷들을 레이어드하는 걸 좋아하고 머플러, 스카프, 모자 등으로 마무리해요. 옷보다 신발과 가방 선택이 옷차림을 완성하는 포인트라 생각해요.

시크릿 파리 >> 숨겨진 파리의 쇼핑 명소?
유한나 >> 일을 하는 장소가 마레 지구다 보니 마레 지구 골목골목을 이야기해주고 싶어요. 딱 몇몇 곳으로 한정 짓기보다 길을 잃지 않을까 하는 두려움만 버린다면 생 폴Saint Paul에서 에티엔 마르셀Etienne Marcel에 이르기까지 곳곳에 숨어 있는 디자이너 숍, 편집 숍, 빈티지 숍들을 발견하는 기쁨을 누릴 수 있을 거예요.

일상생활에서 엿볼 수 있는 파리지앵의 자유분방하고 개성 있는 패션 감각에 매번 놀란다.

파리와 패션은 떼어놓고 생각할 수 없는 단어다.

Area 3
CITÉ & MARAIS

시테 섬 & 마레

● 파리의 역사가 시작된 시테 섬은 프랑스 사람들에겐 정신적인 고향 같은 곳이다. 나폴레옹 대관식에서 빅토르 위고의 장례식에 이르기까지 프랑스 역사 속 주요 사건의 배경이 된 노트르담 성당을 중심으로 고딕 건축의 정수로 불리는 생트 샤펠 성당과 콩시에르주리와 같은 역사적인 건물들이 있다. 시테 섬과 다리로 연결된 생 루이 섬은 파리에서 가장 조용한 주택가로 17~18세기에 지어진 귀족들의 저택이 남아 있다. 많은 상점이 있는 좁다란 골목길과 센 강가를 거닐다 보면 낭만에 젖게 된다.

프랑스어로 '늪지'를 뜻하는 마레 지구는 과거에 습지였으나 정부 차원의 개발 계획이 이뤄지면서 17세기 귀족들의 저택이 하나둘 들어섰다. 빅토르 위고의 저택이 있는 보주 광장 주변은 지금도 36채의 저택이 옛 모습 그대로 서 있으며 카르나발레 박물관과 피카소 박물관 등은 문화의 향기를 고스란히 간직하고 있다. 유대인들이 검은색 양복과 모자를 눌러쓰고 시나고그로 예배를 보러 가는가 하면 파리 최대의 동성애자 모임 장소인 카페나 서점이 성업 중이고, 예술가와 디자이너들의 아틀리에와 숍이 공존하는 파리에서 가장 특색 있는 지역이다.

Area 3 / Cité & Marais

Access
가는 방법

시테Cité 역
방향 잡기 시테 역에 내리면 바로 노트르담 대성당 앞 광장으로 나오게 된다. 근처에 있는 RER C 생 미셸Saint Michel 역이나 M10 클루니 라 소르본Cluny la Sorbonne 역에 내려서 걸어도 시테 역까지는 5분이 채 걸리지 않는다. 여러 번 갈아타기 귀찮을 때는 세 역 중 아무 역에나 내려도 된다. M7을 이용해서 갈 때는 퐁트 마리Pont Marie 역에 내려 7분 정도 걸으면 된다.

생 폴Saint Paul 역
방향 잡기 마레 관광의 중심이 되는 역이므로 M1을 탈 경우 생 폴 역에 내려 관광을 시작하는 게 좋다. 마레에 줄지어 서 있는 개성 있는 가게에서 쇼핑하고 싶다면 이 역에서 내려야 한다.

```
Hotel de Ville  ——M1 1분——  Saint Paul  ——M1 2분——  Bastille
     |
    M11 6분
     |
Châtelet  ——M4 2분——  Cité
```

Check Point
- 파리에서 가장 훌륭한 전망대로 꼽히는 노트르담 대성당 전망대를 놓치지 말 것. 전망대로 가는 계단이 좁아 올라가는 인원을 제한하므로 사람이 많지 않은 오전에 가는 게 좋다.

- 마레 지역의 상점들은 대부분 일요일에 문을 열고 월요일에 쉰다. 활기 찬 마레 지구의 분위기를 느끼려면 월요일은 피하는 게 좋다.

- 샤틀레 역은 3개의 교외선 RER, 5개의 메트로 환승이 이루어지며 매일 75만 명이 드나드는 곳이지만 치안이 좋은 편은 아니므로 주의가 필요하다.

Plan
추천 루트

시테 섬, 마레
하루 만에 정복한다

10:30 노트르담 대성당
Cathédrale Notre Dame de Paris
파리의 역사가 시작된 노트르담 대성당과 전망대에 올라 파리를 느낀다. 파리의 발상지로 불리는 시테 섬에서 하루를 시작한다.

도보 5분

콩시에르주리와 생트 샤펠 11:00
Conciergerie & Sainte Chapelle
고딕 양식의 걸작 건축물을 통해 역사와 종교적으로 중요한 위치를 차지하고 있는 두 장소를 여유 있게 돌아본다.

도보 7분

13:00 파리 시청과 BHV
Hôtel de Ville & BHV
파리를 대표하는 행정 관청으로 아름다운 건축물이다. 리빙 용품에 관심이 많은 여행자라면 시청 옆에 있는 BHV 백화점에 들르자.

도보 10분

퐁피두센터와 조르주 13:20
Centre Pompidou & George
파리의 아름다운 전망이 내려다보이는 카페 조르주에서 수준 높은 식사와 파리를 함께 느끼자. 아래층이 퐁피두 현대미술관이라 동선을 줄일 수 있어 시간도 절약된다. 겉과 안이 바뀐 듯한 퐁피두센터는 복합 문화 공간이라 볼거리가 많다.

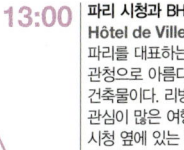

도보 12분

15:30 피카소 미술관 또는 빅토르 위고의 집 Musée Picasso / Maison Victor Hugo
유럽에서 피카소 작품을 가장 많이 보유한 피카소 미술관이나 빅토르 위고의 집을 돌아본다. 파리에서 가장 아름다운 보주 광장에서 휴식을 취하는 것도 좋다.

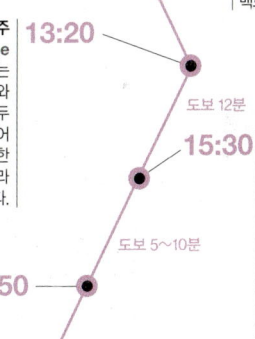

마레 지구 Marais 16:50
작지만 개성 넘치는 디자이너 숍과 인테리어 소품 숍들이 가득한 마레 지구의 쇼핑 스폿을 돌아본다. 쇼핑을 좋아하는 여행자라면 하루 종일 돌아봐도 지겹지 않을 것이다.

도보 10~15분

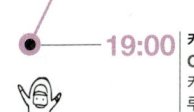

19:00 카페 데 뮈제 또는 몽 비에이 아미
Café des Musées / Mon Vieil Ami
카페 데 뮈제는 마레에, 몽 비에이 아미는 생 루이 섬에 있는 비스트로다. 둘 중 한 집에서 파리지앵들의 서민적인 식사를 경험한다.

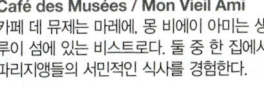

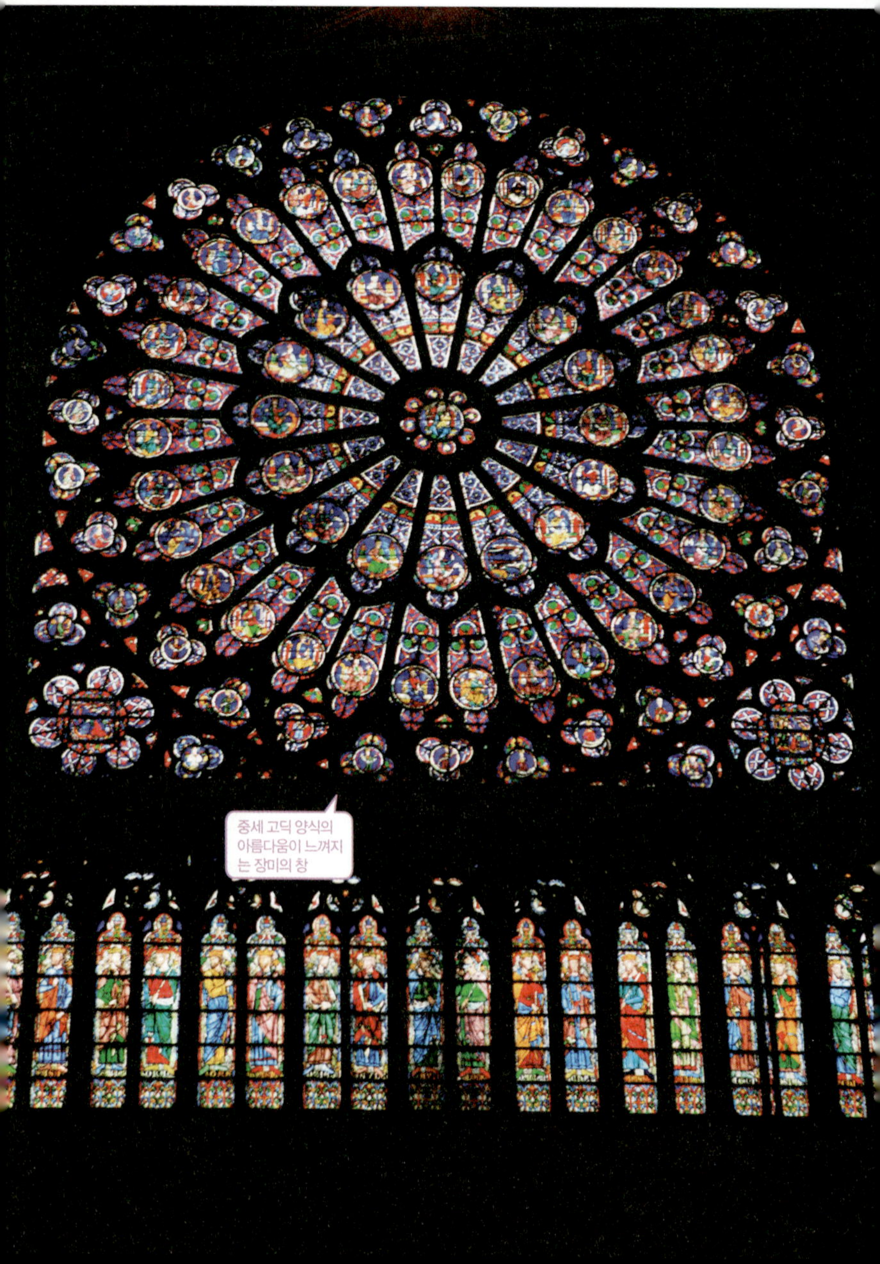

Area 3 / Cité & Marais

중세 고딕 양식의 아름다움이 느껴지는 장미의 창

노트르담 대성당 Cathédrale Notre Dame de Paris 까떼드랄 노트르담 드 빠리

Add. 6 Parvis Notre-Dame-Place Jean-Paul II **Tel.** 01 42 34 56 10
Open 08:00~18:45(토·일요일 ~19:15) *전망 탑 4/1~9/30 10:30~18:30, 7·8월 금·토요일 10:00~23:00, 10/1~3/31 10:00~17:30 *입장 마감 폐관 45분 전
Close 1/1, 5/1, 12/25 **Access** M4 Cité 역에서 Rue de la Cite를 따라 도보 5분, RER B·C Saint Michel 역에서 도보 7분 **URL** www.cathedraledeparis.com
Admission Fee 성당 무료, 전망 탑 일반 10€, 만 18~25세 8€

800년 역사를 간직한 파리의 대표 성당

앤서니 퀸이 주연한 영화 〈노틀담의 곱추〉와 오페라 〈노틀담의 곱추〉 등으로 친숙한 성당 노트르담은 '성모 마리아'를 뜻한다. 이 대성당은 1163년 파리 주교 실리 경에 의해 건축이 시작돼 1320년경에 공사가 마무리됐다. 성당 정면 중앙에 '최후의 심판' 문이, 남쪽에는 '성 안나의 문'이, 북쪽에는 '성모 마리아의 문'이 있으며 그 위로는 유대 왕 28명의 석상이 도열해 있다. 중세 종교 예술이 응집된 성당의 가장 아름다운 부분은 '장미의 창'이라는 직경 13m의 스테인드글라스로 13세기의 화려함을 그대로 간직하고 있다. 건물의 남쪽 탑에는 13t이나 되는 거대한 종이 있으며 북쪽 탑에 있는 422개의 계단을 통해 올라가면 파리 시가지가 한눈에 내려다보인다. 전망대는 정원제로 운영되는 관계로 오전에 가야 줄을 서지 않는다. 박물관 패스가 있어도 줄을 서야 한다.

1 건물 외벽 곳곳에 이야기가 담긴 곳으로 충분한 시간을 할애하자. **2** 성당 안에서는 매일 미사가 거행된다. **3** 신도들이 촛불을 켜고 기도를 한다. **4** 좁다란 계단을 올라가면 멋진 파리 풍경이 펼쳐진다.

Area 3 / Cité & Marais

생트 샤펠 Sainte Chapelle 쌩뜨 샤뺄

Add. 8 Bulevard du Palais **Tel.** 01 53 40 60 80
Open 1/2~2/29 월·수~금요일 09:00~13:00, 14:15~17:00, 화요일 09:00~12:45, 14:15~17:00, 토·일요일 09:00~17:00 / 7/1~8/31 월·화·목~일요일 09:30~18:00, 수요일 09:30~12:45, 14:15~21:30 / 11/1~12/31 월~금요일 09:00~13:00, 14:15~17:00, 토·일요일 09:00~17:00
Close 1/1, 5/1, 12/25 **Access** M4 Cité 역에서 Quai de la Corse를 따라 걷다가 Bd du Palais로 좌회전한다. 도보 3분 **URL** http://sainte-chapelle.monuments-nationaux.fr **Admission Fee** 일반 10€, 만 18~25세 8€(생트 샤펠+콩시에르주리 콤비 일반 15€, 만 18~25세 12€)

중세의 스테인드글라스와 만나다

법원 중정에 있는 작은 교회로 중세 고딕 양식의 걸작 건축물로 평가받는다. 1248년에 건립된 교회는 왕가나 특권층이 예배를 보는 상층 예배당과 왕궁에서 일하는 사람이나 서민들이 사용하는 아래층 예배당으로 구분돼 신분에 따라 예배를 보는 장소가 달랐다. 상층 예배당에는 15세기 말에 완성한 16m의 스테인드글라스와 16개의 장미창이 있으며 전체 면적이 약 180평에 달할 정도로 웅장하다. 스테인드글라스는 창세기의 아담과 이브부터 시작해 모세의 출애굽기에 이르기까지 성서 이야기를 시대순으로 형상화하고 있다. 성당은 루이 9세가 콘스탄티노플 황제로부터 받았다는 예수의 가시면류관과 십자가 파편을 전시하기 위해 세워졌다. 5월 15일부터 9월 15일까지는 야간에도 문을 연다. 저녁시간대를 이용하면 입장하는 줄이 조금은 짧다.

1 서민들이 예배를 보는 하층 예배당에는 기념품 숍이 들어서 있다. **2** 눈부시도록 아름다운 스테인드글라스는 성서 이야기를 담고 있다. **3** 작지만 아름다운 성당은 고딕 양식을 대표하는 건축물이다.

콩시에르주리 Conciergerie 꽁씨에르쥬리

Add. 2 Bulevard du Palais Tel. 01 53 40 60 80
Open 09:30~18:00 *입장 마감 폐관 30분 전 Close 1/1, 5/1, 12/25
Access M4 Cité 역에서 도보 3분
URL http://conciergerie.monuments-nationaux.fr Admission Fee 일반 10€, 만 18~25세 8€(생트 샤펠+콩시에르주리 콤비 일반 15€, 만 18~25세 12€)

마리 앙투아네트의 최후

필립 4세의 집무실 겸 주거지로 지어진 궁전은 1793년부터 혁명가들을 재판하고 처단하는 장소로 이용됐다. 당통, 로베스 피에르, 마리 앙투아네트 등 2600명이 단두대로 가기 전 이곳에서 생활했다. 1914년에 감옥을 폐쇄하고 일반인에게 공개했다. 마리 앙투아네트가 마지막까지 사용한 공간을 재현한 독방과 작은 예배당, 고딕 양식 대형 홀 '위병의 방' 등을 둘러볼 수 있다.

아름다운 외관과 달리 실제로는 감옥으로 이용됐다.

파리 시청 Hôtel de Ville 오뗄 드 빌

Add. Piace de l'Hôtel de Ville
Tel. 01 42 76 40 40
Access M1 Hôtel de Ville 역에서 도보 1분
URL www.paris.fr *시청사 내부 관람은 인터넷이나 전화로 최소 한 달 전 예약한다.

호텔 같은 파리 시청

로베르 두아노의 사진 〈시청 앞에서의 키스〉로 유명한 파리 시청. '호텔'이란 명칭과 멋진 외관 때문에 호텔로 착각하기 쉽지만 파리 시 관공서가 들어서 있다. 시청사는 1357년 샤틀레 광장에서 현재의 위치로 이사했으나 파리코뮌 당시 완전히 타버려 1882년에 새로 지은 것이다. 프랑스, 르네상스 양식이 혼재하는 내부는 베르 드 롬이 설계한 화려한 계단과 샤반의 프레스코화가 인상적이다.

로베르 두아노의 〈시청 앞에서의 키스〉로 잘 알려진 시청 앞 광장

Area 3 / Cité & Marais

카르나발레 박물관 Musée Carnavalet 뮤제 까르나발레

Map P.453-C

Add. 23 Rue Sévigné **Tel.** 01 44 59 58 58
Open 10:00~18:00 **Close** 월요일, 공휴일, 부활절
Access M1 Saint Paul 역에서 Rue de Rivoli를 따라 걷다가 Rue de Sévigné로 좌회전한다. 도보 6분
URL www.carnavalet.paris.fr
Admission Fee 상설전 무료

★

파리 역사의 산증인

16~19세기 프랑스 역사의 핵심을 담당하고 있는 박물관으로 파리 역사의 산증인이다. 르네상스 양식으로 지어진 자크 데 리네리 공의 대저택 자리에 들어섰다. 1층에는 앙리 4세, 카트린 드 메디시스 등의 초상화가 있으며 2층에는 루이 14와 루이 16세의 방이 재현돼 있다. 프랑스대혁명을 집중적으로 조명하고 있는 섹션에는 혁명 당시를 표현하는 그림과 수많은 사람들의 목숨을 앗아간 기요틴 모형도 있다. 가구, 그림, 조각, 건축 모형, 오브제, 사진과 같은 다양한 컬렉션을 무료로 관람할 수 있는 박물관으로 한 번쯤은 가볼 만하다.

1 파리 시의 역사를 말해주는 유일한 박물관이다. **2** 파리 역사를 알 수 있는 그림이 전시돼 있다. **3** 나폴레옹 등 프랑스를 지배한 인물들의 유품이 있다. **4** 옛 건물에서 떼어낸 문장과 건물을 본뜬 미니어처가 있는 1층 전시관

보주 광장 Place des Vosges 플라스 데 보주

Add. Place des Vosges
Access M1 Saint Paul 역에서 Rue Saint-Antoine를 따라 걷다가 Rue de Birague로 좌회전한다. 도보 5분, M8 Chemin Vert 역에서 Rue Saint-Gilles를 따라 걷다가 Rue de Béarn로 좌회전한다. 도보 5분

파리에서 가장 아름다운 광장

동서 127m, 남북으로는 140m에 달하는 36채의 아름다운 건축물들이 광장 사방을 둘러싸고 있다. 과거에는 말을 거래하던 시장이었으나 1605년 앙리 4세가 건축가 루이 메트조에게 명해 파리 최초로 왕실 사람들을 위한 광장으로 만들었다. 1612년에 루이 13세가 광장을 재정비하면서 귀족들을 위한 산책로와 마상 경기를 하는 경기장 역할도 했다. '루아얄 광장'으로 불리기도 했으나 프랑스대혁명이 발발하면서 프랑스 전역에서 최초로 납세 의무를 지킨 보주 지역을 기념하기 위해 1800년부터 보주 광장으로 불리게 됐다. 광장 중앙에는 루이 13세 동상이 있다. 광장 안에는 놀이터가 있어 아이들과 함께 시간을 보내기 좋으며 광장 주변에는 아트 갤러리, 카페, 골동품점, 레스토랑이 모여 있다.

1 신록이 우거진 보주 광장에 피크닉을 나온 파리지앵 **2** 한가로이 오후 시간을 만끽한다. **3** 36채의 옛 건물이 광장을 병풍처럼 둘러싸고 있다. **4** 파리에서 가장 아름다운 광장으로 꼽히는 곳이다.

Area 3 / Cité & Marais

빅토르 위고의 집 Maison Victor Hugo 🔊 메종 빅또르 위고

Map
P.453-G

Add. 6 Place des Vosges **Tel.** 01 42 72 10 16
Open 10:00~18:00 **Close** 월요일, 공휴일
Access M1 Saint Paul 역에서 Rue Saint-Antoine를 따라 걷다가 보주 광장 방면으로 좌회전한다. 도보 6분, M1·5·8 Bastille 역에서 도보 8분, M8 Chemin Vert 역에서 도보 6분
URL www.musee-hugo.paris.fr **Admission Fee** 상설전 무료

★

빅토르 위고가 살던 집

〈노트르담 드 파리〉, 〈레 미제라블〉 등의 작품을 남긴 프랑스 낭만파 시인이자 소설가인 빅토르 위고의 거처를 박물관으로 꾸몄다. 빅토르 위고는 30세가 되던 해인 1832년에 부인 아델과 함께 이곳으로 이사왔으며 1902년 작가 탄생 100주년을 맞아 폴 모리스가 파리 시에 거액을 기부하면서 박물관으로 꾸며 일반인에게 공개됐다. 평소에 사용했던 사무 집기와 작품들을 통해 작가가 살던 시대의 생활상을 엿볼 수 있다. 지금은 파리 시 소유로 박물관에 들어서면 빅토르 위고가 생전에 살던 모습을 그대로 보여준다. 작가의 체취가 묻어 있는 필기구, 작품집, 가족, 친구들과 찍은 사진이 전시돼 있다. 박물관에서 내려다보는 보주 광장의 아름다움도 놓치지 말자. 작가이자 데생 화가, 정치인이자 사상가로 살았던 작가의 삶을 느껴보고 싶은 사람에게 추천한다.

1 작가의 서간문과 자필 원고들이 전시돼 있다. **2** 고풍스러운 가구가 옛 모습 그대로 보존돼 있다. **3** 파리 시에서 관리를 맡고 있는 빅토르 위고 박물관 입구 **4** 작가의 초상화가 걸려 있는 방

앙팡 루즈 시장 Le marché des Enfants Rouges 르 마쉐 데 장팡 후즈

Add. 14 Rue de Bretagne
Open 08:30~13:00, 16:00~19:30(금·토요일 ~20:00, 일요일 ~14:00)
Close 월요일
Access M8 Filles du Calvaire 역에서 Rue de Filles du Calvaire를 따라 걷다가 Rue de Bretagne로 우회전한다. 도보 5분

마레의 재래시장

파리에 남아 있는 재래시장 중에서 가장 오랜 역사를 자랑하는 곳으로 1615년 루이 13세 시대에 처음으로 세워졌다. 앙리 4세가 프랑스 광장을 세우려 했지만 계획대로 성사되지 않았다. 오래된 치즈 가게와 와인 전문점을 비롯해 일본, 아랍, 이탈리아 음식을 맛볼 수 있는 가게가 많아 보는 것만으로도 즐겁다. 오전에 가야 재래시장의 생동감 있는 모습을 즐길 수 있으며 시장 초입에 있는 빈티지 포토 전문점인 '포토그라피'에서는 고색창연한 파리의 모습뿐 아니라 재미있는 신인 작가들의 작품을 무료로 관람할 수 있다. 시장을 돌아다니다 출출해지면 노점에서 크레페를 사 먹어보자. 파리에서 살았던 작곡가 정재형 씨가 즐겨 찾았던 일본 식당 셰 테코 Chez Taeko가 바로 이 시장에 있다. 점심 도시락 세트는 우리 입맛에도 잘 맞는다.

1 앤티크 상점과 사진 스튜디오 등이 함께 있는 활기찬 시장 풍경 **2** 노점에서 여유로운 시간을 보내는 파리지앵 **3** 먹음직한 과일도 살 수 있다. **4** 왁자지껄한 재래시장의 분위기를 느껴보자.

Area 3 / Cité & Marais

퐁피두센터 Centre Pompidou 썽트르 뽕삐두

Map P.452-A

Add. Place Georges Pompidou
Tel. 01 44 78 12 33(일반), 01 44 78 16 73(장애우)
Open 11:00~22:00(목요일은 23:00까지 6관만 오픈) **Close** 화요일, 5/1
Access M11 Rambuteau 역에서 Rue Beaubourg를 따라 도보 2분
URL www.centrepompidou.fr
Admission Fee 일반 14€, 만 18~25세 11€, 전망대 3€

★★★

건물 내부와 외부가 바뀐 건 아닐까?

1969년 당시 대통령이던 퐁피두가 파리 중심부 재개발 계획의 일환으로 퐁피두센터 건축 공모전을 열어 49개국에서 응모한 681점의 작품 가운데 당선된 건축 디자인이다. 이탈리아 건축가 렌초 피아노와 영국의 리처드 로저스가 설계한, 당시로선 상당히 파격적인 시도였다. '조르주 퐁피두 국립예술문화센터'라는 이름에 걸맞게 현대미술관과 도서관, 예술영화관, 서점 등이 들어서 있다. 지상 7층, 지하 1층의 건물 가장 위층에는 파리 전망이 한눈에 보이는 카페 조르주(p.218)가 있다. 브라크, 피카소, 마티스, 샤갈, 칸딘스키, 미로, 몬드리안, 자코메티, 이브 클라인, 앤디 워홀, 마르셀 뒤샹과 같은 현대 작가들의 작품을 만날 수 있는 현대미술관은 4, 5층에 있다. 특히 건물 1층에 있는 예술 전문 서점과 디자인 숍은 특별한 기념품을 사기에 좋다.

1 건물 지하에서 열리는 디자인 특별전 **2, 3** 근대 건축의 아버지 꼬르뷔제 특별전을 감상하는 관람객

예술과 직업 박물관 Musée des Arts et Métiers 뮈제 데 아르 에 메티에

Add. 60 Rue Réaumur **Tel.** 01 53 01 82 00
Open 화·수요일 10:00~18:00, 목요일 10:00~21:30, 금~일요일 10:00~18:00
Close 월요일
Access M3·11 Arts et Métiers 역에서 Rue Réaumur를 따라 도보 1분
URL www.arts-et-metiers.net
Admission Fee 일반 8€, 만 18~26세 5.50€

프랑스 과학기술과 예술이 만나다

파리의 기라성 같은 미술관과 박물관에 가려진 곳 중 하나지만 어린이나 과학기술에 관심 있다면 이곳만큼 흥미진진한 곳도 드물 것이다. 영화와 사진이 태어난 나라답게 최초의 카메라와 같은 인류 역사상 보존 가치가 있는 유물을 다수 보유하고 있다. 입구에서 판매하는 브로슈어를 참고해 위치를 미리 파악하고 관람할 것을 권한다. 파스칼의 전자계산기, 18세기에 만들어진 베르투오의 시계가 있는 과학기구관, 프랑스의 토목 기술을 보여주는 건설관, 커뮤니케이션, 에너지, 역학, 교통기관 등 7개의 전시관을 통해 프랑스의 과학 기술과 예술적 감수성을 느낄 수 있다.

1 세 개의 건물이 연결돼 있는 박물관 외관 **2, 3** 다양한 교통수단의 변천사를 한눈에 볼 수 있다. **4** 박물관 관람을 마치고 카페에서 티타임을 보낼 수 있다.

Area 3 / Cité & Marais

피카소 미술관으로 가는 골목길 풍경

피카소 미술관 Musée Picasso 🔊 뮤제 피카소

Add. 5 Rue de Thorigny **Tel.** 01 85 56 00 36
Open 11:30~18:00(토·일요일 ~18:00) *입장 마감 폐관 45분 전
Close 월요일, 1/1, 5/1, 12/25
Access M8 Saint Sébastien Froissart 역에서 도보 6분, M8 Chemin Vert 역에서 도보 7분 **URL** www.musee-picasso.fr
Admission Fee 일반 12.50€, 만 18~26세 11€

피카소 작품을 가장 많이 보유한 미술관

전 세계에 있는 피카소 미술관 가운데 5000여 점을 보유하고 있으며 17세기에 지어진 살레 저택에 자리하고 있다. 청색 시대, 장밋빛 시대, 입체주의 시대, 고전주의 시대, 현실주의 등 시대순으로 작품을 전시하고 있으며 회화 200여 점, 조각 150여 점, 도기 80여 점 정도다. 〈파란 초상〉, 〈피리 부는 소년〉, 〈입맞춤〉, 〈해변을 달리는 여인〉 등이 대표작이다. 피카소 작품 외에 세잔, 드가, 쇠라, 마티스의 작품도 만나볼 수 있다. 우리와도 깊은 연관이 있는 〈한국에서의 학살〉(1951년 작)은 놓치지 말자.

Tip 피카소 박물관이 그동안 문을 닫았다가 2014년에 재개관한 이유는 2009년 6월 9일에 발생한 도난 사건 때문이다. 당시 도난된 작품은 피카소가 1917년부터 7년간 그린 소묘 작품 33점이 그려진 '앨범'이라는 이름의 스케치북으로 시가 140억 원에 달한다. 도난 사건 이후 박물관은 피카소 작품의 보안을 위해 임시 휴관을 결정했다.

1 옛 저택에 자리 잡은 피카소 미술관 **2** 클래식한 건물 내부가 그대로 보존돼 있다. **3** 새롭게 단장된 미술관 내부 **4** 피카소의 편지와 자료들도 함께 전시된다.

Area 3 / Cité & Marais

바스티유 광장 Place de la Bastille 플라스 드 라 바스티

Map P.453-G

Add. Place de la Bastille
Access M1·5·8 Bastille 역에서 바로

혁명의 흔적을 찾아볼 수 없는 바스티유 광장

프랑스대혁명의 도화선이 된 곳
세계사에 한 획을 그은 커다란 사건 중 하나가 바로 프랑스대혁명이다. 1789년 7월 14일에 일어난 이 사건은 지금의 바스티유 광장에 있던 바스티유 감옥이 시민들의 습격으로 함락된 것이 그 시발점이었다. 현재 감옥의 흔적은 찾아볼 수 없고 대신 광장 중앙에는 7월혁명탑이 우뚝 솟아 있다. 탑은 1830년 7월혁명 당시 사망한 시민들을 추모하기 위해 세워졌다.

바스티유 오페라 Opéra Bastille 오페라 바스티

Map P.453-H

Add. 120 Rue de Lyon
Tel. 08 92 89 90 90
Access M1·5·8 Bastille 역에서 Bd Bourdon을 따라 도보 2분
URL www.operadeparis.fr

계절마다 다른 공연을 선보인다.

프랑스 오페라의 산실
프랑수아 미테랑 대통령이 제창한 그랑 트라보 계획에 의해 세워진 건물로 프랑스대혁명 200주년 기념으로 완공됐다. 신예 캐나다 건축가인 카를로스 오트 Carlos Ott가 설계했으며 2703석 규모의 세계에서 가장 큰 오페라하우스다. 팔레 가르니에가 발레 전용관이 되면서 유명 오페라 공연은 모두 바스티유 오페라에서 열리며 정명훈이 상임 지휘자로 활동했다.

포럼 데 알 Forum des Halles 🔊 포럼 데 알

Map P.452-A

Add. 101 porte Berger **Tel.** 01 44 76 96 56
Open 10:00~20:00 **Close** 일요일
Access RER A·B·C·D Châtelet Les Halles 역에서 바로, M1·4·7·11·14 Châtelet Les Halles 역에서 도보 5분 **URL** www.forumdeshalles.com

파리에서 가장 큰 지하 쇼핑몰

파리지앵의 식탁을 책임졌던 대형 농수산물 시장이 위생상 이유로 파리 남쪽 헝지스Rungis로 이전하고 쇼핑센터가 들어섰다. 지상 1층, 지하 4층 규모로 대형 서점 푸낙Fnac, 스포츠용품 매장 고 스포츠Go Sport, 파리 시에서 운영하는 수영장 등이 있어 편리하다. 단, 포럼 데 알 주변은 해가 진 다음에는 가지 않는 게 좋다. 강도 사건이 자주 발생하는 우범지대다.

과거 농수산물 시장이었던 곳이 대형 복합 상가로 변신했다.

퐁네프 다리 Pont Neuf 🔊 퐁네프

Map P.452-E

Access M7 Pont Neuf 역에서 도보 1분

파리에서 가장 오래된 다리

파리에서 최초로 토목 기술을 이용해 지은 근대식 다리로 1604년에 완공됐다. 시테 섬을 가운데에 두고 센 강 좌안과 우안을 연결하고 있다. 레오 카락스 감독의 영화 〈퐁네프의 연인들〉의 배경이 된 곳으로 유명해졌다. 1994년에는 패션 디자이너 야마구치 겐조가 이 다리를 꽃으로 뒤덮는 깜짝 이벤트를 연출하기도 했다. 이름만으로 낭만을 불러일으키는 파리의 오랜 명소다.

센 강을 연결하는 파리 교통의 축인 퐁네프 다리

Area 3 / Cité & Marais

브랑쿠시 박물관 Atelier Brancusi 아뜰리에 브랑쿠지

Map P.452-A

Add. 19 Rue Beaubourg, Place Georges Pompidou
Tel. 01 44 78 12 33
Open 14:00~18:00 **Close** 화요일
Access M11 Rambuteau 역에서 Rue Beaubourg를 따라 걷다가 사거리에서 좌회전한다. 도보 2분
Admission Fee 무료

★★★

현대 조각의 아버지, 브랑쿠시의 아틀리에

1876년 루마니아에서 태어난 조각가 콩스탕탱 브랑쿠시를 기념하기 위해 세워진 박물관이다. 1904~1957년 동안 파리에서 살다가 유명을 달리한 브랑쿠시의 아틀리에를 프랑스 정부가 그대로 재현해놓았다. '현대 조각의 아버지'로 불리는 그의 작품 중 137점의 조각 작품, 41개의 데생, 87개의 받침돌과 2점의 그림이 있다. 일반인도 쉽게 감상할 수 있는 파리의 숨은 박물관으로 미술을 사랑하는 사람이라면 놓치지 말자.

1 퐁피두센터 앞 광장에 있는 자그만 건물이 브랑쿠시 박물관이다. **2, 3** 브랑쿠시의 조각 작품이 전시된 내부 **4** 유명 미술관 못지않게 알찬 볼거리가 많다.

데리에 Derrirère 데히에르

Add. 69 Rue des Gravilliers
Tel. 01 44 61 91 95
Open 12:00~14:30, 20:00~23:30(일요일 ~23:00),
일요일 브런치 12:00~16:30
Access M3·11 Arts et Métiers 역에서 도보 3분
URL http://derriere-resto.com

다양한 스타일이 믹스된 이색 레스토랑

아프리카 푸드의 전도사 404, 모로코 스타일의 바 앤디 워홀은 물론 런던의 핫 플레이스인 스케치와 같은 특색 있는 장소를 잇따라 열면서 트랜드세터들에게 사랑 받아온 모라드 마주즈가 문을 연 레스토랑. '집을 떠난 곳에 또 다른 집'이라는 콘셉트의 레스토랑이다. 넓은 아파트에 일렉트로닉과 아프리카, 모던 등 여러 스타일이 혼합된 특별한 공간이다. 침실로 꾸며진 2층에서는 친구들과 누워서 이야기를 나누거나 테이블에 앉아 식사도 즐길 수 있다. 홈메이드 테린과 생강, 레몬 등을 넣은 오징어 요리가 맛있다. 추천 메뉴로는 양파와 생강, 고추 등이 들어간 참치 새비치 Thon en Ceviche 뵈프 브르기뇽 스타일로 무쇠 냄비에 끓여낸 쇠고기 볼살 Joue de Boeuf Fondante 등이 있다.

1 현대적인 디자인으로 꾸며진 1층의 긴 테이블 **2** 레스토랑으로 사용하는 1층은 스타일이 다양하다. **3** 비밀스러운 분위기의 2층 공간 **4** 침대와 테이블이 있어 마치 친구의 집에 온 것 같다.

Area 3 / Cité & Marais

몽 비에이 아미 Mon Vieil Ami 몽 비에이 아미

Map P.452-F

Add. 69 Rue Saint Louis en l'Ile **Tel.** 01 40 46 01 35
Open 12:00~14:30, 19:00~23:00
Access M7 Pont Marie 역에서 Quai de l'Hôtel de Ville를 따라 걷는다. Pont Marie로 우회전해 걷다가 Rue Saint-Louis en l'Ile로 우회전한다. 도보 5분
URL www.mon-vieil-ami.com
Price 오늘의 요리 16€, 점심 38€, 저녁 46€

생 루이 섬에서 가장 맛있는 레스토랑

'내 오래된 친구'라는 정겨운 이름에 걸맞게 친절한 직원들이 마음을 즐겁게 해주는 프랑스 레스토랑이다. 조용한 생 루이 섬에 있으며, 오래된 비스트로를 컨템퍼러리한 스타일로 꾸몄다. 규모는 작지만 14명의 종업원이 손님 개인의 취향에 맞게 성의 있게 응대해준다. 프랑스 북동부의 알자스 출신 셰프 앙투안 베스트가 선보이는 요리 중 코코트(두께가 두꺼운 무쇠 솥)에 나오는 삼겹살과 양고기와 초콜릿 타르트를 디저트로 추천한다. 〈르 몽드〉, 〈르 피가로〉, 〈렉스프레스〉, 〈텔레라마〉 등 프랑스의 유력 매체에 잇따라 소개된 바 있다. 세심하고 정성이 느껴지는 푸근한 스타일의 비스트로로 식도락에 일가견 있는 일본인과 프랑스인 사이에서 입소문이 나고 있다. 좌석 수가 많지 않아 저녁 식사는 예약하는 것이 좋다.

1 생 루이 섬에 있는 레스토랑 외관 **2** 푸근한 인상의 셰프와 홀 디렉터가 손님을 맞는다. **3** 모던한 실내에서 프랑스 정찬을 즐길 수 있다. **4** 정갈한 프랑스 요리를 선보이는 비스트로

브누아 Benoit 브누와

Add. 20 Rue Saint Martin Tel. 01 42 72 25 76
Open 12:00~14:00, 19:30~22:00
Close 2/24~3/3, 5/1, 7/14, 7/27~8/25, 12/24·25·31
Access M1 Hôtel de Ville 역에서 Rue de Rivoli를 따라 걷다가 Rue Saint-Martin으로 우회전한다. 도보 3분 URL www.benoit-paris.com
Price 점심 전식+본식+디저트 39€, 저녁 67€

〈미슐랭 가이드〉 1스타에 새로이 등극

알랭 뒤카스 그룹에서 2005년에 인수한 정통 프랑스 비스트로로 1912년에 문을 열었다. 파리 시청과 퐁피두센터, 생 자크 타워가 근처에 있어 언제나 많은 손님들로 북적대는 이곳에 처음으로 레스토랑을 개업한 사람은 브누아 마트레라는 푸줏간 주인이었다. 그는 최고 육질의 고기로 리옹 정통 요리를 선보여 파리지앵의 입맛을 사로잡아왔다. 현재 알랑 술리악이 셰프를 맡아 정통과 현대를 절묘하게 어우러진 요리를 내놓고 있다. 한국인이 선호하는 달팽이, 푸아그라 요리는 기본이고 바닷가재나 카술레는 파리에서도 맛있기로 정평이 나 있다. 오래된 브라스리의 정통에 알랭 뒤카스의 명성이 더해졌으니 금상첨화가 따로없다. 최근 선보이기 시작한 100주년 기념 메뉴는 아주 특별하다. 브누아만의 방식으로 독특한 달팽이와 양고기 요리를 내놓는다.

1 1912년에 문을 연 비스트로 내부는 클래식한 분위기다. 2 앙증맞은 메뉴판이 테이블 위에 놓여 있다. 3 귀여운 테이블 세팅

브라스리 보핑거 Brasserie Bofinger 브라스리 보핑거

Map P.453-G

Add. 5-7 Rue de la Bastille **Tel.** 01 42 72 87 82
Open 월~금요일 12:00~15:00, 18:00~24:00, 토요일 12:00~15:30, 18:30~24:00, 일요일 12:00~23:00(8월 ~23:00)
Access M1·5·8 Bastille 역에서 Bd Beaumarchais를 따라 걷다가 Rue de la Bastille로 좌회전한다. 도보 2분 **URL** www.bofingerparis.com
Price 전식+본식 또는 본식+디저트 31€, 전식+본식+디저트 38€

하루 800여 명이 다녀가는 정통 브라스리

프랑스 정부에서 역사적인 기념물로 보호하는 정통 브라스리로 1864년에 문을 열었다. 19세기 말~20세기 초 벨 에포크 시대의 인테리어를 고스란히 간직하고 있다. 생맥주를 최초로 선보인 브라스리 중 하나로 알려져 있으며 17년간 한자리를 지켜온 셰프 파트리스 마크레즈가 선보이는 알자스 지방 요리인 슈크루트(양배추 절임과 소시지 요리)는 '파리 최고'라는 평가를 받고 있다. 언제나 신선한 모둠 해산물을 즐길 수 있는데 특히 가을과 겨울철에는 바닷가재와 게, 굴, 새우가 들어간 모둠 해산물 프루트 드 메Fruit de mer를 추천한다. 현재 이곳의 주방은 미식가 가문에서 자라나 호텔 루아얄 몽소에서 셰프로 활약하던 알자스 음식의 신봉자, 조르주 벨롱드라드가 맡고 있다.

1 정통 브라스리에서 해산물을 서비스한다. **2** 초겨울에 즐기는 싱싱한 굴 **3** 파리에서 가장 유명한 브라스리에 가고 싶을 땐 이곳으로 가자. **4** 초콜릿 시럽에 딸기, 아이스크림을 곁들인 디저트

데상스 Dessance 데썽쓰

Add. 74 Rue des Archives Tel. 01 42 77 23 62
Open 수·목요일 14:00~23:00, 금·토요일 12:00~24:00,
일요일 12:00~23:00
Close 월·화·일요일
Access M11 Rambuteau 역에서 도보 7분
URL www.dessance.fr

디저트 식단을 선보이는 레스토랑

〈미슐랭 가이드〉 3스타 레스토랑 르 드와엥Le Doyen과 그랑 베푸르Grand Vefour 등에서 파티시에로 일해온 크리스토프 뷔세Christophe Brusset, 라 페와 사업가 필립 바라네Phillippe Baranes가 의기투합해서 만든 디저트 레스토랑. 파리 최초로 디저트로만 된 식단을 선보이는 디저트 전문 레스토랑으로, 한끼 든든한 식사를 할 요량으로 들른다면 배를 곯을 수 있다.

예술의 경지에 가까운 모양의 초콜릿과 달콤함을 만끽할 수 있는 메뉴는 아 라 카르트(단품) 기준으로 19유로. 가격이 싸지 않지만 최고의 파티시에가 선보이는 럭셔리한 디저트 가게에서보다는 이보다 훨씬 비싼 가격에 먹어야 하는 것들이므로 꼭 한 번 들러보자.

1 주방이 오픈식 구조여서 조리 과정을 볼 수 있다. **2** 상큼한 딸기와 머랭 등이 조화를 이루는 디저트 **3** 아이스크림 하나도 예술적으로 플레이팅 한다.

Area 3 / Cité & Marais

카페 데 뮤제 Café des Musées 카페 데 뮤제

Map P.453-C

Add. 49 Rue de Turenne **Tel.** 01 42 72 96 17
Open 12:00~15:00, 19:00~23:00 **Close** 1/1~7, 8/7~27
Access M8 Chemin Vert 역에서 Rue Saint Gilles를 따라 걷다가 Rue de Turenne로 좌회전한다. 도보 3분
URL http://cafedemusees.fr
Price 전식 11~14.50€, 본식 21~55€, 디저트 8~8.50€

피레네 산맥 흑돼지가 유명한 비스트로

마레에 있는 르 돔 뒤 마레의 주인이 운영하는 비스트로로 합리적인 가격에 만족할 만한 요리를 내놓는 곳이다. 편안한 분위기로 꾸며진 실내도 아늑하고 매일 아침 시장에서 들어오는 재료의 신선도에 따라 그날의 메인 요리를 정한다. 푸아그라는 15유로 정도에 맛볼 수 있다. 훈제 연어Assiette de Saumon Fume(12.50유로), 집에서 만든 감자 튀김과 함께 나오는 소갈비 2인분Côte de Boeuf Grille(55유로) 등의 메인 메뉴를 추천한다. 자리가 없을 때가 많으니 미리 예약하는 것이 좋다.

1 피카소 미술관에서 가까운 카페 데 뮤제 전경 **2** 한국인 셰프가 요리를 만드는 모습 **3** 식사 시간에는 지하까지 사람들이 차로 예약은 필수다. **4** 입에서 살살 녹는 흑돼지 요리 **5** 채소와 고기가 고루 들어간 모둠 요리 코코트

211

셰 자누 Chez Janou 셰 자누

Map P.453-C

Add. 2 Rue Roger Verlomme Tel. 01 42 72 28 41 Open 12:00~15:00, 19:30~24:00 Access M8 Chemin Vert 역에서 Rue Saint-Gilles를 따라 걷다가 좌회전해 Rue des Tournelles로 진입한다. 계속 걷다가 Rue Roger Verlomme로 우회전한다. 도보 2분 URL www.chezjanou.com Price 아 라 카르트 평균 25€

프로방스 요리 전문 비스트로

보주 광장 근처에 있는 아늑한 분위기의 프로방스 요리 전문 비스트로다. 프랑스 가정식 요리를 맛볼 수 있으며 가격도 저렴한 편이어서 점심시간에는 자리가 없을 정도로 붐빈다. 추천 메뉴로는 크림 홍합 요리, 사브와 지역 요리로 로즈메리 소스가 한국인 입맛에 잘 맞는 오리 가슴살 요리가 있다. 박하 향이 강한 파스티스 또한 독특한 풍미를 전해준다.

테이블이 많지 않아 예약하는 것이 좋다.

블렌드 햄버거 구르메 Blend Hamburger Gourmet 블렌드 햄버거 구르메

Map P.453-C

Add. 1 Boulevard des filles du Calvaire
Open 12:00~15:00, 19:00~23:00
Access M8 Saint-Sébastien Froissart 역에서 바로
URL http://blendhamburger.com

지금은 버거 전성 시대

바야흐로 파리는 햄버거의 전성 시대를 맞이했다. 이 같은 트렌드를 이끈 주인공 중 하나가 블렌드다. 신선한 쇠고기와 베이컨, 오베르뉴 지역의 블루 버거, 감자 튀김으로 차별화된 맛을 선보인다. 발사믹 소스와 양파, 베이컨과 에멘탈 치즈, 쇠고기를 넣어 만든 시그너처 버거와 피클과 양상추, 체더 치즈와 베이컨을 넣은 체시Cheesy 버거가 인기 있다. 버거 가격은 10유로.

수제 버거와 감자 튀김은 어느 것을 택해도 맛있다.

Area 3 / Cité & Marais

404 404 ◀ 까트르 썽 까트르

Map P.452-A

Add. 69 Rue des Gravilliers Tel. 01 42 74 57 81
Open 12:00~14:30, 19:30~23:30(토·일요일 브런치 12:00~16:00)
Access M3 Arts et Mètiers 역에서 Rue Beaubourg를 따라 걷다가 Rue des Gravilliers로 우회전한다. 도보 3분 Price 본식 20~26€

모로코 스타일로 꾸며진 404 내부

파리에서 만나는 모로코 음식

16세기에 지어진 유서 깊은 건물 안에 자리 잡은 레스토랑. 모로코 스타일의 독특한 바로 트렌드세터들 사이에서 알려진 앤드 월루와 이웃해 있다. 저녁시간에 앤드 월루에서 칵테일을 한 잔 마신 다음 이곳으로 오면 환상적인 모로코 문화와 만날 수 있다. 다른 곳에서는 맛보기 힘든 에스닉한 요리에 도전해보자. 오리로 만든 타진Tajiine과 일곱 가지 채소가 들어간 쿠스쿠스Couscous를 추천한다.

셉팀 Septime ◀ 셉팀

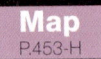
Map P.453-H

secret

Add. 80 Rue de Charonne Tel. 01 43 67 38 29
Open 화~금요일 12:15~14:00, 월~금요일 19:30~22:00 Close 토·일요일
Access M9 Charonne 역에서 Bd Voltaire를 따라 도보 5분
URL http://septime-charonne.fr Price 28~55€

최근에 인기를 끌고 있는 비스트로 중 하나

2016년 〈미슐랭 가이드〉 1스타에 등극한 네오 비스트로

유명 요리학교인 페닝겐과 페랑디에서 요리 세계에 눈을 뜬 베르트랑 그레보 Bertrand Grébaut가 선보이는 아름다운 요리들은 먹기에 아까울 정도. 미술을 전공한 예술학도답게 맛도 훌륭하지만 미술 작품같은 요리와 부담스럽지 않은 인테리어가 편안한 느낌을 준다. 아스파라거스, 송어, 닭고기 등 평범한 재료가 상상을 뛰어넘는 모양으로 변신해 놀라움을 주는 곳.

저렴하게 한 끼 식사를 해결한다!
피자헛 점심 뷔페 vs. 팔라펠

파리까지 왔으니 스타 셰프의 레스토랑에서 끼니를 해결하고 싶은 마음은 굴뚝같지만 주머니 사정이 야속할 뿐. 하루에 한 끼는 저렴하게 해결해야 하는 뚜벅이들에게 알려주는 10유로대의 포식 아이템. 팔라펠이냐, 피자헛 뷔페냐는 선택에 달려 있다.

라스 뒤 팔라펠 L'as du fallafel 🔊 라스 뒤 팔라펠

Map P.452-F

Add. 34 Rue des Rosiers **Tel.** 01 48 87 63 60
Open 12:00~24:00(금요일 ~15:00) **Close** 토요일
Access M1 Saint Paul 역에서 Rue Malher를 따라 도보 5분
Price 5~7€

파리에서 가장 맛있는 팔라펠 가게

마레 지구를 걷다 보면 사람들이 한 손에 뭔가를 들고 다니면서 먹는 모습을 볼 수 있다. 그들이 먹는 것은 바로 팔라펠Fallafel로 유대인들이 즐겨 먹는 요리다. 로지에 거리Rue des Rosier에 팔라펠 가게가 많다. 이집트 콩 크로켓, 붉은 양배추, 가지, 오이를 넣고 소스를 뿌려 먹는다. 줄을 서서 먼저 음식을 주문한 다음 카운터에서 계산하면 된다. 가격은 5~7유로다.

본래 유대인 음식이지만 지금은 관광객들이 즐겨 찾는 간식거리가 됐다.

피자헛 Pizza Hut 🔊 피자 웃

Map P.452-E

Add. 1 Square des Innocents **Tel.** 01 42 33 71 43
Open 월~목·일요일 11:00~23:00(금·토요일 ~23:30, 점심 뷔페 12:00~14:30)
Access RER A·B·D Châtelet Les Halles 역에서 Rue Berger를 따라 도보 1분
Price 점심 뷔페 10.99€

무한대로 먹을 수 있는 피자헛 점심 뷔페

바삭한 도와 풍부한 토핑으로 전 세계인의 입맛을 사로잡는 피자헛이지만 유독 오페라와 샤틀레 지점에 사람이 많은 이유는 점심 스페셜 뷔페 때문이다. 모든 종류의 피자를 정해진 시간에 먹을 수 있으며 샐러드와 음료도 리필이 가능하다. 점심 뷔페는 1인당 10.90유로다.

맛있는 피자는 점심시간에만 한해 뷔페로 즐길 수 있다.

Area 3 / Cité & Marais

카페 팡송 2 Cafe Pinson 2 🔊 카페 팡송 되

Add. 58 Rue du Faubourg Poissonnière **Tel.** 01 45 23 59 42
Open 월요일 08:30~18:00, 화·수요일 08:30~19:00,
목·금요일 08:30~22:00, 토요일 09:30~22:00, 일요일 10:00~18:00
Access M7 Poissonnière 역에서 도보 3분 **URL** www.cafepinson.fr

건강한 식재료를 사용한 헬시 푸드 유행을 선도하는 곳

신선한 유기농 재료만을 사용해 만드는 건강한 메뉴

거의 매일 식단이 바뀌는데 채식주의자를 위한 식단도 있다. 집에서 만든 가정식 음식만을 선보여 건강한 메뉴를 맛볼 수 있다. 전식은 수프, 본식은 샐러드가 인기 있으며 디저트는 신선한 과일을 사용해서 만든 사과인 크럼블 드 폼 등이 유명하다. 실내 분위기는 모던한 북유럽 스타일과 프렌치 스타일을 절충한 형태로 깔끔하다.

망제 Manger 🔊 망제

Add. 24 Rue Keller **Tel.** 01 43 38 69 15
Open 12:00~14:30, 19:30~22:30 **Close** 일·월요일
Access M9 Voltaire 역에서 도보 7분
URL http://manger-leresto.com

착한 일을 하는 사회적 기업 레스토랑 망제

실직자를 돕는 레스토랑

모든 사람은 태어나면서부터 평등할 권리가 있다는 데서 시작된 레스토랑 망제. 피에르 가니에르를 비롯한 최고의 요리사들이 이곳의 레서피를 만드는 데 참여했다. 레스토랑에서는 매출의 10%를 실직자를 위한 요리사 교육에 이용한다. 내부 인테리어는 심플하면서 고급스럽다. 단일 메뉴만 선보이며 가격은 55유로 선이다.

르 로아 당 라 티에르 Le Loir dans la théière
르 루아 덩 라 떼이에흐

Add. 3 Rue des Rosiers
Tel. 01 42 72 90 61
Open 월~금요일 09:00~19:00, 토·일요일 10:00~19:00
Access M1 Saint Paul 역에서 Rue Rivoli를 따라 걷는다. Rue Malher로 좌회전해 걷다가 Rue des Rosiers로 좌회전한다. 도보 3분
Price 15~22€

이름처럼 사랑스러운 찻집

한글로 번역하면 '찻잔에 빠진 너구리'라는 뜻의 카페 상호는 〈이상한 나라의 앨리스〉에 등장하는 캐릭터의 이름에서 따온 것으로 마레 지구에서 만날 수 있는 평온한 분위기의 살롱 드 테다. 보헤미안 스타일의 앤티크 가구들이 곳곳에 있고 벽면 전체에 소설 속 이야기들을 그려놓아 어릴 적 읽었던 동화에 대한 향수에 빠져들게 하는 매력이 있다. 커피나 차를 마시면서 큼지막한 영국식 레몬 케이크와 당근 케이크를 즐길 수 있으며 주말에는 브런치 메뉴도 있다. 팀 버튼의 영화 〈이상한 나라의 앨리스〉가 2010년 프랑스에서 대성공을 거두면서 더욱 손님이 많아졌다는 소문이다. 점심시간에 가면 최소 20분은 줄 설 각오를 할 것. 프랑스의 유명 맛집 평가 사이트 시티복스 Cityvox에서 최고의 살롱 드 테로 당당히 랭크된 곳이다.

1 〈이상한 나라의 앨리스〉를 모티브로 벽화가 그려져 있다. **2** 벽에 재미있는 포스터가 가득하다. **3** 오후 티타임을 즐기기에 좋은 장소 **4** 동심을 자극하는 실내 분위기에 반해 여성들이 즐겨 찾는다.

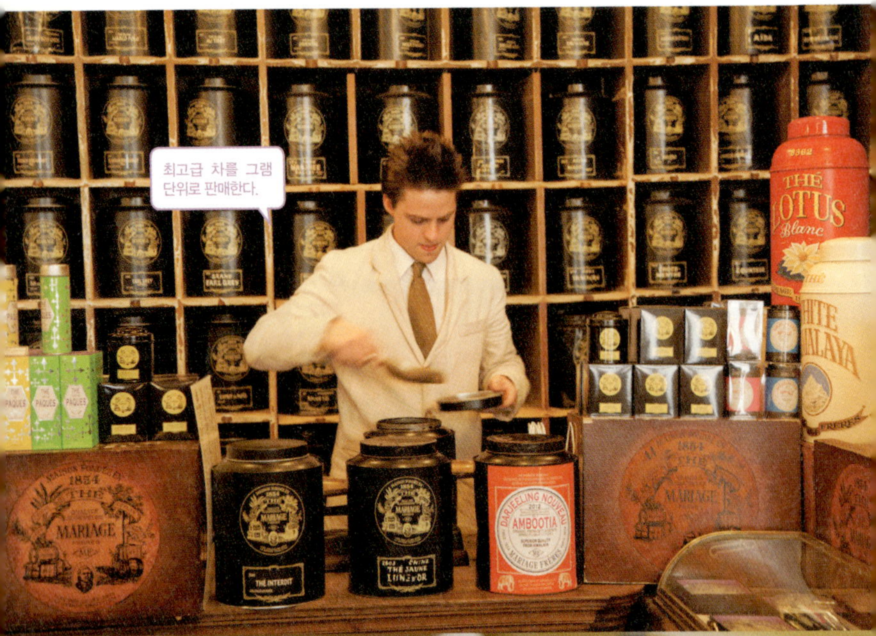

Area 3 / Cité & Marais

최고급 차를 그램 단위로 판매한다.

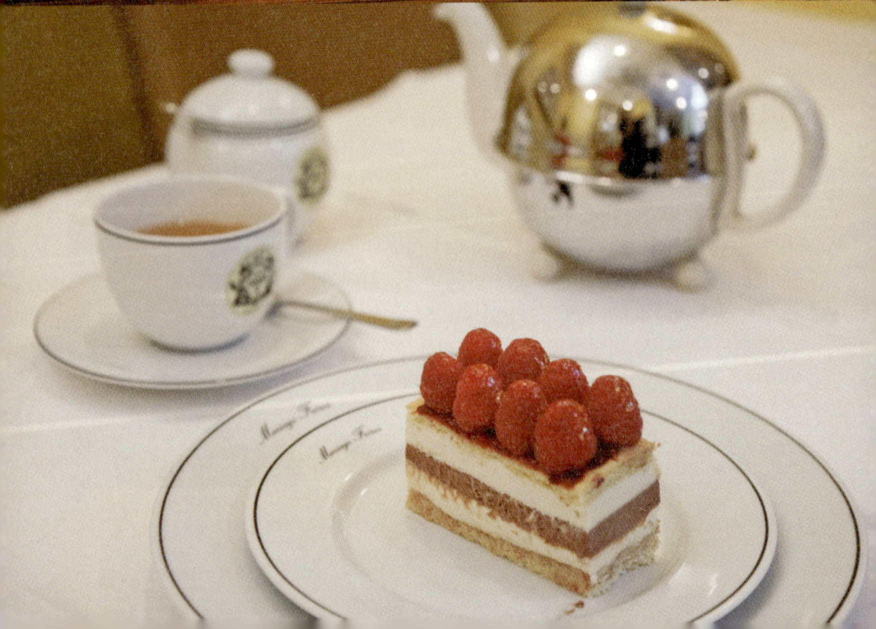

마리아주 프레르 **Mariage Frères** 🔊 마리아쥬 프레흐

Add. 30 Rue du Bourg Tibourg **Tel.** 01 42 72 28 11
Open 숍 10:30~19:30, 레스토랑 12:00~15:00, 살롱 드 테 15:00~19:00
Access M1 Hôtel de Ville 역에서 Rue de Rivoli를 따라 걷다가 Rue de Bourg Tibourg로 좌회전한다. 도보 6분
URL www.mariagefreres.com
Price 7~50€

합리적인 가격의 향긋한 차

인도와 몽골, 중국 등지를 여행하면서 최고의 차만 수집해온 니콜라 마리아주가 설립한 회사다. 서울의 카페에서 이 브랜드의 차를 판매하면서 한국 사람들 사이에서도 인지도가 높아졌다. 총 535종의 차를 판매하는 이곳의 인기 아이템은 마르코폴로와 카사블랑카다. 부티크와 함께 운영하는 살롱 드 테에서는 달콤한 케이크와 차를 마실 수 있다. 가족이나 친구에게 줄 마땅한 선물을 찾지 못해 고민하는 사람들에게는 마리아주 프레르의 차를 추천한다(10~15유로). 이곳의 베스트셀링 아이템은 단연 꽃향기를 진하게 풍기는 마르코폴로다. 계절에 따라 추천하는 차의 종류가 다르므로 직원에게 물어보는 것도 좋다. 1854년에 설립된 오랜 역사를 자랑하는 회사답게 매장 2층은 아담한 역사박물관으로 꾸며놓았다.

1 살롱 드 테는 오후 나절 티타임을 즐기는 사람들로 만원이다. **2** 우드로 마감한 외관이 전통을 보여준다. **3** 전 세계의 다양한 차를 만나볼 수 있다. **4** 홍차와 어울리는 디저트를 판매한다.

Area 3 / Cité & Marais

조르주 Georges 🔊 조르주

Map
P.452-A

Add. 19 Rue Beaubourg
Tel. 01 44 78 47 99
Open 11:00~익일 02:00 **Close** 화요일
Access M11 Rambuteau 역에서 Rue Beaubourg를 따라 도보 1분
URL www.maisonthierrycostes.com/georges/accueil
Price 커피·음료 3~7€, 전식 12.50~29€, 본식 26~39€, 디저트 13~13.50€

전망 좋은 카페에서 즐기는 휴식

파리에서 가장 파격적인 건물 퐁피두센터 꼭대기 층에 있는 카페 겸 레스토랑으로 2000년 1월에 문을 열었다. 파리에서 가장 잘생긴 직원들이 일하고 있다고 해도 과언이 아닐 정도로 모든 스태프들이 트렌디하다. 마치 동굴 속에 들어간 듯 은밀하면서도 안락한 느낌이 드는 알루미늄 방을 만든 이는 건축가 도미니크 자콥과 브렌칸 맥파레인이다. 통유리로 파리 전망이 한눈에 내려다보이는 창가 쪽 자리를 선점하려는 경쟁도 치열하다. 모던한 분위기에 걸맞게 음식도 주로 창작 요리를 선보이며 식사 시간이 아닐 때는 음료만 마실 수도 있다.

Tip 레스토랑 예약 시 퐁피두센터 입장료를 내지 않아도 되지만 커피를 마시러 가거나 예약 없이 갈 때는 전망대 관람용 티켓(3유로)을 사야 한다. 현대미술관 입장 티켓이 있으면 3유로를 내지 않고 입장 가능.

1 미술관 관람을 마치고 편안한 휴식을 즐길 수 있다. **2** 훤칠한 키에 잘생긴 스태프들이 서빙한다. **3** 탁 트인 공간에서 내려다보는 파리 풍경이 아름답다.

카페오테크 La Caféothèque 🔊 라 카페오테크

Map P.452-F

secret

Add 52 Rue de l'Hôtel de Ville Tel. 01 53 01 83 84
Open 09:30~19:30
Access M7 Pont Marie 역에서 Quai de l'Hôtel de Ville를 따라 걷는다.
Rue Geoffroy l'Asnier로 우회전해 걷다가 Rue de l'Hôtel de Ville로 좌회전한다.
도보 2분
URL www.lacafeotheque.com Price 커피 2~7€

최고의 에스프레소 맛보기

매혹적인 커피 향만으로도 그냥 지나칠 수 없는 이곳은 단순한 카페가 아니라 커피 교육을 받을 수 있는 동호인들의 아지트다. 언제나 30여 종의 에스프레소를 즐길 수 있으며, 세 가지 에스프레소 커피를 비교할 수 있는 메뉴도 있다. 친절한 바리스타 예다 옐에스가 오너 글로리아 몬테네그로와 함께 매장을 관리하고 있으며 파리 유일의 커피 칵테일도 맛볼 수 있다. 여기서 만드는 커피 오일은 해산물의 비릿한 맛을 없애는 데 사용할 수 있고, 파리 최초의 커피 하우스인 르 프로코프와 〈미슐랭 가이드〉 1스타 평가를 받은 라 투르 다르장이 단골 고객이다. 전 세계의 다양한 커피를 소개하기 위해 바리스타가 메뉴를 자주 바꾸는 편이다. 선호하는 커피의 품종이 뚜렷하지 않을 땐 오늘의 커피를 주문하면 후회가 없다.

1 전 세계에서 공수한 커피를 맛볼 수 있다. **2** 커피 마니아들로 언제나 활기찬 실내 **3** 전문 뮤지션이기도 한 예다 옐에스는 파리에서 소문난 바리스타다. **4** 나뭇잎 모양을 그려 넣은 에스프레소

Area 3 / Cité & Marais

라 펄 La Perle 🔊 라 페흐

Map P.452-B

Add. 78 Rue Vieille du Temple
Tel. 01 42 72 69 93
Open 06:30~익일 02:00(토 · 일요일 08:00~)
Access M11 Rambuteau 역에서 Imp. Beaubourg를 따라 걷다가 Rue Michel le Comte로 우회전한다. 계속 걷다가 Rue Vieille du Temple로 우회전한다. 도보 8분
Price 커피 2~5€, 점심 10~20€

마레 지구 멋쟁이들의 아지트

프랑스인들은 클럽에 가기 전 '아페리티프'라 해서 맥주나 와인을 간단히 마신다. 적당히 즐거운 상태에서 클럽에 가기 위함이 첫 번째 이유이고 클럽의 비싼 음료수 값을 아끼려는 목적도 있다. 이곳은 마레 지구에서 시크한 멋쟁이들이 아페리티프를 즐기는 카페로 인테리어가 특별하지 않지만 음악만큼은 특별하다. 펑키와 라운지, 테크노 음악을 시간에 따라 다르게 연주한다. 오후에 잠시 들러 와인 한 잔을 즐기기에 제격이다. 테라스에 앉게 되더라도 화장실에 가면서 카페 안을 둘러보는 게 좋다. 주중에는 오후 5시 이후, 주말에는 오후 2시만 되면 자리가 없을 때가 많다. 2011년 이곳에서 술을 마시던 크리스챤 디올의 수석 디자이너 존 갈리아노가 유대인에 대한 인종차별 발언을 한 것이 발단이 되어 해고된 사건이 전 세계에 보도되면서 유명세를 탔다.

1 작지만 늘 북적대는 라 펄 입구 **2** 편안한 분위기에서 한잔하기에 좋다. **3** 카페에 현대 작가의 작품을 전시하고 있다.
4 시크한 젊은이들이 자리를 메우는 시간은 오후 7시 전후

르 팽 쿼티디앵 Le Pain Quotidien 🔊 르 빵 쿼티디앵

Add. 18-20 Rue des Archives Tel. 01 44 54 03 07
Open 08:00~22:00
Access M1 Hôtel de Ville 역에서 Rue de Rivoli를 따라 걷다가 Rue des Archives로 좌회전한다. 도보 4분
URL www.lepainquotidien.com
Price 브런치 26.90€~

자연을 담은 식탁

벨기에에서 출발한 유기농 베이커리로 프랑스, 독일, 스페인, 스위스 등 전 세계에 지점이 있다. 가정집에 초대된 것 같은 편안한 실내 분위기 때문에 언제나 많은 사람들로 북적거린다. 추운 겨울 따뜻한 국물이 생각날 때 유기농 채소 수프와 크루아상, 다양한 종류의 빵과 주스, 커피나 핫 초콜릿, 유기농 잼 등이 세트로 나오는 아침 식사와 주말의 푸짐한 자연 식탁 브런치를 추천한다. 유기농 잼은 따로 구입할 수 있어 선물용으로도 요긴하다. 아침 메뉴는 평일 낮 12시까지, 주말과 공휴일은 오후 5시까지 먹을 수 있으며 식재료는 유기농 재배한 것만 사용한다. 매장 안쪽에는 시골 스타일의 편안한 공간이 있으며 빵은 테이크아웃도 가능하다.

1 다양한 종류의 빵이 진열돼 있는 내부 **2** 가정집에 초대된 것 같은 인테리어 **3** 푸짐하게 즐길 수 있는 아침 식사는 늘 신선하다.
4 재료 하나하나가 유기농을 지향한다.

Area 3 / Cité & Marais

파티스리 바이 시릴 리냑 La Patisserie By Cyril Lignac
라 빠띠스리 바이 시릴 리냑

Map P.453-D

secret

Add. 24 Rue Paul Bert
Tel. 01 43 72 74 88
Open 07:00~20:00
Access M9 Charonne 역에서 Bd Voltaire를 따라 도보 5분, M8 Faidherbe Chaligny 역에서 Rue du Faubourg-Saint-Antoine를 따라 도보 7분
URL www.lapatisseriebycyrillignac.com

유명 셰프의 새로운 도전

유명 셰프 시릴 리냑이 2011년 11월에 문을 연 베이커리. 그가 오래전부터 알고 지내던 파티시에 브누아 쿠브랑이 모던 스타일로 재해석한 케이크들은 보는 것만으로도 황홀함을 선사한다. 신선한 제철 과일들로 데커레이션한 케이크 맛이 일품인데 특히 시그너처 메뉴라 할 수 있는 레몬 타르트 La Tarte au Citron, 프렌치 전통 케이크를 그만의 레서피로 만들어낸 샹티이 크림을 곁들인 바바 Le Baba et sa Chantilly à la Vanilla, 1981년 파리와 브레스트 간의 자동차 경주를 기념하기 위해 만들었다는 달콤한 프랄리네 크림이 들어간 파리 브레스트 Paris Brest 그리고 초콜릿 케이크 등은 반드시 맛볼 필요가 있다.

1 갓 나온 빵이 진정한 빵의 맛을 가늠케 한다. **2** 시릴 리냑의 베이커리를 책임지는 늠름한 파티시에 **3** 레몬과 산딸기의 조화는 환상적이다. **4** 보는 것만으로도 행복한 케이크

베르티용 Berthillon 벡띠용

Add. 31 Rue Saint Louis en l'île Tel. 01 43 54 31 61
Open 10:00~20:00 Close 월·화요일
Access M7 Pont Marie 역에서 Pont Marie를 건너 Rue des Deux Ponts를 따라 걷다가 Rue Saint-Louis en l'Île로 좌회전한다. 도보 5분
URL www.berthillon.fr
Price 테이크아웃 3.50€~, 살롱 드 테 6.50€~

가정식 아이스크림

생 루이 섬의 수많은 카페에서 팔고 있는 파리 최초의 가정식 아이스크림 베르티용의 본점이다. 3대에 걸쳐 가족 경영을 하는 곳으로 그날 오전에 만든 아이스크림만 판매하는 것이 원칙이다. 대부분 테이크아웃으로 아이스크림을 팔고 있지만 조용히 실내에서 아이스크림을 즐길 수도 있다. 70여 가지 아이스크림 중 매장에서는 20여 종을 선별해 판매한다. 길게 줄을 늘어설 때가 많지만 베르티용 아이스크림 맛은 보고 가야 후회하지 않는다. 오랫동안 기다릴 시간이 없는 사람들은 생 루이 섬에 있는 대부분의 카페에서 팔고 있으니 그곳에서 사도 된다. 베르티용 아이스크림은 샹젤리제 거리의 도빌 카페에서도 먹을 수 있다. 여름철에는 새콤달콤한 과일 셔벗을, 겨울에는 달콤한 초콜릿이나 피스타치오를 추천한다.

1 생 루이 섬의 여러 곳에서 베르티용 아이스크림을 살 수 있지만 이곳이 본점이다. **2** 실내에서 아이스크림을 주문할 수 있는 베르티용 내부 **3** 선물용 챔도 판매한다. **4** 파리에서 최초로 생긴 아이스크림 가게라 언제나 많은 사람들로 붐빈다.

Area 3 / Cité & Marais

게테 리리크 Gaité Lyrique 게테 리리크

Add. 3 Bis Rue Papin **Tel.** 01 53 01 52 00
Open 화~금요일 14:00~20:00, 토·일요일 11:00~19:00 **Close** 월요일
Access M3·4 Réaumur-Sébastopol 역에서 도보 3분
URL www.gaite-lyrique.net

조용히 휴식을 취할 수 있는 복합문화공간 내 카페

디지털이 지배하는 파리

'디지털 상상 문화 센터'라는 독특한 콘셉트를 내세운 아방가르드 스타일의 공간은 팔레 드 도쿄와 함께 젊은 아티스트들의 공연장을 방불케 한다. 건축가 마누엘 고트랑이 설계한 이곳은 18세기부터 20세기까지 오페라와 발레 공연장으로 이용됐으며 지금은 파리 시에서 운영 중이다. 이곳은 1년 내내 연극, 그래픽디자인, 건축, 패션 등 다양한 분야의 공연과 전시가 열려 활기가 넘친다.

카페 보부르 Café Beaubourg 까페 보부흐

Add. 43 Rue Saint Merri **Tel.** 01 48 87 63 96 **Open** 08:00~24:00
Access M11 Rambuteau 역에서 Rue Beaubourg를 따라 걷다가
Rue Saint-Merri로 우회전한다. 도보 5분 **URL** www.cafebeaubourg.com
Price 커피·음료 3€~, 전식 10~16€, 본식 18~24€, 디저트 7~11€

인텔리전트하게 설계된 실내 공간

현대식 카페의 원조

퐁피두센터 앞 광장에 있는 현대식 카페. 퐁피두센터 가장 위층에 자리한 카페 조르주, 루브르 박물관 건물에 있는 카페 마를리와 함께 파리에서 가장 시크한 사람들이 간다는 코스트 그룹의 일원이다. 카페에서 일하는 직원들의 외모가 출중하고 손님들도 건축과 예술 관련 종사자들이 많다.

바리오 라티노 **Barrio Latino** 🔊 바리오 라티노

Add. 46-48 Rue du Faubourg Saint Antoine Tel. 01 55 78 84 75
Open 12:00~익일 02:00(금요일 ~익일 02:30, 토요일 ~익일 03:00)
Access M1·5·8 Bastille 역에서 Rue de Charenton를 따라 걷다가
Rue du Faubourg-Saint-Antoine로 우회전한다. 도보 4분
URL www.barrio-latino.com
Price 일요일 브런치 34€, 댄스 교습+입장권 10€

정열적인 라틴 음악을 온몸으로

바스티유 광장 근처에 있는 클럽 중 가장 큰 규모를 자랑하며 내부는 궁전처럼 네 개 층으로 구성돼 있다. 건물 1층은 칵테일 바, 2층은 레스토랑, 3층은 바로 꾸몄고, VIP 룸은 4층에 자리 잡고 있다. 이름에서 알 수 있듯이 정열적인 라틴 음악을 온몸으로 느낄 수 있는 곳으로 일요일에는 브런치와 살사 레슨 프로그램이 있어 더욱 즐거운 시간을 보낼 수 있다. 언제나 라틴 펑키 사운드가 울려 퍼지며 아르헨티나 쇠고기로 만든 스테이크를 먹을 수 있다. 카니발에 초대된 듯 신나는 분위기에서 즐길 수 있는 마르가리타나 피나콜라다는 12유로에 마실 수 있다. 파리의 트렌드를 창조하는 부다 바 계열사로 언제 찾아도 분위기가 좋지만 저녁 8시 이후가 피크다. 파리에서 접하는 라틴 음악은 색다른 느낌을 준다.

1 고객을 매료하는 화려한 샹들리에와 중앙 계단 **2** 저녁이면 라틴 댄스의 장으로 변신하는 바리오 라티노의 위층 **3** 붉은 조명이 인상적인 바리오 라티노의 바 공간

Area 3 / Cité & Marais

파리에서 잊지 못할
로맨틱한 밤을 선사
해줄 재즈 클럽

뒤크 데 롬바르 **Duc des Lombards** 뒤크 데 롱바

Add. 42 Rue des Lombards　Tel. 01 42 33 22 88
Open 19:00~24:00(금·토요일~익일 04:00) *공연 20:00 또는 22:00
Access M1·4·7·11·14 Châtelet Les Halles 역에서 Rue Saint-Denis를 따라 걷다가 Rue des Lombards로 우회전한다. 도보 2분
URL www.ducdeslombards.com
Price 공연 28€, 공연+칵테일이나 샴페인 1잔 37€, 콘서트+크로크 파리지앵+음료 43€

파리의 명문 재즈 클럽

제1·2차 세계대전 이후 다수의 미국 흑인 연주자들이 프랑스로 넘어오면서 급격히 발전한 파리 유명 재즈 클럽 중 하나로 1984년에 문을 열었다. 한국인 재즈 뮤지션 나윤선을 포함해 세계적인 재즈 뮤지션들의 수준 높은 공연을 감상할 수 있다. 우울한 겨울 저녁에 감미로운 재즈 선율에 젖을 수 있는 곳으로 명성에 비해 작은 무대와 한정된 좌석 때문에 미리 예약하는 게 좋다. 재즈의 본고장은 미국이지만 나른하면서도 관조적인 분위기는 미국보다 파리의 오래된 분위기와 훨씬 더 잘 어울린다는 것을 발견하게 될 것이다. 공연을 즐기면서 식사를 함께할 수 있는데 푸아그라와 생강, 샐러드가 들어간 크로크데 롬바르Croq'des Lombards, 오븐에 조리한 오리고기Marget de Canard가 대표 메뉴다.

1 파리 4대 재즈 클럽 중 하나로 세계적인 재즈 뮤지션의 공연이 열린다. **2** 저녁 식사를 하면서 공연을 감상할 수 있다. **3** 파워풀한 연주자들의 공연이 1년 내내 계속된다.

선셋 선사이드 Sunset Sunside 🔊 썬셋 썬싸이드

Add. 60 Rue des Lombards **Tel.** 01 40 26 46 60 **Open** 공연 20:00, 21:30, 22:00 **Access** M1·4·7·11·14 Châtelet Les Halles 역에서 Rue Saint-Denis를 따라 걷다가 사거리에서 좌회전한다. 도보 2분
URL www.suneset-sunside.com **Price** 20~28€

파리의 명문 재즈 바에서 공연을 기다리는 사람들

롬바르에 있는 재즈 클럽 3인방

파리의 유명 재즈 클럽들이 모여 있는 롬바르 거리에 있다. 1983년에 처음으로 문을 열었으며 크리스티앙 반데르, 파코 세리, 밀 데이비스, 에르비 한쿡, 프랜시스 록우드, 제라드 나기와 같은 뮤지션들이 드나들며 연주했다. 위층은 선셋, 아래층은 선사이드로 한 건물 안에 있으며 뮤지션들의 프로그램이 달라 홈페이지에서 공연 일정을 확인하고 예약하는 것이 좋다.

르 베제 살레 Le Baiser Salé 🔊 르 베제 살레

Add. 58 Rue des Lombards **Tel.** 01 42 33 37 71 **Open** 17:30~익일 06:00
*공연 시간은 홈페이지에서 확인 **Access** M1·4·7·11·14 Châtelet Les Halles 역에서 Rue Saint-Denis를 따라 걷다가 사거리에서 좌회전한다. 도보 2분
URL www.lebaisersale.com **Price** 공연 22€~

전 세계 재즈 연주자들이 찾는 이곳의 공연은 수준급이다.

파리에서 만나는 재즈 선율

1983년 뮤지션이자 작곡가인 깁슨 형제가 세운 재즈 바로 음료를 즐기면서 라이브 공연을 감상할 수 있어 부담스럽지 않다. 빨간색 네온사인이 심벌인 파리 4대 재즈 바 중 하나로 리처드 보나, 티에리 아르피노, 에티엔 메바페, 에밀 파리지앵 등 정상급 연주자들의 공연을 감상할 수 있다. 테라스가 있는 카페도 함께 운영해 공연 전 맥주를 한 잔하며 기다리기에 좋다.

칼리그란 Calligrane 깔리그란

Add. 6 Rue du Pont Louis Phillippe
Tel. 01 48 04 09 00
Open 12:00~19:00
Close 월·일요일
Access M7 Pont Marie 역에서 Quai de l'Hôtel de Ville를 따라 걷다가 Rue du Pont Louis-Philippe로 우회전한다. 도보 3분

종이 전문 부티크

1979년 칸에서 종이 전문 부티크 칼리그란 1호점을 낸 오너 아나 바스Ana Barth가 니스, 앙제에 이어 파리에 네 번째 지점을 냈다. 이후 파리에 세 개의 매장을 더 열면서 확고한 입지를 다졌다. 예쁜 편지지와 봉투, 메모지 등 일반 문구점에서 구입하기 어려운 아이템을 살 수 있다. 스마트 기기의 발달로 편지지나 종이 사용이 급격히 줄고 있지만 사랑하는 애인이나 가족에게 파리에서 로맨틱한 편지를 보내는 것도 인상적일 것이다. 일상에서 유용하게 사용할 수 있는 노트 종류는 선물용으로도 훌륭하다. 가방 디자이너 장 프랑수아 카도레의 '잇' 백과 심플한 디자인의 지갑, 종이 장인 장 미셸 레틀리에의 종이 컬렉션, 조르주 게스너의 조명과 그릇은 이곳의 특별 아이템이다. 젊은 크리에이터나 장인들의 전시가 종종 열리기도 한다.

1 20년이 넘도록 한길을 걸어온 여주인이 운영하는 칼리그란 외관 **2** 종이 전문 디자이너의 작품을 늘 전시한다. **3** 편지지와 종이 봉투는 선물용으로도 괜찮다. **4** 최고의 종이를 찾기 위해 전 세계에서 종이를 수입한다.

Area 3 / Cité & Marais

마다가스카르의 가난한 사람들을 돕는 것도 이 숍의 운영 목적 중 하나다.

메르시 Merci 🔊 멕씨

Add. 111 Boulevard Beaumarchais
Tel. 01 42 77 00 33
Open 10:00~19:00 **Close** 일요일
Access M8 Saint Sébastien Froissart 역에서 Bd Beaumarchais를 따라 도보 1분
URL www.merci-merci.com

프랑스판 '아름다운가게'

프랑스의 고급 아동복 브랜드인 봉 푸앙의 오너가 2009년에 어려운 이웃을 돕기 위한 목적으로 문을 연 숍이다. 클래식한 자동차 피아트 500이 입구에 서 있다. 안으로 들어가면 의류, 생활용품, 문구류, 꽃 등 다양한 아이템을 만날 수 있다. 오너의 뜻에 동참하는 의미로 만든 아닉 구탈Annick Goutal의 향수, 스텔라 매카트니와 이브 생 로랑의 의류, 제롬 드레이퓌스의 가방 등을 시중에서 보다 30% 이상 저렴하게 살 수 있고 컬렉션도 수시로 바뀐다. 매장은 3개 층 약 450평 규모로 본관 1층에는 패션 부티크가, 2층에는 데커레이션 소품이, 지하에는 주방용품과 조명 등이 전시돼 있다. 건물 1층에 있는 시네 카페에서는 샐러드와 타르트 등으로 간단한 식사가 가능하며 지하 1층 레스토랑에는 건강 식단 위주의 메뉴가 준비돼 있다.

1 매장에 들어서는 순간 탁 트인 공간이 시원하게 느껴진다. **2** 유니크한 패션 아이템에 지갑이 쉽게 열린다. **3** 생활용품, 의류뿐 아니라 문구류도 판매한다. **4** 클래식한 피아트 500 자동차가 이곳의 터줏대감이다.

Area 3 / Cité & Marais

리브레리 OFR **Librairie OFR** 🔊 리브헤리 오에프에흐

Add. 20 Rue Dupetit Thouars **Tel.** 01 42 45 72 88
Open 월~토요일 10:00~20:00, 일요일 14:00~19:00
Access M3 Temple 역에서 Rue de Turbigo를 따라 걷다가 Passage Sainte-Elisabeth로 좌회전한다. Rue du Temple로 진입해 계속 걷다가 Rue Dupetit-Thouars로 좌회전한다. 도보 2분
URL www.ofrsystem.com

예술 서적 유행을 주도하는 서점

알렉산더 맥퀸, 겐조 등의 파리 컬렉션 패션쇼가 열리기도 하는 재래시장 카로 뒤 템플 Carreau du Temple 앞에 있는 예술 서적 전문 서점. 패션, 건축, 미술, 음악, 음반 등 예술 전반에 관한 최신 서적과 전 세계에서 발행되는 잡지를 판매한다. 뛰어난 감각과 열정으로 가득한 예술 서적들을 발빠르게 입수할 수 있는 곳 중 하나로 1996년부터 서점에서 자체적으로 발행하고 있는 〈파리 가이드북〉은 에지 있는 매거진 셀렉션으로 패션 피플들의 사랑을 받고 있다. 리브레리 OFR 본점에 따로 시간을 내서 갈 수 없는 사람들은 팔레 드 도쿄와 킬리워치에 있는 OFR에 가도 된다. 본점에서는 다양한 분야의 전시가 연중 활발하게 열리므로 시간이 난다면 무료 전시를 관람하는 것도 좋겠다.

1 핫 이슈로 떠오르는 인물 관련 도서를 빠르게 구비한다. **2** 검은색 프레임이 멋스러운 서점 외관 **3** 한쪽에 전시 공간이 있어 서점에 온 고객들이 무료로 감상할 수 있다. **4** 패션 매거진은 이 서점에서 가장 많이 팔리는 아이템이다.

이스투아 드 파팡 Histoires de Parfums 🔊 이스투아 드 파팡

Add. 11 Rue du Roi Doré
Tel. 01 40 13 87 57
Open 월~금요일 09:00~19:00, 토요일 11:00~19:00 Close 일요일
URL www.histoiresdeparfums.com

유니크한 스타일의 향수 전문점

이곳의 향수는 이름을 연도로 짓는데, 이는 전설적인 아티스트들이 태어난 해를 의미하며 그들을 떠올릴 만한 독특한 향이 담겨 있다. 여자에게는 조르주 생드의 출생 연도인 오리엔틸 꽃향의 1804와 비밀 첩보원 마타하리의 비밀이 담긴 듯한 로즈 향의 1876을 추천한다. 남자에게는 카사노바의 치명적인 향을 재현한 1725, 어니스트 허밍웨이에 대한 오마주를 표현한 1899를 추천한다.

특별함이 느껴지는 향수병과 라벨

루아얄 치즈 Royal Cheese 🔊 루아얄 치즈

Add. 113 Rue de Turenne Tel. 01 48 04 53 50
Open 11:00~20:00
Access M8 Filles du Calvaire 역에서 도보 4분
URL www.royalcheese.com

캐주얼 중심의 멀티 브랜드 숍

명품 브랜드보다는 역사와 기능성을 강조한 브랜드 중에서 MD가 편안한 아이템만을 셀렉트해 내놓는데 이곳은 남자 브랜드만을 전문으로 한다. 매장에서 일하는 직원들의 모습만 봐도 멋쟁이 코디네이터 임을 알 수 있다. 자신에게 어울리는 스타일을 카운슬링을 받을 수 있다. 에이브릴 77, 바부, 허챌, 누디 진, 세인트 제임스 등의 브랜드는 언제나 인기 있다.

남성, 여성, 액세서리 등 다양한 테마의 숍을 함께 운영하는 숍

Area 3 / Cité & Marais

더 컬렉션 The Collection 더 컬렉션

Add. 33 Rue de Poitou
Tel. 09 67 25 69 50
Open 화~토요일 11:00~19:00, 일요일 14:00~18:00 Close 월요일
Access M8 Saint Sébastien Frossart 역에서 Rue du Pont aux Choux를 따라 Rue de Poitou까지 걷는다. 도보 5분
URL www.thecollection.fr

Map P.452-B

홈 데커레이션 전문 숍

2003년에 오픈한 인테리어 숍으로 집을 꾸미는 데 열심인 사람이라면 반드시 둘러봐야 할 장소다. 집안을 환하게 장식할 수 있는 띠 벽지는 물론 포인트 벽지나 스티커를 직접 제작 판매한다. 그밖에 테이블 데커레이션, 작은 가구, 어린이용품, 전등 등을 취급하고 있으며, 디자이너가 자체 제작하는 제품 라인도 전시 판매한다. 해외에서는 인터넷으로 주문이 가능하다. 눈썰미 있는 주인장 알리송 그란트가 추천하는 아이템은 칼과 포크 등이 그려진 벽지, 디자이너 트레이시 켄달의 'Eat' 컬렉션과 동화적인 콘셉트로 아이들의 방을 장식할 수 있는 소피 코르데의 'Parc' 컬렉션이 있다. 최근 가장 사랑받는 아이템으로는 귀여운 기린, 고양이, 코끼리 모양을 한 어린이용 쿠션이 있다.

1 더 컬렉션의 아이템들은 매주 리뉴얼된다. **2** 보고 나면 누구나 사고 싶어지는 매력적인 소품들 **3** 테이블웨어와 예쁜 식기도 판매한다. **4** 밋밋한 벽을 다양하게 연출할 수 있는 스티커

BHV **BHV Marais** 베 아슈 베 마레

Add. 52 Rue de Rivoli
Tel. 90 77 40 14 00
Open 09:30~20:00(수요일 ~21:00) **Close** 일요일, 1/1, 12/25
Access M1 Hôtel de Ville 역에서 Rue de Rivoli를 따라 걷는다. Rue du Temple로 좌회전해 걷다가 Rue de la Verrerie로 우회전한다. 도보 4분
URL www.bhv.fr

파리지앵의 추억이 담긴 백화점

파리 시청 옆에 있는 BHV는 파리지앵에겐 추억과 같은 곳이다. 비록 세련된 파리 시내 백화점에 비해 외형이나 디스플레이가 많이 떨어지는 건 사실이지만 여전히 이곳을 찾는 고객들에게 실망감을 주지 않는다. 세월이 흘러도 고객들에게 사랑받는 매장을 갈아치우지 않는 고집이 있기 때문이다. 대표적인 공간이 바로 지하에 있는 DIY 매장이다. 집 한 채는 거뜬히 짓고도 남을 만한 공구와 재료로 가득해 집을 고치는 데 많은 시간을 들이는 프랑스인의 생활을 엿볼 수 있다.

Tip 신생 백화점에 밀려 입지가 좁아지고 있지만 본점 주변에 카페, 남성복 전문점, 와인 상점, 자전거 전문 숍 등 전문 매장을 오픈하면서 변화를 꾀하고 있다. 홈페이지를 통해 카탈로그를 볼 수 있으니 가기 전에 필요한 리스트를 작성하면 쇼핑 시간을 줄일 수 있다.

1 현대적인 분위기는 아니지만 파리지앵이 사랑하는 백화점이다. **2** 집을 고치는 데 필요한 모든 도구를 살 수 있는 DIY 코너가 지하에 있다. **3** 인테리어에 관심 있는 사람이라면 놓쳐서는 안 된다.

Area 3 / Cité & Marais

오투르 뒤 몽드 Autour du monde 🔊 오뚜흐 뒤 몽드

Add. 12 Rue des Francs Bourgeois
Tel. 01 42 77 06 08
Open 11:00~19:00(일요일 13:30~)
Access M1 Saint Paul 역에서 Rue de Rivoli를 따라 걷는다. Rue de Sévigné로 좌회전해 걷다가 Rue des Francs Bourgeois로 우회전한다. 도보 5분
URL www.bensimon.com

Map P.453-C

의류에서 홈 인테리어까지 아우르는 캐주얼 브랜드

한국인 취향에 잘 맞는 캐주얼 브랜드 벤시몽의 숍이다. 창업자인 세르주 벤시몽이 운영하며 가볍고 편안한 캐주얼 슈즈와 가방 등으로 인기몰이를 하고 있다. 최근 의류, 액세서리에 이어 향수, 홈 인테리어까지 영역을 확장해 꾸준히 인기를 얻고 있다. 패션과 인테리어에 관한 아이템과 부피가 적은 가구, 향초 등을 솜씨 있게 구성한 일종의 편집 매장으로 디스플레이와 스타일링에 강한 면모를 보인다. 2개 층으로 나뉘어 있는데 1층에는 벤시몽의 의류와 신발, 테이블웨어가, 지하에는 집을 꾸미는 데 필요한 소품들이 전시되어 있다. 여기 말고도 파리에만 세 개의 매장이 더 있으므로 동선에 맞추어 적당한 지점을 방문하는 편이 좋겠다.

1 최근 사업을 확장해 인테리어 숍을 열었다. **2** 푸근한 느낌의 리빙 소품을 판매한다. **3** 팬톤의 머그컵은 파리지앵 사이에서 선물용으로 인기 있는 아이템 **4** 편안하게 입을 수 있는 실용적인 옷을 진열하고 있는 매장 외관

레클레뢰르 L'Eclaireur 레끌레뢰흐

Add. 40 Rue de Sévigné
Tel. 01 48 87 10 22
Open 11:00~19:00(일요일 14:00~)
Access M1 Saint Paul 역에서 Rue de Rivoli를 따라 걷다가 Rue de Sévigné로 좌회전한다. 도보 5분. M8 Chemin Vert 역에서 도보 5분
URL www.leclaireur.com

트렌드에 민감한 셀렉트 숍

콜레트처럼 파리에서 유명한 셀렉트 숍으로 꼽히는 곳이다. 2009년 10월에 새롭게 문을 열었다. 파리의 트렌드를 이끌어가는 트렌드세터들은 물론이고 할리우드 스타에 이르기까지 패션에 일가견 있는 사람이라면 빼놓지 않고 들르는 곳으로 파리에만 다섯 개의 매장이 있다. 이 지점은 여성 전용 매장으로 비비안 웨스트우드, 드리스 반노튼, 헬무트 랭, 코스튬 내셔널, 발렌시아가, 랑방과 같은 디자이너 브랜드뿐 아니라 매장 매니저가 직접 고른 베스트 아이템도 만날 수 있다. 조니 뎁, 바네사 파라디, 마돈나 등이 단골로 드나든다. 과거 붓을 만들던 아틀리에를 멋지게 레노베이션한 남성복 전용 매장은 걸어서 5분 거리에 있다(12 Rue Malher). 영업 시간은 여성복 매장과 같다.

1 여성 전문 매장 내부 2 건축가 아른 퀸즈Arne Quinze가 재활용 나무로 내부를 설계했다. 3 영상과 음악이 어우러진 인터랙티브한 숍 내부의 오브제 4 패션의 마무리는 역시 액세서리

Area 3 / Cité & Marais

노르딕 마켓 Nordic Market 🔊 노르딕 마켓

Add. 13 Rue Charlot
Tel. 01 57 40 90 65
Open 화~토요일 12:00~19:30, 일요일 14:00~19:00 **Close** 월요일
Access M8 Filles du Calvaire 역에서 Rue des Filles du Calvaire를 따라 걷는다.
Rue de Bretagne로 우회전해 걷다가 Rue Charlot으로 좌회전한다. 도보 7분
URL www.nordikmarket.com

마레는 지금 북유럽 스타일

좀처럼 유행을 타지 않는 파리에도 스칸디나비아 가구 열풍이 불고 있다. 폴 헤닝겐의 램프, 스벤스케 텐의 쿠션, 아르네 야콥센의 의자, 알바 알토의 의자를 비롯한 북유럽 유명 디자이너들의 가구, 전등, 액세서리와 같은 아이템들을 1950~1990년대 빈티지 가구와 적절히 섞어 선보인다. 세월이 흘러도 변하지 않는 절제된 자연의 멋을 느낄 수 있는 매력적인 북유럽 스타일을 파리에서도 만나볼 수 있어 재미있다. 매달 북유럽의 벼룩시장과 빈티지 시장을 드나드는 오너, 기욤 드루아 Guillaume Deroy가 엄선해서 물건을 사들인다.

1 예쁘게 꾸며놓은 친구 집을 방문한 것 같다. **2** 인테리어 관련 도서를 전시, 판매한다. **3** 북유럽 특유의 절제된 아름다움이 느껴진다.
4 지나치기 쉬운 숍이니, 깃발처럼 내건 조그마한 가게 표식을 기억해두자.

자크 제닌 Jacques Genin 자크 제닌

Add. 133 Rue de Turenne
Tel. 01 45 77 29 01
Open 11:00~19:00(토요일 ~20:00) Close 월요일
Access M8 Filles du Calvaire 역에서 Bd du Temple를 따라 걷다가 Rue Charlot로 좌회전한다. 도보 5분
URL www.jacquesgenin.fr

〈뉴욕 타임스〉가 격찬한 파리를 대표하는 파티시에

파리 최고의 파티시에인 자크 제닌이 운영하는 세 개의 숍 중 하나. 유명 레스토랑과 호텔에 최고급 초콜릿과 케이크를 공급해온 그가 2008년 처음으로 자신의 이름을 건 숍을 열었다. 2010년 프랑스 최고의 초콜릿 장인으로 선정되기도 한 그의 노하우를 느낄 수 있는 다양한 아이템은 보는 것만으로도 황홀하다. 〈뉴욕 타임스〉에서 그의 달콤한 밀크 캐러멜과 환상의 젤리 맛을 대서특필했고 '제과업계의 피카소'라 불리는 피에르 에르메도 기초가 튼튼한 그의 솜씨를 존경한다고 말했을 정도. 그의 탁월한 솜씨를 알 수 있는 대목이다.

1 쾌적한 매장 안은 심플하면서 고급스럽다. **2** 마레의 숨은 가게 중 하나로 최근에 문을 열었다. **3, 4** 선물용으로 가장 인기 있는 크기의 초콜릿

Area 3 / Cité & Marais

필론 Pylones 삘론

Add. 57 Rue Saint Louis en L'Ile
Tel. 01 40 51 75 33 **Open** 10:30~19:00
Access M7 Pont Marie 역에서 Quai de l'Hôtel de Ville를 따라 걷는다. Pont Marie로 우회전해 Rue des Deux Ponts까지 계속 걷다가 Rue Saint-Louis en l'Île으로 우회전한다. 도보 5분
URL www.pylones.com

기발하고 귀여운 문구 퍼레이드

1985년 프랑스에서 설립된 디자인 소품 브랜드. 이곳을 지나가다 보면 앙증맞은 아이템에 발길을 멈추게 되고, 가게 안으로 일단 발을 들여놓으면 어지간해서는 빈손으로 나오기 힘든 선물용품 부티크다. 특히 아이를 동반한 부모라면 지갑이 홀쭉해질 것이다. 일본, 한국, 이탈리아 등 전 세계에 진출해 있으며 크레아, 로랑 루카스, 산 푸아, 로랑 무보와 같은 신예 디자이너들이 디자인한 볼펜과 강판, 마우스 패드, 아이폰용 케이스 등 수백여 종의 아이템과 만날 수 있다. 소녀시대가 파리에서 사랑에 빠진 숍으로 유명해졌으며 서울 명동에 지점이 생겨 인기를 끌고 있다.

1 디스플레이만 봐도 안으로 들어가고 싶은 유혹에 빠진다. **2** 실용성과 심미안을 모두 충족시켜주는 아이템이 대부분이다. **3** 생 크루아 브르토느리 거리에 있는 필론 부티크 내부 **4** 필론은 디자인 제품에 관심 있는 파리지앵으로 늘 북적인다.

릴 플로팅 L'Ile Flottante 릴 플로떵

Add. 31 Rue des Deux Ponts Ile Saint Louis Tel. 01 43 54 69 75
Open 11:00~19:00 Close 일요일
Access M7 Pont Marie 역에서 Quai de l'Hôtel de Ville를 따라 걷다가 Pont Marie로 우회전한다. 도보 3분

미니어처로 만나는 작은 파리

릴 플로팅은 '떠다니는 섬'이라는 의미로 생 루이 섬에 있는 예쁜 기념품 숍이다. 미니어처로 만든 사람과 건물, 인형, 멜로디 상자, 리모주에서 생산되는 자기, 사탕과 잼 등 다양한 아이템을 구입할 수 있다. 상점에 들어서면 전부 사고 싶은 마음이 들 정도로 욕심이 난다. 파리 여행을 기념하는 아이템이나 선물을 사기 좋은 곳이다.

생 루이 섬에 있는 예쁜 선물 가게

넘버 42 No 42 넘버 까렁트뒤

Add. 42 Rue de Sévigné Tel. 01 44 61 78 11 Open 11:00~19:00
Close 일요일 Access M8 Chemin Vert 역에서 Rue Saint-Gilles를 따라 Rue du Parc Royal까지 걷다가 Rue de Sévigné로 좌회한다. 도보 5분, M1 Saint Paul 역에서 Rue de Rivoli를 따라 걷다가 Rue de Sévigné로 좌회전한다. 도보 5분
URL www.no42-paris.com

창조적인 아디다스 숍

아디다스에서 운영하는 특별한 셀렉트 숍으로 마레 지구의 심장부 세비니 거리Rue de Sevigne에 위치해 있다. Y-3, SLVR, Addidas Originals, 아디다스와 함께 컬래버레이션한 스텔라 매카트니Stella McCartney 같은 브랜드의 제품을 만날 수 있는데 오프닝 행사에 제레미 스콧을 비롯한 많은 셀러브리티가 참여했다. 같은 콘셉트의 No.74이 베를린에, No.6가 런던에 있다.

아디다스의 다양한 제품 라인이 있다.

초보자도 쉽게 즐길 수 있는 초간단 프랑스 요리

요리 하면 떠오르는 나라 프랑스. 미식가들을 사로잡는 기막힌 프랑스 요리는 어렵고 비싸다는 생각부터 앞서는 당신에게 프랑스 요리사, 김지희가 제안한다. 그녀와 함께 집에서 해 먹을 수 있는 초간단 프랑스 요리를 배워보자. 아래 레서피는 2인용 식단 기준이다.

글 김지희
한국 르 꼬르동 블루를 졸업하고 파크하얏트 서울 등에서 인턴을 마쳤으며, 지금은 정통 프랑스 요리를 경험하기 위해 프랑스 진출을 꿈꾸고 있는 1987년생이다.

Recipe 1 베가 샐러드 Vega Salad

프랑스 사람들이 점심 식사 대용으로 즐기는 샐러드. 프랑스인들의 건강 비결 중 하나가 바로 채소를 충분히 섭취하는 것이라니 우리 식단도 살짝 바꿔 볼 필요가 있다.

재료 토마토 10개, 아스파라거스(또는 껍질콩) 12개, 래디시 3개, 신선하고 차가운 달걀 2개, 바게트, 드레싱(레몬즙 1/2개, 올리브 오일, 소금, 후추)

조리 순서
1 끓는 물에 식초를 조금 넣어 달걀을 5분간 익힌다. 2 토마토는 도톰하게, 래디시는 얇게 썬다. 3 아스파라거스는 껍질을 제거한 후 끓는 소금물에 끓여 휘어질 정도로 익힌 후 얼음물에 식힌다. 4 드레싱은 레몬즙의 두세 배 정도의 올리브 오일을 섞고, 소금과 후추로 간을 한다. 5 채소에 드레싱을 섞어 볼에 담고, 그 위에 달걀을 올린 후 가위로 살짝 자르면 노른자가 흘러내려 보기도 좋고 맛있다. 토스팅한 바게트도 곁들인다.

Recipe 2 프렌치 양파 수프 French Onion Soup

늘 비가 잦은 파리의 어느 겨울날, 춥고 배고픈 기분이 싫어 들어간 카페에서 주문한 프렌치 양파 수프는 환상적이었다. 파리의 카페나 비스트로에 가서 따뜻한 국물이 생각날 때 주문해볼 만한 요리 중 하나다.

재료 양파 300g, 버터 40g, 밀가루 5g, 화이트 와인 75ml, 와인 25g, 닭 육수 700ml, 바게트 자른 것, 그뤼에르 치즈, 소금, 후추

조리 순서
1 슬라이스한 양파를 버터를 넣어 낮은 온도로 오래오래 볶는다. 2 양파가 갈색이 되면 두 가지 와인을 넣고 알코올 냄새를 날리며 조린 후 밀가루를 넣어 살짝 볶는다. 닭 육수나 물을 넣어 다시 한소끔 끓인다. 소금과 후추로 간단히 간을 한다. 3 바게트는 얇게 썰고, 그뤼에르 치즈는 갈아서 준비해놓는다. 오븐이 있으면 수프 냄비에 따른 후 위에 바게트를 올리고 치즈를 뿌려 200℃ 오븐에 굽는다.

Recipe 3 크림과 블루 치즈가 들어간 홍합
Mussel Cream & Blue Cheese

언제부터인가 파리에 여행 온 한국 여행자들이 샹젤리제 거리에 있는 홍합 요리 전문점인 레옹 드 브뤼셀을 점령하기 시작했다. 짭조름하면서 따뜻한 국물이 우리 입맛에도 잘 맞는다.

재료 홍합, 양파 1/2개, 셀러리 1대, 마늘 2개, 화이트 와인 1/2컵, 크림 2컵, 블루 치즈 1큰술

조리 순서
1 큰 냄비에 양파, 셀러리, 마늘을 넣고 오일에 볶는다. 2 센 불에 올린 후, 홍합과 화이트 와인을 넣어 뚜껑을 덮고 익힌다. 3 홍합 입이 모두 열리면 국물을 1/2 정도 버린 후 크림과 블루 치즈를 넣어 홍합과 어우러지도록 살살 섞으며 조린다. 4 로켓(루콜라)을 곁들이면 더욱 맛있다.

Recipe 4 프랑스식 스테이크와 감자 요리
Tournedos & Pommes Pont Neuf

영양 만점 요리로 스테이크와 감자의 조화가 환상이다. 생각보다 간단하고 맛도 훌륭한 프랑스 요리를 집에서 즐길 수 있다.

재료 안심 160g 2장, 굵은 감자 3개, 로즈메리·타임·마늘·오일·버터 조금, 모둠 버섯, 홀그레인 머스터드(겨자씨), 소금

조리 순서
1 안심은 허브, 마늘, 올리브오일을 뿌려 랩에 싸서 냉장고에 1시간 둔다. 2 감자를 가로세로 1cm×7cm 크기로 채 썬 후 찬물에 씻어 반 정도 익힌다. 3 감자를 160℃에 튀기거나 팬에 오일을 넣어 노릇하게 굽는다. 4 잘 구워진 감자는 소금으로 간한다. 5 버섯은 버터로 볶는다. 6 고기는 센 불에서 앞뒤로 굽고, 220℃ 오븐에서 허브, 마늘, 버터 한 조각을 올려 익힌다. 7 버섯 위에 안심을 올리고 홀그레인 머스터드로 마무리한다.

Recipe 5 바나나 크레페 Banana Crêpe

요리라 할 수 없을 정도로 간단한 크레페는 집에서도 금방 해 먹을 수 있다. 식사 대용으로도 훌륭하지만 출출한 주말 오후에 간식거리로도 좋다. 파리 길거리에서 쉽게 찾아볼 수 있다.

재료 믹스(밀가루 75g, 설탕 15g, 소금 1g, 달걀 2개, 우유 150g, 녹인 버터 25g), 누텔라 초콜릿, 바나나 2개

조리 순서
1 달걀을 거품기로 잘 젓는다. 설탕과 소금도 섞는다. 2 체에 내린 밀가루를 세 번에 걸쳐 나눠 섞는다. 3 우유도 나눠 섞고, 녹인 버터를 넣어 랩을 씌워 30분 정도 숙성시킨다. 4 팬을 충분히 달군 후, 녹인 버터를 두르고 ③의 재료를 한 국자 정도 붓는다. 이때 팬을 재빨리 돌려야 한다. 5 표면에 거품이 생기고 테두리가 마르면, 얇은 주걱으로 빨리 뒤집어 뒷면도 굽는다. 6 잘 익은 크레페에 초콜릿 스프레드를 바르고 바나나를 잘게 썰어 넣은 후 반으로 접으면 완성.

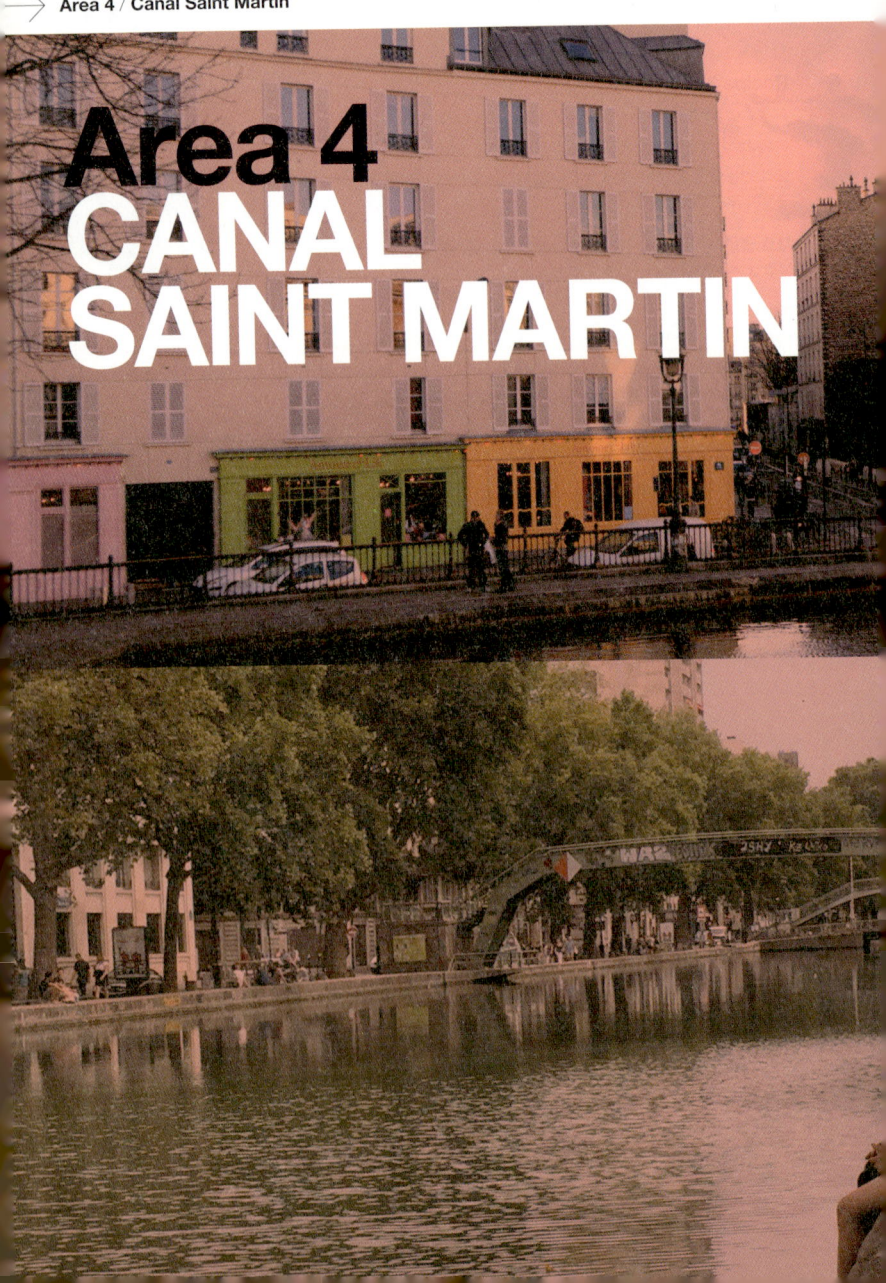

Area 4
CANAL SAINT MARTIN

생 마르탱 운하

● 마레 지구와 함께 파리 젊은이들의 주말 나들이 코스로 사랑받고 있는 생 마르탱 운하는 그래픽 디자이너나 젊은 화가들의 아틀리에가 많은 활기찬 지역이다. 1970년대에는 상대적으로 파리에서 낙후된 지역이었던 이곳에 주머니 사정이 넉넉지 않았던 예술가들이 정착하면서 개성 있는 면모로 발전했지만 이렇다 할 관광 명소는 없다. 운하를 사이에 두고 화창한 여름날이면 강둑에 모여 와인 잔을 기울이는 젊은이들의 자유로우면서도 로맨틱한 모습들이 눈길을 끈다. 아타자르, 앙투안에 릴리 같은 색깔 있는 숍들, 싸고 맛있게 즐길 수 있는 바와 레스토랑이 많아 언제 찾아도 부담 없는 곳이다.

Area 4 / Canal Saint Martin

Access
가는 방법

자크 봉세정 Jacques Bonsergent 역
방향 잡기 갈아타기 귀찮다면 교통이 편리한 M3·5·9·11 리퍼블리크 République 역이나 M4·5 갸르 드 레스 Gare de l'est 역(동역)에 내려서 걸어도 무방하다. 다만 환승역의 경우 사람이 많고 소매치기당할 우려가 높다는 점만은 잊지 말자. 어느 역에 내리든 생 마르탱 운하 쪽 출구로 나가거나 운하를 사이에 두고 양쪽으로 늘어서 있는 카페, 레스토랑, 숍이 모인 곳으로 갈 수 있다. 여름에는 밤늦도록 운하 주변에서 와인을 마시는 자유로운 분위기를 느낄 수 있다.

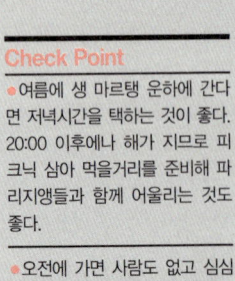

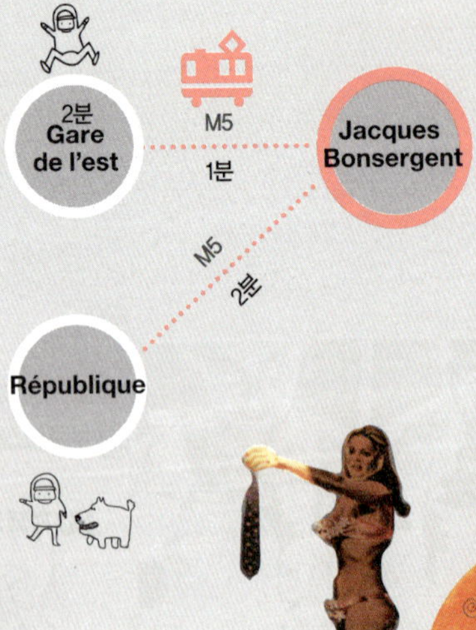

Check Point
● 여름에 생 마르탱 운하에 간다면 저녁시간을 택하는 것이 좋다. 20:00 이후에나 해가 지므로 피크닉 삼아 먹을거리를 준비해 파리지앵들과 함께 어울리는 것도 좋다.

● 오전에 가면 사람도 없고 심심하므로 점심시간이나 오후에 가는 것이 좋다. 생 마르탱 운하를 제대로 돌아보고 싶을 때는 파리 카날 유람선을 타는 것도 좋다. (www.pariscanal.com)

Plan
추천 루트

생 마르탱 운하 반나절 걷기 여행

14:00
앙투안 에 릴리 Antoine et Lili
한국인에게 썩 맞는 편은 아니지만 마니아들에게 어필하는 에스닉 숍이다.

도보 2분

14:40
아타자르 Artazart
예술에 관한 책들은 모두 모여라. 프랑스뿐 아니라 전 세계에서 발간되는 예술 서적을 파리에서 가장 빠르게 만날 수 있으니 이 분야에 관심 있다면 한번 둘러봐야 할 듯.

도보 2분

17:00
셰 프륀 Chez Prune
이 동네에서 좀 부린다는 예술가들이 아지트로 삼는 곳이다. 가만히 앉아 있어도 파리의 패션 트렌드를 감지할 수 있는 곳이다.

도보 3분

19:00
호텔 뒤 노르 Hôtel du Nord
영화 속 주인공이 된 듯한 느낌을 주는 호텔 뒤 노르는 레스토랑으로만 남아 있다. 적당한 가격으로 프랑스 요리를 즐길 수 있다.

생 마르탱 운하 Canal Saint Martin
0 — 50m

- 프랑프리
- Rue Bichat
- 호텔 뒤 노르 *P.249*
- *P.251* 콩트와 제네랄
- Quai de Jammpes
- Avenue Richarad
- Rue Alibert
- Canal Saint Martin
- 생 마르탱 운하
- 앙투안 에 릴리 *P.254*
- 스텔라 카덴테
- 베르 볼레 *P.252*
- 아타자르 *P.253*
- 벤시몽
- 셰 프륀 *P.250*
- 레스토랑 데 부르지뉴
- Rue des Vinaigriers
- Rue de Lancry
- Rue de Marseille
- Rue Beaurepaire
- Rue Dieu
- 상트르 코메시알 *P.254*

Area 4 / Canal Saint Martin

생 마르탱 운하 Canal Saint Martin 🔊 카날 쌩 막땅

Map P.247

Access M5 Jacques Bonsergent 역에서 Rue Lucien Sampaix를 따라 Quai de Valmy까지 걷는다. 도보 11분

★★

파리의 낭만이 살아 숨 쉬는 운하

1802년 나폴레옹 1세의 명으로 생긴 인공적인 운하로 발미 강둑Quai de Valmy에서 제마페 강둑Quai de Jemmapes까지를 말하며 이 물줄기는 센 강으로 흘러들어가 아스날 항구까지 연결된다. 23년간의 공사는 새롭게 생겨난 주세를 통해 충당했으며 20세기 초반까지 곡물과 건축 자재를 실어 나르는 배들이 교통수단으로 사용됐다. 모든 사람들이 집을 가져야 한다고 주장하는 NGO 단체 돈키호테가 2006년 350개의 텐트를 치면서 정부에 집 없는 사람들을 위한 주택을 지어줄 것을 호소한 장소로도 유명하다. 영화 〈아멜리에〉에서 오드리 토투가 물수제비를 만들기 위해 돌멩이를 던진 낭만적인 장소로도 알려져 있다. 생 마르탱 운하를 돌아보는 카노라마Canauxrama 유람선을 타면 이 운하의 매력을 만끽할 수 있다.

1 1970년대 이후 로맨틱한 분위기를 즐기기 위해 예술가들이 모여들었다. **2** 한적한 운하는 산책과 독서를 즐기기에 좋다.
3 울적할 때면 운하 주변을 산책한다는 프랑스 소녀 **4** 주변에 학교가 많아 학생들이 담소를 나누는 모습을 자주 볼 수 있다.

호텔 뒤 노르 Hôtel du Nord 오텔 뒤 노흐

Add. 102 Quai de Jemmapes **Tel.** 01 40 40 78 78
Open 월~금요일 12:00~14:30, 20:00~23:00, 토·일요일 12:00~15:00, 20:00~23:00 **Access** M5 Jacques Bonsergent 역에서 Rue Lucien Sampaix를 따라 걷다가 Rue des Vinaigriers로 우회전해 생 마르탱 운하를 건넌다. 도보 7분 **URL** www.hoteldunord.org
Price 점심 전식+본식+디저트 14.50€, 브런치 24.50€

영화 속 장소에서 즐기는 식사

생 마르탱 운하를 내려다볼 수 있는 레스토랑 겸 바로 1885년에 세워진 건물이다. 생 마르탱 운하 주변의 작은 호텔에 거주하는 인간 군상의 이야기를 그린 시적 리얼리즘 경향의 프랑스 영화, 마르셀 카르네의 〈북 호텔〉 배경으로 등장하면서 프랑스인들에게 감동을 안겨준 장소다. 지금은 호텔 대신 카페와 비스트로가 있다. 프랑스 요리를 전문으로 하며 편안한 분위기에서 친절한 직원들의 서비스를 받을 수 있다. 추천 메뉴는 토마토를 곁들인 테린으로 만든 푸아그라Terrine de Foie Gras Mi-cuit(14.50유로)와 꿀과 생각을 넣어 고기의 비린 맛을 없앤 가정식 훈제 오리Confit de Canard Maison(17유로)다. 채식주의자를 위해 채소로 만든 리소토Risotto D'épeautre Légumes du Marché(14유로)도 유명하다.

1 이 동네에서 가장 분위기 좋은 레스토랑 중 하나 **2** 옛 영화 포스터가 벽에 걸려 있다. **3** 오래된 건물 내부를 그대로 보존해 정겨운 느낌이 드는 곳 **4** 어둡지만 운치 있는 내부

Area 4 / Canal Saint Martin

셰 프륀 Chez Prune 쉐 프륀

Add. 36 Rue Beaurepaire
Tel. 01 42 41 30 47
Open 08:00~익일 02:00(일요일 10:00~)
Access M5 Jacques Bonsergent 역에서 Bd de Magenta를 따라 도보 5분
Price 점심 12~15€

Map P.247

생 마르탱 운하의 트렌드세터 스폿

파리의 정취가 흠뻑 느껴지는 곳으로 햇살을 받으며 커피 한 잔을 시켜놓고 앉아 있으면 파리지앵이 된 듯하다. 생 마르탱 운하 주변은 예술가들이나 관광객들이 많지 않아 멋쟁이들의 약속 장소로 잘 알려져 있다. 낡은 집기와 벽 장식들의 자연스런 느낌을 사랑하는 사람들에게는 편안하게 느껴지는 곳이다. 부담 없는 가격으로 즐길 수 있는 식사도 실망스럽지 않으니 주변을 산책하다 출출할 때 한번 들러보도록. 생 마르탱 운하 주변에서 프랑스 가정 요리를 맛볼 수 있는 곳으로 운하를 볼 수 있는 노천카페가 고객들이 가장 좋아하는 좌석이다. 특히 일요일 브런치에 열광하는 사람들이 늘고 있다. 매일 새벽 2시까지 문을 여는 이 동네에서 가장 활기찬 비스트로다.

1 트렌드세터들의 약속 장소로 잘 알려져 있다. **2** 오후 티타임을 즐기기에 좋다. **3** 소박한 분위기가 편안함을 준다. **4** 햇살이 내리쬐는 날에는 테라스가 인기 있다.

텐 벨 Ten Belles 텐 벨

Add. 10 Rue de la Grange Aux Belles **Tel.** 01 42 40 90 78
Open 월~금요일 08:00~18:00, 토 · 일요일 09:00~19:00
Access M5 Jacques Bonsergent 역에서 도보 7분
URL www.tenbells.com

파리 핸드 드립 커피의 선구자

파리의 카페가 달라지고 있다. 문학과 명사가 떠오르기보다는 커피 맛을 즐기려는 젊은이들이 늘었기 때문이다. 덕분에 파리 시내에는 바리스타가 운영하는 카페가 늘고 있으며 동시에 핸드 드립 커피의 인기가 날로 높아지고 있다. 6개의 테이블만 있는 작은 규모다. 케이크와 페이스트리, 마조코 La Mazzocco 에스프레소 머신으로 뽑아내는 에스프레소가 파리지앵을 유혹한다.

여유롭게 즐기는 커피 타임

콤트와 제네랄 Le Comptoir Général 르 꼼또아 제네랄

Add. 80 Quai de Jemmapes **Tel.** 01 44 88 24 48 **Open** 11:00~익일 02:00
Access M5 Jacues Bonsergent 역에서 Rue Lucien Sampaix를 따라 걷다가 Rue des Vinaigriers로 우회전한다. 계속 걷다가 Quai de Jemmapes로 우회전한다. 도보 10분 **URL** www.lecomptoirgeneral.com **Price** 음료 5~15€

빈티지를 넘어 히피 문화를 즐긴다

'게토 Geetto(중세 이후 유대인들을 강제 격리시킨 유대인 거주 지역)'와 '문화'를 연구하는 스쿠지 재단에서 운영하는 특별한 장소. 최근 예술가들이 생 마르탱 운하 주변에서 즐겨 찾는 아지트로 사랑받고 있다. 남미와 아프리카의 저소득층이 드나드는 이발소나 그들이 사용하는 물건이 전시된 카페에서 따뜻한 햇볕을 즐기며 음악을 들을 수 있는 자유로운 공간이다.

실내에 햇볕이 잘 들어 아늑한 느낌이다.

Area 4 / Canal Saint Martin

베르 볼레 Verre Volé 🔊 베흐 볼레

Add. 67 Rue de Lancry
Tel. 01 48 03 17 34
Open 12:30~14:15, 19:30~22:30
Access M5 Jacques Bonsergent 역에서 Bd de Magenta를 따라 걷다가 Rue de Lancry로 좌회전한다. 도보 5분
URL www.leverrevole.fr **Price** 16~35€

Map P.247

파리에서 소문난 와인 바

착한 가격의 와인과 음식으로 정직한 대접을 받을 수 있는 곳으로 알려져 있다. 미국인과 일본인 사이에서 입소문이 난 와인 바로 작은 와인 저장고에는 주인이 전국을 다니면서 골라온 와인들이 고객을 기다리고 있다. 새로운 와인을 발견하는 것이 삶의 가장 큰 행복이라 믿는 오너는 덥수룩한 수염에 이메일조차 없는 아날로그형 인간이지만 손님들에게 싸고 맛있는 와인을 제공하겠다는 의지 하나만은 분명하다. 와인 바에서 맛보고 맘에 드는 와인이나 주인장이 추천하는 와인을 직접 살 수도 있다. 최근 이곳 주인은 유기농 와인에 꽂혀 있다고 한다. 감자를 갈아 만든 퓌레와 남부 지방의 소시지와 같은 부댕, 오리 엉덩이를 오븐에 바싹 구운 요리 등 전통 요리법을 고집하는 메뉴가 인기 비결 중 하나.

1 부담스럽지 않은 가격과 분위기의 와인 바 **2** 전 세계의 여행 전문 작가들이 추천하면서 유명해졌다. **3** 프랑스 전국을 다니면서 싸고 맛있는 와인을 골라오는 베르 볼레의 주인

아타자르 Artazart 🔊 아타자

Add. 83 Quai de Valmy **Tel.** 01 40 40 24 00
Open 월~금요일 10:30~19:30, 토요일 11:00~19:30,
일요일·공휴일 14:00~20:00 **Close** 1/1, 6/1, 12/25
Access M5 Jacques Bonsergent 역에서 Bd de Magenta를 따라 걷다가
좌회전한다. 계속 걷다가 Rue de Lancry로 좌회전해 사거리에서 Quai de Valmy로
우회전한다. 도보 5분 **URL** www.artazart.com

서점 그 이상을 뛰어넘는 공간

1999년 인터넷 사이트를 통해 예술 관련 종사자들에게 원하는 책을 공급하기 시작했다. 점차 주문이 늘어나자 2000년 제롬 프르넬과 칼 위게닌이 공동 투자해 지금의 자리에 오프라인 서점을 열었다. 그래픽 아티스트, 웹 디자이너, 타이포그래피 전문가, 사진가, 학생들이 열광할 만한 전문 서점이 생 마르탱 운하 주변에 생겨난 것은 예견된 일일지도 모른다. 단순히 서점이라는 공간적 개념을 뛰어넘어 지금은 서점 주변에서 일하는 프리랜스 작가들은 물론 젊은 작가들을 위한 전시 공간으로도 이용되고 있다. 전 세계 예술과 문화 관련 서적들이 파리에서 가장 먼저 들어오는 곳으로 언제 찾아도 신나고 즐거운 장소다. 최근 프라이탁Freitag 가방과 로모 카메라 전시 공간을 마련해서 더욱 인기를 얻고 있다.

1 조경과 아이들의 책을 모아놓은 안쪽 공간 **2** 음식과 관련한 책들은 언제나 인기 있다. **3** 신진 작가들의 전시로 활기가 넘치는 곳 **4** 다양한 장르의 예술 서적이 매주 업그레이드된다.

Area 4 / Canal Saint Martin

앙투안 에 릴리 Antoine et Lili 🔊 앙뜨완 에 릴리

Map P.247

Add. 95 Quai de Valmy **Tel.** 01 40 37 41 55 **Open** 11:00~20:00(일·월요일 ~19:00, 토요일 10:00~) **Access** M5 Jacques Bonsergent 역에서 Rue Lucien Sampaix를 따라 걷다가 우회전한 후 Quai de Valmy까지 계속 걷는다. 도보 5분
URL www.antoineetlili.com

멀리서 봐도 눈에 띄는 외관

파리지앵이 선택한 패션 브랜드

오리엔탈 룩을 베이스로 에스닉한 스타일의 옷을 주로 선보여 파리지앵 사이에서 마니아층을 형성하고 있다. 파리 시내에 아홉 개의 매장이 있고 액세서리, 여성복뿐 아니라 아동복 라인과 인테리어 분야까지 영역을 넓히면서 종합 브랜드로 거듭나고 있다. 형광색으로 칠한 외관과 키치한 분위기의 내부는 언제나 파리지앵의 눈길을 사로잡는다.

상트르 코메시알 Centre Commercial 🔊 썽트르 코메시알

Map P.247

Add. 2 Rue de Marseille **Tel.** 01 42 02 26 08 **Open** 월요일 13:00~19:30, 화~토요일 11:00~20:00, 일요일 14:00~19:00 **Access** M5 Jacues Bonsergent 역에서 Bd de Magenta를 따라 걷다가 Rue de Lancry로 좌회전한다. 계속 걷다가 Rue Yves Toudic으로 우회전해 Rue de Marseille로 좌회전한다. 도보 5분
URL www.centrecommercial.cc, www.veja-store.com

착한 소비를 돕는 자연주의 브랜드

인류를 생각하는 착한 가게

세바스티앵 콥Sébastien Kopp과 프랑수아 기랑 모리리옹François Morllion 두 창업자가 만든 베자Véja는 프랑스인들 사이에서 인기 있는 캐주얼 슈즈 브랜드. 상트르 코메시알은 생마르탱 운하 주변에 세운 멀티 브랜드 숍으로 베자뿐 아니라 패션 관련 브랜드 중에서 공정무역과 자연을 생각하는 브랜드만을 엄선해서 판매한다. 최근에는 덴마크, 프랑스, 독일 등에서 가져온 중고 자전거를 비롯해 가구도 있다.

라 트레조르리 La Tresorerie 🔊 라 뜨레조르리

Add. 11 Rue du Château d'Eau **Tel.** 01 40 40 20 46
Open 숍 11:00~19:00, 카페 11:00~17:00(토요일 ~19:00)
Close 일요일 **Access** M3·5·8·9·11 République 역에서 도보 5분
URL www.latresorerie.fr

멀티 브랜드 리빙 숍

빈티지 냄비와 프라이팬 브랜드에서부터 수건에 이르기까지 다양한 아이템을 만나 볼 수 있다. 까다로운 기준을 세워 환경에 영향을 끼치지 않는 가치 있는 제품을 셀렉해 선보인다. 숍 내에 스칸디나비아 디자인으로 꾸며진 카페도 있다. 쇼핑을 즐기고 난 후 출출할 때 들러 차 또는 유기농 주스와 스웨덴 스타일의 타틴, 샐러드나 홈메이드 쿠키 등을 즐기기에 좋다.

디자인과 가치를 중시하는 주방용품을 판매한다

보르고 델 토바클리 Borgo Delle Tovaglie 🔊 르 꼼또아 제네랄

Add. 4 Rue du Grand Prieuré **Tel.** 09 82 33 64 81
Open 10:00~19:00 **Close** 일요일
Access M5·9 Oberkampf 역에서 도보 1분
URL www.borgodelletovaglie.com

이탈리아 볼로냐에 본사를 둔 리빙 전문 브랜드

2층 규모의 넓은 공간의 숍에는 리빙 제품은 물론 아기 옷을 재활용해 만든 예쁜 스탠드나 고서를 쌓아 만든 스탠드 등 자체 디자이너가 만든 제품과 이탈리아에서 직송한 좋은 품질의 식료품류도 구입 가능하다. 매장 입구에는 예쁘게 꾸며진 레스토랑 & 바가 있어 이탈리아 요리와 와인도 즐길 수 있다.

이탈리아인들의 의식주 문화를 살펴볼 수 있는 매장 내부

> Ask Local

그래픽 디자이너
줄리앙 네바 Julien Nelva의
시크릿 파리

시크릿 파리 >> **파리지앵으로 출판 분야에서 그래픽 디자이너로 활동하고 있습니다. 파리에서 그래피스트로 살면서 가장 큰 즐거움이 있다면?**
줄리앙 네바 >> 유년 시절 몇 년을 제외하고는 파리에서 자랐고, 장식미술학교인 아르데코ENSAD와 올리비에 드 세르Olivier de Serre를 마치고 파리에서 그래픽 디자이너로 일하고 있습니다. 그래픽 디자이너로 파리에서 열리는 전시들을 보거나 구석구석 동네들을 다니면서 쇼핑하는 등 다양한 문화 혜택을 누리고 있다고 생각해요.

시크릿 파리 >> **파리에 살면서 언제 행복을 느끼나요?**
줄리앙 네바 >> 오래전부터 시각적인 영감을 얻거나 목적의식을 잃지 않도록 일종의 '파리 산보'를 해오고 있어요. 당연히 시간이 지나면서 빛의 도시(20세기 초 화려한 불빛을 가장 많이 내뿜었던 파리에 붙여진 이름)에 숨겨진 작은 길들을 저만의 감각으로 찾아다니며 점차 행복을 알아가게 됐어요. 종종 목적지를 가기 위해 여러 다른 길들을 탐색하다 생각지도 않았던 새로운 장소를 발견하곤 즐거워하죠. 파리지앵의 일상은 도시 계획 때문에 봐야 할 것들과 해야 할 것들로 넘쳐나요.

시크릿 파리 >> **즐겨 찾는 장소 중에 한국인 여행자들에게 반드시 추천하고 싶은 장소가 있다면?**
줄리앙 네바 >> 관광지라기보다 회사와 집을 오가며 발견한 레스토랑 두 군데와 쇼핑 장소가 있어요. 7구에 있는 라 캉티넬La Cantinella이라는 이탈리아 레스토랑과 5구에 레 델리스 다프로디트Les Délices d'Aphrodite라는 그리스 레스토랑이에요. 개인적으로는 작지만 가족적인 그리스 레스토랑을 좋아해요. 그리고 봉 마르셰Le Bon Marché 백화점이에요. 특히 0층에 있는 봉 마르세 식품점La Grande Epicerie du Bon Marché은 프랑스 고급 커피, 차, 초콜릿, 전 세계의 향신료, 한정된 디자인 음료들을 접할 수 있는 곳이라 특별히 구입할 물건이 없더라도 가끔 아이 쇼핑을 하죠.

시크릿 파리 >> **주말에 즐기는 특별한 여가 생활이 있다면?**
줄리앙 네바 >> 제게 파리의 삶은 단지 도시 생활과 문화만 존재하는 게 아니에요. '자연'이라는 또 다른 스펙터클, 곧 창조물에 감탄해 마지않으면서 삶의 균형을 이루기 위해 일주일에 한 번은 꼭 자연에서 '쉼'을 얻으려 하죠. 자연은 어린 시절의 추억이기도 하지만 동시에 예술사적으로도 풍부한 근원이죠. 두 미술학파의 이름을 그대로 차용하고 있는 마을 바르비종과 퐁텐블로 사이의 산림은 제게 한국의 바위들과 소나무를 연상케 하는 곳이기도 해요. 또 이 근처 산림에서 경비행기를 조정하는 걸 즐겨요. 하늘을 날며 고공에서 자연을 감상하는 기쁨을 누릴 수 있기 때문이죠. 파리에서 1시간 거리이기 때문에 이 모든 것들을 볼 수 있어요. 바로 동방의 조용한 아침의 나라와 비슷한 이 순간이 파리지앵의 문화적인 일상에 브레이크를 거는 것이죠.

시크릿 파리 >> **파리의 숨은 갤러리나 문화 장소를 추천한다면?**
줄리앙 네바 >> 수많은 박물관들과 책들을 통해서도 파리의 아름다움을 찾아볼 수 있어요. 제가 즐겨 찾는 곳 중에 서점은 아주 중요해요. 거리를 거닐게 만드는 매력적인 이유라고나 할까요. 이제 당신만의 길을 만들어볼 차례입니다. 아래 주소들 근처를 지나가보라고 권하고 싶어요. 한 번 시도해보세요.

줄리앙의 추천 갤러리

세르누치 박물관
Musée Cernuschi P.449-C
Add. 7 Avenue Vélasquez **Tel.** 01 53 96 21 50 **Open** 화~일요일 10:00~18:00 **Access** M 2·3 Villiers, Monceau **Price** 상설전 무료

아큐리알 Arcurial P.451-D
Add. 7 Rond Point des Champs Elysées **Tel.** 01 42 99 20 20 **Open** 월~금요일 10:00~19:00(토요일 11:00~)
Access M1·9 Franklin D.Roosevelt

레 델리스 다프로디트
Les Délices d'Aphrodite P.455-H
Add. 4 Rue Candolle
Tel. 01 43 31 40 39 **Open** 12:00~14:00, 19:00~23:00 **Access** M7 Censier Daubenton **Price** 20~50€

갤러리 아네스 베
Galerie Agnès B P.452-A
Add. 44 Rue Quincampoix **Tel.** 01 44 54 55 90 **Open** 화~토요일 12:00~19:00

테아트르 뒤 홍 푸앙 P.449-D
Théâtre du Rond point
Add. 2 Bis Avenue Franklin D Roosevelt
Tel. 01 44 95 98 22
Open 12:00~19:00(일요일 ~16:00)
Close 월요일 **Access** M1·9 Franklin D Roosevelt, M1·13 Champs-Élysées Clemenceau

앙리 카르티에 브레송 재단 P.458-A
Fondation Henri-Cartier Bresson
Add. 2 Impasse Lebouis
Tel. 01 56 80 27 00 **Open** 화~일요일 13:00~18:30(수요일 ~20:30, 토요일 11:00~)
Access M13 Gaité, M6 Edgard Quinet
Price 4~6€

라 캉티넬라
La Cantinella P.457-C
Add. 29 Rue Surcouf **Tel.** 01 45 51 61 49
Open 화~토요일 12:00~14:30, 17:15~23:30
Access M8·13 Invalides, M8 La Tour Maubourg **Price** 30~60€

Area 5
SAINT GERMAIN DES PRÈS

생제르맹데프레

● 1950년대 시몬 드 보부아르, 장 폴 사르트르 등의 실존주의 철학자들과 큐비즘을 탄생시킨 브라크, 피카소와 같은 화가들이 만남의 장으로 이용했던 카페 뒤 마고와 카페 드 플로르로 대표되는 생 제르맹 거리는 문학과 사상의 중심이었다. 최근 다양한 숍과 카페, 레스토랑이 공존하는 평범한 거리로 바뀌고 있지만 아직도 많은 출판사들이 이 자리를 굳건히 지키고 있다. 자콥 거리에는 유명 가구 회사들의 쇼룸이 거리의 새로운 개성을 만들어가고 있다.

생 제르맹 거리와 생 미셸 거리가 교차하는 부근을 생제르맹데프레라 하며 생 미셸 대로 동쪽에 있는 카르티에 라탱은 프랑스 엘리트들이 다닌다는 루이 르 그랑, 앙리 4세 고등학교, 소르본 대학 등 파리의 주요 대학가가 있는 젊음의 거리로 언제나 생동감이 넘친다.

한적한 오후 시간을 보내기 위해 공원을 찾을 계획이라면 파리의 오아시스라 할 수 있는 뤽상부르 공원에 가거나 생 미셸 광장 동쪽에 있는 식물원에 가보는 것도 좋다. 여유로운 파리지앵들의 모습과 하나가 돼 자유로운 파리 여행자가 되는 것도 한 번쯤 경험해볼 만한 일이다.

Area 5 / Saint Germain des Prés

Access
가는 방법

생제르맹데프레 Saint Germain des prés 역
방향 잡기 갤러리와 문학 카페가 모여 있는 지역을 돌아보려면 M4 생제르맹데프레 역에 내리는 것이 좋다. M10을 이용할 때는 오데옹 Odéon 역에 내려도 가깝다.

뤽상부르 Luxembourg 역
방향 잡기 쇼핑 대신 파리의 녹음과 역사를 느끼고 싶다면 RER B 뤽상부르 Luxembourg 역에서 일정을 시작하는 것이 좋다. 공원을 천천히 산책하듯 돌아보고 팡테옹, 소르본 대학을 거쳐 생제르맹데프레에 있는 문학 카페의 순으로 동선을 잡으면 된다.

- Saint Germain des Prés — M4 1분 — Odéon — M4 1분 — Saint Michel
- Odéon — 도보 7분 — Cluny la Sorbonne
- Saint Michel — 도보 5분 ※지하보도로 연결됨 — Cluny la Sorbonne
- Saint Michel — RER B 3분 — Luxembourg

Check Point
● 파리의 대학들이 모여 있는 지역이라 저렴한 옷과 먹을거리가 많은 편이다. 파리 학생들의 활기찬 모습을 볼 수 있다.

● 볼거리보다 갤러리, 문학 카페 등 문화 공간이 많은 것도 이곳의 특징이다. 느긋한 마음으로 카페에서 책을 읽거나 여유로운 시간을 즐기자

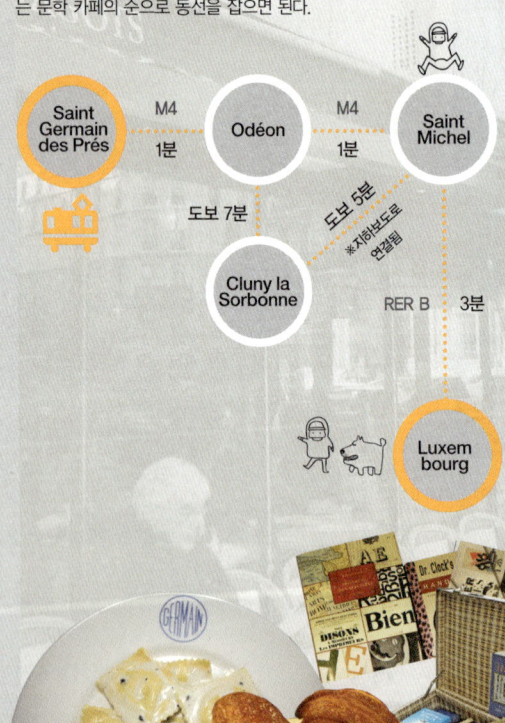

Plan
추천 루트
지성인의 거리 생제르맹데프레
여유 있게 돌아보기

10:00 뤽상부르 공원
Jardin du Luxembourg
녹음이 우거진 공원에서 하루를 시작한다. 도시의 오아시스 같은 뤽상부르 공원 울타리에선 1년 내내 사진 전시가 열린다.

도보 3분

10:30 팡테옹 Le Panthéon
팡테옹에 잠들어 있는 프랑스 위인들을 보는 것도 의미 있다.

도보 4분

11:30 소르본 대학 Université Paris Sorbonne
우리가 알고 있는 소르본 대학은 파리 4대학을 일컫는다. 주변에 3·5대학이 있어 거리 가득 활기 넘치는 젊은이들의 모습을 볼 수 있다. 주머니 사정이 넉넉지 않은 학생들에게 인기 있는 중고 서적, DVD, CD 전문점을 둘러보자.

도보 10분

레피 뒤팽
도보 20분

13:00 체 키친 갤러리 또는 레피 뒤팽
Ze Kitchen Galerie / l'Epi Dupin
〈미슐랭 가이드〉 1스타 레스토랑이나 시골 스타일의 브라스리냐의 선택은 여행자의 몫이다. 전자의 경우 점심 예산은 35유로 정도이고 후자는 22유로 선이다.

도보 20분

봉 마르셰
도보 1분

도보 10분

15:00 카페 드 플로르 Café de Flore
프랑스 최고의 문학 카페 중 하나인 카페 드 플로르에서 핫 초콜릿이나 에스프레소 한 잔을 시켜놓고 있으면 비로소 파리에 와 있음을 실감하게 될 것이다.

도보 4분

16:30 봉 마르셰 또는 들라크루아 미술관
Le Bon Marché /
Musée National Eugène Delacroix
쇼핑이라면 자다가도 벌떡 일어나는 여행자라면 봉 마르셰 백화점에 들러보자. 국립미술학교 보자르 주변의 작은 갤러리를 둘러보거나 들라크루아 미술관, 마욜과 같은 작은 미술관을 관람하는 일정도 괜찮다.

Area 5 / Saint Germain des Prés

들라크루아 미술관 Musée National Eugène Delacroix
뮤제 나시오날 외젠 드라크로와

Map P.454-B

Add. 6 Rue de Fürstenberg **Tel.** 01 44 41 86 50
Open 09:30~17:30 **Close** 화요일, 1/1, 5/1, 12/25
Access M4 Saint Germain des Prés 역에서 Bd Saint-Germain을 따라 걷다가 Bd Saint-Germain로 좌회전한다. 계속 걷다가 사거리에서 Rue de l'Abbaye로 좌회전한다. 도보 3분 URL www.musee-delacroix.fr **Admission Fee** 일반 전시 7€, *루브르 박물관+들라크루아 미술관 15€, 동일한 날 입장해야 함

들라크루아에게 헌정한 미술관

시끌벅적한 생제르맹데프레 거리 안쪽으로 들어간 골목길에 있어 한가로운 분위기를 느낄 수 있는 작은 미술관이다. 힘찬 율동감과 격정적인 표현력으로 프랑스를 대표하는 낭만주의 화가인 페르디낭 빅토르 외젠 들라크루아의 작품을 전시하고 있다. 이곳에서 그는 1863년까지 살면서 근처에 있는 생 쉴피스 성당의 〈천사와 싸우는 야곱〉을 그렸다. 힘찬 율동과 격정적인 표현으로 〈민중을 이끄는 자유의 여신〉, 〈메두사호의 뗏목〉과 같은 그의 대표작들은 루브르 박물관을 비롯해 전 세계 박물관에 전시되고 있다. 그가 그린 스케치, 가구, 사진과 같은 유물을 전시하고 있으며, 다양한 주제의 들라크루아 특별전이 자주 열리므로 홈페이지에서 미리 일정을 확인하고 가는 게 좋다.

1 들라크루아는 근처 생 쉴피스 성당의 벽화를 그리기 위해 이곳에 살았다. **2** 미술관과 아틀리에 사이에 작은 풀이 있다. **3** 좁은 입구는 계단으로 연결된다. **4** 한적한 골목길에 있는 미술관 입구

뤽상부르 공원 Jardin du Luxembourg 🔊 쟈르당 뒤 뤽썽부르

Add. Rue de Vaugirard
Tel. 01 42 64 33 99
Open 개관 07:15~08:15, 폐관 14:45~21:30 *계절마다 정원 개폐 시간이 다름
Access RER B Luxembourg 역에서 바로
Admission Fee 무료

★★★

파리 도심의 오아시스

1612년 이탈리아 피렌체의 메디치 가문 태생의 마리 드 메디시스가 자신이 살던 고향을 그리워하던 중 피렌체 풍의 건물과 공원을 만들기 위해 조성한 곳이다. 녹음이 우거진 나무 그늘에서 한가로이 산책과 독서를 즐기는 사람, 조깅을 하거나 테니스를 치는 사람, 아이들로 활기를 띠는 놀이터와 인형극 마리오네트 극장 등 다양한 파리의 모습을 볼 수 있다. 국회 상원 건물로 사용하는 궁전은 건축가 살로 몽 드 브로스가 설계했으며 릴케, 보들레르, 베를렌, 모파상, 스탕달 등이 이곳에서 사색을 즐겼다. 이탈리아 양식의 분수와 프랑스의 조각가 바르톨디가 제작한 자유의 여신상 원본이 있다. 수준 높은 전시가 1년 내내 계속되는 뤽상부르 미술관(www.museeduluxembourg.fr)은 미술 애호가라면 놓쳐서는 안 될 곳이다.

1 프랑스 국회 상원 건물이 뒤쪽으로 보인다. **2** 공원 내 식물원 앞에서 휴식을 취하는 파리지앵 **3** 아이들과 함께 공원에 산책 나온 사람들이 많다. **4** 차와 간단한 식사를 즐길 수 있는 노천카페도 있다.

Area 5 / Saint Germain des Prés

마욜 미술관 Musée Maillol 뮤제 마욜

Map P.454-A

Add. 61 Rue de Grenelle **Tel.** 01 42 22 59 58
Open 10:30~19:00(금요일 ~21:30) **Close** 화요일, 1/1, 12/25
Access M12 Rue du Bac 역에서 Rue du Bac을 따라 걷다가 Rue de Grenelle로 좌회전한다. 도보 2분 **URL** www.museemaillol.com
Admission Fee 일반 13€, 만 11~25세 7€
*박물관 보수를 위해 2016년 9월 재오픈 예정

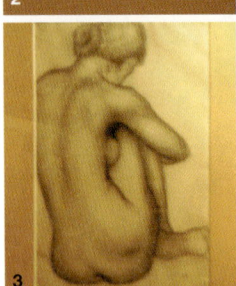

풍만한 누드로 유명한 마욜의 미술관

만 15세의 나이에 조각가 마욜의 모델이 됐고, 로댕과 카미유 클로델 같은 화가들에게 영향을 받아 평생 예술을 사랑한 미술상이자 마욜의 추종자 디나 베이르니가 설립한 작은 미술관이다. 고대 조각의 이상과 전통을 물려받은 아리스티드 마욜의 대표작인 〈지중해〉, 〈세 요정〉뿐 아니라 피카소, 발라동, 위트릴로, 앵그르, 드가, 세잔 등의 데생과 콜롬비아 작가 보테로의 작품을 볼 수 있다. 미술관 입구가 마치 샹젤리제의 고급 부티크처럼 예쁘고 상당한 규모의 특별전이 자주 열리는 작은 미술관이다. 로댕, 부르델과 더불어 프랑스에서 조각가로 이름을 떨친 그의 미술관에서는 어려운 시기에 함께했던 마티스와 고갱의 특별전이 자주 열린다. 로댕과 마욜 미술관을 함께 볼 수 있는 티켓도 효율적이다.

1 작지만 알찬 마욜 미술관의 외관 **2** 콜롬비아의 유명 화가 페르난도 보테로의 작품도 있다. **3** 평생 누드화만 그린 마욜의 작품을 볼 수 있다. **4** 풍만한 신체를 조각으로 표현한 마욜은 프랑스 3대 조각가 중 한 사람이다.

생 쉴피스 성당 Eglise Saint Sulpice 에글리즈 쌩 쒤피스

Add. Place Saint Sulpice, 2 Rue Palatine
Tel. 01 42 34 59 98 **Open** 07:30~19:30(오르간 연주 미사 일요일 10:50/18:35, 월 1회, 날짜는 홈페이지 참조)
Access M4 Saint Sulpice 역에서 Rue de Rennes를 따라 걷다가 Rue Cassette로 좌회전한다. 도보 5분
URL www.paroisse-saint-sulpice-paris.org **Admission Fee** 무료

★★

〈다빈치 코드〉에 등장하는 성당

조반니 세르반도니의 설계를 기초로 여섯 명의 건축가가 134년에 걸쳐 네오클래식 양식으로 완성했다. 길이 113m, 폭 58m, 높이 34m 규모의 파리에서 두 번째로 큰 성당으로 외관부터 관람객을 압도한다. 성당 내부에는 세계에서 가장 큰 파이프오르간과 들라크루아가 그린 프레스코화 〈천사와 싸우는 야곱〉이 유명하다. 이 천장화에는 용을 물리치는 생 미셸, 천사와 싸우는 야곱이 묘사돼 있다. 교회 앞 광장의 나폴레옹 묘를 장식한 분수는 추기경이 되지 못한 네 명의 주교를 상징한다. 이곳은 댄 브라운의 소설 〈다빈치 코드〉에서 시온 수도회의 자크 소니에르 등이 사일러스에게 죽음을 당하면서 거짓으로 입을 맞춘 시온의 쐐기들이 묻힌 장소로 등장해 더욱 유명해졌다.

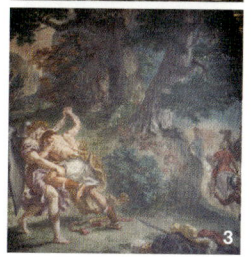

1 소설 〈다빈치 코드〉에 나오면서 유명해졌다. **2** 추기경이 되지 못한 네 명의 신부를 기리기 위해 만든 분수 **3** 들라크루아가 그린 〈천사와 싸우는 야곱〉

Area 5 / Saint Germain des Prés

생제르맹데프레 성당 Eglise Saint Germain des Prés
🔊 에글리즈 쌩 제르맹 데프레

Map P.454-B

Add. 3 Place Saint Germain des Prés
Tel. 01 55 42 81 33
Open 08:00~19:45(일요일 09:00~20:00), 미사 일요일 09:00/11:00/17:00/19:00
Access M4 Saint Germain des Près 역에서 Bd Saint-Germain를 따라 걷다가 Pl. Saint-Germain des Prés로 우회전한다. 도보 1분
URL www.eglise-sgp.org **Admission Fee** 무료

★★

파리에서 가장 오래된 성당

543년경 메로빙거 왕조 2대 왕인 실 드 베르가 스페인 원정에서 획득한 성 빈센트의 십자가와 제복을 보관하기 위해 세운 성당으로 576년에 죽은 파리의 주교 생 제르맹의 이름을 따 베네딕트수도회 건물이 들어섰다. 9세기 바이킹족의 침입으로 훼손됐다가 로마네스크 양식으로 새로 지어진 지금의 파사드는 11세기 것으로 19세기에 복원됐다. 처음부터 교구 성당이 아닌 수도원의 부속 성당으로 건립돼 규모가 작다. 성가대석 오른쪽에는 데카르트의 묘가 있으며 성당 옆 작은 공원에는 피카소가 조각한 〈아폴리네르에게 바치는 기념물〉이 눈길을 끈다.

1 평일에는 장례식 등 여러 성당 행사들이 열린다. **2** 파리에서 가장 오래된 교회의 내부 **3** 생제르맹데프레 교회의 외관

카페 셰익스피어 컴퍼니 Café Shakespeare & Company

까페 섁스피얼 앤 컴패니

Map P.455-C

Add. 37 Rue de la Bûcherie
Tel. 01 43 25 40 93 **Open** 10:00~23:00
Access RER B·C Saint Michel Notre Dame 역에서 Quai Saint-Michel를 따라 걷다가 Pl. du Petit Pont로 우회전한다. 계속 걷다가 사거리에서 Rue de la Bucherie로 좌회전한다. 도보 3분
URL www.shakespeareandcompany.com

영화 〈비포 선셋〉에 나오는 영어 북 카페

역사와 전통을 자랑하는 카페 셰익스피어 컴퍼니는 영화 〈비포 선 셋〉에서 남녀 주인공 에단 호크와 줄리 델피가 9년 만에 재회하는 장소로 우리에게 각인돼 있는 영미권 중고 헌책방이다. 이 공간의 한쪽에 카페가 새로이 문을 열었다. 서점의 수입이 줄자 과거 고서를 전시하던 죽어 있던 공간을 카페로 새롭게 태어난 이곳은 '밥스 주스 바'에서 위탁 운영을 맡고 있으며 원두는 '카페 로미'의 것을 사용한다. 테라스에 앉아 커피 한 잔과 간단한 아침을 즐기면서 눈앞에 바라다보이는 노트르담 대성당을 바라보는 기분은 더할 나위 없다.

1 영어권 사람들의 약속 장소로 유명한 카페 셰익스피어 앤 컴퍼니 **2** 파리에서 가장 유명한 영어 서점이다. **3** 희귀한 영어 책을 파는 가게는 옆집이다. **4** 하트 모양으로 서비스 되는 라테

Area 5 / Saint Germain des Prés

소르본 대학 Université Paris Sorbonne 유니벡씨떼 쏘르본

Map P.455-C

Add. 1 Rue Victor Cousin
Tel. 01 40 46 22 11
Access M10 Cluny la Sorbonne 역에서 Bd Saint-Germain를 따라 도보 10분, RER B Luxembourg 역에서 Rue le Goff를 따라 도보 5분
URL www.paris-sorbonne.fr
Admission Fee *관광객 내부 관람 불가

★

예수회 신부가 세운 소르본 대학

로베르 드 소르본 신부가 열여섯 명의 가난한 학생들에게 신학을 가르치기 위해 세웠으며 교회 건물은 1635년부터 7년에 걸쳐 완성됐다. 중세에는 자체적인 사법 체제를 갖추고 있어 잔 다르크의 처형이 소르본 대학의 승인하에 이뤄지기도 했다. 프랑스대혁명 때 폐교됐다가 루이 13세 때 다시 문을 열었다. 흔히 소르본 대학은 문학, 의학, 약학, 법학 등을 가르치는 파리 3·4대학을 통칭하며 외국인을 위한 어학 과정이 개설돼 있어 한국인 학생도 많은 편이다. 소피 마르소가 주연한 영화 〈유 콜 잇 러브〉 등 프랑스 영화에도 자주 등장한 캠퍼스에는 22개의 계단식 강의실과 두 개의 박물관, 열여섯 개의 실험실, 스물두 개의 회의실이 있다. 일반인은 들어갈 수 없다.

1 소르본 대학 안에 있는 예배당 **2** 프랑스의 대학 캠퍼스는 우리나라 대학처럼 운동장이 따로 없고 건물만 있다.

식물원 Jardin des Plantes 자르당 데 쁠렁뜨

Add. 57 Rue Cuvier, 2 Rue Buffon
Tel. 01 40 79 56 01
Open 여름 07:30~20:00, 겨울 08:00~17:30
Access M7·RER Gare d'Austerlitz 역에서 도보 15분
URL www.jardindesplantes.net
Admission Fee 무료

아이들과 함께하는 자연학습장

1640년 루이 13세의 주치의였던 장 에루아르와 기 드 라 브로스가 왕실에 필요한 약초를 조달하기 위해 정원에 식물을 심어 식물원을 조성했으며 프랑스대혁명 이후 시민에게 개방되기 시작했다. 이후 동식물의 생태는 물론 지구의 역사까지 탐구할 수 있는 장소들이 추가됐다. 전체 면적은 7만2600평으로 자연사박물관, 동물원이 함께 있어 주말이면 어린이들과 함께 가족 단위의 관람객들로 문전성시를 이룬다. 거대한 코끼리부터 온갖 동물의 진화 과정을 설명해주는 '진화 갤러리'가 가장 볼만하다.

Tip 숫자로 본 식물원
6개의 전시용 온실, 22개의 공급용 온실과 옥외 재배지에 2만3500여 종의 식물들이 있다. 진화 갤러리에는 275종의 930여 동물 표본이 있다.

1 가지런히 다듬은 나무들이 늘어선 풍경은 베르사유 정원을 연상케 한다. **2** 자연사박물관 입구 **3** 박물관 입구에 서 있는 맘모스 **4** 초여름 꽃이 만개한 식물원 전경

Area 5 / Saint Germain des Prés

아랍세계연구소 Institute du Monde Arabe
🔊 앵스티튜트 드 몽드 아랍

Map P.455-D

Add. 1 Rue des Fossés Saint Bernard, Place Mohammed V
Tel. 01 40 51 38 38
Open 10:00~18:00(금요일 ~21:30, 토·일요일 ~19:00) **Close** 월요일
Access M7 Jussieu 역에서 Rue Jussieu를 따라 걷다가 Rue des Fossés Saint-Bernard로 우회전한다. 도보 7분
URL www.imarabe.org **Admission Fee** 박물관 일반 8€, 만 25세 미만 6€

★

장 누벨이 설계한 아랍 버전의 퐁피두센터

유리와 철을 소재로 아랍의 전통 문양과 현대미가 잘 어우러진 건물이다. 아랍 문화권의 20개 국가와 프랑스가 설립에 참여해 1987년에 문을 연 문화 공간으로 이슬람 세계의 독특한 융단과 청동기, 비단 제품, 액세서리 등을 볼 수 있다. 아랍 문화의 이해를 돕는 다양한 전시와 이벤트, 도서관, 레스토랑 등이 한데 있어 '아랍 버전 퐁피두센터'라는 별명을 갖고 있다. 태양과 빛의 양에 따라 광선 조절 유리판이 열렸다가 닫히는 광전지가 부착된 2만 7000개의 조리개판과 242개의 그릴이 가장 이색적인 포인트다. 이 건물을 설계한 유명 건축가 장 누벨은 빛의 양에 따라 동공이 조절되는 고양이의 눈에서 모티브를 얻었다고 한다.

1 조망이 좋은 옥상 전망대는 무료 입장이 가능하다. **2** 고양이의 동공과 같이 빛의 양에 따라 창문이 개폐된다. **3** 복합 문화 공간으로 퐁피두센터처럼 건물에 도서관이 있다.

중세 국립박물관 Musée National du Moyen Age

뮈제 나씨오날 뒤 무와야 나주

Map P.455-C

Add. 6 Place Paul Painlevé **Tel.** 01 53 73 78 00
Open 09:15~17:45 *입장 마감 폐관 30분 전 **Close** 화요일, 1/1, 5/1, 12/25
*12/24, 31 예외적으로 16:00 문 닫음 **Access** M10 Cluny La Sornonne 역에서 Bd Saint-Germain를 따라 걷다가 사거리에서 Pl. Paul Painlevé로 우회전한다. 도보 2분 **URL** www.musee-moyenage.fr
Admission Fee 일반 8€, 학생 6€, 특별전 일반 9€, 학생 7€(오디오 가이드 무료)

고색창연한 중세 시대의 유물

로마식 대중목욕탕의 잔재가 남아 있는 목욕 터와 이웃한 건물로 14세기 부르고뉴 지역에 있던 클루니 수도원의 수도사들이 기거했던 숙소가 있다. 15세기 말 이 지역의 주교였던 자크 당브아즈가 지금의 모습으로 증축했다. 이전에는 로마 교황의 대사관저, 인쇄소, 세탁소, 천문관측소 등 다양한 목적으로 이용되었는데 1833년 미술품 수집가인 알렉상드르 드 소믈라르가 개인 컬렉션을 기증해 사후에 그의 유언에 따라 1843년 박물관으로 문을 열었다. 중세 시대에 사용했던 가구, 식기, 태피스트리 등이 있으며 특히 15~16세기의 태피스트리가 압권이다. 〈귀족의 생활〉 시리즈와 〈유니콘을 타고 있는 여인〉이라는 여섯 장의 태피스트리, 12세기에 만들어진 리모주 도자기, 13세기에 만들어진 황금 십자가 등이 유명하다.

1 중세 시대의 건물이 박물관으로 이용되고 있다. 2 중세 시대 태피스트리가 주요 볼거리다. 3 태피스트리의 명작 〈유니콘을 타고 있는 여인〉 시리즈 4 문맹이 많았던 당시에는 성경 이야기를 스테인드글라스로 구현했다.

Area 5 / Saint Germain des Prés

주로 조각 작품을 전시하는 2층, 로댕의 제자 부르델의 작품

Tip 효율적인 관람 요령
2010년 내부 공사 때문에 작품의 위치를 바꿔놓았다. 인상파 화가들의 작품과 밀레, 쿠르베 작품들은 1층에, 로댕과 부르델의 조각은 2층에 있다. 미술관 입장은 개인의 경우 입구 A, 단체와 뮤지엄 패스 소지자는 입구 C를 이용한다. 매표소에서 티켓을 구입하고 서점을 지나 내부로 들어갈 수 있으며, 대형 시계가 있는 1층에 도착한다. 전시장은 총 세 개 층으로 구성돼 있으며 밀레의 〈만종〉과 〈이삭 줍기〉는 1층에, 인상파 화가들의 작품은 3층에 몰려 있어 1층 → 3층 → 2층의 순서로 보는 것이 시간을 아낄 수 있다. 티켓만 있으면 바깥에 나갔다가 다시 들어올 수 있다.

오르세 미술관 Musée d'Orsay 🔊 뮤제 돌쎄

Add. 1 Rue de la Légion d'Honneur **Tel.** 01 40 49 48 14
Open 09:30~18:00(목요일 ~21:45) **Close** 월요일, 1/1, 12/25
Access RER C Musée d'Orsay 역에서 Quai Anatole France를 따라 도보 6분
URL www.musee-orsay.fr **Admission Fee** 일반 12€, 만 18~25세 학생&목요일 제외한 매일 16:30 이후, 목요일 18:00 이후 9€, 오르세 미술관+오랑주리 미술관 콤비 티켓 16€(3개월 이내), 오르세 미술관+로댕 미술관 18€(3개월 이내)

미술 시간에 나오는 유명 작품들

1900년 파리 만국박람회 때 전시장으로 문을 연 이후 프랑스 남서부 오를레앙 발 기차가 출발하는 기차역, 포로수용소, 경매장, 호텔, 영화 세트장 등 다양한 용도를 거쳐 1986년 12월에 미술관으로 태어났다. 미술관으로 리뉴얼하면서 높이 32m, 폭 40m, 길이 138m에 이르는 규모에 자연 채광이 들어오게 해 미술 감상에 도움이 되도록 했다. 1848~1918년의 미술 작품과 19세기 후반의 사진, 건축, 장식 예술을 전시하고 있다. 인상주의의 대명사격인 르누아르의 〈물랭 드 라 갈레트에서의 춤〉, 로댕의 〈지옥의 문〉, 카르포의 〈춤〉, 반 고흐의 〈의사 폴 가세〉, 클로드 모네의 〈수련〉, 마네의 〈풀밭 위의 점심〉 등 학창 시절 미술 시간에 배웠던 유명 작품들을 볼 수 있어 다른 미술관보다 친근한 곳이다.

1 옛 기차역을 개조한 미술관 외관 **2** 미술관 내에 식사를 할 수 있는 레스토랑이 있다. **3** 모네의 〈수련〉 연작은 빛의 변화에 따라 같은 사물을 다르게 표현했다.

> Area 5 / Saint Germain des Prés

오르세 미술관에서 놓쳐서는 안 될
주요 작품

올랭피아 Olympia
에두아르 마네 Edouard Manet, 1863년 – 0층 Salle 14

역사상 이보다 더 많은 논란과 조롱을 한꺼번에 받은 작품이 있을까? '올랭피아'라는 이름은 당시 창녀들 사이에서 흔히 유행하는 예명 중 하나였다. 그림 속의 주인공 역시 창녀 중 한 명이었던 빅토린 뫼랑 Victorine Meurent(1882~1928)을 모델로 그린 것이다. 당시 예술가들이 누드화를 신화의 여신이나 비너스 등 이상화된 형태로 묘사한 것에 비해 창녀를, 그것도 보란 듯이 작품을 감상하는 사람들을 똑바로 쳐다보는 여성을 공식 살롱전에 제출한 것은 미술계에서 엄청난 스캔들이었다. 마네의 〈올랭피아〉는 여성의 관능적 육체미를 신성화했던 전통에서 벗어나 있는 그대로의 여성을 그리는 새로운 주제를 제시했다.

풀밭 위의 점심 식사 Déjeuner sur l'herbe
**에두아르 마네 Edouard Manet, 1863년 –
0층 Galerie Seine**

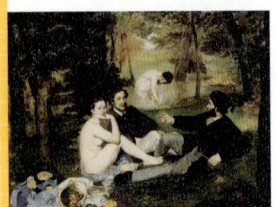

1863년 살롱전 심사위원으로부터 거절당한 마네의 〈풀밭 위의 점심 식사〉는 '목욕'이란 제목으로 살롱전에 떨어진 화가들의 작품을 모은 낙선전에서 전시됐다. 〈풀밭 위의 점심 식사〉에서 배경의 중심에 있는 두 남자들 사이에 옷을 벗고 앉아 있는 여인은 상당히 에로틱하다. 작품의 모델은 마네의 또 다른 그림인 〈올랭피아〉에 등장하는 창녀 빅토린 뫼랑Victorine Meurent이고 두 남자는 마네의 동생과 그의 여동생 남편이었다. 그들이 점심을 즐기고 있는 배경은 파리 외곽에 있는 불로뉴 숲인데 파리지앵들이 가족이나 연인과 함께 소풍을 가는 곳이다. 마네는 당시 미술계의 관습을 따르지 않고 사람들에게 익숙하지 않거나 쇼킹하기까지 한 일상적 모습을 치부까지 그대로 드러냈다.

비너스의 탄생 Naissance de Vénus
알렉상드르 카바넬 Alexandre Cabanel, 1863년 – 0층 Salle 3

살롱전이라 함은 19세기 프랑스 파리에서 주최하는 국제미술대전을 말한다. 모든 화가들에겐 선망의 대상이자 이곳에서 수상하기만 하면 화가로서 부와 명예를 한꺼번에 거머쥘 수 있는 기회이기 때문에 한 해에도 몇 천 작에 달하는 작품들이 출품됐다. 무명의 젊은 화가가 그린 이 비너스 앞에서 나폴레옹 3세는 30분간 자리를 뜨지 않고 작품을 감상했다고 한다. 결국 막대한 돈을 들여 이 작품을 직접 구입하기에 이른다. 이는 작품과 화가를 단숨에 성공으로 이끄는 길을 터준 것이나 다름없었다. 그동안 수많은 화가들이 비너스를 그려왔지만 이처럼 완벽한 비너스가 있었을까? 그녀는 남성들이 꿈꾸는 전통적인 여인상이었다.

오르낭의 장례식 Un Enterrement à Ornans
귀스타브 쿠르베 Gustave Courbet, 1850년 – 0층 Salle 7

19세기 중반부터 예술가들은 인위적인 것을 버리고 현실을 있는 그대로 표현하려는 시도를 했다. 낭만주의에 반대해 나타난 리얼리즘은 왕권제도와 나폴레옹 3세 사이에서 아주 짧지만 강렬하게 나타난 대표적인 미술사조였다. 그중에서도 대표적인 현실주의 화가인 쿠르베는 농부 가족이나 노동자 등 일반인을 소재로 1000여 점이 넘는 그림을 그렸다. 〈오르낭의 장례식〉은 1894년 여름에 그려진 그의 대작 중 하나로 손꼽힌다. 쿠르베는 전통적 소재인 역사, 종교화 대신 일상을 소재로 택하고 공식적인 역사화처럼 대작 사이즈로 그렸다.

세상의 기원 L'origine du Monde
귀스타브 쿠르베 Gustave Courbet, 1866년 – 0층 Salle 16

〈세계의 기원〉 최초의 소유자였던 카일리 베이는 엄청난 부호이자 방탕한 생활을 즐기던 터키와 이집트의 외교관이었다. 135년간 어두운 곳에서 빛을 보지 못했던 이 그림은 1995년 오르세 미술관에서 제2의 탄생을 맞았다. 젊은 시절 쿠르베는 여자의 나체를 탐구했는데, 그림 속 여성의 인체 묘사는 이상적인 아름다움을 추구하지 않고 있는 그대로의 솔직한 모습을 표현하고 있다. 여성의 얼굴은 드러나지 않은 채 가슴과 무릎 위까지만 묘사된 이 작품은 전체적으로 황갈색으로 채색된 여성의 음부 때문에 한동안 포르노그래피로 불리기도 했다.

만종 L'Angelus
장 프랑수아 밀레 Jean François Millet, 1857년경 – 0층 Galerie Seine

〈만종〉은 농촌에서 아침, 점심, 저녁 동안 천사 마리아에게 기도문을 외울 시간이 됐음을 알려주는 교회의 종을 의미한다. 한 남자와 한 여자가 커다랗게 펼쳐진 평원 위에서 농기구들을 잠시 옆에 세워두고 일을 멈춘 채 수확을 준 천사 마리아에게 올리는 기도문을 외우고 있다. 매우 수평적이고 넓게 펼쳐진 평야에 비해 두 부부의 기도하는 모습은 삶에 대한 의지와 경건함을 그대로 보여주고 있다. 두 부부의 얼굴에서는 고된 하루를 의미하듯 어두운 그림자가 남겨져 있다. 비록 소박한 농부의 행동이나 외관만 강조될지라도 캔버스에서는 엄숙한 감정의 깊이가 묻어난다.

이삭 줍는 여인들 Des Glaneuses
장 프랑수아 밀레 Jean François Millet, 1557년 – 0층 Galerie Seine

바르비종파 화가였던 밀레는 모두가 잘 알고 있듯이 〈만종〉으로 우리에게 누구보다 친숙하다. 그는 19세기 당시 쿠르베와 함께 사실주의를 대표하는 화가로 알려져 있는데 특히 농촌의 삶에 대한 그의 관심은 그가 남긴 여러 작품들을 통해서도 쉽게 엿볼 수 있다. 〈이삭 줍는 여인〉에서 밀레는 무산계급이었던 시골 여성들을 구체적으로 표현했다. 고된 노동과 강렬한 햇볕에 검붉게 그을린 여인들의 손과 얼굴은 가난하고 궁핍한 삶을 연상케 하지만, 다른 한편으로는 자연스럽게 묻어나는 노동의 엄숙함과 경건한 태도를 통해 그 어떤 영웅보다 진지한 삶의 품위를 드러내고 있다.

팡테옹 Le Panthéon 🔊 빵떼옹

Add. Place du Panthéon **Tel.** 01 44 32 18 00
Open 4~9월 10:00~18:30, 10~3월 10:00~18:00 **Close** 1/1, 5/1, 12/25
Access RER B Luxembourg 역에서 Bd Saint-Michel를 따라 걷다가 로터리에서 Rue Soufflot로 좌회전한다. 도보 4분
URL www.pantheonparis.com
Admission Fee 일반 8.50€, 만 18~25세 6.50€

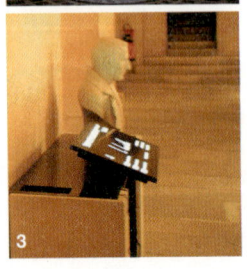

프랑스 위인들의 무덤

1744년 루이 15세가 메츠로 원정을 나갔다가 중병에 걸렸을 때 기도한 덕에 자신의 병이 낫자 성 주느비에브에게 헌당하기 위해 지은 건물로 높이가 83m에 달한다. 신고전주의 양식으로 지어진 이 건물은 건축가 수플로가 설계해 1789년에 완공했다. 프랑스 위인들이 묻혀 있는 곳으로 1791년 오노레 미라보의 장례식을 계기로 올림푸스 언덕에 그리스 신을 모시는 신전의 이름을 빌려 팡테옹이라 했다. 나폴레옹 1세 때는 교회로, 프랑스대혁명 당시에는 혁명 영웅들이 안치된 무덤으로 이용됐다. 루소, 볼테르, 빅토르 위고, 에밀 졸라, 앙드레 말로, 퀴리 부인과 그의 남편, 알렉상드르 뒤마 등의 묘가 있으며 264개의 계단을 올라가면 파리 전망이 한눈에 내려다보이는 전망 탑이 있는데 동절기에는 문을 닫는다.

1 웅장한 규모의 외관이 인상적이다. **2** 팡테옹 내부에는 화려한 대리석이 깔려 있다. **3** 〈레 미제라블〉로 잘 알려진 빅토르 위고가 이곳에 잠들어 있다.

프랑스학술원 Institut de France 🔊 인스티튜 드 프랑스

Add. 23 Quai de Conti **Tel.** 01 44 41 43 00
Open 개인 방문 불가 *마자린 도서관 Bibliothèque Mazarine 월~금요일 10:00~18:00 **Close** 8/1~15
Access M7 Pont Neuf 역에서 Pont Neuf 다리를 건너 Quai de Conti로 우회전한다. 도보 7분 **URL** www.academie-francaise.fr

프랑스 학자들의 명예의 전당

사업가 마자린이 설립한 재단이 모태가 됐다. 루이 13세 때 리슐리외 경이 프랑스어의 완벽성을 기하기 위해 세운 학술원이다. 역사학자, 철학자 등 다양한 전문가로 구성돼 있으며, 그들이 하는 일 중 가장 중요한 것은 프랑스어 편찬 사업이다. 700명 이상의 회원들이 이곳을 거쳐갔으며, 그중에는 라 퐁텐, 볼테르, 몽테스키외, 데카르트, 파스칼 등이 포함돼 있다.

이곳 연구원이 되는 것은 프랑스 사람들에겐 가문의 영광이다.

록키 호러 픽처 쇼 Rocky Horror Pictures Show 🔊 로키 오러 픽쳐 쇼

Add. 42 Rue Galande **Tel.** 01 43 54 72 71 **Open** 금·토요일 22:10
Access M4 Saint Michel 역에서 Bd Saint-Michel를 따라 걷다가 Rue Saint-Séverin로 좌회전해 Rue Galande까지 계속 걷는다. 도보 5분
URL www.studiogalande.fr
Price 인터넷(www.cinetick.fr) 구입 권장 11.26€

파리의 밤을 제대로 즐기자

1975년 영국의 짐 셔먼 감독이 만든 컬트 무비로 독특한 설정과 뛰어난 아이디어 그리고 기괴한 스토리로 시대를 앞서간다는 평가를 받았으나 개봉 당시 흥행에 참패했다. 사라져버릴 위기에 놓인 이 영화를 뮤지컬로 만든 이들은 'The Sweet Transvestites'라는 팬클럽. 매주 토·일요일 인터랙티브 영화, 즉 영화 상영과 동시에 배우들이 스크린 앞에서 연기를 하며 관객들의 참여를 유도한다.

신나는 인터렉티브 시네마를 즐기자.

Area 5 / Saint Germain des Prés

피에르 가니에르 가야 리브 고슈
Pierre Gagnaire Gaya Rive Gauche
🔊 삐에르 갸네르 가야 리브 고쉬

Map P.454-A

Add. 44 Rue du Bac **Tel.** 01 45 44 73 73
Open 12:00~14:30, 19:30~22:45
Close 일요일, 8월, 12/24·25·31 저녁~1/6 점심
Access M12 Rue du Bac 역에서 Rue du Bac로 좌회전한다. 도보 2분
URL www.pierre-gagnaire.com
Price 점심 60€~, 저녁 100€~

저렴한 가격으로 맛보는 피에르 가니에르 요리

서울 명동 롯데호텔에도 자신의 이름을 내건 레스토랑을 연 분자요리의 대가, 피에르 가니에르가 운영하는 합리적인 가격의 세컨드 레스토랑이다. 굴, 새우처럼 싱싱한 해산물을 전문으로 한다. 2층으로 된 레스토랑은 무대 연출가로 명성을 떨치고 있는 크리스티앙 지옹이 컨템퍼러리한 분위기로 디자인했다. 테이블이 많지 않아 언제나 줄을 서야 하는 것이 흠이다. 프랑스 요리의 대표적인 메뉴 중 하나인 푸아그라, 파프리카와 버터, 버섯과 가지를 넣은 훈제 쇠고기 등을 추천한다. 요리는 재료의 신선도와 계절에 따라 바뀐다. 본점 레스토랑인 피에르 가니에르 리브 고슈의 세컨드 레스토랑으로 본점의 3분의 1 가격에 캐주얼한 요리를 즐길 수 있다.

1 심플한 분위기로 꾸며진 2층 전경 **2** 피에르 가니에르 리브 고슈의 세컨드 레스토랑이다 **3** 레스토랑 1층 내부는 테이블이 많지 않은 아담한 구조로 돼 있다. **4** 오리엔탈 요리와 프랑스 파인 다이닝을 즐길 수 있다.

레피 뒤팽 l'Epi Dupin 레피 뒤빵

Add. 11 Rue Dupin **Tel.** 01 42 22 64 56
Open 12:00~15:00, 19:00~23:00 **Close** 월요일 점심, 토·일요일, 7/23~8/31
Access M10·12 Sévres Babylone 역에서 Rue de Sévres를 따라 걷다가 Rue Dupin으로 좌회전한다. 도보 3분
URL www.epidupin.com
Price 점심&저녁 전식+본식+디저트 39€, 점심 전식+본식 또는 본식+디저트 28€

프랑스 시골 음식을 모던하게 재현하다

봉 마르셰 백화점 근처에 있는 서민적인 분위기의 비스트로다. 시골 스타일의 요리를 모던한 디자인 감각으로 접시에 담아낸다. 프랑수아 파스토가 매일 새벽 장에서 골라온 신선한 재료로 요리한다. 테이블이 많지 않은 작은 공간이라 방문 전에 미리 예약하는 게 좋다. 당근 무스가 들어간 따뜻한 가리비 수프Velouté Chaud de Saint-Jacques, 생강과 꿀을 입힌 새끼 오리Filet de Canette Caramelize au Miel et Gingembre, 포멜로가 들어간 사블레 브르통Sablé Breton aux Pomelos 등이 있다. 가격 대비 음식 퀄러티가 훌륭하다는 것이 이곳을 다녀온 고객들의 평가다. 건강식 요리여서 대체로 칼로리가 낮으며 미국, 브라질, 일본인 여행자들과 프랑스 현지의 단골이 많은 편이다. 한국인 입맛에도 잘 맞는 요리가 많다.

1 소박한 시골 스타일의 레피 뒤팽 외관 **2** 메인 셰프 프랑수아 파스토 **3** 노랑을 기본으로 한 실내는 시골집에 온 것처럼 따뜻한 느낌을 준다. **4** 칠판에 쓰인 요리 중에서 전식, 본식, 디저트를 각각 하나씩 고를 수 있다.

Area 5 / Saint Germain des Prés

로텔 L'Hôtel 로텔

Add. 13 Rue des Beaux Arts **Tel.** 01 44 41 99 01 **Open** 07:00~10:30, 화~토요일 12:30~14:30, 19:30~22:00 **Close** 일·월요일
Access M4 Saint Germain des Prés 역에서 Bd Saint-Germain을 따라 Rue Bonaparte로 우회전한다. 계속 걷다가 Rue des Beaux Arts로 우회전한다. 도보 7분 **URL** www.l-hotel.com **Price** 아침(뷔페) 18€, 점심 전식+본식 또는 본식+디저트 45€, 전식+본식+디저트 55€, 식사 35€, 저녁 5코스 110€, 7코스 135€

Map P.454-B

신선한 계절 메뉴에 강한 레스토랑

오스카 와일드가 살았던 역사적인 호텔인 로텔에 있는 〈미슐랭 가이드〉 1스타 레스토랑으로 데커레이터 자크 가르시아가 리모델링했다. 계절에 따라 셰프가 재료의 신선도를 체크하고 메뉴를 정한다. 다양한 채소가 들어간 사테 소스의 필레 미뇽 돼지고기Cochon, 노간주 나무 열매로 즙을 낸 비둘기Pigeon 등을 추천한다.
클래식한 프렌치 요리의 전통에 모던한 감각을 가미한 헤드 셰프 줄리앙 몽바부Julien Montbabut가 주방을 지휘한다.

1 천장에서 빛이 들어온다. **2** 클래식한 외관의 호텔 정문 **3** 럭셔리한 분위기의 실내 **4** 육즙이 살아 있는 양고기 **5** 풍갓함이 입안 가득 느껴지는 대구 요리

르 프로코프 Le Procope 르 프로꼽

Add. 13 Rue de l'Ancienne Comédie
Tel. 01 40 46 79 00 **Open** 11:30~24:00
Access M4·10 Odéon 역에서 Bd Saint-Germain를 따라 걷다가 Rue de l'Ancienne Comédie로 우회전한다. 도보 3분
URL www.procope.com
Price 전식+본식 20.90€

300년 전통의 브라스리

1686년에 처음 간판을 단 유서 깊은 장소다. 프란세스코 프로코피오라는 이탈리언이 커피숍으로 문을 열었고 지금은 레스토랑으로 운영하고 있다. 볼테르, 당통, 로베스피에르 등의 백과사전파와 프랑스대혁명의 주인공인 역사 속 인물들이 이곳을 드나들었다. 특히 알렉산더 본 훔볼트는 프랑스대혁명 이후 1820년대까지 매일 오전 11시에 이곳에서 점심 식사를 한 것으로 유명하다. 1988년부터 약 10년 동안 크리스틸 샹들리에, 실내장식 가구, 집기 등을 새 단장했다. 오븐에서 조리한 달팽이와 따뜻한 국물이 생각날 때 먹을 수 있는 양파 수프, 와인에 끓인 닭고기 요리인 코코뱅, 쫄깃한 쇠고기 볼살, 1686년부터 조리해왔다는 소의 머리 고기, 모둠 해산물 요리 등을 추천한다.

1 300년이 넘는 세월 동안 한자리를 지켜온 전통 레스토랑 **2** 발을 들여놓는 순간 타임머신을 타고 과거로 돌아간 듯한 느낌을 주는 실내 **3** 격조 있는 분위기에서 즐길 수 있는 점심 코스 요리는 24유로 **4** 영어로 된 메뉴가 있으니 주문 시 요청하자.

Area 5 / Saint Germain des Prés

브라스리 립 Brasserie Lipp 🔊 브하스리 립

Add. 151 Boulevard Saint Germain
Tel. 01 45 48 53 91
Open 09:00~익일 01:00
Access M4 Saint Germain des Prés 역에서 Bd Saint-Germain를 따라 걷다가 Rue de Rennes로 좌회전해 사거리에서 우회전한다. 도보 3분
Price 전식 9~24.50€, 본식 22.20~25.50€, 디저트 10.50~11.80€

전 세계 유명 인사들이 즐겨 찾는 레스토랑

1880년 레오나드 립이 창업한 이래 지금까지 한자리를 지키고 있다. 지성인들이 모여 사는 리브 고슈(센 강 좌안)에 있는 대표적인 프랑스 레스토랑으로 미테랑 대통령부터 샤론 스톤까지 정치, 문화, 예술계 인사들의 발걸음이 끊이지 않는 곳이다. 이곳을 드나든 대표적인 인사는 베를렌, 프루스트, 지드, 헤밍웨이, 생텍쥐페리, 카뮈 등이 있다. 시간이 멈춘 듯한 느낌을 주는 곳으로 세라믹 표지판과 프레스코화로 장식된 벽면이 인상적이다. 추천 메뉴는 알자스로렌 지역 요리인 슈크루트나 바삭함이 입안 가득 느껴지는 생선구이, 흰 강남콩과 여러 가지 고기를 오랫동안 쪄서 만든 프랑스 요리 카술레Cassoulet 등이 있다.

1 130년이 넘도록 프랑스 정치가와 예술가들로부터 한결같은 사랑을 받아왔다. **2** 레스토랑 1층은 1900년대에서 시간이 멈춘 듯 옛 모습 그대로다. **3** 쇠고기 스테이크와 소스는 감자, 당근과 함께 서비스된다.

아틀리에 조엘 로부숑 L'Atelier Joël Robuchon 아뜰리에 죠엘 호뷔숑

Add. 5 Rue de Montalembert **Tel.** 01 42 22 56 56
Open 11:30~15:30, 18:30~24:00
Access M12 Rue du Bac 역에서 Rue du Bac를 따라 걷다가 Rue Montalembert로 우회전한다. 도보 3분
URL www.joel-robuchon.com
Price 아 라 카르트 63~172€, 풀코스 175€

〈미슐랭 가이드〉 2스타에 빛나는 파인다이닝
15세부터 요리를 배우기 시작해 2008년 세계 최고의 요리사로 등극한 조엘 로부숑이 운영하는 레스토랑이다. 〈미슐랭 가이드〉에서 24개의 별점을 받은 전설적인 요리사가 선보이는 요리를 오픈 바 형식의 모던한 인테리어에서 즐길 수 있다. 푸아그라 라비올리와 매콤한 크림을 얹은 닭고기 La poule와 드라이에이징한 갈빗살 Le Boeuf, 열대 과일 셔벗과 함께 나오는 패션 프루트 Le fruit de la Passion를 추천하며 200여 종의 고급 와인과 함께 품격 있는 식사를 즐길 수 있다. 좌석이 많지 않아 예약하는 게 좋다. "재료 자체의 맛과 향을 존중하라"는 그의 요리 철학을 경험할 수 있는 곳.

1 바 타입의 좌석에서 식사를 즐길 수 있다. **2** 레드와 블랙의 깔끔한 실내가 인상적이다. **3** 오픈 키친에서 펼치는 요리는 쇼의 한 장면 같다.

Area 5 / Saint Germain des Prés

알카자르 Alcazar 알까자흐

Add. 62 Rue Mazarine **Tel.** 01 53 10 19 99
Open 12:00~15:00, 19:00~일일 02:00
Access M4·10 Odéon 역에서 Bd Saint-Germain를 따라 걷다가 Rue de l'Ancienne Comédie를 지나 Rue Mazarine까지 걷는다. 도보 5분
URL www.alcazar.fr
Price 점심 전식+본식 또는 본식+디저트 29€, 전식+본식+디저트 34€

카바레가 트렌디한 레스토랑으로

영국 인테리어 디자인의 대부인 테란스 콘랜 경이 1960년대까지 파리 사교계의 중심이었던 카바레를 트렌디한 레스토랑으로 변신시켰다. 12m의 높은 천장에서 내리쬐는 조명과 200여 명을 수용할 수 있는 넓은 홀, 감각 있는 레스토랑 2층에 있는 라운지 바, 메자닌의 화려하고 신나는 조명도 젊은이들을 불러들인다. 음식은 프랑스 전통을 중시하는 메뉴 위주로 선보인다. 농어와 자몽 등이 들어가 신선한 세비치Ceviche, 밤과 검은 송로버섯, 허브가 들어간 유럽 스타일의 만두 라비올리Ravioles, 두 사람이 함께 푸짐하게 먹을 수 있는 양 어깨살Epaule d'agneau을 추천한다. 미국의 요리 경연 프로그램인 〈톱 셰프〉의 촬영지로 프랑스인들에게 더욱 친숙해졌다.

1 테란스 콘랜 경이 디자인한 알카자르 레스토랑 내부 **2** 알카자르 레스토랑으로 들어가는 1층 복도 **3** 넓은 천장에서 내리쬐는 햇살이 더욱 미각을 돋운다. **4** 알카자르 2층에 있는 라운지 바의 음악은 컴필레이션 음반으로 지속적으로 출시한다.

체 키친 갤러리 Ze kitchen Galerie 체 키친 갈르리

Add. 4 Rue des Grands Augustins **Tel.** 01 44 32 00 32
Open 12:00~14:30, 19:00~23:00 **Close** 토요일 점심, 일요일, 8/3~8/18
Access M4 Saint Michel 역·RER B·C Saint Michel Notre Dame 역에서 생 미셸 광장을 빠져 나와 Quai des Grands Augustins를 따라 도보 5분
URL www.zekitchengalerie.fr **Price** 점심 전식+본식 또는 본식+디저트 39.80€, 전식+본식+디저트 48€, 저녁 85€(6코스), 98€(8코스)

요리와 예술의 접목

뉴욕 갤러리를 방문한 듯한 기분이 드는 레스토랑이다. 데커레이터인 다니엘 위메르와 〈미슐랭 가이드〉 스타급 셰프 윌리엄 르되이가 선보이는 요리와 아트의 환상적인 마리아주를 경험할 수 있다. 요리 하나하나가 먹기 아까울 정도로 독창적이며 플레이팅 또한 오리엔탈 요소가 가미돼 보는 맛을 더해준다. 〈미슐랭 가이드〉 1스타 레스토랑으로 최근 미디어에 자주 등장하는 다니엘의 요리를 보는 순간 왜 그가 프랑스 창작 요리의 선두 주자인지 알 수 있을 것이다. 가리비와 레몬 소스가 들어간 가리비 조개 관자St-Jacques나 머스터드와 미소 소스를 곁들인 어린 양Agneau de Lait을 추천한다. 최근 걸어서 10분 내에 갈 수 있는 세컨드 레스토랑 KGB(25 Rue des Grands Augustins)를 열었다. 개방형 주방을 갖추고 있어 요리를 맛보기 전에 눈으로 미리 음미할 수 있다.

1 개방형 주방은 요리에 대한 믿음을 준다. **2** 갤러리를 연상케 하는 레스토랑 내부 **3** 주방에서 일하는 셰프가 세심하게 요리하는 모습 **4** 요리 자체가 한 폭의 그림처럼 아름답다.

Area 5 / Saint Germain des Prés

포공 생 줄리앙 Fogon Saint Julien 포공 생 줄리앙

Map P.454-B

Add. 45 Quai des Grands Augustins **Tel.** 01 43 54 31 33
Open 19:00~24:00(토·일요일 12:00~14:30, 19:00~24:00) **Close** 월요일, 공휴일
Access M4 Saint Michel 역에서 생 미셸 광장을 나와 Quai des Grands Augustins로 좌회전한다. 도보 3분, RER B·C Saint Michel Notre Dame 역에서 Quai des Grands Augustins를 따라 도보 5분 **URL** www.fogon.fr
Price 화~금요일 점심 36€, 점심&저녁 타파스 4종류+파에야+디저트 1인 51€

스페인식 먹물 파에야 레스토랑

파리에 있는 스페인 레스토랑 중에서는 최고라는 평을 듣는 곳이다. 한국인 사이에서도 이곳의 먹물 파에야 요리가 가장 맛있다는 소문이 있을 정도로 유명하다. 듬직한 셰프 알베르토 에라이즈가 발렌시아 지방 요리로 내놓는 타파스는 다른 곳에서는 찾아보기 힘들 정도로 맛있다. 재료들은 스페인에서 공수받고 있으며 계절에 따라 메뉴가 달라진다. 생 자크라는 조개와 자몽, 발렌시아 스타일의 토끼 요리도 있지만 뭐니 뭐니 해도 먹물 파에야, 카스텔란 수프가 강력 추천 요리다.

1 파리에서 가장 맛있는 파에야를 먹을 수 있는 스페인 레스토랑 **2** 프랑스에서 가장 유명한 스페인 레스토랑의 셰프 알베르토 에라이즈 **3** 다양한 맛과 모양의 타파스 **4** 샐러드와 가지 요리 타파스는 파에야를 먹기 전에 먹는 애피타이저다.

카페 제르맹 Café Germain 카페 제르맹

Add. 25-27 Rue de Buci
Tel. 01 43 26 02 93
Open 12:00~15:00, 19:00~23:30
Access M10 Mabillon 역에서 Rue du Four를 따라 걷다가 사거리에서 Rue de Buci로 직진한다. 도보 2분
Price 음료 3€~, 아 라 카르트 35~50€

노란색 여인상이 인상적인 레스토랑

파리에서 시크한 카페와 레스토랑, 호텔 등을 거느리며 다양한 사업을 전개하고 있는 코스트 그룹에서 문을 연 레스토랑으로 생제르맹데프레 거리 근처에 있다. 작고 네모난 테이블이 줄지어 늘어선 테라스를 거쳐 안으로 들어가면 유명 조각가인 인디아 마다비가 조각한 노란색 거대한 여인상이 한가운데 랜드마크처럼 서 있다. 2층에는 파리의 트렌드세터들이 파티를 즐길 때 빌리는 VIP 룸이, 지하에는 프라이빗 시네마가 따로 있다. 창작 요리를 선보이며 파리에서 맛보기 힘든 피시 앤 칩스가 있다.

1 2층 공간은 트렌드세터들의 프라이빗한 파티 장소로 이용된다. **2** 인디아 마다비가 조각한 노란색 여인상이 눈길을 끈다. **3** 감각적인 테라스에서 차를 즐길 수 있다. **4** 트뤼프가 들어간 크림 소스 라비올리

Area 5 / Saint Germain des Prés

기 사브아 Guy Savoy 🔊 기 싸브와

Map P.454-B

Add. 11 Quai de Conti **Tel.** 01 43 80 40 61
Open 12:00~14:00, 19:00~22:30 **Close** 토요일 점심, 일·월요일, 12/23~25, 12/30~1/1 **Access** M1·2·6·RER A Charles de Gaulle Etoile 역에서 Av. Mac-Mahon을 따라 걷다가 Rue Troyon로 좌회전한다. 도보 3분
URL www.guysavoy.com **Price** 점심 110€, 9 코스 메뉴Menu Produits(굴, 캐비어, 바닷가재, 송아지 고기 등) 390€

예술적 감수성으로 요리한다

요리를 예술로 승화하는 셰프 기 사브아가 자신의 이름을 걸고 문을 연 레스토랑으로 미국의 라스베이거스에도 지점이 있다. 작은 골목길에 간판도 없어 그냥 지나치기 쉽다. 전통적인 프랑스 요리와 칼로리가 적은 '누벨 퀴진'을 추구하는 곳이다. 〈미슐랭 가이드〉 3스타 레스토랑답게 가격의 압박이 있지만 프랑스 요리 거장이 내놓는 예술적인 맛을 경험하는 것도 여행의 큰 즐거움일 것이다. 브르타뉴 지방의 바닷가재, 아스파라거스와 함께 나오는 비둘기, 감자와 나오는 대구 등이 이곳의 메인 메뉴다.

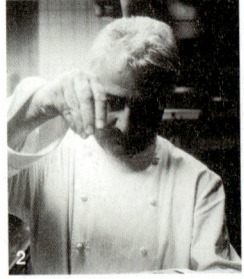

1 기 사브아 레스토랑 내부 **2** 전설적인 셰프 기 사브아 **3** 성게와 두루마냉이 **4** 노랑 촉수과의 생선 요리 **5** 송아지 목살을 이용해서 만든 요리

아 라 프티 셰즈 A la Petite Chaise 아 라 쁘띠뜨 쉐즈

Map P.454-A

secret

Add. 36 Rue de Grenelle **Tel.** 01 42 22 13 35
Open 12:00~14:00, 19:00~23:00
Access M10·12 Sévres Babylone 역에서 Rue de Sèvres를 따라 걷다가 좌회전한다. Bd Raspail를 따라 계속 걷다가 사거리에서 Rue de la Chaise로 우회전한다. 도보 4분 **URL** www.alapetitechaise.fr
Price 월~금요일 점심 전식+본식 또는 본식+디저트+커피 25€, 전식+본식+디저트 33€, 점심, 저녁 상관없이 즐길 수 있는 전식+본식+디저트 36€ 메뉴 추천

파리에서 가장 오래된 역사적인 레스토랑

1680년에 조르주 라모George Rameau가 와인을 팔면서 간단한 음식을 제공한 것이 레스토랑의 시작이다. 300년이 넘는 역사를 말해주는 고전적인 인테리어를 즐기면서 식사를 할 수 있는 곳. 루이 16세 당시 그를 보필하던 뱅상 메이농Vincent Maynon의 부인이 된 카트린 후당 망사르Catherine Hourdin Mansart가 한때 경영을 맡으면서 많은 왕족들이 사냥해 가져온 동물들로 조리한 요리를 팔기도 했던 유서 깊은 장소다. 양파 수프Soupe à l'oignon, 달팽이 요리Escargot, 양고기 가슴살 요리Carré d'Agneau를 비롯해 한국인의 입맛에 맞는 요리가 꽤 있는 편이라 프렌치 가정식을 즐기기에 좋다.

*481쪽에 있는 쿠폰을 제시하고 식사 주문 시 커피 또는 차를 무료로 제공한다.

1 예전 모습이 그대로 남아있는 역사적인 공간 **2, 3** 식탁과 의자마저 세월을 머금고 있다. **4** 정통 프렌치 메뉴인 푸아그라

페르 에 피으 Pères et Filles 🔊 뻬흐 에 피으

Add. 81 Rue de Seine **Tel.** 01 43 25 00 28
Open 12:00~14:30, 19:30~23:00(일요일 브런치 12:00~17:00)
Access M10 Mabillon 역에서 Rue du Four를 따라 걷다가 Bd Saint-Germain로 우회전한다. 계속 걷다가 사거리에서 Rue de Seine로 좌회전한다. 도보 3분
URL www.peres-et-filles.com **Price** 전식 9~16€, 본식 17~31€, 디저트 8~10€

활기찬 분위기의 비스트로

생 제르맹 거리와 생 미셸 거리 근처에 있는 파리지앵 스타일의 비스트로. 장 피에르, 스테판, 도마, 세 사람이 공동으로 창업했다. 복층으로 된 구조는 마치 오래된 친구집 다락방을 방문한 것처럼 편안하다. 저렴한 가격의 점심 메뉴를 포함해 수프, 가자미, 대구 등의 생선 요리와 치즈버거, 샐러드 등의 가벼운 메뉴까지 두루 갖추고 있다.

벽면 한쪽 가득 예술 서적이 구비돼 있다.

폴리도르 Polidor 🔊 뽈리도흐

Add. 41 Rue Monsieur le Prince **Tel.** 01 43 26 95 34
Open 12:00~14:30, 19:00~익일 00:30(일요일 ~23:00)
Access M4·10 Odéon 역에서 Bd Saint-Germain를 따라 걷다가 Rue Monsieur le Prince로 좌회전한다. 도보 5분
URL www.polidor.com **Price** 22€(트래디셔널 메뉴 35€)

헤밍웨이가 즐겨 찾은 비스트로

정통 프랑스 가정 요리를 선보이는 이곳을 단골로 찾았던 명사로는 베를렌, 랭보, 헤밍웨이와 같은 문학인들이 있다. 마요네즈를 얹은 달걀과 달팽이, 쇠고기 꼬치 요리 등을 추천한다. 11~17유로에 즐길 수 있는 오늘의 메뉴는 요일마다 다른 식단을 선보인다. 우디 앨런의 영화 〈미드나잇 인 파리〉에서 주인공이 헤밍웨이를 만나는 장소로 나왔다.

옛 전통을 고스란히 간직하고 있는 폴리도르 외관

레 뒤 마고 Les deux Margots 레 되 마흐고

Add. 6 Place Saint Germain des Prés **Tel.** 01 45 48 55 25
Open 07:30〜익일 01:30
Access M4 Saint Germain des Prés 역에서 Bd Saint-Germain를 따라 도보 1분 **URL** www.lesdeuxmagots.fr
Price 에스프레소 4.6€, 카푸치노 7.2€, 핫 초콜릿 7.5€, 식사 대용 샐러드 또는 오믈렛 8.5€〜

문학인들이 사랑한 카페

'두 개의 도자기 인형'이란 뜻을 가진 카페 이름에서 알 수 있듯이 과거 중국인 포목상이 있던 자리에 들어선 카페다. 1885년에 처음 문을 연 이후 베를렌과 랭보와 같은 예술가들이 드나들면서 이름을 떨치기 시작했으며 1933년 문학상을 제정하면서 문학인들의 아지트로 사랑받고 있다. 음료나 음식 값이 비싸지만 앙드레 지드, 피카소, 페르낭 레제, 헤밍웨이, 사르트르, 생텍쥐베리, 지로두, 시몬 드 보부아르가 앉아서 토론하고 사색하던 장소라는 사실을 생각하면 한 번쯤 들러볼 가치가 있다. 가볍게 식사 대용으로 즐길 수 있는 햄과 치즈가 들어간 샌드위치, 크로크 무슈(12유로)나 진한 핫 초콜릿를 추천한다.

1 따사로운 햇살을 맞으며 카페에서 휴식을 취하는 사람들 **2** 이곳에 있으면 문학가가 된 듯한 느낌이다. **3** 사르트르와 보부아르가 늘 앉았던 자리에 앉은 커플 **4** 달콤한 핫 초콜릿과 셔벗 디저트

Area 5 / Saint Germain des Prés

라 팔레트 La Palette 🔊 라 빨렛뜨

Add. 43 Rue de Seine
Tel. 01 43 26 68 15 **Open** 08:00~익일 02:00
Access M10 Mabillon 역에서 Rue de Buci를 따라 걷다가 사거리에서 Rue de Seineo로 좌회전한다. 도보 5분
URL www.cafelapaletteparis.com
Price 식사 12~20€, 음료 3~11€

Map P.454-B

secret

100년 된 미술학도들의 단골집

세잔과 피카소가 단골로 드나들면서 유명해진 곳이다. 근처에 있는 파리국립미술학교 학생들이 삼삼오오 모여들어 재잘대는 카페로 음료와 식사를 저렴하고 부담 없이 즐길 수 있다. 1902년에 문을 열었으며 세라믹으로 된 벽에 귀여운 그림이 그려져 있다. 처음으로 문을 열 당시의 소박한 인테리어를 고집하고 있어 친근한 느낌이 든다. 저녁 식사를 하러 가기 전 친구들과 맥주나 칵테일을 마시러 오는 사람들로 언제나 북적거린다. 샌드위치와 오믈렛, 크로크 무슈(식빵 사이에 햄과 치즈를 넣은 음식)와 12유로에 즐길 수 있는 '오늘의 요리'가 언제나 인기 있다. 바와 좁다란 복도를 통해 안쪽으로 들어가면 1930년대 그림과 세라믹 타일로 장식된 공간에서 오붓한 식사를 할 수 있다. 여름철에는 테라스 좌석이 인기 있다.

1 테라스가 있는 카페 전경 **2** 각종 브랜디와 와인, 위스키를 선택할 수 있다. **3** 문을 열 당시부터 사용했던 소품과 집기들이 그대로 남아 있다. **4** 저렴하면서도 전통 있는 카페에서 파리지앵의 여유를 누려보자.

블랑제리 드 파파 Boulangerie de Papa ◀ 블랑즈히 드 빠빠

Add. 1 Rue de la Harpe
Tel. 01 43 54 66 16
Open 06:30~24:00(토·일요일 ~익일 01:00)
Access M4 Saint Michel 역에서 Bd Saint-Michel를 따라 걷다가 Rue de la Huchette로 우회전한다. 도보 1분

최고의 파티시에가 운영하는 베이커리

2005년 2월에 처음 문을 연 베이커리로 생 미셸에 있다. 프랑스 최고의 제빵 장인으로 선정된 크리스티앙 바브레가 평범한 파리 빵 대신 시골 스타일의 유기농 빵을 선보인다. 나무를 땔감으로 사용하는 화덕에서 구워내 촉촉하면서도 쫄깃함이 살아 있는 것이 이곳 빵의 특징이다. 테이크아웃하는 사람들이 대부분이지만 20명 정도 수용할 수 있는 작은 공간이 마련돼 있다. 겨울에는 난로가 있어 따뜻한 차 한 잔의 여유를 즐길 수 있다.

1 크레이프는 즉석에서 요리해준다. **2** 인공 첨가물이 들어가지 않은 유기농 꿀과 잼도 살 수 있다. **3, 4** 보기만 해도 먹음직스러운 빵들이 진열돼 있다.

Area 5 / Saint Germain des Prés

자코뱅 La Jacobine 🔈 라 자코뱅

Map P.454-B

Add. 59-61 Rue Saint André des Arts
Tel. 01 46 34 15 95 **Open** 12:00~23:30(월요일 17:00~)
Access M4·10 Odéon 역에서 Bd Saint-Germain를 따라 걷다가 Rue de l'Ancienne Comédie로 우회전한다. 삼거리에서 Rue Saint-André des Arts로 진입한다. 도보 4분
URL www.lajacobine.com **Price** 8.50~20€, 선데이 브런치 23€

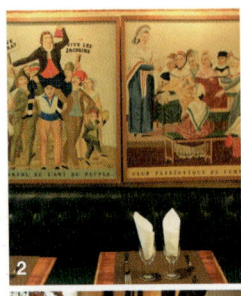

작은 골목에 있는 살롱 드 테

생제르맹데프레 주변을 걷다가 다리가 아픈 오후쯤에 들러 차와 케이크를 즐기기에 좋은 장소. 르 프로코프(p.281) 옆에 있는 작은 살롱 드 테로 차뿐 아니라 소박하면서 푸짐한 샐러드와 크레페, 오믈렛 등을 즐길 수 있다. 왁자지껄한 좁은 골목에 있어 많은 사람들이 길을 오가다 잠시 휴식을 취한다. 일본의 여행 잡지와 책에 자주 소개되면서 일본인 관광객들이 많이 찾는 편이다. 케이크는 모두 가정식으로 만들어 마음 놓고 먹을 수 있는 친환경 먹을거리다. 프랑스의 유명 가이드북에서 꼽은 쇼콜라 쇼 아즈텍 Chocolat Chaud Aztèque을 추천한다.

1 오후에 차 한 잔의 여유를 즐기기에 그만이다. **2** 이름에 걸맞게 자코뱅당을 상징하는 그림들이 벽면에 장식돼 있다. **3** 오래된 건물을 그대로 사용해 편안한 분위기다. **4** 먹음직한 케이크는 홈메이드로 만들어진다.

카페 드 플로르 Café de Flore 까페 드 플로흐

Add. 172 Boulevard Saint Germain **Tel.** 01 45 48 55 26
Open 07:00~일일 02:00 **Access** M4 Saint Germain des Prés 역에서 Bd Saint-Germain를 따라 도보 2분 **URL** www.cafedeflore.fr
Price 샐러드 10€~, 클럽 샌드위치 22€, 아이스커피 6.8€

프랑스 문화의 랜드마크

파리의 대표적인 문학 카페로 카페 레 뒤 마고와 이웃하고 있다. 아르데코 스타일의 인테리어를 고집하고 있으며 프랑스의 유명 배우인 이브 몽탕, 마르셀 카르네, 브리지트 바르도, 알베르 카뮈를 비롯해 이브 생 로랑, 지방시, 파코 라반, 기 라로시와 같은 패션 피플이 드나들면서 유명해졌다. 요리가 특별한 편은 아니지만 식사 대용으로 적당한 샐러드, 클럽 샌드위치는 평균 이상이다.

1 수세기가 넘게 한자리를 지키고 있는 카페
2 바삭한 크루아상과 핫 초콜릿도 전통 있는 메뉴다.

시니의 컵케이크 Synie's Cupcakes 시니스 컵케잌

Add. 23 Rue de l'Abbé Grégoire 75006 **Tel.** 01 45 44 54 23
Open 11:00~19:00 **Close** 월·일요일
Access M4 Saint-Placide 역에서 iRue de Vaugirard를 따라 걷다가 Rue de l'Abbé Grégoire로 우회전한다. 도보 3분
URL www.syniescupcakes.com

달콤한 컵케이크의 즐거움

영국과 미국에서 유행한 컵케이크는 사실 파리의 감성과는 그다지 어울리지 않는다. 그럼에도 여행자나 영어권 사용 국가의 이주민들에게 컵케이크는 향수를 자아내는 음식이다. 컵케이크 가게에 들어서면 핑크, 그린 등 파스텔 톤의 예쁜 컬러와 달콤한 맛에 폭 빠진다. 신선한 자연의 재료를 사용해 만든 컵케이크 맛을 경험할 수 있다.

예쁘고 맛 좋은 컵케이크

Area 5 / Saint Germain des Prés

카보 드 라 위세트 Caveau de la Huchette 까보 드 라 위세뜨

Map P.455-C

Add. 5 Rue de la Huchette **Tel.** 01 43 26 65 05
Open 21:30~익일 02:30(콘서트 21:30~)
Access M4 Saint Michel 역에서 Bd Saint-Michel를 따라 걷다가 Rue de la Huchette로 우회전한다. 도보 3분
URL www.caveaudelahuchette.fr
Price 일~목요일 13€, 금·토요일, 공휴일 전날 15€, 만 25세 미만 학생 10€

생 제르맹 거리의 대표적인 재즈 바

1551년 이전에는 템플 기사단과 십자군 같은 비밀 결사 조직의 아지트로 사용되던 건물. 한때는 이곳에서 샤틀레까지 지하 통로로 연결되어 있었다고 한다. 지하감옥, 재판소, 사형집행장 등으로 사용되기도 했던 장소다. 지금은 생제르맹데프레 거리의 대표적인 재즈 & 스윙 바로 변신해 전 세계에서 몰려드는 재즈 팬들을 위한 공연이 펼쳐진다. 리오넬 햄프턴, 카운트 바지, 시드니 베셰, 빌 콜만과 같은 재즈 연주자들과 댄서들이 드나들면서 유명해졌다. 매일 저녁 펼쳐지는 지하 공연의 열기는 새벽이 돼도 식을 줄 모른다. 예전에 비해 재즈 공연의 명성이 조금은 떨어졌지만 대신 스윙 등 댄스 동호회의 눈부신 활동으로 다시 뜨는 재즈 명소가 됐다.

1 부담스럽지 않은 분위기에서 재즈 공연을 볼 수 있는 지하 공연장 **2** 네온사인이 빛나는 바 외관 **3** 1층은 조용히 이야기를 나눌 수 있는 공간으로 만들어졌다.

오 트루아 마이츠 Aux Trois Mailltz 🔊 오 트로와 마이츠

Add. 56 Rue Galande
Tel. 예약 01 43 25 96 86, 피아노 바 01 43 54 00 79, 카바레 01 43 54 42 94
Open 19:00~익일 05:00 **Access** M4 Saint Michel 역에서 Bd Saint-Michel를 따라 걷다가 Rue Saint-Séverin로 좌회전한다. 도보 4분
URL www.lestroismailletz.fr
Price 카바레 월~금요일 20€, 토·일요일 25€

바와 카바레가 함께하는 상소니에

노트르담 대성당과 소르본 대학 사이의 먹자골목에 있는 피아노 바 겸 레스토랑으로 요일마다 다른 연주자들이 다양한 테마로 공연한다. 1948년 레오 페레가 카바레로 문을 열었으며 이후 세계대전 중에는 미군 병사들을 위한 재즈 공연이 열렸다. 멤피스 슬림을 비롯해 시드니 베셰, 버드 파웰, 빌 콜먼, 루이 암스트롱과 같은 연주자들이 드나들면서 명성을 얻었다. 음료만 즐길 수 있는 좌석 수는 한정돼 있으며, 주말에는 일찍 가야 자리를 잡을 수 있다. 저녁 식사와 함께 공연을 즐기려는 사람은 1층의 샹송 바로, 스펙터클을 보려면 지하로 가면 된다. 한국인 입맛에 잘 맞는 요리로 가리비 조개 Poêlée de St. Jacques, 돼지고기 스테이크 Fillet Mignon, 오리고기 Confit de Canard 등이 있다.

1 평범한 카페 테라스지만 안으로 들어가면 훌륭한 공연이 매일 열린다. **2** 식사하면서 공연을 즐길 수 있는 실내 **3** 요일별로 연주자가 달라지므로 언제 찾아도 지겹지 않은 레퍼토리가 풍부하다.

Area 5 / Saint Germain des Prés

마미 갸토 Mamie Gateaux 🔊 마미 갸또

Map P.454-E

Add. 66 Rue du Cherche Midi **Tel.** 01 42 22 32 15
Open 11:30~18:00 **Close** 일·월요일 **Access** M10·12 Sèvres Babylone 역에서 Bd Raspail를 따라 걷다가 Rue du Cherche Midi로 우회전한다. 도보 6분
URL www.mamie-gateaux.com **Price** 10~20€

엄마가 만들어준 간식을 즐긴다

아기자기한 빈티지 아이템으로 가득한 부티크를 새로 열면서 인테리어에 흥미 있는 파리지앵과 일본인들 사이에서 유명해졌다. 본래 가볍게 애프터눈 티 타임을 즐길 수 있는 살롱 드 테로 문을 열었는데 일본인 파티시에들이 만드는 디저트용 케이크로 명성을 얻기 시작했다. 배와 헤이즐넛을 넣은 타르트, 스콘, 바닐라 아이스크림을 곁들인 프렌치 토스트, 베이컨 키슈와 같은 다양한 요리가 인기 메뉴.

아기자기한 인테리어가 사랑스럽다.

파티스리 데 레브 Pâtisserie des Rêve 🔊 빠띠쓰리 데 헤브

Map P.454-A

Add. 93 Rue du Bac **Tel.** 01 42 84 00 82
Open 09:00~20:00(일요일 ~18:00) **Close** 월요일
Access M10·12 Sèvres Babylone 역에서 Rue de Sèvres를 따라 걷다가 Rue du Bac로 우회전한다. 도보 7분 **URL** www.lapatisseriedesreves.com

꿈에서 본 듯한 예쁜 베이커리

프랑스 유명 파티시에 필립 콩티치니 Philippe Conticini가 운영하는 베이커리. 봉마르셰 백화점 근처에 있어 파리의 멋쟁이들이 선물용 초콜릿이나 케이크를 사기 위해 애용한다. 고급 주택가 16구의 롱샹지점에는 살롱 드 테가 함께 있지만 뤼 드 박 Rue du Bac 지점에는 숍만 있다. 동그란 유리 안에 든 케이크들은 보는 것만으로도 행복하다. 한 번 맛보면 다시 찾게 되는 파리의 고급 파티시에 중 하나.

고깔 모양의 투명 유리관이 씌워진 독특한 디스플레이

푸왈란 Poilâne 🔊 푸왈란

Add. 8 Rue du Churche Midi **Tel.** 01 45 48 42 59 **Open** 07:15~20:15 **Close** 일요일 **Access** M10·12 Sèvres Babylone 역에서 Bd Raspail를 따라 걷다가 Pl. Alphonse Déville로 좌회전한다. 계속 걷다가 Rue du Cherche-Midi로 좌회전한다. 도보 5분 **URL** www.poilan.com

파리의 전설적인 빵집

파리를 대표하는 효모 빵집. 전통을 중시하는 가문으로 3대째 이어오고 있다. 창업자의 손녀딸 아폴로니아 푸왈란은 체계적인 경영 방침을 세워 파리 근교에 공장을 세우면서 파리의 주요 슈퍼마켓에서도 푸왈란을 맛볼 수 있게 됐다. 겉은 거칠면서 속은 부드럽고 담백한 푸왈란의 효모 빵Poilâne Loaf뿐 아니라 사과 향이 살아 있는 사과 타르트, 별 모양의 과자 Punitions 등이 인기 있다.

1930년에 처음 문을 연 빵집

피에르 에르메 Pierre Hermé 🔊 피에르 에르메

Add. 72 Rue Bonaparte **Tel.** 01 43 54 47 77 **Open** 일~수요일 10:00~19:00, 목·금요일 10:00~19:30, 토요일 10:00~20:00 **Access** M4 Saint Sulpice역에서 Rue du Vieux Colombier를 따라 걷다가 Rue Bonaparte로 좌회전한다. 도보 3분 **URL** www.pierreherme.com

제과계의 피카소가 만든 마카롱

세계에서 가장 비싼 마카롱(무려 800만 원)을 만들어 화제가 되기도 한 프랑스에서 가장 잘나가는 파티시에, 피에르 에르메의 숍. 라 뒤레와 더불어 파리에서 마카롱의 맛과 멋을 예술적 경지로 끌어올린 곳이니만큼 디저트를 사랑하는 이라면 반드시 들러야 할 곳이다. 마카롱과 초콜릿, 다양한 종류의 케이크는 선물용으로도 훌륭하다. 마카롱은 보관 기간이 4~5일이므로 여행 마지막 날에 구입할 것.

예술적인 디저트를 선보이는 곳

Area 5 / Saint Germain des Prés

리브레리 7L Librairie 7L 🔊 리브레리 세뜨 엘

Add. 7 Rue de Lille
Tel. 01 42 92 03 58
Open 10:30~19:00 **Close** 일·월요일
Access M12 Rue du Bac 역에서 Rue du Bac를 따라 걷다가 Rue de Lille로 우회전한다. 도보 10분
URL www.librairie7l.com

Map P.454-A

secret

칼 라거펠트가 운영하는 예술 서점

한적한 골목길에 있는 예술 서적 전문점으로 '7L'은 '릴 Lille' 거리의 7번지에 있다고 해서 붙은 이름이다. 이 서점이 유명한 이유는 샤넬의 수석 디자이너 칼 라거펠트가 오너이기 때문이다. 패션, 건축, 컨템퍼러리 아트, 인테리어, 디자인, 가드닝, 요리 관련 서적, 오너가 직접 찍은 사진집, 한정판으로 발행된 희귀 예술 서적도 볼 수 있다. 가끔 서점 옆 사진 스튜디오에 얼굴을 비치는 칼 라거펠트는 물론 그를 만나러 오는 연예인이나 모델도 심심찮게 목격할 수 있다.

1 칼 라거펠트의 사진 스튜디오 아래 위치한 서점 내부 **2** 유명 사진작가들의 최신 사진집이 전시된다. **3** 역사적인 패션 아이콘들을 만나볼 수 있는 패션 도서 코너 **4** 예술을 사랑하는 사람들에게는 천국과 같은 공간이다.

리브레리 아술린 Librairie Assouline 리브레리 아술린

Add. 35 Rue Bonaparte
Tel. 01 43 29 23 20
Open 10:30~19:30(월요일 12:00~19:00) **Close** 일요일
Access M4·10 Odéon 역에서 Bd Saint-Germain를 따라 걷다가 Place Saint-Germain-des-Prés로 좌회전해 Rue Bonaparte까지 계속 걷는다. 도보 10분
URL www.assouline.com

아술린 출판사의 직영 서점

디자인, 여행, 식도락, 예술, 일러스트레이션, 사진 등 다양한 라이프스타일 관련 책을 출간하는 아술린 출판사의 직영 서점이다. 아술린은 에르메스, 고야드 등 세계 최고의 럭셔리 브랜드의 이야기나 색깔 있는 책들을 선보이면서 타센과 함께 새로운 트렌드를 만들어 내는 출판사로 당당히 자리 잡았다. 패션 브랜드와 컬래버레이션한 한정판 컬렉션과 패션 디자이너들의 일대기를 보여주는 〈더 메모리스 컬렉션〉 등은 지갑을 열 만큼 매력 있는 책이다. 서울의 신사동에도 지점이 있다.

1 뉴욕과 파리에 숍이 있는 아술린 출판사의 파리 숍 내부 **2** 화랑과 갤러리가 모여 있는 지역에 있어 늘 사람들로 붐빈다. **3** 파리 최고의 인테리어 디자이너로 꼽히는 앙드레 풋만의 작품집 **4** 패션 관련 도서는 아술린의 대표 아이템

Area 5 / Saint Germain des Prés

메종 데 밀레짐 La maison des Millesimes 라 메종 데 밀레짐

Add. 137 Boulevard Saint Germain
Tel. 01 40 46 80 01
Open 10:00~22:00
Close 일요일
Access M4 Saint Germain des Prés 역에서 Bd Saint-Germain를 따라 도보 1분
URL http://maisondesmillesimes.fr

Map P.454-B

보르도 와인 전문 숍

20세 때 우연한 기회에 생 테밀리옹으로 여행 갔다가 눈 앞에 펼쳐진 와이너리를 보고 감동해 보르도 와인에 흠뻑 빠진 청년, 토마 노엘이 운영하는 보르도 와인 전문 숍이다. 무통 로쉴드, 마고, 오 브리옹, 라투르, 디켐, 오손, 슈발 블랑을 중심으로 한 최고급 샤토 와인에서부터 10유로 이하의 저렴한 와인에 이르기까지 350여 종의 와인과 만날 수 있을 뿐 아니라 오랜 빈티지를 자랑하는 컬렉션용 와인도 있다. 와인에 문외한이라도 예산과 구입 용도 등을 말하면 와인 전문 오너나 직원이 친절하게 추천해준다. 평소 눈독 들이던 와인을 한국에서보다 싼값에, 면세 혜택까지 받아서 살 수 있다.

*477쪽 쿠폰을 제시하면 구매 금액에서 15% 할인해준다.

1 보르도 와인만 파는 파리 유일의 보르도 와인 전문 숍 **2** 진열대 안에는 가격대, 샤토별로 컬렉션이 진열돼 있다. **3** 보르도와인조합에서 운영하는 곳으로 믿을 만하다. **4** 무통 로쉴드를 비롯해서 보르도 5대 와인은 기본 아이템이다.

봉 마르셰 Le Bon Marché 봉 막쉐

Add. 24-38 Rue de Sèvres
Tel. 01 44 39 80 00
Open 백화점 10:00~20:00(목·금요일 ~21:00), 식품관 08:30~21:00
Close 일요일(2월 첫째·둘째·셋째 주는 영업)
Access M10 Sévres Babylone 역에서 Rue de Sèvres를 따라 도보 2분
URL www.lebonmarche.com

파리의 부르주아들이 즐겨 찾는 백화점

'싸다' 또는 '좋은 물건'이라는 의미를 가진 프랑스 최초의 정찰제 상점이자 리브 고슈(센 강 이남)에 있는 유일한 백화점이다. 아리스티드 부시코가 1838년에 문을 열었으며 에펠탑을 지은 귀스타브 에펠이 건축 컨설팅을 했다. 지금은 LVMH 그룹이 주인이며 별관 1층에는 파리의 중상류층이 식료품을 살 때 들르는 그랑 에피스리Grande Epicerie(대형 식료품점)가 있다. 2층에 있는 닝 디자이너 컬렉션이 인기 있다. 본관 1층에는 루이 비통, 샤넬, 에르메스, 구찌와 같은 명품 브랜드 숍이 즐비하다. 여행자보다는 파리지앵이 더 즐겨 찾는 매력적인 장소다.

1 여자들이 좋아하는 슈즈 코너는 새롭게 단장했다. **2** 쇼핑을 즐기다 출출할 때면 2층 레스토랑에 들러보자. **3** 예술 서적을 전문으로 하는 아술린 서점 전경 **4** 명품관 있는 중앙 홀의 상징인 에스컬레이터

Area 5 / Saint Germain des Prés

봉푸앙 Bonpoint 🔊 봉뽀앙

Add. 6 Rue de Tournon **Tel.** 01 40 51 98 20
Open 10:00~19:00 **Close** 일요일
Access M4·10 Odéon 역에서 Bd Saint-Germain를 따라 걷다가 Carrefour de l'Odéon로 좌회전한다. Rue de Condé까지 걷다가 Rue Saint-Sulpice로 우회전해 계속 걷다가 Rue de Tournon로 좌회전한다. 도보 5분
URL www.bonpoint.com

Map P.454-B

아동복 브랜드 봉푸앙의 플래그십 스토어

봉푸앙은 아이들을 위해 최고급 소재와 최상의 디자인으로 만든 옷을 선물할 수 있도록 마리 프랑수아 베르나드 코헨이 1976년에 론칭했다. 클래식하면서 세련된 프랑스 감각의 디자인으로 유럽과 미국은 물론 우리나라에서도 사랑받고 있다. 봉푸앙의 플래그십 스토어로 아이와 엄마가 함께 즐길 수 있는 패션 아이템과 향수, 신발, 헤어 액세서리 등 봉푸앙의 전 라인과 만날 수 있다. 지하에는 전 프랑스 대통령 니콜라 사르코지의 아내인 카를라 브루니도 가끔 들른다는 어린이 레스토랑이 있다.

1 프랑스 상류층 아이들이 즐겨 찾는 매장 전경 **2** 예쁘게 꾸며진 매장에 들어서면 사고 싶은 아이템이 가득하다. **3** 겨울 컬렉션을 위해 북극을 테마로 디스플레이를 선보이고 있다. **4** 머리부터 발끝까지 아이에 관한 모든 아이템을 한번에 살 수 있다.

북 바인더스 디자인 Book Binders Design 🔊 북 바인더스 디자인

Add. 130 Rue du Bac **Tel.** 01 42 22 73 66
Open 10:00~19:00 **Close** 일요일
Access M10 Sévres Babylone 역에서 Rue de Babylone로 좌회전해 계속 걷다가 사거리에서 Rue du Bac로 좌회전한다. 도보 5분
URL www.bookbindersdesign.com

문구류 전문 회사의 쇼룸

장인 정신에 바탕을 둔 디자인 문구 전문 회사의 쇼룸. 가로수길에도 숍을 열어 예쁜 문구류를 사랑하는 사람들 사이에서 화제를 모은 브랜드다. 1965년 스웨덴의 스톡홀름에 처음으로 매장을 열었으며 앨범과 메모지, 다이어리 등이 베스트셀러다. 일반 문구점에서 찾아볼 수 없는 다양한 파스텔 톤의 종이를 보면 당장이라도 사고 싶은 마음이 들 것이다.

다양한 컬러의 아젠더와 편지지가 진열된 매장 모습

불리 1803 Buly 1803 🔊 불리 밀 윗썽 트와

Add. 6 Rue Bonaparte **Tel.** 01 43 29 02 50
Open 10:00~19:00 **Close** 일요일
Access M4 Saint-Germain-des-Prés 역에서 도보 6분
URL www.buly1803.com

조향사의 비법이 있는 화장품

1837년 조향사이자 코즈메틱 전문가였던 장 뱅상 빌리의 제조법은 서서히 역사에서 잊혀져 갔다. 하지만 최근에 시르 부르봉 Cire Bourbon으로 전 세계에 향초 사업으로 성공한 프랑스의 사업가가 과거 이 브랜드의 가치를 찾아내 새로이 론칭했다. 향초와 핸드 로션, 헤어와 관련한 다양한 제품에 새 생명을 불어넣어 성공 조짐이 보인다.

세월의 흔적이 켜켜이 쌓여 있는 매장 진열대에 놓인 양초와 향수

Area 5 / Saint Germain des Prés

소니아 리키엘 Sonia Rykiel 쏘니아 히키엘

Map
P.454-A

Add. 175 Boulevard Saint Germain
Tel. 01 49 54 60 60
Open 10:30~19:00 **Close** 일요일
Access M4 Saint Germain des Prés 역에서 Bd Saint-Germain를 따라 걷다가 사거리에서 좌회전한다. 도보 4분
URL www.soniarykiel.com

스트라이프 여왕의 패션 제안

여자들이 행복해할 옷을 디자인한다는 니트웨어의 여왕 소니아 리키엘의 본점으로 한국에는 들어와 있지 않은 라인까지 모두 만날 수 있다. 소니아 리키엘은 과감하면서 톡톡 튀는 디자인과 화려한 컬러를 강조하면서 '스트라이프의 여왕'이란 닉네임으로 유명하다. 파리지앵의 스타일과 컬러가 그대로 녹아들어 있는 매장은 규모도 크지만 쿨하고 생동감 있는 디스플레이도 인상적이다. 소니아 리키엘은 H&M과 컬래버레이션을 진행해 한국에서도 큰 성공을 거두었다.

Tip 소니아 리키엘을 30% 이상 싸게 살 수 있는 할인 매장은 64 Rue d'Alésia(M4 Alésia 역 이용)에 있다.

1 프랑스를 대표하는 페미닌한 스타일의 브랜드 소니아 리키엘 **2** 소니아 리키엘의 창업자는 은퇴하고 그녀의 딸이 경영을 맡고 있다. **3** 군더더기 없이 잘 정돈된 매장 **4** 2010년 H&M과 협업해 더욱 젊은 브랜드로 새롭게 태어났다.

콘랜 숍 Conran Shop 콘란 샵

Add. 117 Rue du Bac **Tel.** 01 42 84 10 01
Open 10:00~19:00(토요일 ~20:00)
Close 일요일(12월 첫째·둘째·셋째 주 일요일 영업), 1/1, 12/25
Access M10 Sévres Babylone 역에서 Rue de Babylone로 좌회전해 걷는다.
도보 3분
URL www.conranshop.fr

테렌스 콘랜 경의 파리 매장

필요한 물건보다 원하는 물건을 만드는 디자인을 강조하는 테렌스 콘랜 경의 파리 숍이다. 영국 디자이너뿐 아니라 르 코르뷔지에, 찰스 & 레이 임스와 같은 유명 건축가와 디자이너들의 컬렉션을 함께 볼 수 있어 가구와 인테리어에 관심 있는 사람이라면 한 번쯤 가볼 만하다. 조명, 의자, 직물, 부엌용품 등 스타일과 시대를 넘어서 트렌디한 라이프스타일을 담고 있는 아이템이 많다. 영국을 중심으로 유럽 지역에서 특히 인기를 얻고 있으며 봉마르셰 백화점 바로 옆에 있다. 파리에 있는 콘랜 숍 중에 가장 큰 규모를 자랑하므로 이왕 갈 거라면 제품 구색이 다양한 이곳이 좋다. 아비타 Habitat의 창업주이기도 한 그의 디자인 취향이 잘 드러난 쇼룸으로, 제품을 디스플레이한 방식조차 흥미로운 곳이다.

1 봉 마르셰 백화점 옆에 있다. **2** 심플한 콘랜 숍의 외관 **3** 생활에 필요한 모든 아이템을 갖추고 있어 리빙에 관심 있는 사람들이라면 놓쳐서는 안 될 곳이다. **4** 영국제 찻잔과 그릇도 살 수 있다.

Area 5 / Saint Germain des Prés

타셴 Taschen 타첸

Map
P.454-B

Add. 2 Rue de Buci
Tel. 01 40 51 79 22
Open 11:00~20:00(금·토요일 ~24:00), 일요일 12:00~19:00
Access M4·10 Odéon 역에서 Bd Saint-Germain를 따라 걷다가 Rue de l'Ancienne Comédie로 우회전한다. 도보 3분
URL www.taschen.com

필립 스탁이 디자인한 예술 전문 서점

일본과 미국, 영국 등에 지점을 가지고 있는 독일의 예술 서적 전문 출판사 타셴의 파리 지점이다. 아라키, 랄프 깁슨, 헬무트 뉴톤과 같은 세계적인 작가의 사진집이나 마리오 보타, 르 코르뷔지에 등의 건축 관련 서적, 팝아트, 예술, 클래식, 디자인, 패션, 필름, 라이프스타일, 트래블, 포르노그래피 같은 예술 서적을 합리적인 가격으로 판매한다. 우리나라에는 대형 서점을 통해 들어오고 있지만 컬렉션이 한정적인 반면 이곳에서는 타셴의 모든 컬렉션을 가장 빨리, 가장 저렴한 가격에 살 수 있다. 특히 타셴 출판사에서 발간하는 한정판 책들을 살 수 있는 것이 가장 큰 매력이다. 현대카드 프리비아 숍에서 타셴의 서적을 여럿 갖추고 있으니, 파리에서 책을 사기 전에 가격을 비교해보는 게 좋겠다. 무게가 많이 나가는 책들이 많다.

1 예술 서적에 있어서는 최고로 구색을 잘 갖춘 서점이다. **2** 역사적인 다큐멘터리 도서도 있다. **3** 필립 스탁이 디자인한 서점 내부
4 꼭 사야할 책이 있는 사람 아니라도 한번쯤 들러 구경할 만한 곳이다.

상투 갤러리 Sentou Galerie 🔊 쌘뚜 갤러리

Add. 26 Boulevard Raspail
Tel. 01 45 49 00 05
Open 11:00~19:00
Close 일·월요일
Access M12 Rue du Bac 역에서 Bd Raspail를 따라 도보 4분
URL www.sentou.fr

세계적인 디자인 아이템이 가득한 곳

1946년 프랑스 남서부에서 가구 디자인을 시작한 창업자 로베르 상투의 이름을 딴 브랜드로 1977년 파리에 처음 매장을 열었다. 약 121평의 공간에 예쁜 수납 상자로 유명한 상드린100Drine, 디자인 바이 오Design by O, 독창적인 의자와 시계를 디자인한 조르주 넬슨, 비트라사의 의자를 디자인한 장 프루베, 브랑쿠시의 제자로 동양 스타일의 전등을 디자인한 이사무 노구치처럼 디자인계에 한 획을 그은 디자이너들의 아이템을 포함해 감각적인 상투 소속 디자이너들의 아이템들로 가득하다. 인터넷 주문도 가능하다.

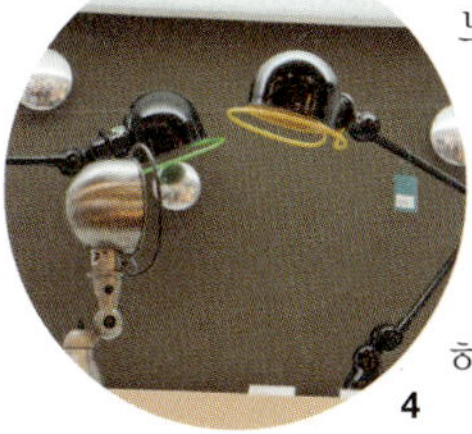

1 집안에 필요한 모든 것을 살 수 있는 데커레이션 종합 매장 2 지하에는 리빙, 인테리어, 건축 관련 도서를 팔고 있다. 3 유명 디자이너들의 한정 컬렉션도 살 수 있다. 4 독특한 디자인의 조명

Area 5 / Saint Germain des Prés

아모레퍼시픽 기업 컨설턴트 파비엔 샤니Fabienne Chagny의 시크릿 파리

시크릿 파리 >> **평생 파리에서 산 토종 파리지앵이라고 들었다.**
파비엔 샤니 >> 어릴 때는 15구에서 살았고, 10년 전부터 14구에 살고 있다. 이 동네에서의 생활이 만족스러워서 다른 곳으로 떠나기 싫다. 심지어 바캉스를 떠나기 싫을 정도.

시크릿 파리 >> **파리에 살면서 언제 행복을 느끼나?**
파비엔 샤니 >> 계절에 상관없이 이른 아침 센 강변을 거닐면서 해가 뜨고 지는 것을 볼 때, 다리 밑으로 우연히 유람선이 지나가는 걸 볼 때 행복을 느낀다.

시크릿 파리 >> **파리에 처음 온 친구들에게 일주일의 시간이 주어진다면 어디에 데리고 가겠는가?**
파비엔 샤니 >> 가판대에 있는 주간 공연 정보지 〈파리스코프Pariscope〉나 메트로 역에서 공짜로 얻을 수 있는 〈아 누 파리A Nous Paris〉에서 전시나 공연들을 확인해보고 계획을 세운다. 우선 사람들이 많이 방문하는 박물관은 혼자 가보도록 권하고, 그다음에 내가 좋아하는 박물관에 데리고 갈 계획이다. 다음에는 한적한 파리의 낭만을 느끼게 할 참이다. 바토 무슈 유람선도 같이 타고 뤽상부르 공원, 뷔트 쇼몽 공원에도 들를 것이다. 또 갈 때마다 길을 헤매게 되는 몽마르트르, 뷔트 오 카이, 마레, 그리고 생제르맹데프레 거리, 라데팡스에도 친구들을 데려갈 것이다. 저녁에는 음악 공연에 데려갈 것 같다. 살 플레옐Salle Pleyel에서 좋은 공연을 많이 하는데 파리에서 가장 좋은 음향 시설을 갖추고 있는 곳이다.
개인적으로 라데팡스 광장 한가운데에 서서 바람 맞으며 현대식 건물들을 바라보는 걸 좋아한다. 내 생각에 '비밀스러운 파리'란 아무런 목적 없이 좋아하는 동네에 가서 발길 닿는 대로 걷다 우연히 새로운 장소를 발견하는 것이 최고다.

시크릿 파리 >> **관광객보다 파리지앵들이 즐겨 찾는 레스토랑 중에 가장 맛있는 몇 군데를 추천한다면?**
파비엔 샤니 >> 르 주 드 키Le Jeu de Quilles, 르 제이어Le Zeyer(브라스리)를 추천한다. 13구의 뷔토 카이Butte aux Cailles에 있는 르 탄뎀Le Tandem도 좋아하는 곳 중 하나고 좀 이국적인 맛에 도전하고 싶다면 몽마르트르에 있는 아프가니스탄 식당(폴베르 거리Rue Paul Bert)도 매우 맛있다. 앨리스 피자Alice Pizza(당쿠르 거리Rue Dancourt)는 파리에서 맛으로 유명한 피자집 중 하나다. 사무실이 있는 샤틀레 구역에는 전형적인 브라스리인 르 지메Le Zimmer 그리고 사랑하는 밤 바 아 망제BAM Bar à Manger가 있으며, 루브르박물관 옆에 있는 르 퓌무아Le Fumoir는 정말 멋진 곳이다. 신나는 분위기를 즐기기엔 바스티유 근처 호켓 거리Rue Roquett에 있는 바도 괜찮다. 차를 마시러 갈 때는 리볼리 거리에 있는 안젤리나Angélina가 좋다. 고전적인 분위기인데 나름 색다른 재미가 있다. 또 모스케에 있는 살롱 드 테에서 북아프리카의 맛난 과자와 민트 티를 맛보여줄 것이다(접시 위에 과자를 먹으러 오는 참새를 무서워하지 않는다면).

시크릿 파리 >> **파리 근교에서 스트레스를 한방에 날려 보낼 수 있는 곳이 있다면?**
파비엔 샤니 >> 내가 좋아하는 일들을 말해볼 테니 꼭 한 번 따라 해봐라. 거의 영화 〈아멜리에〉 수준이다. 베르사유에 가서, 성 안의 나무 샛길을 헤매면서 걷기(트리아농에서 왕비의 촌락까지 꼬마 기차 타지 않고 걷기), 퐁텐블로에 가서 가벼운 트레킹 하기(수업을 들을 수도 있다), 보르비콩트 성Vaux le Vicomte이나 퐁텐블로Fontainebleau 성 정원 산책하기, 랑부이예Rambouilliet 숲에서 하늘을 바라보며 삼림욕 즐기기.

파비엔의 추천 맛집

르 트로케 Le Troquet
P.457-G
Add. 21 Rue François Bonvin **Tel.** 01 45 66 89 00 **Open** 12:00~14:00, 19:30~23:00 **Close** 월·일요일, 8월, 12/25~1/1 **Access** M6 Sévres Lecourbe 역에서 도보 7분 **Price** 24~30€

프랑스 가정식 요리를 먹고 싶어 하는 한국인 친구들에게 언제나 추천하는 곳. 신선한 제철 재료를 프랑스 전통 방식으로 만들어내는 곳으로 파리의 유명 요리사들이 이곳에 자주 들를 정도로 맛있다고 소문나 있으며 웬만한 〈미슐랭 가이드〉 스타급 레스토랑 못지않은 곳이다.

밤 바 아 망제 BAM Bar à Manger
P.452-E
Add. 13 Rue des Lavandières Sainte-Opportune **Tel.** 01 42 21 01 72 **Open** 12:00~15:00, 19:00~23:00 **Close** 일요일 **Access** M1·4·7·14 Châtelet 역에서 도보 2분 **Price** 20~34€

샤틀레 극장 뒤쪽에 있는 작은 비스트로. 키 큰 사람은 머리를 숙여야 할 정도로 천장이 낮은 2층과 테이블이 몇 개 안 되는 1층이 언제나 만원이다. 서민적인 프랑스 비스트로를 경험하고 싶다면 이곳으로 가자.

앨리스 피자 Alice Pizza
P.459-B
Add. 4 Rue Dancourt **Tel.** 01 42 54 29 20 **Open** 화~목요일 17:00~24:00, 금·토요일 11:00~14:30, 17:00~익일 02:00, 일요일 11:00~14:30, 17:00~23:00 **Close** 월요일 **Access** M2 Anvers 역에서 도보 3분 **Price** 10~18€

파리에서 가장 맛있는 피자집이 어디냐고 묻는다면 두 번 생각 않고 앨리스 피자를 꼽겠다. 신선하고 풍성한 재료를 사용하는 피자와 파스타는 아마 한국에서는 경험할 수 없는 맛이 아닐까 싶다.

르 주 드 키 Le jeu de Quilles
P.458-B
Add. 45 Rue Boulard **Tel.** 01 53 90 76 22 **Open** 12:00~14:30, 20:00~22:30 **Close** 월·일요일, 화요일 점심 **Access** M4 Mouton Duvernet 역에서 도보 3분 **Price** 21~27€

몽파르나스에 있는 숨은 맛집이다. 테이블이 몇 개 안 되는 프랑스 비스트로. 매일 셰프가 제안하는 색다른 요리를 먹을 수 있다.

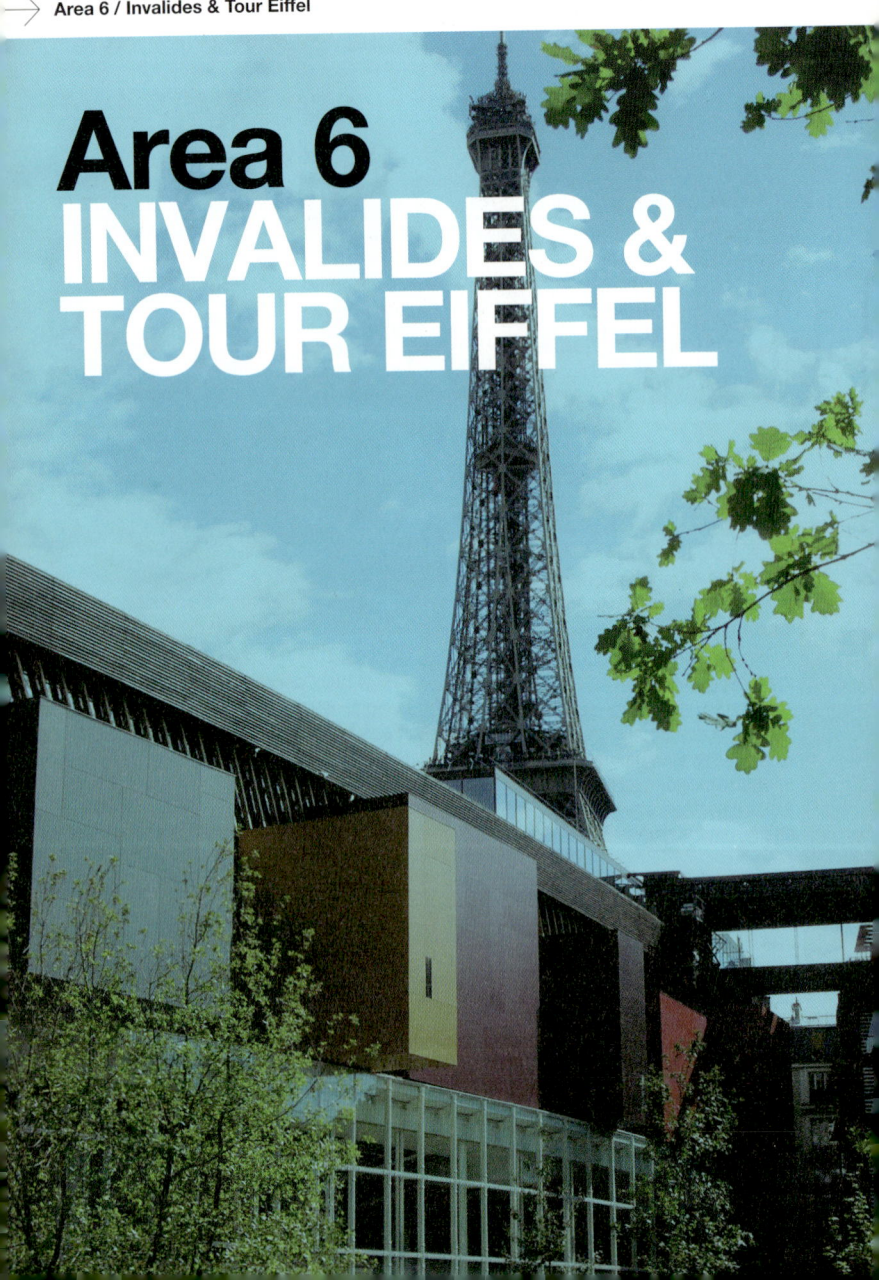

Area 6 / Invalides & Tour Eiffel

Area 6
INVALIDES &
TOUR EIFFEL

앵발리드 & 에펠탑

● 　　나폴레옹 무덤이 있는 황금색 지붕의 앵발리드 주변은 프랑스 정부기관뿐 아니라 한국대사관, 외교 관저들이 모여 있는 파리의 고급 주택가다. 위풍당당한 건물이 줄지어 늘어선 이곳에는 로댕 미술관을 비롯해 녹지 공간이 넓게 펼쳐져 있어 시민의 휴식처로 사랑받고 있으며 생 도미니크 거리에는 고급 프랑스 레스토랑들이 즐비하다.
파리를 대표하는 랜드마크인 에펠탑을 비롯해서 문화재, 건축 박물관이 들어선 샤요 궁전, 파리 만국박람회 때 일본 산업관이 설치된 팔레 드 도쿄 등 파리에서 열린 여섯 차례의 만국박람회를 위해 세워진 구조물들은 옛 모습 그대로 전 세계인의 사랑을 받고 있다. 파리에서 부자들이 사는 동네로 알려진 16구 지역에선 로댕 미술관, 발자크 기념관처럼 작은 박물관들을 호젓하게 관람할 수 있다.

Area 6 / Invalides & Tour Eiffel

Access
가는 방법

트로카데로 Trocadéro 역
앵발리드 Invalides 역

방향 잡기 에펠탑을 제대로 둘러보려면 트로카데로 역이나 앵발리드 역에 내리는 것이 좋다. 트로카데로 역에 내리면 지대가 높은 곳에서 낮은 곳으로 이동하게 되므로 힘이 덜 든다. 서두르면 하루 만에 앵발리드와 로댕 미술관까지 함께 둘러볼 수 있다. 에펠탑에서 파리 야경을 보려면 먼저 앵발리드 역에 내려 앵발리드와 로댕 미술관을 본 다음 에펠탑 쪽으로 이동한다.

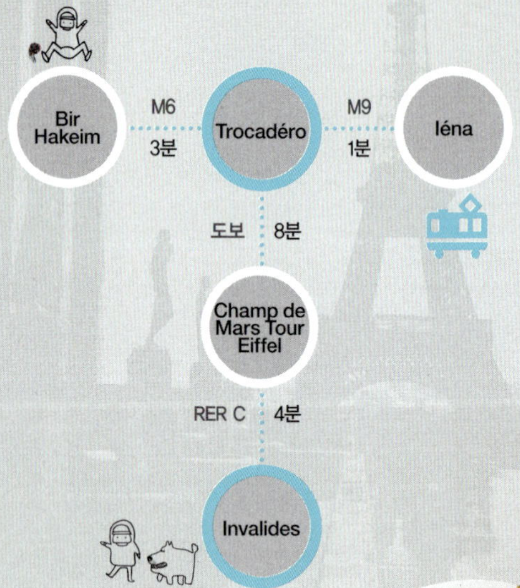

Bir Hakeim — M6 3분 — Trocadéro — M9 1분 — Iéna

도보 8분

Champ de Mars Tour Eiffel

RER C 4분

Invalides

Check Point

● 에펠탑 주변은 관광객을 상대로 바가지를 씌우는 장사꾼과 소매치기들이 많으니 늘 소지품에 신경 쓰고 구입할 필요가 없는 물건이라면 아예 외면하는 게 상책이다.

● 바람이 많이 부는 저녁에 에펠탑에 올라가거나 유람선을 탈 때는 한여름이라도 카디건이나 덧옷을 챙겨야 한다. 많은 시간을 기다려 에펠탑에 올라갔다가 추워서 곧바로 내려오는 경우도 있다.

● 녹음이 우거진 공원이 많아 편안한 신발을 신으면 쉬엄쉬엄 걸어 다닐 수 있어 힘들지 않다. 저녁에는 파리 야경을 즐길 수 있는 유람선을 타거나 에펠탑에 오르자.

Plan
추천 루트

파리 관광의 하이라이트
에펠탑 하루 걷기 여행

10:00 샤요 궁전 Palais de Chaillot
프랑스 문화재에 관한 상세한 설명과 복원 과정에 대해 알 수 있는 문화재 박물관은 역사 유적에 관심 있는 사람에게 추천할 만하고 건축 박물관은 세계적인 건축가들이 파리 시에 구현한 프로젝트의 모형을 살펴볼 수 있어 흥미롭다.

도보 11분

11:00 팔레 드 도쿄와 파리시립근대미술관
Palais de Tokyo & Musée d'Art Modern de la Ville de Paris
일반적으로 박물관에 전시될 수 없을 것 같은 다양한 예술 형태를 볼 수 있는 것이 팔레 드 도쿄의 즐거움이다. 일반인에게 잘 알려져 있지 않지만 볼거리가 많은 파리시립근대미술관도 놓쳐서는 안 될 곳이다.

도보 14분

13:00 카페 콩스탕 Café Constant
프랑스에서도 할머니가 차려주는 식탁이 인기 있다. 지나치게 비싼 레스토랑 대신 저렴하고 맛있는 레스토랑의 대명사로 알려진 곳.

도보 14분

15:00 앵발리드와 로댕 미술관
Invalides & Musée Rodin
세계를 호령하던 나폴레옹의 주검이 묻힌 앵발리드는 프랑스 역사에서 빼놓아서는 안 될 유적지다.

앵발리드→로댕 미술관
도보 6분

도보 25분

17:00 에펠탑 La Tour Eiffel
매 시간 정시에 반짝이는 에펠탑을 감상하는 것은 기본. 줄이 길어 한 시간 넘게 기다릴 때도 있지만 충분히 볼 만한 가치가 있다.

에펠탑→바토 파리지앵 또는 베데트 드 파리
도보 2분

도보 2분

21:00 유람선 투어
파리에서 로맨틱한 저녁시간을 보내려면 유람선 투어를 빼놓을 수 없다. 같은 건물이라도 유람선에서 보는 기분은 남다르다.

Area 6 / Invalides & Tour Eiffel

기메 미술관 Musée National des Arts Asiatique-Guimet
뮤제 나시오날 데 아르 아지아틱-기메

Map P.456-A

Add. 6 Place d'Iéna Tel. 01 56 52 53 00
Open 10:00~17:45(수요일 ~20:45) *입장 마감 폐관 30분 전
Close 월요일, 1/1, 5/1, 12/25
Access M9 Iéna 역에서 Pl. d'Iéna를 빠져나와 도보 1분
URL www.guimet.fr
Admission Fee 일반 7.50€, 만 18~25세 5.50€

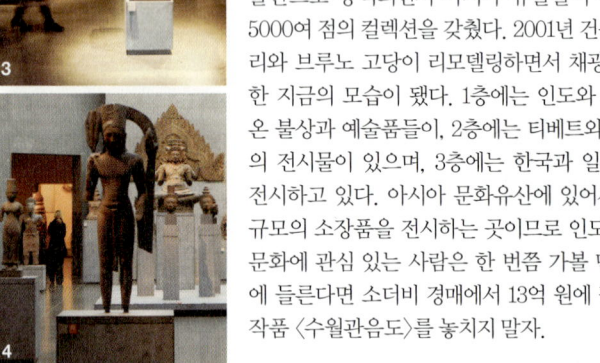

아시아예술박물관

리옹의 재력가 에밀 기메가 수집한 아시아의 예술품을 국가에 기증하면서 생긴 박물관이다. 1945년에 국립박물관으로 승격되면서 아시아 유물들이 추가돼 총 4만 5000여 점의 컬렉션을 갖췄다. 2001년 건축가 아르센 앙리와 브루노 고당이 리모델링하면서 채광을 좀 더 강조한 지금의 모습이 됐다. 1층에는 인도와 크메르 등에서 온 불상과 예술품들이, 2층에는 티베트와 네팔, 중국 등의 전시물이 있으며, 3층에는 한국과 일본 예술품들을 전시하고 있다. 아시아 문화유산에 있어서는 유럽 최대 규모의 소장품을 전시하는 곳이므로 인도, 티베트, 네팔 문화에 관심 있는 사람은 한 번쯤 가볼 만하다. 한국관에 들른다면 소더비 경매에서 13억 원에 팔린 고려 시대 작품 〈수월관음도〉를 놓치지 말자.

1 아시아 예술을 좋아하는 파리지앵의 발걸음이 끊이지 않는다. **2** 프랑스 최대 규모의 아시아 컬렉션을 자랑한다. **3** 기메 미술관 내부 **4** 5년간의 리모델링으로 건물 안에 햇살이 들어와 훨씬 쾌적해졌다.

로댕 미술관 Musée Rodin 🔊 뮈제 호당

Add. 79 Rue de Varenne **Tel.** 01 44 18 61 10 **Open** 10:00~17:45
(수요일 ~20:45) *입장 마감 폐관 30분 전 **Close** 월요일, 1/1, 5/1, 12/25
Access M13 Varenne 역에서 Bd des Invalides를 따라 걷다가
Rue de Babylone로 좌회전한다. 도보 2분 **URL** www.musee-rodin.fr
Admission Fee 상설/기획전+정원 일반 10€, 만 18~25세, 수요일 18시 이후 7€,
정원만 입장 일반 4€, 만 18~25세·수요일 18시 이후 2€

로댕과 만나는 시간

1728년에 세워진 로코코 양식의 저택으로 정원 가꾸기를 좋아하는 비롱 원수가 처음 구입했다가 나중에 대중 무도회장, 교황 대사와 러시아 대사 저택 등으로 이용됐다. 한때 마티스, 이사도라 던컨, 릴케가 머물기도 했던 역사적인 장소다. 이곳에서 살았던 시인 릴케의 소개로 로댕은 자신의 작품으로 집세를 대신하면서 살았다. 1917년까지 이곳에 살았던 로댕이 작품을 국가에 기증하면서 처음으로 미술관으로 문을 열게 됐다. 로댕의 〈생각하는 사람〉, 〈지옥의 문〉, 〈칼레의 시민〉, 〈키스〉 등이 있으며 카미유 클로델, 반 고흐의 작품도 있다. 정원에 가득한 장미와 로댕의 조각들이 한데 어우러진 야외 미술관의 매력에 흠뻑 빠져보자. 미술관 관람을 마치고는 정원에 있는 테라스 카페에서 아이스크림이나 커피를 즐기며 느긋하게 쉴 수도 있다.

1 로댕의 작품이 전시돼 있는 1층 내부 **2** 부르봉 궁전을 만든 가브리엘과 오베르가 건축한 비롱 저택 **3** 내부 관람을 마치면 조각 공원을 산책할 수 있다. **4** 2009년에 내부 수리를 마친 미술관 입구

Area 6 / Invalides & Tour Eiffel

아름다운 기념관은 작지만 산책하듯 둘러볼 수 있다.

발자크 기념관 Maison de Balzac 메종 드 발작크

Add. 47 Rue Raynouard **Tel.** 01 55 74 41 80
Open 10:00~18:00 **Close** 월요일, 공휴일
Access M6 Passy 역에서 Rue de l'Alboni를 따라 걷다가 Rue Raynouard로 좌회전한다. 도보 8분
URL www.balzac.paris.fr
Admission Fee 상설전 무료

★★★

소설가 발자크의 기념관

소설가이자 사실주의의 아버지로 불리는 오노레 드 발자크의 기념관이다. 기념관은 1840년부터 1847년까지 작가가 7년간 살았던 곳으로 발자크의 사촌 베트가 완성했으며, 발자크 생전에 쓰던 낡은 책상, 의자, 책, 편지, 원고 등을 볼 수 있다. 발자크는 고전 소설 양식을 확립하는데 기여한 위대한 소설가 중 한 사람으로 방대한 양의 장편 및 단편소설로 이뤄진 〈인간 희극〉을 이곳에서 집필했다.

Tip 오노레 드 발자크는 투르Tours에서 태어나 소르본 대학에서 법률을 공부하다가 문학가의 꿈을 안고 대학을 중퇴하고 습작 생활을 했다. 초반에는 세간의 이목을 받지 못했지만 20세 연상인 베르니 부인의 헌신적인 애정에 힘입어 습작 생활을 이어갈 수 있었다. 베르니 부인이 죽고 이곳에서 폴란드 귀족 한스카 부인과 살다가 죽기 직전에 그녀와 결혼했다.

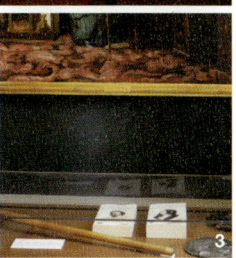

1 파리 16구의 한적한 주택가에 있는 발자크 기념관 **2** 로댕이 조각한 발자크의 두상 **3** 발자크가 사용했던 필기구와 그가 저술한 책이 있다.

Area 6 / Invalides & Tour Eiffel

앵발리드 Invalides 🔊 앵발리드

Add. 129 Rue de Grenelle Tel. 08 10 11 33 99
Open 10:00~17:00(4~10월 ~18:00, 7·8월 나폴레옹 무덤(돔) ~19:00)
*입장 마감 폐관 30분 전 Close 매월 첫째 월요일, 1/1, 5/1, 12/25
Access M8·13·RER C Invalides 역에서 Av. du Maréchal Gallieni를 따라 도보 8분, M8 La Tour-Maubourg 역에서 도보 3분 URL www.invalides.org
Admission Fee 일반 11€, 여름 17시 이후·겨울 16시 이후 입장객 9€

Map
P.457-D

나폴레옹이 잠든 역사적인 장소

'상이군인'을 뜻하는 앵발리드는 루이 14세가 부상당한 군인이나 은퇴한 노병을 위해 요양소 겸 병원으로 지은 건물이 그 시초다. 프랑스대혁명 당시에는 무기 저장고로 사용되기도 했다. 지금도 상이군인 요양원으로 사용되지만 전쟁박물관과 돔 성당에 있는 나폴레옹 1세의 무덤으로 유명하다. 1840년 프랑스로 돌아온 나폴레옹의 유해는 녹색 화강암 받침대 위에 있는 6중의 관 속에 이장돼 있다. 전면에 있는 18문의 대포는 제1차 세계대전 승전 기념으로 축포를 내뿜은 이후 지금까지 사용되지 않고 있으며, 제2차 세계대전 당시 독일군이 약탈해간 것을 다시 돌려받은 것이다. 전쟁박물관 1층에는 프랑수아 1세의 검, 앙리 2세의 갑옷, 앙리 4세 때의 전투 장비가 전시돼 있으며, 2층에는 나폴레옹의 유물이, 3층에는 전투 복장의 변천사를 주제로 한 전시회가 열린다.

1 30만 겹의 금박지로 만들었다는 앵발리드의 돔 **2** 나폴레옹의 무덤이 있는 앵발리드의 아름다운 지붕 천장화 **3** 어렵게 돌아온 유해를 보존하기 위해 6중으로 둘러싼 나폴레옹의 무덤 **4** 프랑스를 빛낸 위인 중 한 명인 나폴레옹 석상

파리시립근대미술관 Musée d'Art Modern de la Ville de Paris 뮤제 다흐 모덴 드라 빌 드 빠리

Add. 11 Avenue du Président Wilson **Tel.** 01 53 67 40 00
Open 10:00~18:00(목요일 ~22:00) *입장 마감 폐관 45분 전
Close 월요일, 1/1, 5/1, 7/14, 11/11, 12/25 **Access** M9 Iéna 역에서 Av. du Président Wilson를 따라 걷다가 Rue Debrousse로 우회전한다. 계속 걷다가 Av. de New York로 좌회전한다. 도보 5분 **URL** www.mam.paris.fr
Admission Fee 상설전 무료 *5€ 기부 권장

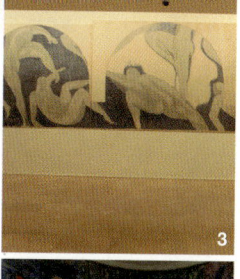

20세기 미술 작품 상설 전시관

1937년 파리 만국박람회를 위해 건축된 팔레 드 도쿄의 한 부분을 차지하고 있는 박물관으로 파리 시 소유다. 1961년에 처음으로 문을 열었으며 탄생 100년 미만 된 작가의 작품에 한해 20세기 미술 작품 8000여 점을 상설 전시하고 있다. 색채의 마술사로 불리는 앙리 마티스의 〈춤〉과 전기의 위대한 역사와 고마움을 기리기 위해 그려진 라울 뒤피의 〈전기의 요정〉과 같은 대작은 놓치지 말자. 전시 중인 주요 컬렉션으로는 이브 클라인, 볼 탄스키, 세자르, 브라크 등이 있으며 포비슴 시대의 드랭과 블라맹크, 큐비즘의 피카소와 브라크, 초현실주의의 막스 에른스트와 키리코를 비롯해 모딜리아니, 자드킨의 작품도 전시하고 있다. 상설 전시 말고도 파리 근대 작가의 회고전처럼 특별 전시가 1년 내내 열리므로 일정을 체크하고 방문하자.

1 조각과 회화로 나뉘 두 개 층에 작품들을 전시하고 있다. **2** 파리시립근대미술관과 팔레 드 도쿄 사이에 있는 노천카페 **3** 이곳의 하이라이트, 마티스의 〈춤〉 **4** 자유분방한 선과 명쾌한 색채로 유명한 라울 뒤피의 초대형 작품

건축문화재 박물관 Cité de l'Architecture et du Patrimoine 씨떼 드 락쉬 떽뛰흐 에 뒤 빠트리무완

Map P.456-A

Add. 1 Place du Trocadéro et du 11 Novembre **Tel.** 01 58 51 52 00
Open 11:00~19:00(목요일 ~21:00) *입장 마감 폐관 45분 전, 12/24·31 17시 폐관 12/26 & 1/2 11:00 오픈 **Close** 화요일, 1/1, 5/1, 12/25
Access M6·9 Trocadéro 역에서 Pl. du Trocadéro et du 11을 따라 걷다가 좌회전한다. 도보 2분, 트로카데로 궁전 내에 있다. **URL** www.citechaillot.fr
Admission Fee 일반 8€, 만 18~25세 6€

★★

프랑스 건축과 문화재 변천사를 한눈에

샤요 궁전Palais de Chaillot에 있는 박물관 중에서 가장 규모가 크고 인기 많은 박물관이다. 프랑스 문화재와 건축에 관심 있는 전공자뿐 아니라 일반 여행자도 충분히 둘러볼 만한 가치가 있다. 2007년에 처음으로 문을 열었으며 로마네스크 양식부터 르 코르뷔지에까지 프랑스 건축물과 문화재의 역사를 한눈에 조망할 수 있다.

Tip 샤요 궁전은 마치 새가 날개를 펼친 듯한 형상으로 가장 좋은 전망에서 에펠탑을 배경으로 기념사진을 찍을 수 있다. 내부에는 해양, 인류, 건축문화재 박물관들이 들어서 있다. 궁전 아래쪽에 새롭게 문을 연 시네 아쿠아는 애니메이션, 수족관, 음악이 한데 어우러진 신개념의 수족관으로 파리의 새로운 명소가 됐다.

1 프랑스 유명 건물들의 모형이 있다. **2** 건축문화재 박물관 입구에 있는 모던한 카페테리아 **3** 프랑스 문화재의 우수성을 알리는 전시관 내부 **4** 프랑스 전국에 있는 유명 문화재를 친절하게 설명해준다.

팔레 드 도쿄 Palais de Tokyo 🔊 빨레 드 도쿄

Add. 13 Avenue du Président Wilson **Tel.** 01 81 97 35 88
Open 12:00~24:00(12/24·31 ~18:00)
Close 화요일, 1/1, 5/1, 12/25
Access M9 Iéna 역에서 로터리를 빠져나와 Av. du Président Wilson를 따라 도보 3분 **URL** www.palaisdetokyo.com
Admission Fee 일반 10€, 만 26세 미만 8€

현대미술 작품이 있는 복합 문화 공간

1937년 파리 만국박람회에서 일본관으로 사용된 데서 지금의 이름이 유래했다. 컨템퍼러리 아트 작가를 발굴하고 소개하는 현대미술관과 레스토랑 도쿄 잇(p.328), 예술 서적 전문 서점과 기프트 숍 블랙 블록, 카페 등이 있다. 미술사나 역사에 등장하는 작품보다 동시대를 살아가는 신인 작가들의 다양한 작품과 아이템을 접할 수 있으며 밤늦게까지 개장하므로 느긋하게 작품을 감상할 수 있다.

Tip 2013년에 오픈한 레스토랑 무슈 블뤼Monsieur Bleu는 파리의 유명 예술가들과 상류 사회 사람들의 미팅 장소로 유명해졌다. 캐비어와 푸아그라와 같은 고급 음식은 물론 전통에 모던한 감각이 어우러진 프랑스 음식을 선보이며 에펠탑이 바라다보이는 테라스에서 즐기는 분위기가 특별하다.

---

1 날씨가 좋을 때는 야외 테라스에서 식사할 수 있다. **2** 컨템퍼러리한 분위기로 꾸며진 내부 **3** 샐러드와 음료로 간단히 요기할 수 있는 카페 **4** 현대미술 작가들의 전시는 언제나 신선하다.

Area 6 / Invalides & Tour Eiffel

케브랑리 국립박물관 Musée du Quai Branly 뮤제 뒤 깨 브랑리

Map P.456-B

Add. 37 Quai Branly **Tel.** 01 56 61 70 00
Open 11:00〜19:00(목〜토요일 〜21:00) *입장 마감 폐관 1시간 전
Close 월요일, 5/1, 12/25
Access RER C Pont de l'Alma 역에서 Av. Rapp로 우회전해 계속 걷다가 Rue de l'Université로 우회전한다. 도보 6분
URL www.Quaibranly.fr **Admission Fee** 상설전 일반 9€, 만 26세 미만 7€

★★

비서구권 인류문화 박물관

자크 시라크 프랑스 전 대통령의 지시로 2억3000만 유로를 들여 개관한 에펠탑 근처에 있는 박물관으로 2006년 6월에 문을 열었다. 예술사와 인류사에서 주목받지 못했던 비서양권 문명을 재조명한다는 목적으로 아프리카, 아시아, 오세아니아 등에서 수집한 30만여 점의 인류 문명 관련 작품들을 전시하고 있다. 장 누벨이 유리로 된 외부 벽이 있는 입구를 통해 정원처럼 조성한 중정을 지나 박물관으로 들어갈 수 있도록 설계했다. 건물 길이는 200m에 이르며 공간 내부도 전시 작품을 사방에서 볼 수 있도록 했다. 그림과 의복 등 6000여 점의 아시아 유물, 아프리카의 민속 신앙과 관련한 아이템과 전통 악기 등 일반 박물관에서 찾아볼 수 없는 아이템들을 전시 중이어서 파리의 새로운 문화 명소로 떠오르고 있다.

1 외벽은 유리와 철골로 돼 있다. **2** 박물관 뜰에 있는 카페 뒤로 에펠탑이 보인다. **3** 테라스 카페가 인기 있다. **4** 장 누벨의 설계가 돋보이는 박물관 내부

에펠탑 La tour Eiffel 🔊 라 뚜 에펠

Add. Champ de Mars, 5 Avenue Anatole France Tel. 08 92 70 12 39
Open 6월 중순~9월 초 승강기 09:00~익일 00:45(꼭대기 ~23:00),
계단 09:00~익일 00:45, 9월 중순~6월 초 승강기 09:30~23:45(꼭대기 ~22:30),
계단 09:30~18:30 Access RER C Champ de Mars Tour Eiffel 역에서 Quai
Branly를 따라 도보 8분 URL www.tour-eiffel.fr
Admission Fee 꼭대기층 일반 17€, 만 12~24세 14.50€, 만 4~11세 8€, 2층 승강기
일반 11€, 만 12~24세 8.50€, 2층 계단 일반 7€, 만 12~24세 5€, 만 4~11세 3€

★★★

파리의 랜드마크

프랑스대혁명 100주년과 같은 해에 열린 만국박람회를 기념하기 위해 세워졌다. 이 탑의 설계자는 쾌슐랭과 누기에였는데 이들이 제안한 설계 안건이 통과되자 에펠은 자신의 이름을 붙인다는 조건하에 자금을 댔다. 300m에 달하는 거대한 철탑이 파리에 생긴다는 소식을 들은 모파상, 구노, 가르니에 등 지식인 300명은 파리 미관을 해친다는 이유로 에펠탑 철거를 요구하는 시위를 벌여 20년 후에 철기히기로 약속받았다. 히지만 이후 송신탑이 추가되면서 이들의 해체 요구는 묵살됐다. 파리의 새로운 스카이라인이 생기는 걸 싫어했던 모파상은 에펠탑이 보이지 않는 유일한 곳, 바로 에펠탑 2층 레스토랑에 들러 식사한 것으로 전해진다. 에펠탑의 1층 전망대는 지상 57m에 있으며 단편영화로 탑의 역사를 보여주는 박물관과 우체국이 있다. 115m의 2층 전망대에는 고급 레스토랑 쥘 베른이 있으며, 274m의 3층 전망대에서는 파리 시가지를 360°로 볼 수 있다. 7000t의 무게로 7년마다 56t에 달하는 페인트를 칠하는데 건물이 높게 보이도록 1층부터 위로 올라갈수록 컬러를 연하게 그러데이션했다. 해가 지면 에펠탑에서는 매시간 정각부터 10분 사이에 환상적인 조명 쇼가 펼쳐진다.

Tip 숫자로 본 에펠탑
총 무게 1만100t 높이 324m
조합 1만8038개의 철골, 250만 개의 리벳

1 몽파르나스 타워에서 내려다본 에펠탑 2 에펠탑은 역시 야경이 압권이다. 3 비 오는 날의 에펠탑도 운치 있다.

Area 6 / Invalides & Tour Eiffel

르 코르뷔지에 재단 Fondation Le Corbusier
퐁다시옹 르 꼬르뷔지에

Map P.456-B

Add. 10 Square du Docteur Blanche **Tel.** 01 42 88 75 72
Open 10:00~18:00(월요일 13:30~) **Close** 일요일, 1/1, 12/25
Access M9 Jasmin 역에서 좌회전해 Rue Jasmin를 따라 걷다가 Rue Henri Heine로 우회전한다. 계속 걷다가 Rue du Docteur Blanche로 좌회전한다. 도보 7분 **URL** www.fondationlecorbusier.fr
Admission Fee 일반 8€, 학생 5€

★★

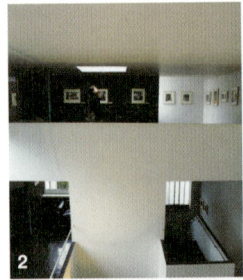

현대 건축의 기념비적인 건물

"집은 살기 위한 기계"라고 말한 현대 건축의 아버지, 르 코르뷔지에를 기념하기 위해 세워진 공간으로 '메종 라 로슈maison la Roche'라고도 불린다. 그는 파리 근교 푸아시의 사보이관, 파리구세군회관, 마르세유의 거대 아파트 유니테, 롱샹 교회당 등 많은 걸작을 남겼다. 이곳은 안으로 들어갈수록 스펙터클하다는 점에서 건축학적으로 산책 개념을 도입했다는 평가를 받는다. 르 코르뷔지에의 생존 모습뿐 아니라 8000여 장의 스케치와 건축 설계, 400여 장의 그림을 만날 수 있다. 수평 지붕을 건물에 적용한 옥상 정원, 1층을 주차장이나 휴식 공간으로 만드는 지주 등 '현대 건축의 5원칙'을 수립한 기념비적인 건물이다. 인간을 위한 건축을 추구한 위대한 거장이 만들어낸 이 공간은 건축학도가 아니더라도 누구나 한 번쯤 가볼 만한 가치가 있다.

1 르 코르뷔지에 재단 건물 정면 **2** 건축학도뿐 아니라 일반인에게도 흥미로운 볼거리다. **3** 필로티와 긴 창문을 균형 있게 조화시킨 건물 외관 **4** 르 코르뷔지에가 생전에 그린 그림과 가구들을 볼 수 있다.

와인 박물관 Musée du Vin Paris 🔊 뮤제 뒤 뱅 파리

Add. 5 Square Charles Dickens　Tel. 01 45 25 63 26
Open 10:00~18:00　Close 월요일, 12/25, 1/1
Access M6 Passy 역에서 Rue de l'Alboni를 따라 걷다가 Rue des Eaux로 우회전한다. 도보 4분
URL http://museeduvinparis.com
Price 일반 10€, 학생 9€(와인 3잔 포함+소믈리에 미니 강의 25€)

와인과 관련한 소박한 즐거움이 기다리는 곳

부유층이 사는 16구의 주택가에 위치한 아담한 박물관으로 와인과 관련한 역사를 살펴볼 수 있다. 13~18세기에 채석장이었던 공간으로 1950년 이후에는 에펠탑 레스토랑의 와인 저장고로 이용되기도 했다. 에펠탑과는 불과 300m 떨어져 있다. 와인 박물관인 만큼 와인의 생산 과정을 설명하는 도구는 물론 와인과 관련한 액세서리를 전시한다. 입장 요금에는 와인 한 잔 시음까지 포함돼 있으며 와인에 관심이 많은 사람들은 시음 수업과 저녁 식사 이벤트에도 참여할 수 있으니 웹사이트를 통해 일정을 확인한다.

1 와인을 사랑하는 사람의 호기심을 풀어주는 작은 박물관이다. **2, 3, 4** 밀랍 인형들이 와인 제조 공정을 알기 쉽게 보여준다.

도쿄 잇 Tokyo Eat 🔊 도쿄 잇

Map P.456-B

Add. 13 Avenue du Président Wilson **Tel.** 01 47 20 00 29
Open 레스토랑 12:00~15:00(일요일 ~16:00), 20:00~23:30(일요일 ~22:30), 살롱 드 테 12:00~24:00 **Close** 1/1
Access M9 Iéna 역에서 Av. du Président Wilson를 따라 도보 2분. 팔레 드 도쿄 내에 있다.
URL www.palaisdetokyo.com **Price** 점심 24€, 저녁 24~65€

독특한 스피커와 분위기 있는 식사

트렌드에 민감한 젊은이들이 모여드는 팔레 드 도쿄 입구 쪽에 있는 레스토랑으로 모던한 요리를 선보인다. 인테리어 디자이너 스테판 모팡이 컬러풀한 아이 방에서 영감을 받아 인테리어를 디자인했으며 테이블에는 사람의 얼굴과 눈동자가 그려져 있다. 호박 수프, 새우, 파스타 등이 인기 있으며 천장에서 내려온 이상하게 생긴 조형물은 다름 아닌 스피커다. 밤늦도록 바에서 식사와 음료를 즐길 수 있다. 탁 트인 공간에서 음악이 계속 흘러나와 약간 소란스러운 분위기를 좋아하는 사람에게 추천하고 싶은 곳이다. 우리 기억 속에 있는 이미지와 판이한 화장실의 아티스틱한 디자인 역시 특별한 재미가 느껴지므로 잊지 말고 들르자.

1 팔레 드 도쿄의 또 다른 즐거움은 맛있는 음식을 즐길 수 있는 것이다. **2** 재미있는 실내 분위기를 좋아하는 젊은이들로 붐빈다. **3** 사람이 많을 때는 기다리는 동안 칵테일을 즐길 수 있다.

라 갸르 La Gare 🔊 라 갸흐

Add. 19 chaussée de la Muette **Tel.** 01 42 15 15 31
Open 12:00~15:00, 19:00~23:30
Access M9 La Muette 역에서 Av. Mozart를 따라 걷다가 사거리에서 Chaussée de la Muette로 좌회전한다. 도보 4분
URL www.restaurantlagare.com
Price 점심 전식+본식+디저트 28€, 저녁 전식+본식+디저트 38€ *공휴일 제외

레스토랑으로 변신한 기차역

예전에 기차역이었던 파시 라 뮈에트Passy la Muette 역을 리모델링한 레스토랑이다. 150평의 넓은 테라스에 좌석이 185개나 될 정도로 파리에서는 제법 규모가 크다. 프랑스 전통 요리를 내놓는 레스토랑으로 생선 요리가 유명하다. 1층 바에서 마실 수 있는 '모히토'라는 쿠바산 칵테일은 파리에서 최고로 친다.

전식으로는 버섯과 파르메산 치즈, 달걀 반숙, 본식으로는 바삭하게 구운 대구와 유럽식 만두, 디저트로는 바닐라 아이스크림과 초콜릿 등을 추천한다. 일요일 12:00~15:00에 서비스되는 브런치는 양에 상관없이 마음껏 먹을 수 있는 뷔페식이며 1인 39.50유로.

1 기차역이 멋진 레스토랑으로 변신했다. **2** 기차역의 느낌을 살린 외관 **3** 대사관저가 주변에 있어 대사관 사람들이 많이 찾는다. **4** 호박과 숙주, 새우 등이 들어간 요리

카페 콩스탕 Café Constant 🔊 까페 꽁스땅

Add. 139 Rue Saint Dominique **Tel.** 01 47 53 73 34
Open 08:00~23:00
Access M8 Ecole Militaire 역에서 나와 우회전해 Av. Bosquet를 따라 걷다가 Rue Saint-Dominique로 좌회전한다. 도보 9분
URL www.cafeconstant.com
Price 전식 11€, 본식 16€, 디저트 7€

서민적인 비스트로이자 맛으로 소문난 집

어릴 때 맛보던 할머니의 식단에 향수를 느낀 오너가 할머니의 손맛을 재현하겠다는 포부로 문을 열었다. 〈미슐랭 가이드〉 1스타 레스토랑인 파블 드 라 퐁텐(p.331)에서 셰프로 있던 에두아르도를 영입해 시골 스타일의 가정식 요리를 선보인다. 전식의 경우 굴과 농어, 연어 타르타르 Tartare de Saumon, Huître et Bar, 테린 드 푸아그라 Terrine de Foie Gras de Canard를, 본식으로는 쇠고기 볼살 Joues de Boeuf이나 도미를 얇게 썰어 피스타치오와 조리한 Filet de Daurade Royale 등을 추천한다. 가정식 푸아그라로 제공되는 전채(11유로), 그릴에 조리한 농어와 감자 요리(15 프랑), 디저트로 나오는 모듬 치즈(7유로)도 괜찮다. 에펠탑에서 도보로 10분 거리에 있어 식사하고 에펠탑을 둘러볼 수도 있다. 예약을 받지 않으므로 점심 또는 저녁 시간 20분 전에 도착해서 기다려야만 식사를 할 수 있다.

1, 2 작은 레스토랑이지만 하루에 200명이 넘는 고객들이 찾는다. **3** 스테이크에 감자를 갈아 만든 퓌레를 곁들인 요리

파블 드 라 퐁텐 Le Fables de la Fontaine 파블 드 라 퐁텐

Add. 131 Rue Saint Dominique Tel. 01 44 18 37 55
Open 08:00~12:00, 12:30~14:30, 19:30~22:30 Close 12/23~28
Access M8 Ecole Militaire 역에서 나와 우회전해 Av. Bosquet를 따라 걷다가 Rue Saint-Dominique로 좌회전한다. 도보 8분
URL www.maisonconstant.com
Price 점심 35€~, 저녁 90€~

해산물 전문 바스크식 브라스리

'식도락의 거리'라 해도 과언이 아닐 정도로 맛있는 레스토랑들이 모여 있는 생 도미니크 거리에 있는 레스토랑 중 하나로 해산물 전문이다. 프랑스 남서부 방식으로 조리한 맛깔스런 생선 요리는 가격 대비 만족도가 높아 단골들이 끊이지 않는다. 바삭하게 조리돼 나오는 새우, 바스크 방식으로 조리된 아구 요리 등을 추천한다. 좌석이 20여 석밖에 되지 않아 미리 예약하는 것이 좋으며 화창한 여름에는 테라스 쪽으로 예약할 것을 추천한다. 〈미슐랭 가이드〉 1스타에 오를 정도로 수준 높은 맛을 자랑한다. 이웃한 레스토랑 비올롱 당그르Violon d'Ingres에서 실력을 쌓은 다비드 보트로David Bottreau가 주방을 책임지고 있다.

1 해산물 전문 레스토랑이어선지 생선 관련 그림이 벽에 걸려 있다. **2** 여섯 개의 테이블만 있는 야외 테라스 **3** 파리에서 파인 다이닝을 즐기고 싶을 땐 이곳으로 **4** 신선함이 살아 있는 생선과 환상적인 소스가 만나 최고의 맛을 낸다.

Area 6 / Invalides & Tour Eiffel

쥘 베른 Le Jules Verne 르쥘베른

Map P.456-F

Add. Tour Eiffel, Avenue Guastare Eiffel(남쪽 탑 전용 엘리베이터)
Tel. 01 45 55 61 44 **Open** 12:15~13:30, 19:00~21:30
Access RER C Champ de Mars Tour Eiffel 역에서 나와 우회전해 Rue Jean Rey를 따라 걷는다. 길 끝에서 좌회전해 Av. Octave Gréard로 우회전한다. 도보 8분
URL www.lejulesverne-paris.com
Price 점심 전식+본식+디저트 105€~, 점심&저녁 5코스 190€, 6코스 230€

에펠탑과 알랭 뒤카스가 만나다

〈80일간의 세계일주〉, 〈해저 2만 리〉 등을 저술한 쥘 베른의 이름을 딴 레스토랑으로 에펠탑에 있다. 연인에게 프러포즈를 하려는 파리지앵, 파리에서 잊을 수 없는 추억을 만들기 위해 온 여행자 등 다양한 사연을 가진 사람들이 이곳을 찾는다. 최근 알랭 뒤카스 그룹이 인수해 리뉴얼했다. 알랭 뒤카스 그룹의 명성과 데커레이션을 맡은 디자이너가 패트릭 주앙이라는 사실 때문에 고객들의 발길이 끊이지 않는다. 홈페이지(영문)를 통해 예약이 가능하다. 34세의 젊은 셰프 파스칼 페로가 선보이는 푸아그라와 부르고뉴 스타일로 조리한 쇠고기 볼살 요리를 추천한다.

Tip 에펠탑의 2층(125m)에서 즐기는 식사이므로 고소공포증이 있는 여행자라면 자제하는 편이 좋다.

1 샹 드 마스가 내려다보이는 환상적인 전망 **2** 2007년에 새롭게 단장한 쥘 베른 내부 **3** 평생에 한 번쯤 추억을 만들어볼 만한 장소로 인기가 많다.

봉 Bon 봉

Add. 25 Rue de la Pompe **Tel.** 01 40 72 70 00
Open 12:00~14:30, 19:30~23:00(일요일 브런치 12:00~16:00)
Access M9 La Muette 역에서 Av. Mozart를 따라 걷다가 삼거리에서 Av. Paul Doumer로 진입한다. 계속 걷다가 Rue de la Pompe로 좌회전한다. 도보 4분
URL www.restaurantbon.fr **Price** 전식+본식 또는 본식+디저트 27.50€, 전식+본식+디저트 32.50€, 브런치 일반 42€, 어린이 26€

필립 스탁이 디자인한 레스토랑

16구에 문을 연 레스토랑으로 2008년에 새롭게 리모델링하면서 지금의 서재 같은 분위기로 바뀌었다. 프랑스어로 '좋은'을 뜻하는 레스토랑 이름은 '먹기 좋은', '당신에게 좋은'이라는 콘셉트로 디자인한 필립 스탁의 의도를 그대로 반영하고 있다. 전 세계를 다니며 각국의 요리를 먹어보고 프랑스 스타일로 응용한 셰프의 창작 요리를 맛볼 수 있다. 브런치 타임에는 파리의 멋쟁이들이 총 집합한다. 아시아 음식 스타일의 요리가 각광받고 있는데 전식으로는 망고와 아보카도, 연어로 만든 타르타르 Tartare를, 본식으로는 코코넛과 레몬을 넣고 바나나 나무잎으로 싸서 나오는 도미Dorade 그리고 디저트로는 몽블랑과 코코넛 아이스크림, 사브레가 함께 나오는 파인애플Carpaccio d'Ananas를 추천한다.

1 필립 스탁이 디자인한 봉 레스토랑 내부, 블랙과 레드의 터치가 눈에 띈다. **2** 클래식과 트렌디를 동시에 아우르는 내부 **3** 작품을 두른 듯한 조명이 인상적이다. **4** 품격 있는 봉 레스토랑의 요리

퐁텐 드 막스 Fontaine de mars

Add. 129 Rue Saint Dominique **Tel.** 01 47 05 46 44
Open 12:00~15:00, 19:30~23:00
Access M8 Ecole Militaire 역에서 나와 우회전해 Av. Bosquet를 따라 걷다가 Rue Saint-Dominique로 좌회전한다. 도보 8분 **URL** www.fontainedemars.com
Price 오늘의 요리 22€, 전식+본식+디저트 35~77€

저렴한 남부 프랑스 요리 레스토랑

조용하고 안락한 실내에서 식사할 수 있으며, 여름철이면 따사로운 햇살이 비치는 테라스에서 프랑스 남부 요리를 맛볼 수 있다. 요일마다 바뀌는 '오늘의 요리'는 22유로, 부르고뉴 스타일의 달팽이 12개 26유로, 바삭하게 조리한 오리고기 25유로에 즐길 수 있다. 2009년에 오바마 대통령이 서민적인 프랑스 레스토랑을 경험하기 위해 이곳에서 식사하면서 더욱 유명해졌다.

테이블이 많지 않아 예약은 필수다.

르 트로케 Le Troquet

Add. 21 Rue François Bonvin **Tel.** 01 45 66 89 00 **Open** 12:00~14:00, 19:30~22:30 **Close** 일·월요일 **Access** M6 Sèvres Lecourbe 역에서 Bd Garibaldi를 따라 걷다가 Rue Miollis로 좌회전한다. 계속 걷다가 Rue François Bonvin로 좌회전한다. 도보 7분 **Price** 점심 32€~, 저녁 30~40€

다정한 느낌의 가정식 비스트로

오너 셰프인 크리스티앙 애체베스트Christian Etchebest가 떠나고 2011년 마르크 무통Marc Mouton이 새 주인이 됐지만 과거부터 이어온 맛에는 변함이 없다. 푸아그라Foie Gras, 가리비Saint Jacques, 양갈빗살Côte d'Agneau 등의 메뉴는 고급 레스토랑 못지않게 훌륭하다. 파리에서 흔치 않은 프랑스 남부, 바스크 지역 요리를 맛볼 수 있는 것이 매력이다. 친절한 서비스로도 정평이 나 있다.

가족적인 분위기에서 즐기는 프렌치 가정식

투미외 Thoumieux 투미외

Add. 79 Rue Saint Dominique **Tel.** 01 47 05 79 00
Open 12:00~14:30 19:00~23:30 **Access** M8 La Tour Maubourg 역에서 Av. de la Motte-Picquet를 따라Rue Fabert까지 걷다가 Rue Saint-Dominique로 좌회전한다. 도보 6분 **URL** www.thoumieux.fr
Price 전식+본식 또는 본식+디저트 22€, 전식+본식+디저트 29€, 일요일 브런치 55€

클래식한 프렌치 가정식

프랑스 남서부 지방 전통 요리 전문 비스트로를 비싼 가격과 정형화된 요리 대신 낮은 가격으로 많은 사람들이 자신의 요리를 즐길 수 있도록 하겠다는 목표로 이곳 문을 열었다. 장 프랑수아 피에주의 뒤를 이어 새롭게 주방을 지휘하게 된 실베스트르 와이드Sylvestre Wahid가 운영하는 〈미슐랭 가이드〉 2스타 레스토랑 실베스트르Sylvestre가 들어서 있다.

50유로 이하로 최고의 음식을 즐길 수 있다.

캥지엠 Le Quinzième 르 깽지엠

Add. 14 Rue Cauchy **Tel.** 01 45 54 43 43
Open 12:00~14:00, 19:30~21:30 **Close** 토·일요일
Access RER C Javel 역에서 Quai André Citroën을 따라 도보 5분
URL www.restaurantlequinzieme.com **Price** 점심 60€, 저녁 120€

트렌디한 프렌치 요리를 말한다

미디어 스타 시릴 리냑이 운영한다는 사실만으로 단골 팬이 많다. 소박한 인테리어와 깔끔한 음식 맛은 호기심에 들렀던 고객들을 단골로 만들기에 충분하다. 아스파라거스와 흙마늘 소스로 맛을 낸 어린 양, 감자 뇨키가 함께 나오는 브르타뉴 바닷가재, 화이트 와인으로 조린 가자미과의 생선 등의 시그너처 메뉴도 좋지만 제철 재료를 사용한 요리에 도전해보자.

소박하게 꾸몄지만 고급스러운 분위기가 난다.

코코트 Les Cocottes 🔊 레 꼬꼬뜨

Add. 135 Rue Saint Dominique **Tel.** 01 45 50 10 31 *예약을 받지 않음
Open 12:00~15:30, 18:30~22:30(금·토요일 ~23:00) **Access** RER C Pont de l'Alma 역에서 Quai Branly를 따라 걷다가 Av. Rapp로 우회전한다. 직진하다가 Rue Saint-Dominique로 좌회전한다. 도보 10분 **URL** www.maisonconstant.com
Price 전식+본식 또는 본식+디저트 23€, 전식+본식+디저트 28€

파리 최고의 비스트로로 선정

옆집 아저씨와 같은 푸근한 인상으로 매스컴에 자주 등장하는 크리스티앙 콩스탕Christian Constant이 운영하는 레스토랑 중 하나. 프랑스식 가정식을 맛볼 수 있다. 프랑스 주물 냄비인 스타우브Staub의 코코트에 조리한 요리를 그대로 담아 내와 깊은 맛을 내는 것이 이 집의 인기 비결. 추천 요리로는 매콤하게 맛을 낸 꼴뚜기와 파르메산 치즈를 곁들인 리소토나 오렌지 버터로 조리한 관자 조개가 있다.

오너 셰프의 저서를 진열, 판매한다.

미셸 쇼당 Michel Chaudun 🔊 미셸 쇼당

Add. 149 Rue de l'Université **Tel.** 01 47 53 74 40 **Open** 09:15~19:00 (월요일 09:30~18:00) **Access** RER C Pont de l'Alma 역에서 Quai Branly를 따라 Quai d'Orsay까지 걷는다. Rue Malar로 우회전해 계속 걷다가 Rue de l'Université로 좌회전한다. 도보 7분

다양한 맛의 초콜릿

미셸 쇼당이 앵발리드와 에펠탑 사잇길에 자신의 이름을 내건 초콜릿 가게를 오픈했다. 40여 가지 다양한 맛의 초콜릿 상자에는 오너의 고유 도장이 찍혀 있다. 최근 파리에서 명성을 떨치고 있는 일본인 파티시에 사다하루 아오키를 비롯해 자신의 가게에서 수련한 파티시에들이 전 세계에서 활약하고 있는 것을 즐거움으로 여기는 미셸 쇼당. 그가 추천하는 아이템은 부드러운 카푸치노 초콜릿이다.

장인의 놀라운 솜씨와 만나볼 수 있는 특별한 장소

갸토 투미우 Gâteaux Tourmieux 갸토 투미우

Add. 58 Rue Saint Dominique Tel. 01 45 51 12 12
Open 월~토요일 10:00~20:00, 일요일 08:30~17:00
Access M8 La Tour-Maubourg 역에서 도보 5분
URL www.gateauxthoumieux.com

〈미슐랭 가이드〉 스타급 셰프가 운영하는 디저트 전문점

미슐랭 스타급 셰프 장 프랑수아 피에주가 문을 연 디저트 전문점. 파티시에는 루브릭 쇼샤르로, 포숑과 그랜드 호텔 드 파리를 비롯해 라스베이거스와 그리스를 거쳐 전설적인 레스토랑 투르 다르장을 마지막으로 이곳에 정착했다. 체리나 살구 등을 가득 얹은 과일 케이크는 맛있기도 하지만 보는 것만으로도 군침이 돈다. 실내는 모던하게 꾸며져 있다.

싱싱한 산딸기로 장식한 케이크

장 밀레 Jean Millet 장 미예

Add. 103 Rue Saint Dominique Tel. 01 45 51 49 80 Open 09:00~18:00 (일요일 08:00~13:00) Access M8 La Tour Maubourg 역에서 Av. de la Motte-Picquet를 따라 걷다가 Rue de Grenelle로 좌회전한다. Rue Amélie로 우회전해 계속 걷다가 Rue Saint-Dominique로 좌회전한다. 도보 8분

즉석에서 즐기는 빵과 초콜릿

1963년에 문을 연 장 밀레 파티시에의 초콜릿 가게는 여간해서는 그냥 지나칠 수 없을 정도로 예쁘고 아담하다. 동네 사람들의 요청으로 초콜릿뿐 아니라 빵과 케이크를 구워내 살롱 드 테도 함께 운영한다. 전통을 고수하는 깐깐한 파티시에가 최고의 재료로 바삭하면서 환상적인 밀푀유 등을 선보인다. 생 마크Le Saint Marc는 장 밀레 파티시에의 간판 메뉴다.

부활절을 맞아 다양한 제품으로 꾸민 매장 디스플레이

파리의 전통 베이커리를 찾아서

글 김은미/김상엽
3일 동안 파리 빵집 여행에 나선 김은미 씨는 디자인을 전공한 뒤 2004년 미국에서 살다가 미국 빵이 너무 맛이 없어 집에서 직접 빵을 만들기 시작한 것이 인연이 돼 일본 도쿄제과 학교에서 제빵 과정을 수료했다.

'빵' 하면 자다가도 벌떡 일어나는 내가 파리의 맛있는 베이커리를 찾는 일은 행운이 아닐 수 없다. 파리에 처음 와서 에펠탑을 본 감동은 지금도 생생하지만 지도 한 장 달랑 들고 맛있는 빵집을 찾아다니며 느낀 감동은 솔직히 그때보다 훨씬 더 오래 기억에 남는다. 하루 종일 밥 대신 맛있는 빵으로 식사를 해결하고 가방 가득 유명 빵집의 빵을 넣어가지고 다니면서 출출할 때마다 한 입씩 베어 먹던 즐거움, 빵에 들어간 성분과 제조 과정을 떠올리며 행복했던 파리 빵집 여행으로 초대한다.

첫째 날은 2011년 파리에서 가장 맛있는 바게트 가게로 선정된 오 르뱅 당탱Au Levain d'Antin에 갔다. 몽마르트르 언덕에서 멀지 않은 곳에 위치한 작은 빵집이다. 52세의 고집 있는 할아버지가 기본에 충실한 쫀득쫀득한 바게트를 만들어낸다. 니콜라 사르코지 전 프랑스 대통령과 영부인 카를라 브루니 여사가 매일 먹는 빵으로 유명한데 이 작은 빵집에서 하루에 팔리는 바게트가 1200개에 달한다. 몽마르트르 언덕에 갈 일이 있다면 꼭 한번 들르면 좋을 것 같다. 다음으로 생제르맹데프레에 위치한 80년 전통의 빵집 푸왈란Poilane으로 갔다. 모든 빵을 손으로 만드는 푸왈란에서는 간판 메뉴인 동그란 모양의 뺑 드 캄파뉴를 시식했다. 천연 발효 빵 냄새가 코끝으로 향긋하게 퍼져온다. 푸왈란 빵 맛의 비결은 100년 이상 이어온 고유의 발효종을 사용한다는 것. 전 세계 어디에서도 맛볼 수 없는 푸왈란 빵은 먹고 돌아서면 금방 그리워지는 맛이다. 나오는 길에 파이, 페이스트리를 사들고 숙소로 돌아왔는데 역시 굿이다.

둘째 날의 콘셉트는 '달콤한 파리'. 최근 들어 한국에서 인기몰이를 하고 있는 마카롱이 맛있는 집 라 뒤레La Duree와 피에르 에르메Pierre Hermé를 찾아가기로 했다. 샹젤리제 거리를 걷다 보면 많은 사람들이 연두색의 라 뒤레 종이봉투를 들고 다니는 모습을 볼 수 있다. 인테리어와 맛에 있어 140년이라는 전통을 말해주듯 럭셔리한 모습을 잘 보여준다. 피에르 에르메는 모던하고 세련된 인테리어가 강점이다. 담당자는 1년에 두 번씩 매장 데커레이션을 바꾼다고 한다. 피에르 에르메의 마카롱은 라 뒤레에 비해 부드럽고 촉촉하며 크림 양도 더 풍부하고 달콤했다. 그리고 마카롱 위에 고급 식용 금은 가루를 뿌려 보기에도 고급스럽고 너무 예뻐 먹기 아까울 정도다. 또 페이스트리에 땅콩 크림을 겹겹이 넣은 조각 케이크는 지금까지 먹어본 케이크 중 최고였다.
어느 쪽이 더 낫다고 말하기 힘들 정도로 두 곳 다 뛰어나지만 부드러운 질감에 풍부한 향이 느껴지는 크림을 좋아하는 사람이라면 피에르 에르메를, 쫀득하면서도 바삭한 느낌을 선호한다면 라 뒤레를 추천한다.

셋째 날은 제빵의 명인을 찾아 나서는 일정이다. 프랑스보다 일본에 더 많은 체인점을 갖고 있는 에릭 케제르Eric Kayser에 먼저 들렀다. 일본에서 먹어본 맛이라 그런지 한국인의 입맛에 유독 잘 맞는 듯했다. 제빵과 제과를 함께하고 있으며, 호두 브라우니와 파이, 타르트와 호두 빵이 훌륭했다.
일본 잡지에서 파리 최고의 빵집을 찾는 특집 기사를 본 적 있는데 르 블랑제 드 몽주Le Boulanger de Monge에 관한 기사가 떠올라 점심을 먹고 찾아갔다. 주방이 통유리로 돼 있어 빵 만드는 모습을 직접 볼 수 있었다. 몇 가지 빵을 시식했더니 소문대로 곡물이 들어간 전통 빵이 훌륭했다. 고소하게 씹히는 곡물 맛과 쫀득쫀득한 빵의 질감은 분명 다른 나라에선 흉내낼 수 없는 이 지역 고유의 자산이었다.

먹기 아까울 정도로 예쁘게 포장된 마카롱

한국에서도 인기몰이 중인 컵케이크를 맛본다.

Area 7
MONT PARNASSE

몽파르나스

● 18세기 파리 시가 지하 공동묘지 카타콤을 만들기 위해 땅을 파면서 거기에서 나온 자갈을 쌓아둔 언덕 위에 학생들이 모여들어 시 낭송을 하던 곳이다. 이름은 그리스 시에 나오는 '파르나스 산Mont Parnasse'에서 따온 것이다. 조용한 파리 토박이들의 주택가가 활기를 띠기 시작한 것은 1900년대 초. 시인, 문학가, 예술가, 러시아 정치 망명가들이 정착하면서 향락과 퇴폐적인 분위기로 변해버린 몽마르트르에 환멸을 느낀 예술가들 중 모딜리아니와 위트릴로가 몽파르나스로 이주해왔다. 브라크, 피카소, 자드킨, 샤갈, 아폴리네르, 레닌 등이 르 돔, 라 로통드 등의 카페에 모여들면서 예술가들의 생활 무대가 몽마르트르에서 몽파르나스로 옮겨왔다. 제1·2차 세계대전 이후에는 아틀리에와 브르타뉴 지방 사람들, 헤밍웨이, 만 레이와 같은 미국인 예술가들이 대거 모여들면서 더욱 활기를 띠었다. 예술가들이 모여 토론을 벌이던 유명 카페들과 작은 미술관들을 방문하며 예술적 감성을 느낄 수 있는 지역이다.

Area 7 / Montparnasse

Access
가는 방법

몽파르나스 Montparnasse Bienvenüe 역
방향 잡기 몽파르나스 역은 M4·6·12·13이 교차하는 거대한 기차역이다. 몽파르나스 역에서 나오면 몽파르나스 타워, 몽파르나스 묘지까지 쉽게 갈 수 있다.

바뱅 Vavin 역
방향 잡기 바뱅 역에서 나오면 20세기 초 피카소, 브라크 같은 유명 인들이 즐겨 찾던 레스토랑인 르 돔, 라 쿠플, 라 로통드 등이 있다. 식사 시간이 아닌 때는 테라스에 앉아 음료를 즐길 수도 있다.

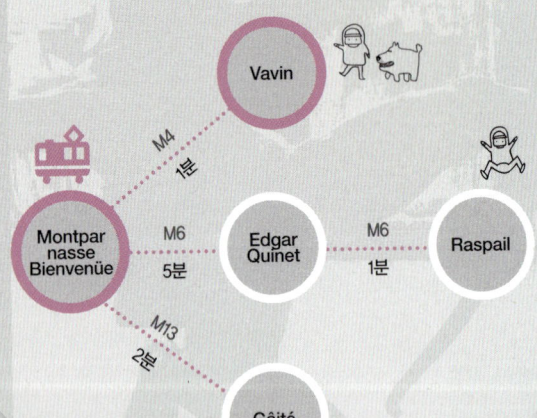

- Montparnasse Bienvenüe → Vavin : M4, 1분
- Montparnasse Bienvenüe → Edgar Quinet : M6, 5분
- Edgar Quinet → Raspail : M6, 1분
- Montparnasse Bienvenüe → Gâité : M13, 2분

Check Point
- 저물녘에 몽파르나스 타워에 올라가보자. 석양에 물든 에펠탑과 한눈에 내려다보이는 호젓한 파리 시내 전망은 오래도록 잊지 못할 것이다.

- 렌 거리 Rue de Rennes와 라스파이유 거리 Boulevard Raspail 주변에는 작고 귀여운 숍들과 유기농 채소와 과일을 파는 장이 열린다.

Plan
추천 루트
몽파르나스에서의
한나절

부르델 미술관
Musée Bourdelle
10:00
조각에 관심 있는 사람은 로댕의 제자인 부르델 미술관을 돌아보고 〈찰나의 순간〉으로 유명한 앙리 카르티에 브레송 재단으로 가는 일정을 짤 수도 있다. 두 박물관의 거리는 도보 15~20분 거리다.

도보 15분

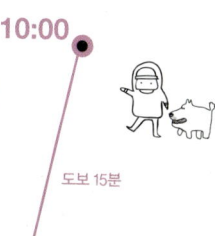

11:30 앙리 카르티에 브레송 재단
Fondation Henri Cartier Bresson
〈찰나의 순간〉으로 유명한 앙리 카르티에 브레송 재단으로 가는 일정을 짤 수도 있다. 두 박물관의 거리는 도보 15~20분 거리다.

도보 16분

13:00 라 쿠폴 La Coupole
품격 있는 프랑스 레스토랑에서 우아하게 식사를 즐길 수 있다. 저녁 식사를 하려면 70유로 이상은 각오해야 하지만 점심 메뉴는 30유로 이하로도 즐길 수 있다.

도보 11분

몽파르나스 묘지
Cimetière du Montparnasse
15:00 도보 6분 **17:00** 카르티에 현대미술재단
Fondation Cartier

취향에 따라 루트를 결정한다. 현대미술에 관심 있는 사람은 카르티에 현대미술재단을, 옛 위인들의 숨결을 느끼고 싶다면 몽파르나스 묘지로 향한다.

취향에 따라 루트를 결정한다. 현대미술에 관심 있는 사람은 카르티에 현대미술재단을 가보자.

도보 14분

18:00 몽파르나스 타워 Tour Montparnasse
'파리의 지붕'이라 할 수 있는 타워에 올라 파리 전경을 감상한다. 흉측한 건물이라는 지탄을 받기도 하지만 에펠탑을 비롯해 파리 시내를 360°로 볼 수 있다.

Area 7 / Montparnasse

카르티에 현대미술재단 Fondation Cartier 퐁다씨옹 까르띠에

Map P.458-B

Add. 261 Boulevard Raspail
Tel. 01 42 18 56 50
Open 11:00~20:00(화요일 ~22:00) **Close** 월요일, 1/1, 12/25
Access M4·6 Raspail 역에서 Bd Raspail를 따라 도보 3분
URL www.fondation.cartier.com
Admission Fee 일반 10.50€, 만 25세 미만 7€

★★

카르티에와 장 누벨의 만남

프랑스의 최고급 보석 브랜드 카르티에 재단에서 수집한 1960년대 이후 생존 작가들의 작품을 보관하고 있는 미술관으로 1994년에 완공됐다. 유리와 강철을 소재로 한 외관이 인상적이며, 건물 설계는 아부다비 루브르 미술관, 프랑스 리옹의 오페라하우스 등을 설계한 장 누벨이 맡았다. 건물 정문에 설치된 유리벽 뒤의 정원에는 1823년에 심어진 레바논 삼나무가 그대로 보존되어 대지와 주변 환경의 조화를 중요시하는 장 누벨의 건축 철학을 보여주고 있다. 상설전보다 달리, 스코피디오, 장 폴 고티에, 레이몽 드파르동, 데이비드 린치에 이르는 다채로운 작가의 기획전이 연중 열리므로 출발하기 전에 미리 홈페이지에서 전시 일정을 체크하는 게 현명하다.

1 장 누벨이 설계한 카르티에 재단 외관. 유리를 주 소재로 사용했다. **2** 방문자의 이해를 돕기 위해 오디오 영상 자료를 전시한다.
3 일본인 다큐멘터리 사진작가 다이도 모리야마 특별전 **4** 회화뿐 아니라 사진, 설치 작품이 전시되는 복합 예술 공간이다.

카타콤 Catacombes 🔊 까따꽁브

Add. 1 Avenue du Colonel Henri Rol Tanguy **Tel.** 01 43 22 47 63
Open 화~일요일 10:00~20:00 *입장 마감 폐관 1시간 전
Close 월요일·공휴일 **Access** M4·6 Denfert Rochereau 역에서 나가면 바로, RER B Denfert Rochereau 역에서 Pl. Denfert-Rochereau를 따라 걷는다. 도보 2분 **URL** www.catacombes-de-paris.fr
Admission Fee 일반 12€, 만 18~26세 10€

파리의 지하 공동묘지

로마의 카타콤과는 달리 도시환경정화사업의 일환으로 태어난 지하 공동묘지로 1758년 파리 도시계획에 의해 만들어졌다. 레알 지구 공동묘지에 있던 600만 구의 유골을 채석장 터로 옮기면서 집단 공동묘지가 됐으며 제2차 세계대전 당시 레지스탕스 본부가 있었다. 미로와 같이 연결된 1.6km의 공동묘지는 한여름에도 서늘한 냉장고 속에 들어간 것 같다. 사진 촬영을 엄격하게 금지하고 있으며 해골을 기념으로 가지고 나오다 출구에서 빼앗기는 관광객도 늘고 있으니 전시 예절을 지키는 성숙한 관람 자세가 필요하다.

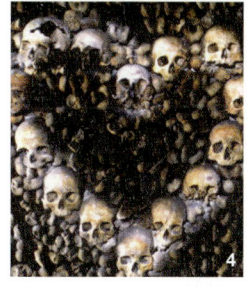

1 납골당으로 들어가는 입구 **2** 카타콤의 여러 납골당 사이에 있는 복도 **3** 마혼Mahon의 문 **4** 뼈가 쌓인 더미 속에 해골로 만든 하트가 걸려 있다. **5** 카타콤의 역사가 쓰여 있는 푯말

Area 7 / Montparnasse

부르델 미술관 Musée Bourdelle 뮈제 부흐델

Add. 18 Rue Antoine Bourdelle **Tel.** 01 49 54 73 73
Open 10:00~18:00 **Close** 월요일·공휴일
Access M4·6·12·13 Montparnasse Bienvenüe 역에서 Pl. Bienvenüe를 따라 걷다가 Rue Antoine Bourdelle로 좌회전한다. 도보 5분
URL www.bourdelle.paris.fr
Admission Fee 상설전 무료

Map P.458-A

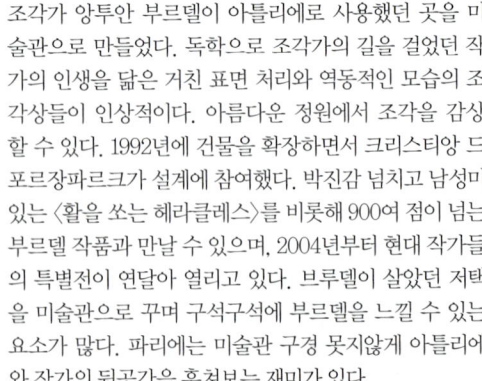

부르델을 위한 조각 공원

카미유 클로델과 함께 로댕의 대표적인 제자로 꼽히는 조각가 앙투안 부르델이 아틀리에로 사용했던 곳을 미술관으로 만들었다. 독학으로 조각가의 길을 걸었던 작가의 인생을 닮은 거친 표면 처리와 역동적인 모습의 조각상들이 인상적이다. 아름다운 정원에서 조각을 감상할 수 있다. 1992년에 건물을 확장하면서 크리스티앙 드 포르장파르크가 설계에 참여했다. 박진감 넘치고 남성미 있는 〈활을 쏘는 헤라클레스〉를 비롯해 900여 점이 넘는 부르델 작품과 만날 수 있으며, 2004년부터 현대 작가들의 특별전이 연달아 열리고 있다. 브루델이 살았던 저택을 미술관으로 꾸며 구석구석에 부르델을 느낄 수 있는 요소가 많다. 파리에는 미술관 구경 못지않게 아틀리에와 작가의 뒷공간을 훔쳐보는 재미가 있다.

1 한적한 주택가에 있는 부르델 미술관 **2** 부르델 미술관의 뜰에 있는 조각들 **3** 부르델의 대표작인 〈활을 쏘는 헤라클레스〉
4 엄숙한 분위기의 미술관 내부

앙리 카르티에 브레송 재단 Fondation Henri Cartier Bresson

퐁다시옹 앙리 까르띠에 브레송

Map P.458-A

Add. 2 Impasse Lebouis **Tel.** 01 56 80 27 00
Open 13:00~18:30(수요일 ~20:30), 토요일 11:00~18:45 **Close** 월요일
Access M13 Gaîté 역에서 Av. du Maine를 따라 걷다가 Rue Raymond Losserand로 우회전한다. 계속 걷다가 Rue Lebouis로 우회전한다. 도보 5분
URL www.henricartierbresson.org
Admission Fee 일반 7€, 26세 미만 4€

★

브레송에게 헌정된 사진의 전당

'현대 사진의 아버지', '찰나의 순간을 가장 잘 포착하는 사진가', '사진의 톨스토이' 등 주요 일간지에 실린 부고 기사 제목만으로 그의 명성을 짐작할 수 있다. 이곳은 예리한 시선으로 전 세계를 카메라 앵글로 담아낸 앙리 카르티에 브레송에게 헌정된 박물관이다. 재단에서 2년에 한 명씩 신진 작가를 선정해 작품을 전시하고 여러 작가들의 특별 전시도 개최한다. 앙리 카르티에가 생전에 사용했던 라이카 카메라와 그의 유품도 볼 수 있다. "세상에 결정적 순간을 갖지 않는 것은 아무것도 없다"는 그의 말을 되새기면서 작품을 보면 더욱 의미 있을 것이다.

1 역사적인 순간을 독특한 시각으로 포착한 브레송의 작품 **2** 앙리 카르티에 브레송 재단 외관 **3** 브레송 재단이 선택한 작가들의 사진집 **4** 브레송이 사용하던 라이카 카메라가 전시돼 있다.

Area 7 / Montparnasse

자드킨 미술관 Musée de Zadkine 뮤제 드 자드킨

Map P.454-F

Add. 100 bis Rue d'Assas **Tel.** 01 55 42 77 20
Open 10:00~18:00 **Close** 월요일
Access M4 Vavin 역 앞에서 횡단보도를 건넌 후 Rue Vavin를 따라 걷는다. 계속 걷다가 Rue d'Assas로 우회전한다. 도보 10분
URL www.zadkine.paris.fr
Admission Fee 상설전 무료

★

입체주의 조각의 걸작과 만나다

러시아에서 태어나 런던 공예미술학교에서 수학한 다음 1910년부터 프랑스에서 살았던 입체주의 화가, 자드킨의 저택과 아틀리에를 미술관으로 개조했다. 그는 파리에 와서 최고의 미술학교인 에콜 드 보자르에 들어갔다가 반년 만에 학업을 그만두고 흑인 조각에서 얻은 영감에 환상을 더해 그만의 화풍을 정립했다. 자드킨의 조각 외에 감정을 강조했던 야수파의 화풍을 따르는 대신 면을 해체하고 대상을 재구성하는 대담성을 강조한 입체주의 화가들의 작품을 함께 만나볼 수 있다. 독일 나치 공군의 포격으로 파괴된 로테르담을 묘사한 〈파괴된 도시를 위한 기념비〉(원본은 로테르담에 있음)의 모형을 비롯해 300여 점의 조각, 사진, 스케치, 그림 등을 전시하고 있다. 규모는 크지 않지만 아름다운 정원에 크고 작은 조각 작품들이 조화롭게 배치돼 있다.

1 아담한 정원이 여유롭다. **2** 뤽상부르 공원 근처에 있는 자드킨 미술관 외관 **3** 프랑스의 유명 조각가 중 한 사람인 자드킨의 작품을 볼 수 있다. **4** 자드킨 미술관은 파리의 숨은 문화 명소 중 하나다.

몽파르나스 묘지 Cimetière du Montparnasse

씸띠에흐 뒤 몽빠르나스

Map P.458-B

Add. 3 Boulevard Edgar Quinet **Tel.** 01 44 10 86 50
Open 08:00~17:30(토요일 08:30~, 일요일·공휴일 09:00~)
*3/16~11/5은 18:00까지 **Access** M6 Edgar Quinet 역에서 Bd Edgar Quinet를 따라 도보 2분 **Admission Fee** 무료

역사 속 위인들을 찾아서

수도승들의 묘지를 시작으로 지금까지 전체 면적 19ha로 확장돼 파리에서 페르 라세즈 묘지 다음으로 큰 규모다. 1200여 그루의 나무가 심어져 공원을 연상케 하는 이 묘지에는 보들레르(6 Division), 이오네스코(6 Division), 만 레이(7 Division), 모파상(26 Division), 세르주 갱스부르(1 Division) 등이 묻혀 있다. 자세한 위치는 입구 안내소에 비치돼 있는 지도에서 확인할 수 있다.

프랑스의 유명 가수 세르주 갱스부르의 묘

몽파르나스 타워 Tour Montparnasse

뚜흐 몽빠르나스

Map P.458-A

Add. 33 Avenue du Maine **Tel.** 01 45 38 52 56 **Open** 4~9월 09:30~23:30, 10~3월 09:30~22:30(금·토요일·공휴일 ~23:00) **Access** M4·6·12·13 Montparnasse Bienvenüe 역에서 나와 도보 2분 **URL** www.tourmontparnasse56.com **Admission Fee** 일반 15€, 학생 12€

가장 높은 곳에서 파리를 내려다보다

프랑스에서 가장 높은 것으로 기록된 오피스 건물로 높이 209m다. 5000여 명의 직원이 일하고 있으며 관광객들은 56층에 있는 레스토랑과 59층 전망대까지 초고속 엘리베이터를 타고 38초 만에 올라갈 수 있다. 360° 파노라마를 즐길 수 있는 전망대에서 보이는 파리 광경이 장관이며, 에펠탑처럼 줄을 서지 않아도 된다.

파리에서 가장 높은 건물인 59층의 몽파르나스 타워 전경

Area 7 / Montparnasse

크레프리 드 조슬랭 Crèperie de Josselin 크레쁘리 드 죠슬랭

Add. 67 Rue du Montparnasse
Tel. 01 43 20 93 50
Open 12:00~23:00 **Close** 월요일, 8월
Access M6 Edgar Quinet 역에서 Bd Edgar Quinet를 따라 걷다가 Rue du Montparnasse로 우회전한다. 도보 1분
Price 15~30€

Map
P.458-A

secret

유명한 크레페 전문 레스토랑

15년 이상 한자리에서 크레페 전문점으로 자리를 굳힌 오너 베누치Bénuezi가 운영한다. 크레페의 본고장인 노르망디 캉페르에서 가져온 여러 오브제와 클래식한 모자이크로 데커레이션한 실내 분위기가 따뜻하다. 달걀과 햄, 치즈, 버섯이 들어간 조슬랭 크레페La Crêpe Josselin나 시금치와 달걀, 치즈 등이 들어간 마레셰 크레페La Crêpe Maraichère가 추천 메뉴다. 크레페를 먹을 때는 반드시 시드르Cidre라는 향긋한 사과주와 함께 먹어야 제대로 즐길 수 있다는 사실을 잊지 말 것.

1 노천에도 좌석이 마련돼 있다 **2** 노르망디 지방에서 가져온 토산품이 정겨운 느낌을 준다. **3** 시금치와 치즈, 달걀 등이 들어간 마레셰 크레페 **4** 아기자기한 토산품이 가게에 전시돼 있다.

라 클로제리 데 릴라 La Closerie des Lilas 라 클로즈리 데 릴라

Map P.458-B

Add. 171 Boulevard du Montparnasse **Tel.** 01 40 51 34 50
Open 레스토랑 12:00~14:30, 19:00~23:30 **Access** RER B Port Royal 역에서 Av. de l'Observatoire를 따라 걷다가 Bd du Montparnasse로 우회전한다. 도보 1분 **Price** 점심 전식+본식+디저트+커피와 와인 32€

헤밍웨이가 소설을 탈고한 장소

문학 카페로 명성을 떨치면서 헤밍웨이, 에밀 졸라, 폴 세잔 등이 단골로 드나들었다. 헤밍웨이는 이 카페에서 〈해는 또다시 떠오른다〉를 집필했으며 레닌은 체스를 즐긴 것으로 유명하다. 점심 메뉴 가격은 45유로 정도이며 칵테일은 12유로에 즐길 수 있다. 추천 메뉴로는 아스파라거스와 바닷가재 카르파치오, 성게 크림이 가미된 가자미과의 생선 또는 송로버섯이 들어간 필레 미뇽 쇠고기 등이다.

테라스는 날씨가 좋은 날에는 사람들로 붐빈다.

라 세리제 La Cerisaie 라 쓰리제

Map P.458-A

Add. 70 Boulevard Edgar Quinet **Tel.** 01 43 20 98 98 **Open** 12:00~14:30, 19:00~22:30 **Close** 토·일요일, 7/14~8/15, 12/25~1/1 **Access** M6 Edgar Quinet 역에서 Bd Edgar Quinet를 따라 걷다가 Rue de la Gaité로 우회전한다. 계속 걷다가 Bd Edgar Quinet로 좌회전한다. 도보 3분 **Price** 25€~

맛으로 소문난 비스트로

'미니어처 비스트로'라는 별명이 있는 16인석 규모의 아담한 레스토랑. 시릴 라렌 Cyril Lalanne이라는 셰프가 프랑스 남서부 지역 요리를 선보인다. 양젖으로만 키운 피레네 산맥의 어린 양고기와 바스크 지역의 특산물인 흑돼지 Cochon Noir는 흔치 않은 별미다. 점심 메뉴는 14~19유로이며 간판 메뉴라 할 수 있는 어린 양고기 Le Gigot d'agneau de Lait des Pyrénées를 16.80유로에 즐길 수 있다.

칼바도스, 코냑 등도 마실 수 있다.

라 쿠플 La Coupole 락 쿠플

Add. 102 Bulevard du Montparnasse **Tel.** 01 43 20 14 20
Open 월요일 08:30~14:30, 18:30~24:00(화~금요일 08:00~),
토요일·공휴일 08:00~24:00, 일요일 08:30~23:00
Access M4 Vavin 역에서 Bd du Montparnasse를 따라 도보 1분
URL www.flobrasseries.com/coupoleparis
Price 점심 전식+본식 또는 본식+디저트 31€, 전식+본식+디저트 39€

댄스 홀이 최고의 레스토랑으로 변신하다

늘 많은 사람들로 문전성시를 이루는 대표적인 브라스리다. 아름다운 아르데코풍 인테리어가 눈길을 끌며 카레 향이 들어간 양고기는 파리에서 가장 특별하다는 평가를 받고 있다. 샴페인과 함께 즐기는 신선한 굴과 바닷가재 요리를 추천한다. 점심 메뉴는 31유로부터이지만 와인과 저녁 식사를 함께 즐기려면 1인당 30~60유로는 각오해야 한다. 조세핀 베이커, 만 레이, 이브 클라인, 피카소, 수틴, 페르낭 레제, 브레통 등 많은 사교계 인사들이 즐겨 찾던 지하 댄스홀에는 지금도 탱고 마니아들의 발걸음이 계속되고 있다. 페르낭 레제를 비롯한 32명의 화가가 데커레이션을 맡았으며 이 동네 출신 화가, 알베르 기욤의 오리지널 작품도 벽에 걸려 있다. 바닷가재와 굴 등이 들어간 모둠 해산물은 43~135유로에 즐길 수 있다.

1 뛰어난 음식 맛과 훌륭한 분위기로 언제나 많은 사람들로 붐빈다. **2** 네온사인이 빛나는 라 쿠플 외부 **3** 유명 화가들의 조각과 그림이 인테리어를 더욱 특별하게 만든다. **4** 레스토랑의 간판 메뉴인 양고기 카레

라 로통드 La Rotonde 라 호통드

Add. 105 Bulevard du Montparnasse
Tel. 01 43 26 48 26
Open 카페 06:00~익일 02:00, 레스토랑 12:00~15:00, 19:00~23:00
Access M4 Vavin 역에서 Bd du Montparnasse를 따라 도보 1분
URL www.rotondemontparnasse.com
Price 전식+본식+디저트 44€, 아 라 카르트 전식 12.50€, 본식 27€, 디저트 10€

유명 예술가들의 아지트 카페

붉은색 벨벳이 고급스런 분위기를 더하는 브라스리로 1911년에 문을 열었다. 아티스트와 영화 관련 종사자들이 주로 찾아오지만 예전에는 모딜리아니, 장 콕토, 막스 자코브, 후지타, 클로드 드뷔시, 만 레이, 피카소, 샤갈, 레제, 브라크, 아폴리네르 등에게 사랑받았던 곳이다. 부르고뉴 스타일의 달팽이(12.50유로), 테린 전문가인 베르노 씨가 만드는 테린(12.50유로), 허브가 들어간 양고기 뒷다리(27유로), 오렌지와 중국식 누들이 들어간 오리고기(27유로) 등이 있다.

Tip 기욤 아폴리네르는 이곳을 '편안하고 심플한 아름다운 안식처'라고 했으며, 푸틴은 커피로 프랑스 수업료를 대신하려고 매일 이곳을 찾았다. 모딜리아니는 자신에게 식사를 사주는 사람에 대한 보답으로 그림을 그려주었다는 재미있는 일화가 전해진다.

1 망명자와 예술가들이 드나들었던 카페 **2** 편안한 분위기의 실내에서 정통 프랑스 요리를 즐길 수 있다. **3** 약간 어두운 듯하지만 식사 시간에는 활기찬 분위기로 변신한다. **4** 모딜리아니 등 이곳을 드나들던 화가들의 모작이 벽에 걸려 있다.

Area 7 / Montparnasse

르 돔 Le Dôme 🔊 르돔

Map P.458-B

Add. 108 Bulevard Montparnasse
Tel. 01 43 35 25 81
Open 12:00~15:00, 19:30~23:00
Access M4 Vavin 역에서 Bd du Montparnasse를 따라 도보 1분
Price 전식 16~33€, 본식 41~60€(부야베스 60€), 디저트 12.50~15.50€

파리에서 가장 맛있는 부야베스가 있는 곳

1930년대 아르데코풍의 아름다운 인테리어를 자랑하는 브라스리로 해산물 요리만큼은 파리에서 가장 맛있다고 소문난 곳이다. 큰 쟁반에 게와 바닷가재, 굴 등이 함께 나오는 모둠 해물 요리나 해산물 수프 부야베스가 유명하다. 2009년 파리에서 열린 피겨스케이팅대회에 참가한 김연아 선수가 들르면서 더 유명해진 곳이다. 추천하는 요리는 양파를 넣어 조리한 아구Lotte Braise aux Oignons Fanes(42유로), 흰 송로버섯이 가미된 관자조개 리소토 Risotto de Coquilles Saint Jacques(58유로), 마르세유 스타일의 부야베스Bouillabaise Marseillaise(60유로)다.

Tip 식사가 부담스러운 사람은 입구 쪽에 있는 카페에서 명사들의 흔적을 느끼며 에스프레소를 마시자. 김연아 선수가 갈라 디너쇼를 끝낸 다음 이곳에서 식사를 즐겼다는 소문으로 더욱 유명해졌다.

1 테라스에서는 음료를 즐길 수 있다. **2** 아름다운 스테인드글라스가 있는 르 돔 내부 **3** 클래식한 분위기의 데커레이션이 기품 있다. **4** 마르세유 스타일의 생선 수프 부야베스

사다하루 아오키 Sadaharu Aoki 🔈 사다하루 아오키

Add. 56 Boulevard de Port Royal
Tel. 01 45 35 36 80
Open 10:00~19:00(일요일 ~18:00)
Close 월요일
Access RER B Port Royal 역에서 Bd de Port-Royal를 따라 도보 9분
URL www.sadaharuaoki.com

일본 파티시에, 파리에서 날다

1968년 도쿄에서 태어나 1991년 프랑스로 건너가 파리의 유명 파티시에 장 밀레 등에게서 파티시에 교육을 받은 사다하루 아오키의 베이커리. 파리 시내의 유명한 살롱 드 테와 호텔 등에서 다양한 경험을 한 그는 겐조, 요지 야마모토, 샤넬, 디올 등의 패션쇼에서 케이터링을 담당하며 이름을 알리고 2001년에 자신의 이름을 내건 가게를 처음 열었다. 이후 ANA 항공사의 퍼스트 클래스에 그의 디저트가 실리는 등 일본과 프랑스를 오가며 성공 가도를 달린 그는 요리에 일본인 특유의 섬세함과 감성적인 프랑스 스타일을 조합했다. 이곳 디저트는 화려한 빛깔과 담백하고 촉촉한 맛으로 손님을 사로잡는다.

1 조용한 주택가에 자리한 베이커리 외관 **2** 진열장 속 케이크의 달콤한 유혹 **3** 책을 읽으며 조용하게 쉴 수 있는 내부 **4** 일본 스타일과 프랑스 스타일이 훌륭한 하모니를 이뤘다.

Ask Local

프랑스 최고의 요리 평론가
르베Lebey의
맛있는 파리

한국인들에게 프랑스의 유명 식도락 가이드북 하면 떠오르는 단어가 〈미슐랭 가이드〉나 〈고 미요〉 정도지만 프랑스에서는 하나의 권력처럼 돼버린 식도락 가이드북 대신 편안한 어투와 다양한 테마로 동네 레스토랑을 소개하는 르베 씨가 만드는 〈레 가이드 르베Les guides lebey〉가 호평받고 있다.

시크릿 파리 >> 지난 40년간 프랑스 가스트로노미크를 소개해왔다. 그동안의 경험과 이력에 대해 듣고 싶다.

르베 >> 처음 14년 동안은 주간지 〈익스프레스L'Express〉에 매주 한 페이지의 파리 레스토랑 기사를 썼는데 나중에 프랑스를 비롯한 전 세계 레스토랑에 대해 기사를 쓰게 됐다. 이후 〈고 미요〉에서 수년 동안 일하면서 미셸 게라르Michel Guerard부터 조엘 로부숑Jöel Robuchon에 이르기까지 최고의 셰프들이 경영하는 프랑스 정통 요리와 누벨 퀴진에 대한 책들을 썼다. 〈르 피가로〉와 같은 신문들을 위해 일을 하기도 했다. 30권에 달하는 〈프랑스 요리의 장인들L'Inventaire du Patrimoine Culinaire de la France〉이라는 시리즈는 지금 생각해도 대작이란 생각이 든다. 22년 동안 파리 내 레스토랑 가이드를 써왔다. 그것도 레스토랑, 비스트로, '파리 어디에서 잘 먹을 수 있을까?'라는 세 가지 버전으로 소개하고 있다. 최근에 출판한 책으로는 후미코 오노라는 일본 여성의 프랑스 요리책이 있다.

시크릿 파리 >> 오랜 시간 동안 프랑스 요식업계를 취재해왔는데 본인만의 특별한 콘셉트나 노하우가 있다면?

르베 >> 책에 소개된 모든 레스토랑을 반드시 1년에 한 번 방문하는 것이 우리만의 규칙이다. 1년에 1000여 개에 달하는 레스토랑을 찾아가는데 그중 나는 300여 개의 레스토랑을 직접 방문한다. 나를 제외하고도 1년 동안 레스토랑을 방문하는 팀이 따로 있다. 사회에서 전문직에 종사하거나 자신의 분야에서 성공한 의사, 변호사, 소르본 대학의 교수 등 12명의 사람들이 각자 레스토랑을 방문하고 A4 두 쪽에 달하는 보고서를 보내오면 그 정보를 바탕으로 각각의 레스토랑, 비스트로에 대한 정보를 기재한다.

시크릿 파리 >> 최근 프랑스 요식업계의 트렌드는?

르베 >> 경제 위기 탓인지 비스트로의 전성기가 도래했다고 볼 수 있다. 고급 레스토랑의 격식된 분위기에 비해 비스트로는 격식 차리지 않고 편안한 차림으로 친구들을 만날 수 있기 때문이다. 또 재능 있는 셰프들이 자신들의 비스트로를 열고 동료나 친구들을 만나고 있다. 자신이 소유한 첫 번째 레스토랑에 이어 두 번째 비스트로를 많이 내기도 한다. 예전에는 친구나 손님을 집에서 맞이했는데 요즈음은 많은 사람들이 집 대신 레스토랑이나 비스트로처럼 외부에서 만나는 걸 선호한다. 손주 녀석도 1년에 한 번 정도 레스토랑을 간다고 하더라.

시크릿 파리 >> 비스트로와 브라스리의 차이점은?

르베 >> 브라스리와 비스트로는 엄연히 다르다. 브라스리는 데커레이션이 화려하고 많은 사람들을 서비스할 수 있는 넓은 장소인 경우가 많다. 그리고 굴과 해산물, 슈크루트Choucroute 등 상당히 전통적인 요리를 메뉴로 하고 있는 반

르베 씨는 파리의 레스토랑을 테마별, 가격대별로 분류해 다양한 콘셉트로 미식 가이드북을 집필했다.

면, 비스트로는 생선 요리는 거의 찾아보기 힘들다. 뵈프 부르기뇽Boeuf Bourguignon, 블랑케트 드 보Blanquette De Veau처럼 약한 불에서 뭉근하게 끓이거나 익힌 요리들이 대부분이다.

시크릿 파리 >> 출간한 책들을 보니 레스토랑 방문 날짜가 적혀 있다. 혹 방문을 위해 미리 연락을 취하지는 않는지?

르베 >> 반드시 익명을 원칙으로 하고 있다. 이 규칙은 매우 엄격하다. 영수증을 낸 이후에도 절대로 얘기하지 않으니까. 단지 우리가 날짜를 기억할 수 있는 것은 영수증에 적힌 날짜들 때문이다.

시크릿 파리 >> 최근 경제 위기가 프랑스 요식업계에 어떤 영향력을 미친 것으로 생각하나?

르베 >> 어떤 변화가 있을지 가늠하기 어려운 상태다. 위기 때문에 손님이 줄어든 레스토랑들의 경우 가격 변동이 있을 수 있다. 파리의 요리업계에 경제 위기가 영향을 미친 것은 사실이지만 레스토랑들의 종류나 스타일에 따라 위기일 수도 혹은 기회일 수도 있다. 대중이 많이 드나드는 저렴한 비스트로의 경우는 위기라고 느끼기 힘들 만큼 평소처럼 많은 사람들이 찾지만, 고급스럽고 이름 있는 정통 레스토랑의 경우는 타격을 많이 받았다고 할 수 있다.

Area 8 / Montmartre

Area 8
MONTMARTRE

몽마르트르

● 거리의 화가, 노천카페에서 즐기는 커피 한 잔, 가난한 화가들이 화폭에 그려낸 추억의 장소…. 몽마르트르는 오래된 파리의 정취가 남아 있는 소박한 분위기의 동네다. 몽마르트르라는 지명은 3세기경 파리 주교였던 생 드니가 참수형을 당한 후, 수 킬로미터 떨어진 생 드니까지 걸어간 시작 지점이었던 마르티르 산Mont Martyrs에서 유래했다. 프랑스대혁명 때만 해도 700명이 안 되는 주민이 살았고 파리 시에 가장 늦게 편입될 정도로 가난했던 몽마르트르는 집값이 저렴해 주머니 사정이 넉넉지 않았던 가난한 예술가들의 터전이 되면서 유명해졌다. 20세기 초반 예술가들의 공동주택에 마티스, 브라크, 아폴리네르, 피카소, 고흐 등이 모여들면서 자연스레 예술가들의 커뮤니티가 형성됐다. 밤늦도록 모여 예술을 논하던 선술집 라팽 아질, 로트레크가 매일 무희들의 그림을 그렸던 물랭루주, 화가들이 생계를 유지하기 위해 이젤을 들고 나가 여행자들의 초상화를 그려주는 테르트르 광장은 시간이 멈춘 듯 옛 모습을 고스란히 간직하고 있다.

Area 8 / Montmartre

Access
가는 방법

아베스 Abbesses 역

방향 잡기 앙베르Anvers 역에 내리면 사크레쾨르 대성당이 지척이다. 역에서 바로 나오면 클리시 대로Boulevard de Clichy와 만나며 이 근처 역들은 모두 일직선상에 있으므로 블랑슈Blanche 또는 앙베르 역에 내려 한쪽 방향으로 걸으면 된다. 역들은 모두 2호선과 연결된다. 만약 메트로 12호선을 이용할 경우에는 아베스Abbesses 역에 내리면 사크레쾨르 대성당으로 가는 길이 훨씬 편리하다.

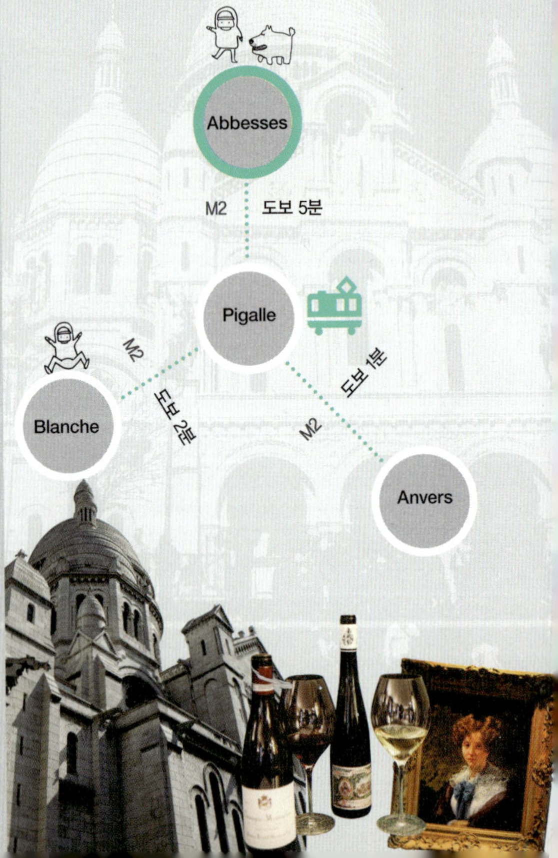

- Abbesses
  - M2 도보 5분
- Pigalle
  - M2 도보 2분 (Blanche)
  - M2 도보 1분 (Anvers)

Check Point

● 몽마르트르 언덕을 갈 때 앙베르 역을 이용하는 것이 거리상 가깝지만 소매치기와 사기꾼이 많으므로 가능하면 아베스 역이나 피갈 역을 이용할 것을 권한다.

● 몽마르트르는 섹스 숍과 핍 쇼 등이 있는 환락가다. 바가지요금을 쓰기 쉽다.

● 앙베르 역에서 사크레쾨르 대성당으로 올라가는 계단에는 손에 팔찌 줄을 매주겠다며 흑인들이 다가오기도 한다. 처음에는 공짜라고 했다가 팔찌를 차고 나면 돈을 요구하니 주의하자.

● 1일권, 일주일권 혹은 한 달짜리 교통 티켓을 가진 사람은 몽마르트르 케이블카Funicular나 몽마르트로버스Montmartrobus를 무료로 이용할 수 있다.

Plan
추천 루트

몽마르트르
하루 걷기 여행

귀스타브 모로 미술관
Musée de Gustave Moreau
신비주의 화가 모로를 만나는 시간.
귀스타브 모로 미술관은 파리의
숨은 미술관 중 하나다.

10:00

도보 6분

11:00 **낭만주의 박물관**
Musée de la Vie
Romantique
가볍게 하루를 시작할 겸
작은 박물관의 정원에 앉아
차 한 잔 마시며 상쾌하게
오전 시간을 보낸다.

도보 12분

레 뒤 물랭 Les deux Moulins   12:30
영화 〈아멜리에〉 배경으로 나온
아담한 카페에서 간단하게 점심
식사를 즐긴다.

도보 11분

사크레쾨르 대성당과 테르트르 광장
Basilique du Sacré Coeur
& Place du Tertre
가장 파리다운 모습을 간직하고 있는 사크레쾨르
대성당에서 파리 전망을 본 다음 테르트르
광장에서 무명 화가들에게 초상화를 그리거나
느긋한 티타임으로 파리를 느끼자.

14:30
사크레쾨르 대성당→
테르트르 광장
도보 3분

Area 8 / Montmartre

귀스타브 모로 미술관 Musée National Gustave Moreau 뮤제 나씨오날 귀스따브-모호

Map P.447-C

Add. 14 Rue de la Rochefoucauld **Tel.** 01 48 74 38 50
Open 월·수·목요일 10:00~12:45, 14:00~17:15, 금~일요일 10:00~17:15
Close 화요일, 1/1, 5/1, 12/25 **Access** M12 Trinité 역에서 Rue de Châteaudun를 따라 걷다가 Pl. d'Estienne d'Orves로 우회전해 Rue Blanche까지 계속 걷는다. Rue de la Tour des Dames로 우회전한다. 도보 6분
URL www.musee-moreau.fr **Admission Fee** 일반 6€, 학생 4€

★★

모로의 아틀리에가 미술관으로 변신하다

신화나 성서를 소재로 몽환적인 작품을 선보여온 것으로 유명한 상징주의 화가 모로가 살던 아틀리에를 박물관으로 만들었다. 모로가 당시 살던 아파트와 화실을 그대로 재현했다. 앵그르와 들라크루아 화풍을 융합한 그림을 그린 그는 사실적인 표현보다 감정을 화폭에 담는 데 열중했다. 후에 마티스, 루오, 마르케 등을 길러낸 파리예술학교에서 미술과 교수로 재직했다. 8000여 점의 작품이 있는 이 미술관의 대표작은 〈살로메의 춤〉, 〈오이디푸스와 스핑크스〉, 〈외뿔 짐승〉, 〈오르페우스〉 등이다. 화가의 유언에 따라 모든 작품이 국가에 기증됐다. 추상표현주의의 선구자였던 귀스타브 모로는 72세가 되던 해인 1898년에 위암으로 사망하여 몽마르트르 묘지에 묻혔다.

1 신화나 성경을 소재로 한 작품들 2 도로변에 고즈넉하게 자리한 귀스타브 모로 미술관의 외관 3 소박한 모로의 서재 4 아르누보 양식의 계단을 올라가면 미술관으로 연결된다.

낭만주의 박물관 Musée de la Vie Romantique 🔊 뮤제 드 라 비 호멍틱

Add. 16 Rue Chaptal
Tel. 01 55 31 95 67
Open 10:00~18:00 **Close** 월요일·공휴일
Access M2 Pigalle 역에서 광장을 빠져나와 Rue Jean-Baptiste Pigalle로 좌회전해 걷는다. 사거리에서 Rue Chaptal로 걷는다. 도보 6분
Admission Fee 무료

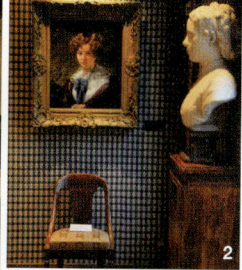

낭만주의 예술가들의 아지트

1924년에 개관한 미술관으로 18~19세기 유럽 낭만주의와 관련한 사진, 가구, 장식 예술과 관련한 소장품들을 전시한다. 네덜란드 출신으로 프랑스에서 활동했던 화가 아리 셰퍼Ary Scheffer와 그의 조카 레낭이 1830년에 구입한 저택이다. 셰퍼는 오를레앙 공작의 아이들에게 그림을 가르치고 국가를 위해 종교화를 그린 화가였다. 대인관계가 좋았던 셰퍼는 쇼팽과 그의 애인 조르주 상드, 들라크루아, 리제, 로시니, 디킨스와 같은 예술가들을 초대해 이곳을 낭만주의 예술가들의 아지트로 만들었다. 조르주 상드가 사용하던 가구와 생활용품을 전시하고 있어 '조르주 상드 박물관'으로도 불리며 특별 전시도 자주 열린다. 장미와 백합이 어우러진 야외 정원에서는 티타임을 즐길 수 있다.

1 네덜란드 화가 셰퍼가 사용했던 방 **2** 이름에 걸맞게 미술관 분위기가 낭만적이다. **3** 아름다운 장미가 만개한 낭만주의 박물관 정원 **4** 한적한 분위기에서 책을 읽거나 티타임을 즐길 수 있다.

Area 8 / Montmartre

사크레쾨르 성당 Basilique du Sacré Coeur
🔊 바질릭 뒤 싸크레 쾨흐

Map P.459-B

Add. 35 Rue du Chevalier de la Barre
Tel. 01 53 41 89 00
Open 돔 5~9월 08:30~20:00, 10~4월 09:00~17:00
Access M2 Anvers 역에서 Rue de Steinkerque를 따라 걷다가 성당 앞뜰을 거쳐 도보 10분 **URL** www.sacre-coeur-montmartre.com
Price 돔과 납골당 일반 8€, 4~16세 5€, 돔 일반 6€, 4~16세 4€

★★

시대가 원한 가톨릭 대성당

근처에 있던 채석장에서 나오는 석회석으로 지은 돔과 흰색의 파사드가 인상적인 로마네스크 비잔틴 양식의 대성당이다. 성당 이름은 '성모의 마음'이라는 뜻이며, 파리를 한눈에 내려다볼 수 있는 위치에 있다. 그러나 그 이면에는 프러시아와의 항복 협정에 굴욕적으로 서명한 제3공화정 정부가 프러시아군에 대한 시민들의 저항을 몽마르트르 언덕에 대포를 설치해 막은 데 대한 속죄의 의미가 있다. 기베르 파리 대주교가 대성당 건설을 주창하고, 페리괴에서 생 프롱 교회를 개수한 폴 아바디가 설계를 맡았다. 실제로 착공에 들어간 것은 1877년이지만 지반이 약해서 83개나 되는 토대 기둥을 세우는 등 예상외로 많은 시간과 비용이 들었다. 성당 건립에 들어간 4000만 프랑의 비용은 모두 민간 기부로 이뤄졌으며 완성까지 40년이 걸렸다. 뤼크 올리비에 메르송이 제작한 화려한 천장 모자이크는 교황과 파리 주교들의 모습을 생생하게 묘사하고 있으며 프랑스에서 최대 크기를 자랑하는 직경 3m, 무게 19t의 종도 볼 수 있다. 제1차 세계대전 종전 후에 시작한 철야 기도 릴레이가 지금까지 이어지고 있다. 성당 내부를 둘러보고 성물이 보관돼 있는 지하 예배당, 파리 시를 한눈에 조망할 수 있는 돔은 빼놓지 말고 들러보자.

1 비잔틴 양식으로 지어진 성당 **2** 시민들의 성금으로 파리에서 가장 높은 곳에 성당이 세워졌다. **3** 근처 블랑슈에 있는 채석장에서 나오는 석회석으로 지어 건물 외관이 하얗다.

물랭루주 Moulin Rouge 물랭 후즈

Add. 82 Boulevard de Clichy
Tel. 01 53 09 82 82
Open 저녁 식사 19:00~, 쇼 21:00/23:00
Access M2 Blanche 역에서 Bd de Clichy를 따라 도보 1분
URL www.moulinrouge.fr
Admission Fee 저녁 식사+쇼 190~310€, 쇼 21시 115~210€, 23시 97~210€

프렌치 캉캉의 전설이 숨 쉬는 곳

옛 풍차 모양으로 세워진 건물 옥상의 구조물이 멀리서도 눈에 띈다. 물랭루주는 '붉은 풍차'를 의미한다. 프렌치 캉캉, 마술 등 스펙터클한 공연을 보면서 식사를 즐길 수 있다. 지나치게 퇴폐적이라는 이유로 1820년 이후 공연이 금지되고 무용수들이 영국으로 도망가는 위기를 겪었으나 1903년 이후 '프렌치 캉캉'이라는 공연으로 예전의 명성을 되찾았다. 1889년에 다시 문을 열었으며 로트레크와 같은 화가들이 드나들면서 세상의 편견에 아랑곳하지 않고 창녀나 광대, 무희들을 그린 것으로 유명하다. 이완 맥그리거와 니콜 키드먼이 주연한 영화 〈물랑 루즈〉에서 '치명적인 유혹이 있는, 지상에서 가장 화려한 세계'로 묘사돼 대중에게 친숙한 곳이다. 빨간 풍차의 네온사인이 거리를 화려하게 장식하고 있다.

1 풍차가 보이는 물랭루주 전경 **2** 프랑스 삼색기 컬러로 단장하고 프렌치 캉캉을 추는 댄서들 **3** 붉은 깃털 의상으로 치장한 쇼걸들 **4** 핑크빛으로 파이널을 장식하는 반라의 뮤즈

Area 8 / Montmartre

에스파스 달리 Espace Dali 🔊 에스빠스 달리

Map P.459-B

Add. 11 Rue Poulbot **Tel.** 01 42 64 40 10
Open 10:00~18:00(7·8월 ~20:00)
Access M12 Abbesses 역에서 Rue la Vieuville를 따라 걷다가 Rue Drevet로 계속 걷는다. Rue Gabrielle로 좌회전해 걷다가 Rue du Calvaire로 우회전한다. 도보 6분 **URL** www.daliparis.com
Admission Fee 일반 11.50€, 만 26세 미만 7€, 만 65세 이상 8€

★

달리의 발자취를 찾아서

1989년 85세의 나이로 세상을 떠난 스페인 출신의 초현실주의 화가인 달리를 기념하기 위해 세워졌다. 1927년에 파리로 건너와 피카소 등과 교류했던 달리의 주요 작품 〈기억의 영속성〉, 〈기억의 지속〉, 〈우주 코끼리〉 등이 있다. 회화보다 디자인, 패션, 광고 분야 등에서 두각을 드러낸 달리의 진면목을 엿볼 수 있다. 330여 점의 석판화와 조각 작품 등이 있으며, 달리뿐 아니라 다른 초현실주의 화가들의 특별전도 자주 열린다. 특히 지하에서 올라오는 계단에 전시된 달리의 다양한 증명사진을 보면 그가 얼마나 기발한 아이디어의 소유자인지 알수 있다.

1 에스파스 달리의 실내 공간. 벽면이 검은색이라 다소 어두운 분위기다. **2** 달리의 대표작 〈시간의 기억〉 **3** 입술 모양의 의자는 메이 웨스트Mae West의 작품

테르트르 광장 Place du Tertre 쁠라스 뒤 떽트르

Add. Place du Tertre
Access M12 Abbesses 역에서 Rue la Vieuville를 따라 걷다가 Rue Drevet로 진입한다. Rue Gabrielle로 좌회전해 걷다가 Rue du Calvaire로 우회전한다. 도보 6분
Admission Fee 무료

파리지앵의 역사와 정취를 간직한 광장

테르트르는 '언덕의 가장 높은 곳'이라는 뜻이며 실제로 파리에서 꽤 높은 지형에 속한다. 유명한 화가들을 배출한 유서 깊은 광장이며, 피카소, 마티스 등이 즐겨 찾았다. 몽마르트르 언덕의 정취가 물씬 풍기는 장소로 사각형 광장 주변에는 레스토랑, 기념품점, 카페가 늘어서 있으며 149명의 화가들이 관광객을 상대로 초상화를 그려준다. 교수대에서 많은 사람들이 목숨을 잃은 곳으로 프러시아 전쟁이 한창이던 1814년에는 러시아군이 이곳을 야영지로 이용했다. 러시아인이 개업한 '라 메르 카트린 La mère Catherine'이라는 이름의 레스토랑이 유명하다. 빨리 식사를 마쳐야 하는 것에서 유래해 러시아 군인들을 위해 가정식을 빨리 서비스하는 '비스트로(러시아어로 빠르게)'라는 말이 처음 생겨난 곳이 여기다.

1 거리의 예술가를 쉽게 볼 수 있는 광장 **2** 화가들의 그림은 반드시 흥정하는 것이 좋다. **3** 파리에서 가장 활기찬 광장 중 하나인 테르트르 광장에는 카페와 레스토랑이 모여 있다. **4** 테르트르 광장에서 그림을 고르는 여행자의 모습

몽마르트르 묘지 Cimetiére de Montmartre
🔊 씸띠에흐 뒤 몽막뜨르

Map P.459-A

Add. 20 Avenue Rachel **Tel.** 01 53 42 36 30
Open 동절기(11/6~3/15) 08:00~17:30(일요일 09:00~), 하절기(3/16~11/5) 08:00~18:00, 토요일 08:30~17:30, 일요일 09:00~18:00 **Close** 동절기 토요일
Access M2 Blanche 역에서 Bd de Clichy를 따라 걷다가 Av. Rachel로 우회전한다. 도보 5분
URL www.paris.fr **Admission Fee** 무료

파리의 묘지 명소

샤틀레에 있던 지하 공동묘지가 폐쇄되면서 시신들을 이장하기 위해 1825년에 공식적으로 문을 열었다. 스탕달(30 Division), 하이네(27 Division), 베를리오즈(20 Division), 드가(4 Division), 프랑수아 트뤼포(21 Division) 등이 이곳에 잠들어 있다. 규모가 크기 때문에 묘지 정문에서 지도를 챙기도록 하자.

누벨 바그를 이끈 영화감독 프랑수아 트뤼포의 묘지

생 피에르 드 몽마르트르 교회 Eglise St.Pierre de Montmartre
🔊 에글리즈 생 피에르 드 몽마르트르

Map P.459-B

Add. 2 Rue du Mont Cenis **Tel.** 01 46 06 57 63
Open 09:00~19:00
Access M2 Anvers 역에서 Rue de Steinkerque를 따라 걷다가 성당 앞뜰을 거쳐 도보 10분. 사크레쾨르 성당 옆에 있다.

파리에서 가장 오래된 교회

테르트르 광장 북동쪽에 자리한 베네딕트 수도원의 교회로 수차례 증·개축을 통해 지금의 모습을 갖추게 됐다. 루이 14세 때 건설된 파사드와 메로빙거 왕조 시대의 유적, 고대 로마 시대 유적인 네 개의 원기둥은 이 교회가 생제르맹데프레 성당과 함께 파리에서 가장 오래된 교회라는 사실을 증명한다. 아름다운 스테인드글라스는 막스 앙그랑의 작품이다.

막스 앙그랑이 만든 스테인드글라스가 아름답다.

369

아브리 Abri 🔊 아브리

Map 지도 밖

Add. 92 Rue du Faubourg Poissonnière
Tel. 01 83 97 00 00
Open 월~토요일 12:30~14:00, 월요일을 제외한 매일 저녁 19:30~22:00
Access M7 Poissonnière 역에서 도보 2분

가이드북에 소개된 레스토랑

아틀레이 조엘 로부숑, 타유방 등에서 경력을 쌓은 일본인 셰프 가츠키 오키야마가 프렌치 비스트로 스타일의 요리를 선보인다. 좌석 수가 많지 않고 프랑스의 유명 맛집 가이드북에서 추천해 예약이 쉽지 않다. 점심 메뉴는 25유로, 저녁 메뉴는 40유로에 즐길 수 있다. 전통 프렌치 메뉴인 오리고기 마그레 드 카나, 농어 카르파치오 등이 유명하다.

일본과 프랑스 스타일이 접목된 플레이팅

물랭 드 라 갈레트 Le Moulin de la Galette 🔊 르 물랭 드 라 갈레트

Map P.459·A

Add. 83 Rue Lepic **Tel.** 01 46 06 84 77 **Open** 12:00~23:00
Access M12 Lamarck Caulaincourt 역에서 Pl. Constantin Pecqueur를 따라 걷다가 Pl. Constantin Pecqueur로 우회전한다. Rue Girardon로 좌회전 후 직진하다가 Rue Lepic로 좌회전한다. 도보 7분
URL www.lemoulindelagalette.eu
Price 전식 11~17€, 본식 22~28€, 디저트 9~12€

명화에 나오는 전통의 댄스 홀

몽마르트르 주변에서 가장 로맨틱한 식사를 할 수 있는 곳 중 하나로 꼽힌다. 푸아그라 테린 Terrine of Duck Foie Gras(17유로), 아르헨티나산 립 아이 스테이크(30유로), 버터 캐러멜 밀푀유(10유로)를 추천한다. 〈자갓 서베이〉와 〈미슐랭 가이드〉 등 여러 매체로부터 호평을 받아 인기가 뜨겁다. 좌석이 많지 않아 예약을 하고 가는 것이 좋다.

댄스 홀이었지만 지금은 레스토랑으로 운영 중

Area 8 / Montmartre

샤마레 몽마르트르 Chamarré Montmartre 🔊 샤마레 몽마르트르

Map P.459-B

Add. 52 Rue Lamarck **Tel.** 01 42 55 05 42 **Open** 12:00〜14:00, 19:00〜23:30
Access M12 Lamarck Caulaincourt 역에서 Rue Caulaincourt를 따라 걷다가 Rue Lamarck로 우회전한다. 도보 3분
URL www.chamarre-montmartre.com
Price 점심 본식 15€, 전식+본식 또는 본식+디저트 24€, 전식+본식+디저트 32€, 저녁 45〜70€

파리에서 즐기는 창작 요리

프랑스의 미식 가이드북인 〈고 미요 Gault Millau〉에서 높은 평가를 받은 레스토랑이다. 물랭 드 라 갈레트의 셰프로 있던 모리셔스 출신의 앙투안 이라 Antoine Heerah가 선보이는 창작 요리가 수준급이다. 편안한 분위기에서 친절한 스태프의 서비스를 받을 수 있다. 메인 요리로 타이 바질 향이 짙게 밴 채소볶음, 바닷가재와 농어를 얇게 저민 카르파초를 추천한다. 이곳은 특히 와인 셀렉션이 훌륭한데 소믈리에가 주문한 요리에 맞는 와인을 추천해준다.

1 관광객이 많은 사크레쾨르 성당 뒤쪽에 있다. **2** 심플한 분위기에 악센트를 주는 예쁜 전등 **3** 모리셔스 출신의 셰프가 선보이는 창작 요리가 유명하다. **4** 레스토랑 규모에 비해 와인 셀렉션과 규모가 수준급이다.

마르셀 Marcel 마르셀

Add. 1 Villa Léandre
Tel. 01 46 06 04 04
Open 월~금요일 10:00~23:00, 토·일요일 브런치 10:00~19:00
Access M12 Lamarck Caulaincourt 역에서 Rue Caulaincourt를 따라 걷다가 Rue Juste Metivier로 좌회전한다. Av. Junot로 우회전해 계속 걷는다. 도보 5분
Price 전식 10~13€, 샐러드 13~17€, 본식 16~22€

주말 브런치를 즐기기에 좋은 아담한 레스토랑

파리에서 손꼽히는 브런치 레스토랑 중 하나. 몽마르트르 언덕에 산책 나왔다가 들르기에 좋다. 신선한 크림과 유기농 잼, 달콤한 시럽과 함께 즐기기에 좋은 팬케이크, 신선한 주스를 한번에 맛볼 수 있는 브런치 메뉴가 훌륭하다. 매콤한 타르타르 소스가 들어간 피시 앤 칩스(18유로), 바비큐 립(16유로), 베이컨 치즈 버거(17유로)와 같은 본식으로 푸짐하게 즐기고 치크 케이크(8유로)나 샹티이 크림이 올라간 초콜릿 케이크(7유로)나 밤 크림이 들어 있는 몽블랑(9유로)으로 마무리하면 금상첨화. 관광객으로 시끌벅적한 몽마르트르 언덕 뒷골목에 자리 잡아 주중에는 조용한 분위기에서 식사할 수 있다.

1 창문을 통해 따사로운 햇살이 들어온다. **2** 아담한 레스토랑 실내가 정겹다. **3** 클럽 샌드위치는 신선한 재료를 사용한다. **4** 아이들이 좋아하는 치킨과 감자

Area 8 / Montmartre

플레이타임 Playtime 플레이타임

Map P.447-C

Add. 5 Rue des Petits Hôtels **Tel.** 01 44 79 03 98 **Open** 월요일 12:00~14:30, 화~금요일 12:00~14:30, 18:00~22:00 **Close** 토 · 일요일
Access M4·5·7 Gare de l'est 역에서 Rue du 8 Mai 1945 따라 걷다가 Bd de Magenta로 우회전한다. **URL** www.playtime-restaurant.com
Price 점심 전식+본식 또는 본식+디저트 22€, 전식+본식+디저트 30€
저녁 전식+본식 또는 본식+디저트 30~50€

스칸디나비아 가구와 깔끔한 맛이 인기 비결

1950~1960년대에 활약한 유명 디자이너들의 가구가 트렌디한 분위기를 풍기는 아담한 레스토랑. 미국의 리츠 칼튼 호텔 계열에서 경력을 쌓은 장 미셸Jean Michel이 요리를 맡고 그의 동반자인 비베카 산클레프가 파티시에와 공동 경영을 담당하고 있다. 기본에 충실한 피자와 프렌치 스타일의 채소 수프, 리소토를 곁들인 도미 요리 등을 선보인다.

상호명은 프랑스 영화 감독 자크 타티에 대한 오마주라고.

오 라팽 아질 Au Lapin Agile 오 라팽 아질

Map P.459-B

Add. 22 Rue des Saules **Tel.** 01 46 06 85 87 **Open** 21:00~익일 01:00
Close 월요일 **Access** M12 Lamarck Caulaincourt 역에서 Rue Caulaincourt를 따라 걷다가 Rue des Saules로 우회전한다. 도보 4분 **URL** www.au-lapin-agile.com **Price** 일반 28€, 학생 20€ *입장료에 음료 한 잔 포함

가난했던 예술가들의 선술집

파리에서 유일하게 남은 샹송 바. 1875년 앙드레질Andrégill이라는 화가가 뜨거운 냄비에서 뛰쳐나오는 토끼를 익살스럽게 그린 데서 모티브를 얻어 화가의 이름과 토끼(라팽)를 합성해 상호를 지었다. 세계대전이 발발하기 직전까지 위트릴로, 피카소, 모딜리아니와 같은 화가들이 이곳을 드나들며 예술과 인생을 논했다. 지금도 시 낭송과 샹송을 따라 부르던 당시의 풍류가 그대로 남아 있다.

누군가 선창하면 나머지 사람들은 노래를 따라 부른다.

레 되 물랭 Les deux Moulins 레 되 물랑

Add. 15 Rue Lepic
Tel. 01 42 54 90 50
Open 07:30~익일 01:00
Access M2 Blanche 역에서 Bd de Clichy를 따라 걷다가 Rue Lepic로 우회전한다. 도보 3분
Price 15~25€

오드리 토투의 연기가 생각나는 카페

장 피에르 주네 감독이 만든 영화 〈아멜리에〉의 배경이 된 소박한 분위기의 동네 카페로 이미 두 편의 프랑스 영화에서 배경이 되면서 영화와 깊은 인연을 맺어왔다. 카페 이름은 근처에 있는 물랭루주와 물랭 드 라 갈레트에서 따온 것으로 두 개의 풍차를 의미한다.

카페 내부에 〈아멜리에〉 포스터가 크게 걸려 있어 영화가 아니었다면 그냥 평범한 카페 같지만 음식 맛은 상당히 좋은 편이다. 프랑스에서 800만 명, 해외에서 900만 명이 넘는 관객을 동원한 영화답게 영화 속 장소를 기념 삼아 이곳을 방문하는 전 세계인의 발걸음이 이어지고 있다.

1 아멜리에가 일했던 카페의 바 라운지 2 귀여운 오드리 토투의 얼굴이 새겨진 메뉴판 3 영화를 기억하는 팬들의 발걸음이 끊이지 않는다. 4 날씨가 좋은 날에는 테라스 좌석이 인기다.

Area 8 / Montmartre

아이스 큐브 바 Ice kube bar 아이스 퀴브 바

Add. 1-5 Passage Ruelle **Tel.** 01 42 05 20 00
Open 19:30~익일 02:00 *입장 마감 폐장 90분 전 **Close** 월·화요일
Access M2 La Chapelle 역에서 Rue Marx Dormoy를 따라 걷다가
Passage Ruelle로 좌회전한다. 도보 5분
URL www.muranoresort.com
Price 29€(25분, 4가지 칵테일 시음)

Map
P.447-C

파리 유일의 아이스 바

프랑스에서 유일한 아이스 바로 무라노 호텔 & 리조트 그룹에서 운영한다. 영하 5℃의 혹한에서 즐기는 한 잔의 보드카 맛은 어떨까? 몽마르트르 언덕 근처에 있는 디자인 호텔 큐브는 주변의 험악한 분위기와는 달리 높은 담장 안에 있어 베일에 싸인 것 같고 아이스 큐브 바는 호텔 건물 2층에 있다. 밖에서 안이 훤히 들여다보여 마치 얼음 궁전을 연상케 하는 이곳에 들어가려면 입구에서 주는 오리털 파카와 장갑을 착용해야 동상을 면할 수 있다. 완전 무장을 하고 바 안으로 들어가면 스태프가 얼음으로 된 투명한 잔에 보드카를 따라준다. 장소가 협소하고 인기가 많아 30분이라는 시간 제한을 두기 때문에 본전 생각이 나지만 그 이상을 버티는 것은 체력적으로 무리다.

1 파리 유일의 아이스 바로 거위털 점퍼와 장갑을 무료로 대여해준다. **2** 편안한 의자에 앉아 아이스 바 안을 들여다볼 수 있다.
3 큐브 호텔의 2층 라운지와 아이스 큐브 바는 서로 붙어 있다.

스프레 Spree ◀ 스쁘레

Add. 16 Rue la Vieuville Tel. 01 42 23 41 40
Open 화~토요일 11:00~19:30, 월요일 14:00~19:00 Close 일요일
Access M12 Abbesses 역에서 Rue la Vieuville를 따라 도보 2분
URL www.spree.fr

몽마르트르에 있는 숨은 셀렉트 숍

패션, 아트, 홈 디자인의 복합 멀티숍을 표방하는 멋쟁이들의 놀이터. 1950~1980년대 스타일의 옷과 신인 디자이너들의 컬렉션이 눈길을 끈다. 주요 브랜드로는 아크네acne, 아페세APC, 꼼데가르송comme des Garçons, 마르땡 마르지엘라 06Martin Margiela 06, 츠모리 치사토Tsumori Chisato, 바네사 브루노 Vanessa Bruno, 마크 바이 마크 제이콥스Marc by Marc Jacobs, 카르벵Carven, 로베르토 델 카를로Roberto del Carlo 등이 있다.

멋쟁이라면 반드시 들러야 할 매장

마미 블루 Mamie Bleu ◀ 마미 블루

Add. 69 Rue de Rochechouart Tel. 01 42 81 10 42
Open 월요일 14:30~19:30, 화~토요일 11:30~13:30, 14:30~19:30
Close 일요일 Access M7 Cadet 역에서 Rue Cadet를 따라 도보 10분
URL www.mamie-vintage.com

빈티지에 열광한다면 이곳으로

프랑스 최고의 수재들이 모이는 시앙스포 대학을 졸업하고 성공의 길을 마다한 브리지트Brigitte가 주인이다. 자신에게는 늘 행복한 시간만 있다는 낙천적인 그녀답게 1960~1970년대를 향수할 만한 빈티지 숍에는 정장, 드레스, 셔츠와 같은 수많은 아이템들이 발을 들여놓을 수 없을 만큼 가득하다. 춤과 영화, 패션에 대한 열정을 가진 그녀는 고객들을 위해 스타일링 서비스를 제공한다.

오래된 옷을 가지가면 새롭게 리폼해준다.

Area 9
BERCY

베르시

● 파리 동쪽에 있는 베르시 지역은 21세기에 들어서면서 파리 시에서 집중적으로 재개발을 추진하고 있는 신도시다. 역사적인 건물보다 신인 건축가들의 개성 넘치는 건물들이 속속 들어서면서 다이내믹한 파리 시의 모습을 새롭게 창조하고 있다. 크리스티앙 드 포르장파르크의 공동주택, 프랭크 게리의 프랑스영화박물관, 도미니크 페로의 프랑수아 미테랑 도서관은 건축을 사랑하는 사람이라면 놓쳐서는 안 될 곳이다. 신록이 우거진 베르시 공원과 올망졸망한 스폿들이 모여 있는 베르시 빌라주는 파리가 삭막하고 무미건조한 대도시에 불과하다는 편견을 단숨에 떨쳐버릴 정도로 편안한 산책 코스다.

> Area 9 / Bercy

Access
가는 방법

비블리오테크 프랑수아 미테랑 Bibliothèque François Miterrand 역

방향 잡기 역에 내리면 프랑수아 미테랑 도서관과 MK2 극장이 가깝다. M6으로 갈 때는 퀴 드 라 갸르Quai de la Gare 역에 내려서 5분 정도 걸으면 된다. 베르시 공원이나 프랑스영화박물관에 가려면 M6 베르시Bercy 역, 베르시 빌라주로 가려면 M14 쿠르 생 테밀리옹Cour Saint Emilion 역에 내리는 것이 가깝다.

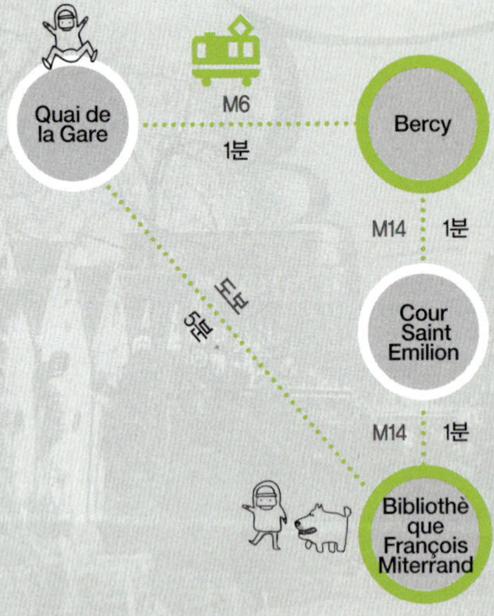

- Quai de la Gare — M6 1분 — Bercy
- Bercy — M14 1분 — Cour Saint Emilion
- Cour Saint Emilion — M14 1분 — Bibliothèque François Miterrand
- Quai de la Gare — 도보 5분 — Bibliothèque François Miterrand

Check Point

- 볼거리가 많지 않은 대신 녹지대가 많아 편안한 마음으로 산책하기에 좋은 지역이다. 지역 내에서는 메트로 대신 도보로 이동할 것을 권한다.

- 건축에 관심 있는 사람들이 돌아보기 좋은 지역으로 프랑스 재무부, 팔레 옴니 스포츠 베르시, 프랑수아 미테랑 도서관, 프랑스영화박물관 등은 모두 건축 교과서에 나올 정도로 유명한 건물들이다.

Plan
추천 루트

베르시 지역
반나절 걷기 여행

10:00

프랑수아 미테랑 도서관
Bibliothèque Nationale
François Mitterrand
외관이 책을 펴놓은 형태를 띠고 있으며 건물의 중앙에는 뜰이 있어 도서관 주변과 복도, 기념품 숍만 둘러봐도 즐겁다. 도서관 앞 계단은 앉아서 책을 읽기에도 그만이다.

도보 7분

11:00

**베르시 공원과
프랑스영화박물관**
Parc de Bercy &
Cinémathèque Française
한적하게 베르시 공원을 산책한 다음 프랭크 게리의 명작인 프랑스영화박물관 건물을 감상한다. 영화에 관심 있는 사람이라면 프랑스 영화에 관한 다양한 자료를 볼 수 있는 박물관으로 향한다.

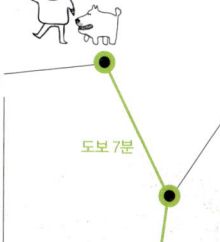

도보 5분

12:30 **베르시 빌라주 Bercy Village**
옛 포도주 저장고였던 지역을 카페, 숍, 바, 레스토랑, 영화관이 있는 복합 문화 공간으로 만든 베르시 빌라주는 파리의 숨은 볼거리 중 하나다. 자신의 관심사에 따라 여러 스폿들을 돌아보고 점심 식사도 이곳에서 해결한다.

프랑수아 미테랑 도서관 Bibliothèque Nationale François Mitterrand
비블리오테크 나씨오날 프랑수아 미테랑

Add. Quai François Mauriac **Tel.** 01 53 79 59 59
Open 09:00~19:00(월요일 14:00~, 일요일 13:00~)
Close 공휴일 **Access** M14 Bibliothèque François Mitterrand 역에서 Av. de France를 따라 걷다가 Emile Durkheim로 우회전한다. 계속 걷다가 Quai François Mauriac로 좌회전한다. 도보 8분
URL www.bnf.fr **Admission Fee** 3.50€, 일반 열람실 무료

Map P.460-A

자연친화적인 건축

베를린 올림픽 자전거 경기장 및 수영장 건축 설계 공모에 당선되면서 이름을 날리기 시작했으며, 이화여대 캠퍼스 설계자로 잘 알려진 도미니크 페로가 1989년 프랑스 국립도서관 국제공모전에서 1등으로 당선되면서 설계한 건물이다. 책을 펴놓은 형상의 건물 4개가 마주하고 있는 모습이 인상적이다. 미테랑 대통령 당시 리슐리외 도서관에 더 이상 책을 둘 곳이 없어 새로운 도서관의 필요성이 대두되면서 건축돼 현재 1200만 권의 장서가 보관돼 있다. 일부 도서는 연구원 이상만 열람이 가능하다. 건물 중앙에 나무와 식물이 빼곡이 들어찬 정원은 건축가가 지향하는 '만인의 공간'으로서 자연과 건축물의 연계라는 콘셉트를 잘 반영하고 있다. 주로 연간 회원이 드나드는 곳으로 도서관 책을 읽거나 열람실 안을 둘러보려면 입장권을 구입해야 한다.

1 네 권의 책을 펼쳐놓은 듯한 모양의 도서관 **2** 열람실 사이 복도나 기념품 숍은 따로 입장 티켓을 끊지 않아도 출입이 가능하다. **3** 도서관에서는 유명 작가들의 사인회도 열린다. **4** 도서관 입구는 동쪽과 서쪽 출구로 나뉜다.

베르시 공원 Parc de Bercy 🔊 파크 드 베르시

Add. 41 Rue Paul Belmondo
Access M6 Bercy 역에서 1분, M14 Cour Saint Emilion 역에서 Rue de l'Ambroisie를 따라 걷는다. 도보 3분

★★

도심 속 자연 생태 학습장

도심에 녹지가 유난히 많은 파리 시가 자랑하는 자연 생태 학습장이자 시민들의 휴식 장소로 14ha에 달한다. 대형 와인 저장고로 이용되던 공간을 파리 시가 매입해 늪지대를 비롯한 농장, 드넓은 잔디밭 등을 조성해 파리지앵의 녹지 공간이 됐다. 산책하거나 조깅을 하는 파리지앵의 삶을 가까이에서 볼 수 있고 여행에 지친 피로를 풀기에도 좋은 장소다. 공원을 중심으로 미국의 유명 건축가 프랭크 게리가 설계한 프랑스영화박물관, 프랑스의 유명 건축가, 크리스티앙 드 포르장파르크가 설계한 공동주택과 같은 건물이 있어 산책하면서 감상하기에 좋으며 슈퍼마켓에서 먹을거리를 챙겨간다면 평온한 오후 피크닉을 즐길 수 있다. 근처에 베르시 빌라주 말고는 상점이나 카페, 레스토랑이 별로 없다는 점을 기억하자.

1 자연 생태계를 보존하는 공원에는 오리들이 노닌다. **2** 크리스티앙 드 포르장파르크가 설계한 공동주택이 공원과 이웃하고 있다. **3** 날씨가 좋은 날에는 산책 코스로도 좋다.

프랑스영화박물관 Cinémathèque Française 씨네마테크 프랑세즈

Map p.460-B

Add. 51 Rue de Bercy **Tel.** 01 71 19 33 33
Open 월요일 12:00~19:00, 수~일요일 12:00~19:00 *4/11 12:00~17:00
Close 화요일, 1/1, 12/25
Access M6·14 Bercy 역에서 Rue de Bercy를 따라 걷다가 Bd de Bercy로 우회전한다. 도보 5분
URL www.cinematheque.fr **Admission Fee** 일반 5€, 학생 4€

★★

프랑스 영화의 발자취를 좇다

프랭크 게리가 아메리칸센터로 지은 건물. 프랑스영화박물관으로 레노베이션하면서 역사적 가치가 있는 영화에 대한 보존과 복원, 클래식 영화 상영, 영화 소품 기자재의 역사적 가치를 고증하고 이를 일반인에게 공개하고 있다. 일반 전시는 물론 특별 전시도 진행하며 영화도서관, 열람실이 있다. 건물 1층의 레스토랑 51Restaurante 51이 새로운 명소로 떠오르고 있다.

프랭크 게리의 대표적인 건축물인 프랑스영화박물관

도크 Les Docks 레 도크

Map P.460-A

Add. 34 Quai d'Austerlitz **Tel.** 01 76 77 25 30
Open 화~일요일 10:00~20:00 *일부 카페와 부티크는 12:00부터 개점
Access RER C·M5·10 Gare d'Austerlitz 역에서 도보 2분
URL www.paris-docks-en-seine.fr, www.citemodedesign.fr

센 강변에 들어선 그린 빌딩

오랜 공사를 거쳐 탄생한 모던 스타일의 건물로 파리의 새로운 명소. 패션, 디자인과 관련한 다양한 행사가 열리는 한편 유명 가구 숍, 실베라Silvera의 쇼룸과 계절마다 모습을 바꾸는 패션 브랜드를 위한 팝업 숍, 야외 레스토랑과 바 그리고 옥상 클럽 르 뉘바Le Nüba와 같은 공간이 젊은 이들을 불러들이고 있다. 현지인이 많은 핫 스폿이다. 야간에는 센 강과 잘 어우러진 조명 덕분에 더욱 화려해 보인다.

패션 관련 이벤트나 전시가 열리는 공간도 따로 마련돼 있다.

MK2 MK2 엠까두

Add. 128-162 Avenue de France **Tel.** 08 92 69 84 84
Open 첫 회 11:00 전후, 마지막 회 22:00 전후
Access M14 Bibliothèque François Mitterrand 역에서 Av. de France를 따라 걷는다. Av. de France로 우회전 후 바로 앞 골목에서 좌회전한다. 도보 5분
URL www.mk2.com

베르시의 대표 복합 문화 공간

영화 제작과 영화사적으로 가치 있는 작품의 판권을 구매한 뒤 다시 전 세계에 재배급하는 MK2사의 멀티플렉스 극장. 외관은 거대한 배를 연상시킨다. 압바스 키아로스타미, 왕빙 같은 작가주의 감독들의 영화 제작을 지원하는 영화사답게 할리우드영화는 물론 우리나라 김기덕, 홍상수와 같은 작가주의 영화를 상영하는 것이 특징이다. 카페와 레스토랑도 있다.

감각적인 분위기로 꾸며진 카페

프티 뱅 Petit Bain 쁘띠 뱅

Add. 7 Port de la Gare **Open** 화·수요일 18:00~24:00, 목~토요일 16:00~익일 02:00, 일요일 16:00~24:00 **Close** 월요일 **Access** M14 Bibliothèque François Mitterrand 역에서 Rue Neuve Tolbiac을 따라 걷다가 Quai François Mauriac로 좌회전한다. 직진하다가 Port de la Gare로 우회전한 후 좌회전한다. 도보 5분
URL www.petitbain.org

공연과 카페를 즐길 수 있는 곳

음악과 관련한 행사를 주최하는 협회에서 운영하는 복합 문화 공간. 공연장을 비롯해 센 강의 정취를 즐기며 식사나 음료를 즐길 수 있는 바와 레스토랑도 함께 운영한다. 록에서부터 아프리카 힙합에 이르기까지 우리에게는 다소 생소하지만 실험적인 월드 뮤지션들의 공연이 활기차게 울려 퍼진다. 다양한 음악을 이해하고 배울 수 있는 클래스도 진행한다.

대중음악에 조예가 깊은 사람이라면 한번 들러볼 만하다.

페드라 알타 Pedra Alta 🔊 페드라 알타

Add. 13 Place Lachambeaudie **Tel.** 01 44 68 02 50
Open 12:00~14:30, 19:00~23:00 **Close** 일요일
Access M6 Dugommier 역에서 도보 6분
URL www.pedraalta.pt

Map 지도 밖

파리에서 즐기는 포르투갈 요리

파리에서 가장 푸짐하고 저렴하게 해산물을 즐기려면 필히 이곳으로 가자. 프랑스에 10개의 지점이 있다. 대부분 지하철이 닿지 않는 외곽에 있는데 이곳은 반갑게도 파리 시내에 위치해 있다. 해산물은 그릴에 구운 것과 신선하게 서비스되는 것, 두 종류로 나뉜다. 다만 예약을 받지 않으므로 식사 시간을 피해서 가야 줄을 서지 않는다. 식사 시간 때는 1시간 넘게 기다려야 할 정도로 인기가 많다.

네 명이 먹을 수 있는 넉넉한 양의 훈제 모둠 해산물 요리

베르시 빌라주 Bercy Village 🔊 벡씨 빌라주

Add. 28 Rue François Trffaut **Tel.** 01 40 02 90 80
Open 숍 11:00~21:00, 레스토랑 11:00~익일 02:00
Access M14 Cour Saint Emilion 역에서 도보 2분
URL www.bercyvillage.com

Map p.447-H

언제 찾아도 기분 좋은 공간

19세기까지 와인 물류 창고였던 곳으로 1990년대 재개발되면서 지금의 모습을 갖췄다. 베르시 공원과 이웃한 파리의 명소로 휴일 없이 영업하는 곳이 많아 언제나 많은 사람으로 붐빈다. 상점이나 레스토랑으로 사용하고 있는 장소들은 과거 와인 저장고였던 곳을 레노베이션한 것으로 돌로 된 바닥에는 와인을 실어 나르던 기찻길이 그대로 보존돼 있다. 활기찬 주말 오후에는 데이트를 즐기는 연인들이 많다.

휴일에도 문을 열어 파리지앵들로 북적댄다.

베르시 빌라주 추천 스팟

UGC 시네 시테
UGC ciné cité
미국 직배사가 운영하는 멀티플렉스 영화관이다. 파리에서 가장 쾌적하고 큰 규모의 극장으로 프랑스 영화를 보려면 이곳에서 보는 게 낫다.

푸낙 에베이 에 주
Fnac Eveil & Jeux
어린이를 둔 부모나 조카의 선물을 고민하는 사람들이라면 놓쳐서는 안 될 곳. 아이들의 창의력 개발 교육과 관련된 다양한 놀잇감과 장난감을 고를 수 있다.

셰 트렁트와 Chai 33
와인 저장고가 있던 자리에 들어선 와인 바, 숍, 레스토랑을 함께 운영하는 곳이다. 수천 병의 와인이 잠들어 있는 와인 저장고가 있는 곳이니만큼 훌륭한 와인들이 많고, 음식 맛도 뛰어나다.

이포포타뮈 Hippopotamus
귀여운 하마를 마스코트로 내세운 스테이크 전문점. 우리나라에도 잠시 진출했다가 철수했지만 가족 단위의 고객들에게 합리적인 가격으로 승부하는 곳이다.

다만 프레르 Dammann Frères
1692년 루이 14세를 위한 왕실차로 인정 받은 차의 명가로, 2008년 파리에 처음 부티크를 연 이후 탁월한 품질로 사랑을 받고 있다. 마리아주 프레르가 흔해진 이상 여기에서 선물용 티를 사보는 것도 가치가 있다.

올리비에 에 코
Oliviers & Co
신선한 올리브오일에서부터 비누까지 올리브와 관련한 모든 아이템을 다양한 형태로 가공해서 소비자가 편리하게 이용할 수 있다.

산드로 Sandro / 마쥬 Maje
프랑스를 대표하는 젊은 여성을 위한 캐주얼 브랜드 숍. 우리나라보다 센스 넘치는 디자인의 의류를 저렴한 가격에 살 수 있다.

니콜라 Nicolas
파리에만 300여 개 지점이 있는 니콜라는 프랑스의 대표적인 와인 판매 체인점이다. 집에서 마실 만한 저렴한 와인부터 지인들에게 선물용으로 좋은 수백 유로의 와인까지 친절한 직원의 도움을 받아 구입할 수 있다.

더 프로그 The Frog
자체적으로 생산한 맥주를 비롯해 영국식 펍 분위기를 지향하는 모던 바. 맥주를 사랑한다면 이곳으로 가자.

Area 9 / Bercy

파리에서 특별한 피크닉

Map P.460-C,D

뱅센 숲

화창한 날씨이면 삼삼오오 피크닉을 온 파리지앵으로 북적대는 뱅센 숲은 11세기 루이 7세가 사냥터로 즐겨 찾던 곳이다. 필립 오귀스트가 울타리를 치면서 견고한 성을 건설했고, 생 루이가 이 성을 확장하면서 12km나 되는 울타리 안에 사슴과 노루 등을 풀어놓고 사냥을 즐겼다. 루이 15세 당시에는 시민을 위한 산책로가 조성되기도 했으나, 19세기에는 군사들을 위한 숙영지로 이용되다가 1860년에 나폴레옹이 뱅센 숲을 파리 시에 편입했다. 영국식 정원과 호수가 있으며 감옥, 무기고, 왕실 예배당 등이 고스란히 간직된 뱅센 성과 100여 종 이상의 꽃이 피는 파리 플라워 가든, 판다와 코끼리 등 수천 마리의 동물이 있는 파리 동물원은 언제나 인기 있다. 여행자들에게 추천할 만한 산책 코스는 영국식 정원과 어우러진 도메닐 호수 주변이다.

Access

샤토 드 뱅센 Château de Vincennes 역
방향 잡기 역에 내리면 도보 1분 거리에 성이 있다. 성을 관람하기 전후에 카페나 레스토랑에서 간단한 식사를 즐기려면 메트로 출구 근처에서 해결하는 것이 좋다. 동물 관련 전시나 중고 자동차 시장, 클래식 음악 파티 등이 열리는 파리 플라워 가든은 뱅센 성 옆에 있다.

포트 도레 Porte dorée 역
방향 잡기 역에 내리면 파리 동물원과 도메닐 호수, 아프리카 오세아니아 박물관으로 가기 편리하다.

Check Point

● 도메닐 호수는 배를 타고 노를 저어 천천히 일주할 수 있다.

● 안전을 위해 뱅센 숲은 해가 저문 다음에는 가지 않는 게 좋다.

뱅센 숲의 하이라이트
뱅센 성
Château de Vincennes

베르사유 때문에 버려진 비운의 성
14세기 샤를 5세에 의해 지어졌으며 루브르와 함께 프랑스 역사에서 중대한 역할을 했던 파리 근교의 성으로 중세 건축 양식을 그대로 보존하고 있다. 1370년에 만들어진 대형 탑은 50m의 높이를 자랑하며, 시테 섬에 있는 생트 샤펠의 모형이 된 성당은 플랑부아양 고딕 양식으로 지어졌다. 1682년까지 베르사유 궁전이 완공되기 전까지 프랑스 왕실이 사용했으며 루이 14세가 베르사유로 거처를 옮기면서 16세기부터 19세기까지 감옥으로 이용되기도 했다. 당시 감옥에 갇혔던 유명 인사로는 푸케, 사드 백작과 미라보 등이 있다. 이후 나폴레옹 1세 때는 병기창으로 이용되다가 제2차 세계대전 당시 폭격으로 파괴된 후 다시 복원했다. 성에서 도보 5분 거리에 있는 파크 플로랄 Parc Floral 전시장에서는 여름 음악회를 비롯한 다양한 행사가 열린다.

Map p.460-D **Open** 5~8월 10:00~18:00, 9~4월 10:00~17:00
Close 1/1, 5/1, 11/1·11, 12/25
Access M1 Château de Vincennes
Admission Fee 일반 8.50€, 학생 6.50€ *박물관 패스 적용

시테 섬에 있는 생트 샤펠의 모형이 된 뱅센 성당

어린이는 물론 어른을 위한 승마 교실도 있다.

규모는 크지 않지만 중세 모습을 간직하고 있는 뱅센 성

Area 10 / La Défense vs. La Villette

Area 10
LA DÉFENSE
VS.
LA VILLETTE

파리 외곽의 신도시 비교 체험

라데팡스

1958년부터 30여 년에 걸쳐 46만 평의 부지 위에 태어난 신도시 라데팡스는 뉴욕의 맨해튼을 닮은 파리 외곽의 비즈니스 타운이다. 낭테르와 쿠르부아, 퓌토까지 포함하는 이 지역에는 150m가 넘는 빌딩이 14개나 들어서 있어 높이 제한으로 에펠탑 외에는 나지막한 건물 일색인 파리 시내와 전혀 다른 분위기를 연출한다. 다소 삭막한 기운이 느껴지지만 콜더나 미로, 잔과 같은 현대 작가들의 야외 조각물이 독특한 문화 공간을 형성하고 있다.

라 빌레트

파리 북동쪽에 있는 하이테크와 음악의 도시인 라 빌레트는 파리에서 가장 낙후된 지역 중 하나였다. 1980년대 파리 시 전체를 재정비하는 대규모 프로젝트에 편성돼 도살장으로 사용되던 지역을 유명 건축가와 조경 전문가들이 참여해 파리의 새로운 명소로 변신시켰다. 과학과 기술을 주제로 한 체험 박물관과 대형 콘서트홀인 그랑 알, 음악 박물관과 클래식 전문 공연장을 느긋한 마음으로 돌아보는 일정은 파리 여행의 또 다른 즐거움을 선사해준다.

Area 10 / La Défense vs. La Villette

Access
라데팡스 가는 방법

라데팡스 La défense 역

방향 잡기 메트로, 교외선, 시외버스 정거장이 한데 모여 있는 라데팡스 역은 대단히 크다. 대형 서점, 음반과 가전제품을 파는 푸낙Fnac, 인테리어 전문점 아비타Habitat를 먼저 구경하고 싶다면 CNIT 출구로 나가는 것이 좋고 대형 슈퍼마켓 오샹Auchan이나 H&M, 자라와 같은 패션 브랜드 쇼핑을 먼저 하고 싶을 땐 종합 쇼핑몰인 레 카트르 탕Les Quatre Temps 출구로 나간다. 두 건물은 신 개선문을 사이에 두고 있어 어느 쪽으로 나가도 무방하다.

Plan
추천 루트

파리의 맨해튼
라데팡스 반나절 일정

14:00
레 카트르 탕
Les Quatre Temps
이른 아침부터 쇼핑하는 건 사람이 붐비지 않아 좋다. 대형 쇼핑몰과 슈퍼마켓을 돌아보고 간단히 식사를 해결하자.

도보 5~6분

17:00

신 개선문
La Grande Arche
높은 건물에서 바라보는 파리 모습은 아름답기 그지없다. 전망대에 올라 파리 도심을 내려다보면서 파리의 흥취에 흠뻑 젖어볼 것.

도보 10~15분

Check Point

● 사무실에서 일하는 유동 인구가 대부분이라 퇴근 시간이 지나면 라데팡스는 조용하다. 밤늦도록 혼자 주변을 산책하는 것은 대단히 위험하다. 특히 신 개선문 뒤쪽 아파트 단지 주변은 인적이 드물어 주말 오후에도 가지 않는 게 좋다.

● 메트로로 가면 1~2존 구역 내에 있지만 교외선 RER을 타고 가면 3존에 속하므로 추가 요금을 물어야 한다.

19:00

CNIT CNIT
천장을 떠받치는 기둥 사이의 거리가 세계에서 가장 먼 CNIT를 보고, 마천루 숲과 같은 라데팡스 건물과 넓게 펼쳐진 광장을 산책해보자. 광장에서는 1년 내내 많은 행사들이 열려 즐거움을 더해준다.

라데팡스의 주요 명소

신 개선문 La Grande Arche 🔊 라 그랑 다르슈

Add. 1 Parvis de la Défense
Tel. 01 49 07 27 27
Open 10:00~20:00(9/1~3/31 ~19:00)
Access M1·RER·T2 La Défense 역에서 도보 1분
URL www.grandearche.com
Admition Fee 일반 10€, 학생 8.50€(화요일 5€)

★★

파리가 한눈에 들어오는 전망대와 건물

프랑스대혁명 200주년 기념 공모전에서 당선된 덴마크 건축가 스프레켈센Johan Otto von Spreckelsen 작품으로 높이 105m, 안쪽 길이는 70m에 달하는 35층 건물이다. 유럽정상회담 장소로 이용되기도 했으나 지금은 민간 기업의 오피스와 전망대, 박물관이 들어서 있다. 전망대에 서면 파리 시가지가 한눈에 내려다보이는 모습이 장관이다. 신 개선문과 개선문 그리고 튈르리 정원에 있는 카루젤 개선문은 모두 일직선상에 있지만 신 개선문은 건물의 볼륨감을 높이기 위해 6.33° 기울어져 있는 것이 특징이다. 신 개선문 앞 광장은 다양한 국제 행사가 열리는 행사장과 산책로가 1km 정도 늘어서 있다. 라데팡스의 신 개선문 주변에는 세자르, 콜더, 미로 등 세계적인 거장 53명의 작품이 영구 전시되고 있으며 우리나라의 조각가 임동락의 작품도 찾아볼 수 있다.

1 신 개선문에서 바라본 라데팡스 전경 **2** 계단에 앉아 있는 두 사람의 모습으로 신 개선문의 규모를 짐작할 수 있다. **3** 양옆에 나무가 줄지어 있는 다리가 운치 있다.

라데팡스의 주요 명소

소시에테 제네랄 타워 Tour Société Générale 투흐 소시에테 제네랄

Map P.461-A

Add. 17 Cours Valmy
Tel. 01 46 93 19 30
Access M1·RER·T2 La Défense 역에서 Cours Valmy를 따라 도보 10분

프랑스 은행 건물

크리스티앙 제르마네Christian Germanaz와 2인의 건축가가 1995년에 167m 높이로 설계했으며 프랑스 은행 소시에테 제네랄 Tours Sociétégénérale이 들어섰다. 1864년에 설립한 금융 기업으로 프랑스에선 유서 깊은 은행으로 통한다. 라데팡스와 매우 잘 어우러지는 본사 건물 전경이 일품이다. 2008년 이 은행의 선물 딜러인 제롬 케르비엘이 선물 거래로 은행에 49억 유로의 손실을 끼치며 세계적인 이슈가 되기도 했다.

초현대적인 빌딩 외관

엘프 타워(토털 타워) Tour Elf 투흐 엘프

Map P.461-A

Add. 2 Place de la Coupole
Access M8 Liberté 역에서 Rue de Paris / D6를 따라 도보 5분

세계적인 정유회사의 본부

세계적인 정유회사 토털사의 본부로 1999년에 완공됐다. 높이 187m의 48층 건물로 후에 세워진 토털 피나 엘프Total Fina Elf 타워와 함께 푸른빛 건물 컬러가 빛에 의해 변하도록 설계됐다. 건축가는 맹케스Menkés 외 두 사람이 공동으로 참여했다. 지금은 이름이 바뀌어 겉면에 'Total'이라고 써 있으니 혼돈하지 않도록 유의한다. 2012년 삼성과 함께 석유 사업을 개척하면서 우리 귀에도 익숙해진 기업이다.

지금은 'Total'로 이름이 바뀐 엘프 타워

레 카트르 탕 Les Quatre Temps 🔊 레 캬토르 텅

Add. 15 Parvis de la Défense **Tel.** 01 47 73 54 44
Open 10:00~20:00 *매장마다 다름 **Close** 일요일
Access M1·RER·T2 La Défense 역에서 도보 1분
URL www.les4temps.com

쇼핑 마니아들의 천국

파리 근교를 포함해 가장 큰 쇼핑몰이다. 대형 슈퍼마켓 오샹Auchan과 모노프리Monoprix, 자연주의 화장품 록시탕L'Occitane, 화장품 숍 세포라Sephora, 마리오노Marionnaud, 이브 로쉐Yves Rocher, 패션 브랜드 유니클로Uniqlo, 자라Zara, H&M, 스포츠용품점 고 스포츠Go Sport, 대형 음반점 버진 메가 스토어Virgin Mege Store 등이 있어 여성 쇼핑 마니아들에게 사랑받고 있다.

최근 일요일에도 문을 여는 상점이 늘고 있어 쇼핑하기에 편리하다.

CNIT CNIT 🔊 쎄엔이떼

Add. 2 Place de la Défense **Tel.** 01 47 73 54 44
Open 월~토요일 10:00~20:00, 일요일 11:00~19:00 *매장마다 다름
Access M1·RER·T2 La Défense 역에서 도보 1분
URL www.cnit.com

컨벤션 센터와 쇼핑몰이 한곳에

1958년 건축가 베르나르 제퓌스Bernard Zehrfuss, 로베르 카멜로Robert Camelot와 장 드 마일리Jean de Maily의 설계로 라데팡스에 최초로 세워진 건물. 조개껍데기를 엎어놓은 듯한 형태인데 기둥 사이의 거리가 238m로 세계에서 가장 긴 콘크리트 골조 프레임으로 유명하다. 대형 서점 푸낙Fnac, 아비타Habitat, 키친 바자Kitchen Bazaar, 슈퍼마켓 모노프리Monoprix 등 40여 개의 매장이 있다.

40여 개의 숍이 있는 쇼핑 공간 CNIT

Area 10 / La Défense vs. La Villette

Access
라 빌레트 가는 방법

포르트 드 라 빌레트 Porte de la Villette 역
라 빌레트 과학관으로 바로 연결된다. 출구 이름은 Cité des Sciences et de l'Industrie다.

포르트 드 팡탱 Porte de Pantin 역
지상으로 올라오면 음악 박물관과 인포메이션 센터가 눈앞에 펼쳐진다. 출구 이름은 Musée de la musique(Cité de la musique)다.

Plan
추천 루트

라 빌레트에서 호젓하게 즐기는 반나절

라 빌레트 공원
Parc de la Villette
아이들과 동행하면 좋지만 어른이라고 가지 말란 법은 없다. 과학관의 전시 내용이 시시하다고 느껴지면 라 빌레트 공원에 있는 유명 건축물을 놓치지 말자.

10:00

도보 10~15분

Check Point
● 음악 박물관 옆 잔디밭에서는 매년 여름 야외 영화제 Cinéma en Plein Air가 열린다. 무더운 여름밤 더위를 식히며 즐길 수 있는 기회다. 입장은 무료이며 의자를 대여하려면 7유로를 내야 한다.

12:30

시테 드 라 뮤직
Cité de la Musique
악기와 음악 전반에 관한 다양한 전시물은 음악 관련 전공자가 아니더라도 흥미롭다. 음악 박물관은 저녁시간에 클래식 콘서트도 열리니 브로슈어를 참고한다.

라 빌레트의 주요 명소

라 빌레트 공원(과학 산업관) Parc de la Villette 🔊 빡끄 드 라 빌렛

Add. 211 Avenue Jean Jaurès **Tel.** 01 40 03 75 75
Open 과학 테마파크 화~토요일 10:00~18:00(일요일 ~19:00), 시테 드 라 뮤직 화~토요일 12:00~18:00(일요일 10:00~), 제오드 화~일요일 10:30~20:30
Access M5·T3b Porte de Pantin 역에서 도보 1분 **URL** www.villette.com/fr/parc-villette **Admission Fee** 8~12€(과학관 관람, 아이맥스 영화관, 어린이 체험교실 등 관람 내용과 특별 전시 관람 여부에 따라 차이가 남)

★★

어린이 동반 여행자들이 가야 할 곳

파리 동북쪽에 위치한 35㏊의 부지 위에 지어졌다. 과거 도살장으로 사용되던 부지에 들어선 과학 테마파크로 1986년 처음 문을 열었다. 스위스 건축가 베르나르 추미, 프랑스 건축가 크리스티앙 드 포르장파르크 등의 스타급 건축가들이 참여한 프로젝트답게 과학 산업관, 악기 박물관, 파리국립음악학교, 대형 공연장 제니스 등이 있으며 여름에는 야외 영화제가 열린다. 베르나르 추미가 공원 전체를 유기적으로 연결하기 위해 고안한 '폴리 Folie'라 불리는 빨간 정육면체 오브제와 구불구불한 산책로를 거니는 재미가 쏠쏠하다. 과학 산업관의 볼거리는 일반인에겐 다소 평이하지만 시간대별로 다양한 다큐멘터리 영화를 볼 수 있는 360°스크린의 입체 영화관 제오드는 영화의 감동과 전율을 온몸으로 전달한다.

1 과학과 산업에 관련된 상설 전시뿐 아니라 1년 내내 특별전이 열리는 과학관 **2** 입체 아이맥스 영화관에서 시간대별로 다른 영화를 상영한다. **3** 아이들은 물론 어른에게도 흥미로운 공간이다. **4** 다양한 테마를 선보이는 과학관 내부

시떼 드 라 뮤직 Cité de la Musique 🔊 씨떼 드 라 뮤직

Map P.461-B

Add. 221 Avenue Jean Jaurès
Tel. 01 44 84 44 84
Open 12:00~18:00(일요일 10:00~) **Close** 월요일
Access M5·T3b Porte de Pantin 역에서 Av. Jean Jaurès를 따라 도보 2분
URL www.citedelamusique.fr
Admission Fee 일반 7€, 26세 이하 무료

★★

클래식 마니아들이 놓쳐서는 안 될 장소

1995년에 개관했으며 1000명이 들어갈 수 있는 클래식 공연장과 음악인들의 컨퍼런스, 음악 교육과 관련한 아틀리에, 클래식 전문 음반점, 악기 박물관이 함께 모여 있는 멀티 공간으로 크리스티앙 드 포르장파르크가 설계했다. 특히 약 600평의 넓은 공간에 들어선 음악 박물관 Musée de la Musique은 17세기 오페라의 탄생, 18세기 빛의 음악, 19세기 유러피언 로맨틱, 20세기 역사의 가속성, 전 세계 악기 등 총 5개 부문의 테마로 구성돼 있어 과거와 현재를 넘나드는 전 세계 악기의 변천사를 한눈에 살펴볼 수 있다. 40여 편의 음악 관련 다큐멘터리가 방영돼 일반 여행자들도 흥미롭게 관람할 수 있다.

1 크리스티앙 드 포르장파르크가 설계한 시테 드 라 뮤직 **2** 중세 시대에 사용했던 피아노에 그려진 그림도 하나의 예술 작품이다.
3 감각적인 조명이 인상적인 내부 계단 **4** 공연 프로그램이 적혀 있는 카탈로그

104 104 쌩 까트르

Add. 104 Rue d'Aubervilliers
Tel. 01 53 35 50 00
Open 12:00~19:00(토·일요일 11:00~) **Close** 월요일
Access M7 Riquet 역에서 Rue Riquet를 따라 도보 7분
URL www.104.fr
Admission Fee 무료 *콘서트 전시회 입장료 별도

신진 작가의 문화 발전소

'감성 미디어 아트 공간'을 표방하는 전 세계 아티스트들의 보금자리로 1980년대까지 파리 시에서 운영하는 시립 장의업체가 사용하던 공간이었다. 파리 시의 젊은 예술가 육성계획에 따라 약 1만2000평의 공간이 영화, 음악, 건축, 문학, 철학, 미술 등 각 분야에서 활약하는 전 세계 아티스트들 200여 명의 아틀리에로 변모했다. 이들은 자신의 분야는 물론 장르를 넘나드는 기발한 아이디어와 예술 감각을 마음껏 펼쳐 보이며 예술의 한계를 뛰어넘고 있다. 사이트에 접속(영어 가능)하면 작가와의 만남과 스펙터클 관람, 104 견학과 같은 다채로운 프로그램을 확인할 수 있다. 그밖에 출출할 때 들르면 좋을 피자 차량이나 인더스트리얼 앤티크풍으로 장식된 레스토랑, 아베 신부가 창설한 중고 자선 상점도 놓쳐서는 안 될 장소. 구석구석 탐험하듯 돌아보자.

1 위에서 바라본 104 건물의 지붕 **2** 아치형으로 된 입구 **3** 주말을 맞아 문화 공간을 찾은 파리지앵 **4** 디자이너 세바스티앙 비르느이 만든 초록 의자

베르사유 궁전	400
오베르 쉬르 우아즈	402
말메종 성	403
지베르니	404
샹티이	405
샤르트르 성당	406
퐁텐블로 성	407
슈베르니 성 · 샹보르 성 · 슈농소 성	408
몽생미셸	410
디즈니랜드 파리	411

Beyond Paris

베르사유 궁전
Château de Versailles

M PASS

파리에서 남서쪽으로 20km 정도 떨어진 베르사유 궁전은 루이 14세가 만든 궁전과 정원, 왕정 생활의 지겨움을 없애기 위해 지었다는 그랑 트리아농, 프티 트리아농과 같은 별궁으로 이뤄져 있다. 루이 13세가 주변의 숲과 벌판에서 사냥하기 위해 1623년 4월 8일 베르사유 영지 전체를 매입해 숙소를 지은 것이 시초가 됐다.

젊은 나이에 죽음을 맞이한 루이 13세의 뒤를 이어 루이 14세는 불과 5세의 나이에 왕이 됐으며 1660년 스페인 공주 마리 테레즈와 결혼하면서 궁전 확장에 몰두했다. 건축가 루이 르 보가 두 번의 개축을 진행했다. 이탈리아 바로크 양식을 본떠 프랑수아 도르베가 만든 테라스, 새롭게 투입된 망사르가 완성한 절대 권력의 상징 '거울의 방' 그리고 조경 전문가 앙드레 르 노트르가 설계한 아름다운 정원은 루이 14세의 의도가 반영된 결과다. 1682년 5월 6일 베르사유는 프랑스 왕실의 공식 거처가 됐고 베르사유는 세계 최초의 행정 수도 모델로 제시됐다.

궁전 앞 정문에는 '왕의 정원'으로 불리는 돌바닥 광장과 루이 14세 기마상이 있다. 오디오 가이드를 배부하는 1층 입구를 통해 안으로 들어가면 왕실 예배당을 견학할 수 있다. 예배당 옆의 '헤라클레스의 방'에서는 베르네세의 대형 회화와 르무안이 그린 헤라클레스를 예찬한 천장화가 볼 만하다. 호화스러운 '거울의 방'에는 천장에 루이 14세의 생애를 그린 르 브룅의 작품이 있으며 샹들리에, 촛대, 화병 등은 당시 최고급 제품이었다. 길이가 70m나 되는 이 방에서 정부의 주요 행사들이 개최됐으며, 1919년 제1차 세계대전을 종식시키는 베르사유 조약도 이곳에서 체결됐다.

궁전만큼 인기 있는 정원도 놓치지 말고 꼭 돌아보자. 신화를 모티브로 한 200여 개의 조각상 등 17~18세기에 걸친 거장 조각가들의 작품이 있다. 궁전 뒤편에 라토나 분수, 아폴로 분수, '그랑 카날'이라는 십자형 운하가 있다. 그랑 트리아농은 루이 14세의 휴양지로 1687년에 망사르가 설계했으며 장밋빛 대리석을 사용해 매우 호화롭다. 그랑 트리아농 옆에는 '프랑스의 정원'이라고 불리는 식물원이 있다. 프티 트리아농은 루이 15세가 애첩 맹트농 부인과 밀회를 즐기기 위해 건축했다. 이 건물은 1867년에 나폴레옹 3세의 왕비 외제니가 마리 앙투아네트를 추모하는 미술관으로 그의 유품을 전시한다. 4~10월 동안 매주 일요일에는 정원에서 '분수와 음악의 축제'가 열리고, 여름철에는 불꽃놀이와 조명 쇼도 간간이 펼쳐지니 베르사유 홈페이지를 미리 확인한 후 방문하자.

Open 09:00~17:30(4~10월 ~18:30) *입장 마감 폐관 30분 전 **Close** 월요일, 공휴일, 1/1, 4/5, 5/1, 5/24, 11/1, 12/25 *정원은 문을 연다.
Access
기차 SNCF 베르사유 샹티에Versailles Chantier 역에서 도보 15분, 생 라자르St. Lazare 역에서 베르사유 리브 드와트Versailles Rive Droit 행 종점 하차 후 도보 15분
RER RER C5 베르사유 리브 고슈Versailles Rive Gauche 행 종점에 내려 도보 7분
버스 M9 퐁 드 세브르Pont de Sèvres 역에서 171번 버스(베르사유 플라스 담Versailles Place d'Almes 행) 이용, 파리 시내에서 25분 소요
URL www.chateauversailles.fr
Admission Fee 1일 자유 이용권(궁전+정원 포함) 일반 18€, 궁전 입장권 일반 15€, 왕비의 촌락&그랑/프티 트리아농 10€

오베르 쉬르 우아즈
Auvers sur Oise

파리에서 북서쪽으로 27km 떨어진 작은 마을. 우리에게는 불꽃 같은 생을 살다가 여기에서 권총의 방아쇠를 당겨 스스로 생을 마감한 빈센트 반 고흐의 발자취가 남아 있는 곳으로 유명해 미술 애호가들의 발걸음이 끊이지 않는다. 반 고흐는 그의 후원자였던 폴 가셰 박사가 있는 이 마을로 이주해왔으며 폴 세잔과 샤를 프랑수아 도비니, 카미유 피사로와 같은 예술가들이 고즈넉한 마을에 살면서 예술가들의 흔적이 쌓여갔다. 특히 반 고흐는 1889년 5월 오베르 쉬르 우아즈로 온 이후 하루에 한 편을 넘게 그리며 77편의 작품을 남겼는데 정서적으로 예민함이 극대화된 그의 간질병과 평생 자신을 지원한 동생 테오의 파산 위기에 대한 죄책감 등이 작용해 들판에서 스스로에게 권총을 겨냥했다. 당시 라부네 여인숙의 단칸방에서 생을 마감한 그의 흔적은 작은 박물관으로 남아 관람객을 맞고 있다. 이 작은 마을에는 동생 테오와 나란히 묻힌 고흐의 묘지와 묘지 주변에 있는 〈까마귀가 나는 밀밭〉의 배경이 된 들판, 고흐의 작품 속에 등장한 오베르 교회, 오베르 시청사 등이 옛 모습을 간직한 채 우뚝 서 있다.

Open 3/2~10/30 수~일요일 10:00~18:00(마지막 입장 17:30) **Close** 11월~2월 말, 나머지 기간 월·화요일 **Access** SNCF 북역Gare du Nord 역에서 기차로 퐁투아즈Pontoise 역까지 간 다음 환승하여 오베르 쉬르 우아즈Auvers sur Oise 역 하차 **URL** www.maisondevangogh.fr **Admission Fee** 일반 6€, 만 12~17세 4€

말메종 성 Château de Malmaison

파리에서 서쪽으로 15km 떨어진 말메종 성은 17세기 리슐리외 경의 저택이었다. 조세핀이 사들인 이 성을 나폴레옹은 작고 아담하다는 이유로 경시했다. 결혼 당시 조세핀은 나폴레옹보다 연상이었으며 두 사람은 튈르리 정원과 퐁텐블로 성 등을 오가며 생활했다. 조세핀은 나폴레옹이 언제 자신을 버릴지 모른다는 불안감을 과소비로 해소해 결국 엄청난 빚더미에 앉게 됐다. 심한 낭비벽과 아이를 낳지 못한다는 이유로 결국 버림받은 비운의 황후 조세핀은 말메종 성에 살면서 슬픔을 달랬다. 프레스코화로 장식된 둥근 지붕의 도서관이 아름다우며 조세핀은 이혼 후에 이곳에서 '장미의 정원'을 가꾸며 살았다고 한다. 다비드가 그린 나폴레옹의 우울한 초상화, 의자에 기대고 있는 조세핀을 그린 제라르의 그림이 있으며 조세핀 황후가 숨을 거둔 침대도 있다.

Tel. 01 41 29 05 57 **Open** 10~3월 10:00~12:30, 13:30~17:15(토·일요일 ~17:45), 4~9월 10:00~12:30, 13:30~17:45(토·일요일 ~18:15) **Close** 화요일, 1/1, 12/25
Access RER A 그랑 아크 드 라데팡스 Grande Arche de la Défense 역에서 258번 버스 이용. 르 샤토 Le Château 하차 **URL** www.chateau-malmaison.fr **Admission Fee** 일반 6.50€, 만 18~25세 5€

Beyond Paris

지베르니 Giverny

파리에서 80km 떨어진 지베르니는 아름다운 정원이 있는 모네의 집으로 유명한 작은 마을이다. 빛의 흐름에 따라 사물의 본질을 달리 표현했던 인상파 창시자 모네는 1883년 5월에 이곳으로 이사를 왔다. 처음에는 세를 얻어 살았지만 1887년 뉴욕 전시를 시작으로 잇따른 성공을 거두며 부를 축적한 1890년 11월에 이 집을 사들여 죽기 전까지 살았다. 티켓을 사고 들어가면 기념품 숍이 있는데 이곳은 오랑주리 미술관에 있는 〈수련〉을 그리기 위해 모네가 특별히 지은 최후의 아틀리에로 지금은 모작들이 벽에 걸려 있다. 1897년에 모네가 벽돌로 지은 집은 그가 살던 당시 모습을 고스란히 재현하고 있다. 건물 2층에는 아틀리에 겸 침실이 있고 아래층에는 주방과 식당이 있다. 건물 2층 맨 끝 왼쪽 방이 모네가 최후를 맞은 곳이다. 모네가 살던 집 앞에는 장미와 튤립이 만발한 꽃밭이 있으며 앞쪽으로는 약 2400평에 달하는 '꽃의 정원'이 펼쳐져 있는데 아네모네, 팬지, 장미, 동백 등이 흐드러지게 피어 있다. 센 강변에서 물을 끌어와 만들었다는 '물의 정원'은 '꽃의 정원'에서 지하 터널을 지나면 나온다. 모네의 〈수련〉 연작의 배경이 된 이 연못에는 지금도 수련이 물 위를 장식하고 주변에 다양한 꽃들과 버드나무, 대나무가 있다.

Open 4~10월 09:30~18:00(입장 마감 폐관 30분 전) **Close** 11~3월 **Access** SNCF 생 라자르 Saint Lazare 역에서 루앙Rouen 또는 르 아브르Le Havre 행을 타고 베농Vernon 역 하차(45분 소요), 기차역에서 차로 10분 **URL** www.fondation-monet.fr **Admission Fee** 일반 9.50€, 학생 5.50€

샹티이 Chantilly
파리에서 북쪽으로 40km 떨어진 지점에 있는 샹티이는 16세기의 아름다운 성으로 소중한 미술품이 많다. 국왕 다음으로 막대한 권력을 누렸다는 몽모랑시 원수의 명에 의해 지어진 성과 조화를 이루는 대정원은 베르사유 궁전과 많은 성을 설계한 르노트르가 담당했다. 몽모랑시 원수의 증손자인 콩데 공이 17세기에 재건했다. 19세기 후반 르네상스 양식으로 재건된 성 내부에는 개인 수집가인 오말 공작이 소유한 많은 미술 작품들을 소장한 콩데 미술관이 있는데 앵그르, 들라크루아, 보티첼리 같은 화가들의 작품을 만날 수 있다. 샹티이 성 정문 앞 오른쪽에 있는 대형 축사는 장 오베르가 1719년에 설계한 것으로 당시 100명의 사람들이 240여 필의 말과 함께 살았다고 한다. 지금도 이곳에서는 서러브레드 품종의 말이 사육되고 있으며, 중앙 무대에서는 하루에 세 차례 정도 말 쇼가 열린다.

Tel. 03 44 27 31 80 **Open** 4~10월 10:00~18:00, 11~3월 10:30~17:00 **Close** 화요일(7~8월 제외), 1/5, 1/30 **Access** RER D1 크레이Creil 또는 콩피에뉴Compiègne 행 이용 샹티이 고뷔Chantilly Gouvieux 역 하차(파리 북역에서 30분) 후 도보 22분(택시 요금 8€) **URL** www.chateaudechantilly.com, www.domainedechantilly.com **Admission Fee** 일반 17€, 만 4~7세 10€

Beyond Paris

샤르트르 성당
Cathédrale Notre Dame de Chartres

파리에서 남서부로 90km 떨어져 중세 도시의 모습을 간직하고 있는 역사의 도시 샤르트르에는 유네스코 문화유산으로 지정된 샤르트르 성당이 있다. 이 성당의 정식 명칭은 '노트르담 대성당'으로 오귀스트 로댕은 이곳을 '프랑스의 아크로폴리스'라고 표현했으며 역사 예술가인 에밀은 "샤르트르는 명백하게 중세 정신을 대표한다"고 말한 바 있다. 카롤링거 왕조 시대에 로마네스크 양식의 성당이 건설됐으나 화재로 소실됐다. 1020년 펄페르 주교가 교회의 재건축을 주장하면서 17년이 지난 후에 길이 105m, 폭 34m의 네이브와 두 개의 탑으로 교회가 완성됐다. 이 역시 화재로 대부분 유실되고 농민과 귀족들이 25년에 걸친 재건을 통해 지금의 중심부를 증축했다. 프랑스 고딕 양식의 걸작으로 꼽히는 스테인드글라스가 내뿜는 아름다운 빛은 '샤르트르의 블루'라고 불리며 세계적인 명성을 얻었다. 오묘한 파란빛이 장관을 이루는 스테인드글라스의 내용은 〈아름다운 성모 마리아〉라는 12세기 작품이다. 성당을 중심으로 지어진 중세 도시의 아름다움을 그대로 만끽할 수 있다.

Add. 16 Cloître Notre Dame **Tel.** 02 37 21 59 08 **Open** 08:30~19:30 **Access** 몽파르나스Montparnasse 역에서 샤르트르Chartres, 낭트Nantes, 르망Le Mans, 렌Rennes, 브레스트Brest 행 기차를 이용해 샤르트르Chartres 역 하차(1시간 소요), 1일 10회 이상 운행

퐁텐블로 성 Château Fontainbleau

M PASS

파리에서 남동쪽으로 60km 떨어진 곳에 있는 퐁텐블로 성은 12세기에 지어졌지만 16세기 프랑수아 1세가 이탈리아 원정에서 돌아오면서 데려온 건축가, 화가, 조각가들을 퐁텐블로에 머물게 하면서 개축, 확장을 거듭해 르네상스 양식으로 탈바꿈했다. 이후 나폴레옹 3세가 최후의 왕으로 머문 19세기까지의 예술 작품이 그대로 남아 있다. 성 내부에는 프랑수아 1세의 일대기를 묘사한 프레스코가 있고 프리마틱시오가 설계한 르네상스 시대 무도회장은 앙리 2세 때 완성됐다. 나폴레옹 1세는 특히 이 성을 좋아해 자신이 사용하기 편리하게 다시 보수 작업을 거쳤다. 파사드에 있는 말굽형 계단은 나폴레옹이 엘바 섬으로 유배되기 전에 작별 인사를 했다고 해서 아듀 광장으로도 불린다. 카트린 드 메디시스가 꾸민 디안의 정원에는 사냥의 여신 디아나의 청동 분수가 있으며 슈발 블랑 정원은 나폴레옹 1세가 성으로 가는 주요 입구로 개조했다고 한다. 퐁텐블로에서 10km 떨어진 바르비종은 〈이삭줍기〉, 〈만종〉 등으로 유명한 밀레를 비롯해 루소와 같은 바르비종 화파가 활동했던 마을로 유명하다. 르누아르와 모네 등 인상파 화가들도 이 작은 마을을 자주 방문했는데 모두 소박한 전원생활을 화폭에 담아내기 위해서였다. 2층 구조의 집에서 오전에는 농사일을 하고 오후에는 그림을 그렸던 밀레의 소박한 아틀리에는 지금은 작은 박물관으로 문을 열고 있으며 한국이로 된 밀레 초내선의 포스터도 전시돼 있다. 바르비종파 화가들의 상설 전시를 볼 수 있는 곳으로는 '오베르주간'이 있다.

Add. Place du Général de Gaulle **Tel.** 01 60 71 50 70 **Open** 4~9월 09:30~18:00, 10~3월 09:30~17:00 **Close** 화요일, 1/1, 5/1, 12/25 **Access** SNCF 몽트뢰Montreux 또는 몽타르지 Montargis 행 기차를 이용해 퐁텐블로 아봉Fontainebleau-Avon 역 하차. 퐁텐블로 궁전까지는 A버스로 약 10분, 바르비종으로는 택시로 약 10분 **URL** www.musee-chateau-fontainbleau.fr **Admission Fee** 일반 11€, 만 18~25세 9€

루아르 고성지대 Loire Castles

녹음이 우거진 울창한 숲과 1020km를 자랑하는, 프랑스에서 가장 긴 루아르 강이 있는 루아르 지역은 예부터 '프랑스의 정원'으로 불려왔다. 왕들이 풍부한 사냥감을 쫓아 이곳을 찾았으며 중세 때 창궐했던 전염병을 피할 수 있는 천혜의 환경을 갖춘 곳이었다. 많은 왕들이 이 지역을 중심으로 성을 세운 이유는 백년전쟁 당시 황태자 샤를이 영국군에 무릎을 꿇고 파리에서 시농 지방으로 궁정을 옮기면서 시작됐다. 오를레앙에서 앙제 마을에 있는 지역에 30여 개의 성이 축조돼 왕과 귀족들의 거처로 이용되기 시작했다. 주요 관광지 세 곳을 소개한다.

슈베르니 성 Château Cheverny

1604~1634년에 걸쳐 슈베르니 백작 앙리 유로의 명으로 건축된 성이지만 지금은 그 후손들의 사유 재산이 됐다. 루이 13세 시대 고전 양식으로 지어진 1층에는 17세기 장 모니에가 제작한 돈키호테 장식과 조각 판화가 있는 식당, 2층에는 15~16세기의 투구가 볼 만하다. 17세기의 태피스트리가 진열된 방도 둘러보자. 이 성이 프랑스인들에게 유명해진 이유는 만화 〈탱탱〉에 이곳을 배경으로 삼은 에피소드가 있기 때문이다. 수백 마리의 사냥개 비글에게 밥을 주는 장면(1~3월 월·수·목·금요일 15:00)을 볼 수도 있다.

Open 1~3월 10:00~17:00, 4~9월 09:00~18:30, 10~12월 10:00~17:00 *여름철에는 30분~1시간 연장 **Access** 몽파르나스 Montparnasse 역에서 TGV를 이용해 생 피에르 데 코르Saint Pierre des Corps 역 하차 후 투어버스 이용 **Admission Fee** 일반 10.50€, 만 25세 이하 학생&7~14세 7.50€

샹보르 성 Château Chambord

동종으로 불리는 원탑을 네 귀퉁이에 배치한 좌우대칭 외관이 인상적인 성으로 프랑수아 1세의 명으로 1519년에 건축됐다. 그의 뒤를 이은 앙리 2세가 1539년에 성을 완공하는 동안 1800여 명의 인원이 동원됐으며 왕이 바뀔 때마다 면적이 확대되면서 오늘날에 이르게 됐다. 루이 14세는 440여 개의 방과 13개의 주계단, 365개의 굴뚝, 작은 뾰족탑, 옥외로 통하는 주랑 등 르네상스 시대의 최고 걸작을 만들어냈다. 1층과 왕의 처소를 연결하는 중앙부의 이중 나선 계단은 이탈리아산 대리석으로 만들어졌다. 두 개의 나선 계단을 만든 레오나르도 다 빈치가 이 성의 설계에 참여했다는 추측을 가능하게 만든다. 처음 이 성을 지으라고 명한 프랑수아 1세의 침실에는 "여자는 변하는 법, 어리석은 자만이 여자를 믿는다"는 재미있는 글귀가 쓰여 있다.

Open 11/1~3/25 09:00~17:00, 3/26~10/31 09:00~18:00 **Close** 2월 첫째 주 화요일, 1/1, 12/25 **Access** 몽파르나스Montparnasse 역에서 TGV를 이용해 생 피에르 데 코르Saint Pierre des Corps 역 하차 후 투어버스 이용
URL www.chambord.org
Admission Fee 일반 11€, 학생 9€

슈농소 성
Château Chenonceau

1512년 왕실의 시종 토마 보이에가 중세 정원을 매입해 아내 카트린 브리소네에게 일임하여 보수 공사를 추진한 이래 성은 여인의 역사를 이어간다. 1535년 부모에게 성을 상속받은 보이에는 부모들이 국가에 손해를 입혔다는 이유로 프랑수아 1세에게 성을 빼앗긴다. 1547년 디안 드 푸아티에는 19세 연하인 앙리 2세로부터 이 성을 선물 받아 강 위에 다리를 놓고 정원을 꾸민다. 하지만 왕이 몽고메리 장군과의 기마 시합 도중 창에 눈을 찔리는 사건으로 세상을 떠나자마자 그의 아내 카트린 드 메디시스가 자신의 소유로 만들었다. 19세기 메니에르 가문이 이 성을 매입했으며 다이아나의 방, 프랑수아 1세의 침실 등이 볼거리다. 3층에는 루이즈 드 로렌의 방과 앙리 3세의 '비의 방'이 있다. 센 강 위의 갤러리는 제1차 세계대전 당시 임시 병원으로 사용됐으며, 지하에는 옛 모습이 그대로 보존된 주방이 볼만하다.

Open 1/1~2/21 09:30~17:00, 2/22~3/25 09:30~17:30, 3/26~5/31 09:00~19:00, 6/1~6/30 09:00~19:30, 6/1~8/31 09:00~20:00, 9/1~30 09:00~19:30, 10/1~11/1 09:00~18:0030, 11/2~13 09:00~18:00, 11/14~12/31 09:30~17:00
Access 몽파르나스Montparnasse 역에서 TGV를 이용해 생 피에르 데 코르Saint Pierre des Corps 역 하차 후 지방선 TER 환승, 투르 슈농소Tours-Chenonceaux 역 하차
URL www.chenonceau.com
Admission Fee 성+정원+갤러리 일반 13€, 만 18~27세 학생 10€

몽생미셸 Mont Saint Michel

프랑스 북서쪽 노르망디 연안에서 약 1km 앞바다에 떠 있는 대천사 미카엘의 바위산, 몽생미셸은 1년에 250만 명의 관광객이 드나드는 프랑스 최고의 명승지 중 하나다. 708년 '성 미카엘 천사'가 오베르 주교가 꿈에 세 번이나 나타나 손가락으로 그의 이마를 짚으며 시시이 숲 속에 있는 '몽 통브' 언덕 위에 교회를 지으라고 명한다. 오베르 주교는 베네딕트 수도사 12명에게 수도원을 건설해 달라고 부탁한다. 베네딕트회 수도사들은 1023년 로마네스크 양식의 대성당과 수도원을 건설했으며 13세기에는 고딕 양식의 회랑과 식당을 추가했다. 백년전쟁 당시에는 바다로 둘러싸인 자연 지형을 이용한 요새로 사용됐고 15세기에는 고딕 양식으로 수도원 중앙 부분을 완성했다. 루이 11세 때부터 나폴레옹 3세 시대까지는 감옥으로 이용돼 1만4000여 명이 수감되기도 하면서 몽생미셸은 역사 속에서 다양한 모습으로 기록돼 있다. 수도사들의 생활을 볼 수 있는 수도원 부속 교회는 세 개 층으로 나뉘어 있으며 성직자, 귀족, 평민 등 사회적 지위를 의미하기도 하고 가장 낮은 층은 물질적 욕구를, 중간 층은 학식과 합리적 사고를, 최상층은 신과의 교감을 의미한다. 중세 말에 천상의 예루살렘이 땅 위에 구현된 것이라 믿었던 몽생미셸은 주요 순례지가 됐다. 몽생미셸에서는 플라르 아줌마의 오믈렛이 인기 있다. 많은 여행자들이 한꺼번에 모여들자 빠르고 배부르게 먹을 수 있는 음식을 고안해낸 것이 오믈렛이며 몽생미셸의 염분이 있는 풀을 먹고 자란 양들은 '소금 간이 됐다'는 뜻의 프레 살레Pré Salé라 불리며 몽생미셸 방문 시 반드시 맛봐야 할 음식으로 유명하다.

Open 1/2~4/30 09:30~18:00, 5/2~8/31 09:00~19:00, 9/1~12/31 09:30~18:00 *입장 마감 폐관 1시간 전 **Close** 1/1, 5/1, 12/25 **Access** 몽파르나스Montparnasse 역에서 렌Rennes까지 가서 버스로 갈아타고 가는 방법과 돌 드 브르타뉴Dol de Bretagne를 경유해 버스로 갈아타고 가는 방법이 있다. 왕복 기차 요금은 150유로 정도 든다. **URL** http://mont-saint-michel.monuments-nationaux.fr **Adimission Fee** 일반 9€, 학생 7€

디즈니랜드 파리
Disneyland Paris

'잠자는 숲속의 공주 성'을 배경으로 하는 판타지랜드, 빅토리아 시대를 주제로 한 메인 스트리트, 인디아나 존스 '악마의 성' 전설이 있는 어드벤처랜드, 스페이스 마운틴이 있는 디스커버리랜드, 미국 서부를 주제로 한 프런티어랜드 등으로 구성된 파크가 있다. 디즈니 스튜디오는 영화나 텔레비전 프로그램에 초점을 둔 테마파크다. 영화를 만드는 과정을 설명하는 프로덕션 코트 야드, 에어로스미스의 음악에 따라 움직이는 로큰롤 코스터가 있는 백 랏, 하늘을 나는 카펫이 있는 애니메이션 코트 야드 등 총 4개 구역이 있다. 디즈니 파크와 디즈니 스튜디오는 하나만 갈 수 있으며 둘 다 갈 수 있는 콤비네이션 티켓이 두 곳을 모두 돌아보는 데 경제적이다. 대형 슈퍼마켓 카르푸, 대형서점 푸낙 등에서는 프랑실리앙 Francilien이라는 티켓을 파는데 5일 이전 예매 시 29유로로 살 수 있다.

Access RER A4 마른 라 발레 셰시Marne la Vallée Chessy 역 하차

TIP 파리 근교 투어
(한인 대상, P.481 쿠폰 제공)

루아르 고성 지대와 파리 근교 등 교통편 연결이 힘든 지역을 여행할 때는 파리에서 렌터카를 빌리거나 투어버스를 이용하는 것이 편리하다. 소규모 그룹으로 진행되는 투어는 렌터카나 기차를 타고 가는 것에 비해 편리하고 가격적인 메리트가 있으며 호텔로 픽업해준다. 투어 요금에 식대, 숙박료, 입장료는 포함돼 있지 않다.

뷰티풀 베르사유 베르사유와 지베르니 베르사유 궁전, 지베르니에 위치한 모네의 집을 하루에 돌아보는 코스(2~4인까지 350€)

파리 디자인/식도락 투어+라발레 아웃렛(2~4인 300€)

루아르 고성지대 루아르 지역의 샹보르, 슈농소 성을 하루에 돌아보는 코스(2~4인 600€)

Tel. 06 48 20 43 72
URL france82@gmail.com

BASIC INFO

Outro 1	파리 들어가고 나가기	414
Outro 2	공항에서 시내 이동하기	417
Outro 3	파리 대중교통 이용 노하우	420
Outro 4	파리 여행 A to Z	425
Outro 5	실패하지 않는 숙소 선택 가이드	429
Outro 6	서바이벌 프랑스어 회화	436

Outro

01
Arrival & Departure
파리 들어가고 나가기

파리 들어가기
프랑스와 한국은 비자면제협정에 의해 관광 목적으로 최대 90일까지 체류가 가능하다. 단, 유럽 대부분의 국가들이 가입한 셍겐조약 Schengen Agreement에 의거해 3개월 이상 셍겐조약 국가 내에 체류할 수 없으며, 1년 내에 셍겐조약 국가에서 6개월 이상 체류할 수 없다. 셍겐조약에 가입한 국가에서 89일 체류한 다음 셍겐조약을 맺지 않은 국가에서 89일간 체류해야 셍겐조약을 맺은 국가로 재입국할 수 있다. 입국신고서는 2009년 이후 사라졌으며 입국심사는 그리 까다롭지 않다.

STEP 1 유럽연합(EU) 국가 외의 모든 국민에 해당하는 'Tous les Passports'라고 쓰인 심사대로 가서 심사관에게 여권을 보여준다. 심사관의 요구 시 귀국 항공편과 숙소, 체류 기간과 목적 등에 대한 질문에 답한다.

STEP 2 입국 허가 스탬프를 받은 다음 짐을 찾는 곳에 짐이 도착하지 않으면, 타고 온 비행기 편명이 쓰인 수하물 태그를 들고 'Service des Bagages'로 가서 항공사 직원의 안내를 받는다. 숙소 전화번호와 주소를 남기면 숙소까지 배달해준다.

STEP 3 짐을 찾은 뒤에는 세관검사대를 통과한다. 신고 물품이 없는 사람은 '신고할 것 없음Rien à Declarer'이라는 줄로 나가면 된다.

TIP
공항에서 유용한 프랑스어

Niveau Arrivée	도착층
Niveau Départ	출발층
Aérogare	터미널
Correspondance	환승
Douane	세관
Navette	셔틀버스
Livraison de Bagages	짐 찾는 곳
Voiture de Location	렌터카
Bureau de Change	환전소
Boîte aux Lettres	우체통
Objets Trouvés	분실물 센터
Distribution de Billet	현금인출기

프랑스 입국 시 면세 범위
담배	200개비
커피	500g 또는 커피 원액 200g
차	100g 또는 차 원액 40g
주류	와인 4ℓ, 22도 이상 알코올 1ℓ, 22도 이하 알코올 2ℓ, 맥주 16ℓ
향수	향수 50㎖ 이하 또는 오드투알렛 250㎖ 이하

파리에서 귀국하기

귀국 시에는 공항 이름과 터미널 명을 미리 확인한다. 겨울철에는 폭설로 항공 스케줄이 취소되거나 지연되는 경우가 많으므로 공항 출발 전에 비행 여부를 숙소에서 확인하는 게 현명하다.

STEP 1 예약 확인

항공권 예약 시 예약 컨펌 여부를 확인한다. 동남아와 북유럽의 일부 항공사를 제외하고 예약 컨펌이 필요 없는 곳이 대부분이다. 참고로 한국과 일본, 유럽계 항공사에서는 예약 확인이 필요 없다. 성수기에는 면세 수속을 받으려는 사람이 많으므로 최소 4시간 전에는 공항에 도착하는 것이 좋다.

출발 시간이 적혀 있는 공항 전광판

STEP 2 면세 수속

유럽 여행 중 한 상점에서 구입한 면세품이 175유로 이상일 경우에는 세금 환급Tax Free을 받을 수 있다. 면세 수속은 공항에 도착하자마자 'Comptoir de Détaxe(Douane)' 카운터로 가서 면세 서류와 여권, 비행기표를 보여주고 확인 도장을 받는다. 카드로 환급을 신청했으면 연두색 서류는 본인이 보관하고, 분홍색 서류를 봉투에 넣어 근처 우체통으로 발송하면

세금 환급금을 받으려면 구매한 물건을 보여줘야 한다.

두 달 후에 구입 당시의 신용카드로 해당 금액이 입금된다. 현금으로 환급 신청했다면 트래블렉스Travelex(환전소)에서 3.50유로 정도의 수수료를 제외한 금액을 유로화 혹은 한화로 받는다. 면세 수속을 밟는 관광객이 많아 보통 1시간 이상 걸린다.

공항내 환불 사무소 위치 확인 www.globalblue.com

TIP
귀국할 때 유용한 프랑스어

Enregistrement
탑승 수속

Porte d'embarquement
탑승 게이트

Bagage à Main
부치는 짐

Bagage Cabine
기내수하물

Comptoir de Détaxe
면세 절차 카운터

Contrôle des Passeports
출국심사

한국 입국 시 면세 범위

일반 규정 미화 600달러 이하
향수 2온스
주류 1병(1ℓ 이하의 것으로 해외 취득 가격 400달러 이하. 1ℓ를 초과하는 주류는 전체에서 1ℓ를 공제하지 않고 전체 구입 가격에 대해 과세, 단 19세 미만 미성년자가 반입하는 주류는 제외)
담배 담배 200개비, 엽궐련 50개비, 기타 담배 250g(단 19세 미만의 미성년자가 반입하는 담배는 제외)

파리의 공항은 수하물에 대한 중량 제한이 엄격하다.

Outro

일부 전자항공권은 셀프 체크인이 가능

STEP 3 탑승 수속
공항 카운터에 표시된 편명과 좌석 등급에 맞게 줄을 선다. 여권과 항공권을 제시하고 창가 쪽 Fenêtre, 통로 쪽 Couloir 등 선호하는 좌석을 배정받는다. 인터넷으로 미리 좌석을 지정할 수 있는 항공사도 있다.

STEP 4 출국심사와 탑승
출국심사 카운터에서 여권과 탑승권을 보여주면 간단한 본인 확인 절차를 거치는 것으로 출국심사가 끝난다. 보안검색대를 통과하면 면세점과 간이 레스토랑이 나오고 여기서 간단히 쇼핑한 다음 해당 게이트로 가서 탑승하면 된다.

국내 교통은 기차를 주로 이용한다.

기차를 이용한 출입국
유로 터널 개통으로 영국과 출입국이 가능해진 것은 물론 유럽 주요 도시까지 연결되는 기차를 이용해 파리로 출입국할 수 있다. 셍겐조약을 맺은 유럽의 25개 국가들은 별도의 여권검사를 하지 않는다. 다만 불법 입국을 단속하기 위해 경찰이 국경 근처 기차에 올라타 불심검문을 할 때도 있다. 야간열차를 타고 파리에 들어올 때는 차장이 여권과 유럽의 트래블패스를 받아두었다가 검사를 대신해준다. 유로 스타와 스위스에서 출발하는 기차를 제외하고는 기차 타기 전에 세관검사와 입출국검사를 하지 않는다.

버스를 이용한 출입국
유럽 주요 도시를 통해 파리로 들어갈 때 유로라인 버스를 이용할 수 있다. 대부분 야간에 장거리로 운행하므로 숙박 비용을 절약할 수 있고 타 교통수단에 비해 요금이 저렴한 대신 협소한 공간이 주는 피곤함은 감수해야 한다. 티켓 예약은 파리 시내 예약 사무소나 메트로 3호선 종점과 연결돼 있는 갈리에니 코치 스테이션Gallieni Coach Station (23 Avenue du Général de Gaulle)에서 할 수 있으며 출발과 도착 역시 이곳에서 한다. 그밖에 영국에 갈 때 저렴한 메가버스, 벨기에, 네덜란드로 갈 때 편리하게 이용할 수 있는 아이디 버스와 같은 신생 버스 업체를 이용하면 좀 더 저렴하게 이동할 수 있다.

유로라인 Eurolines www.eurolines.com
메가버스 Megabus www.megabus.com
아이디 버스 ID bus www.idbus.fr

편리하게 이용할 수 있는 무인 티켓 판매기

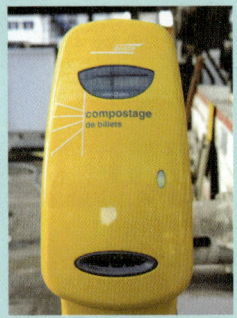
승차하기 전에 반드시 펀칭을 해야 벌금을 내지 않는다.

터미널의 주요 항공사는 비행기에서 내려 모노레일을 타야 한다.

Outro 02

Airport to City
공항에서 시내 이동하기

비행기로 파리에 입국할 때는 세 군데의 공항 중 하나를 이용한다. 한국에서 출발하는 아시아, 유럽계 항공사의 대부분은 샤를드골공항에 내린다. 유럽과 프랑스 국내, 아프리카 일부 국가에서 파리로 들어갈 때는 오를리공항을 이용하며, 저가 항공을 탈 때는 파리에서 90km 떨어진 보베공항에 내린다.

샤를드골공항(루아시공항)
Aéroport de Paris-Charles de Gaulle(Roissy)
파리로 들어갈 때 이용하는 공항 중 규모가 가장 크며 파리 북동쪽으로 약 30km 정도 떨어져 있다. 1974년에 완성된 1터미널은 도넛 모양으로 한 바퀴 돌면 다시 제자리로 돌아오는 구조다. 1982년부터 계속 확장 중인 2터미널은 6개의 윙으로 구성돼 있다. 대한항공과 에어프랑스를 포함한 스카이팀 소속 항공사는 2터미널을, 그 외의 항공사는 1터미널을 주로 이용하며 저가 항공은 3터미널을 이용한다. 터미널 사이와 TGV 역까지는 무료 셔틀버스나 모노레일로 이동할 수 있다. 샤를드골공항에는 환전소, 세관, 우체통, 레스토랑, 슈퍼마켓, 카페, 렌터카 사무소 등이 있다.
Tel. 01 48 62 22 80 **URL** www.adp.fr

에어프랑스 리무진 버스 Les Cars Air France
에어프랑스에서 운영하는 리무진 버스로 짐을 실어주며 냉방이 잘돼 쾌적하다. 포르트 마요Porte Maillot를 경유하는 개선문 행과 리옹 역Gare de Lyon을 경유하는 몽파르나스Gare de Montparnasse 행, 오를리공항Orly으로 직행하는 세 가지 노선이 있다.

요금 리옹 역 경유 몽파르나스행 편도 17.50€, 왕복 30€
오를리공항 행 편도 21€, 왕복 35.50€

에어프랑스 리무진 버스 노선별 상세 정보

노선명	타는 곳	운행시간	소요시간	요금
포르트 마요 경유 개선문 행 (Etoile/Porte Maillot)	1터미널 5층 34번 출구, 2터미널 E/F청사 3번 출구	05:45~23:00 (30분 간격)	50분	편도 17€, 왕복 29€
리옹 역 경유 몽파르나스 행 (Montparnasse/ Gare de Lyon)		07:00~21:00 (30분 간격)	50분	편도 15.50€, 왕복 26€
오를리공항 행 (Orly)		05:55~22:30 (30분 간격)	1시간	편도 18€ 왕복 30.50€

항공사별 샤를드골공항 이용 터미널
1터미널
아시아나항공, 에어차이나, 루프트한자, 전일본공수, 스칸디나비아항공, 타이항공,
2터미널
대한항공(2E), 에어프랑스(2E), 네덜란드항공(2F), 핀에어(2D), 이탈리아항공(2F), 캐세이퍼시픽(2A), 일본항공(2F), 러시아항공(2C)

루아시 버스 Roissy Bus
파리교통공단 RATP가 운영하는 버스로 굴절형 버스라 승차감이 좋지는 않다. 파리 정중앙에 있는 팔레 가르니에까지 직행하는 것은 편리하지만 늘 사람이 많고 냉방이 되지 않는 것이 흠이다. 그래도 소매치기가 많은 RER보다 안전하다.
타는 곳 1터미널 5층 30번 출구, 2터미널 A청사 9번 출구, D청사 11번 출구, E/F 통로 5번 출구
운행시간 06:00~23:00(15~20분 간격)
소요시간 50분 **요금** 11€

교외 전철 RER B
파리 시내와 교외를 연결하는 전철로 공항까지 연결되어 있다. 1터미널, 2터미널 2A와 2B 청사와는 거리가 있으므로 공항 내 셔틀버스를 타고 이동하고 그 외 터미널에서는 '파리 행 열차Paris par train'라는 표시를 따라 걸어간다. RER B선은 파리 중심의 북역, 샤틀레, 생미셸을 관통하며 요금은 파리 시내 어디나 동일하고 지하철로 갈아탈 수 있다. RER은 치안이 별로 좋지 않으므로 이른 새벽이나 늦은 밤에는 가급적 피하는 것이 좋으며 부득이하게 타야 할 상황이라면 공항에서 파리 북역Gare du Nord까지 직행하는 열차를 탄다.
요금 11€
배차시간 04:50~23:50
소요시간 샤를드골공항~북역Gare du Nord 25분, 샤를드골공항~샤틀레Châtelet 28분, 샤를드골공항~덩페르 로슈르Denfert-Rochereau 35분

택시 Taxi
가장 편리하게 숙소까지 갈 수 있는 교통수단. 파리 시내로 들어가려면 파리 택시Taxi Parisien를 타야 한다. 불법 택시 영업을 하는 사람들이 많으므로 주의한다. 2016년 3월 1일부터 샤를드골공항에서 파리 시내까지 가는 택시 요금이 시간과 인원에 상관없이 동일 요금제로 바뀌었다. 파리 중심을 관통하는 센 강을 기준으로 위쪽 지역은 50유로, 아래쪽은 55유로다.

시내까지 가장 편하게 갈 수 있는 교통수단은 택시

오를리공항 Aéroport de Paris-Orly

오를리공항은 파리 남쪽으로 15km 정도 떨어져 있으며 샤를드골공항이 문을 열기 전에는 파리의 주요 공항이었다. 터미널은 남쪽Sud과 서쪽Ouest에 있으며 국제선은 대부분 남쪽 터미널을 이용한다. 공항 내에 모노레일(남쪽 터미널 K 출구, 서쪽 터미널 W 출구)이 다닌다. 남쪽 터미널에서는 2층에서 입국심사를 하고 플로어 중앙 계단을 통해 1층으로 내려가 짐을 찾는다. 짐을 찾으면 바로 옆에 있는 세관을 통과해 출구로 나간다.

에어프랑스 리무진 버스 Les Cars Air France
파리 시내 샹젤리제 거리 근처 에뜨왈광장까지 운행한다.
타는 곳 남쪽 터미널 K 출구 **배차시간** 06:00~23:30(15분 간격)
소요시간 30분 **요금** 편도 12€, 왕복 21€

오를리발 Orlyval
모노레일 오를리발을 타고 앙토니Antony 역에서 RER B선으로 갈아탄다. RER B선은 시내 중심의 뤽상부르 공원, 생 미셸, 샤틀레 등으로 연결된다.
타는 곳 남쪽 터미널 J 출구 **배차시간** 06:00~23:00(4~8분 간격)
소요시간 생 미셸까지 25분 **요금** 9.30€

오를리 버스 Orly Bus
파리 시내의 당페르 로셰르Denfert Rochereau 역으로 가는 버스로 파리 교통국RATP의 굴절 버스다. 이 역에서는 지하철 4·6호선, RER과 연결된다.
타는 곳 남쪽 터미널 H 출구 **배차시간** 06:00~22:30(15~20분 간격)
소요시간 30분 **요금** 7.70€

택시 Taxi
파리로 갈 때는 'Taxis Parisien'이라고 쓰여 있는 택시를 탄다. 2016년 3월 1일부터 오를리공항에서 파리 시내까지 가는 택시 요금이 시간과 인원에 상관없이 동일 요금제로 바뀌었다. 파리 중심을 관통하는 센 강을 기준으로 위쪽 지역은 35유로, 아래쪽은 30유로다.
타는 곳 남쪽 터미널 M 출구
소요시간 30분(시내 중심부까지) **요금** 40€~(낮 요금)

보베공항 Aéroport Beauvais
파리에서 북쪽으로 약 90km 떨어진 국제공항으로 주로 라이언 에어 Ryanair 등 저가 항공사가 이용한다. 시내를 연결하는 셔틀버스(편도 13유로)는 팔레 드 콩그레스Palais de Congrès까지 운행한다. 셔틀버스 하차장에서 지하철 1호선 포르트 마요Porte Maillot역이 가깝다.
URL www.aeroportbeauvais.com

트램
오를리공항 남쪽 터미널 Orly Sud에서 트램 7번을 이용, Villejuif Louis Aragon 역에서 하차한 후 지하철 7호선을 타고 시내로 간다. 1~2구간이므로 파리 비지트나 모빌리스, 1주일/1개월권 이용자는 1회권 티켓으로 지하철역까지 간 다음 티켓을 구매하는 것이 유리하다.
타는 곳 오를리공항 남쪽 터미널 Orly Sud
배차시간
시내 방면 05:34~익일 00:34 / 공항 방면 06:01~익일 00:59
소요시간 30분(오를리공항~빌쥐프 루이 아라곤)
요금 1.80€

오를리공항 내 셔틀버스

오를리공항의 택시 승강장

Outro 03
Transportation
파리 대중교통 이용 노하우

메트로 Metro

여행자에게 가장 효율적인 교통수단은 메트로다. 서울 면적의 7분의 1에 불과한 파리에는 메트로 14개 노선과 교외 전철 RER 5개 노선이 있으며 370여 개의 역이 있어 길을 잃어도 2~3분만 걸으면 메트로 역을 쉽게 찾을 수 있다. 냄새 나는 메트로가 싫을 때는 버스를 타는 것도 좋다. 차창 밖으로 파리의 아름다운 풍광을 감상할 수 있다. 2~3일 정도로 파리 일정이 짧은 여행자라면 시내 관광 명소를 안전하고 편리하게 다닐 수 있는 2층 투어버스를 활용하는 것도 좋다.

파리 여행 시 가장 편리한 교통수단 메트로

TIP 교통 패스를 알면 돈이 굳는다!

종류	요금		이용 범위
아 뤼니테 A l'Unité	1.80€		1회권으로 버스+버스 또는 버스+트램 환승 시 90분간 유효
아 뤼니테 상 코레스퐁던스 A l'Unité Sans Correspondance	2€		버스 운전사가 파는 1회권으로 환승 불가능
카르네 Carnet	14.10€		환승이 가능한 아 뤼니테 티켓의 10장 묶음으로 1매씩 구입하는 것보다 저렴하다.
파리 비지트 Paris Visite	1~3존	1일 11.15€ 2일 18.15€ 3일 24.80€ 5일 35.70€	여행자를 위한 교통 티켓으로 정해진 기간 동안 파리 시내와 교외의 대중교통수단을 자유롭게 이용할 수 있다. 관광 명소와 쇼핑 장소를 다닐 때 다양한 할인 혜택을 받을 수 있는 쿠폰 북이 제공된다.
	1~5존	1일 23.50€ 2일 35.70€ 3일 50.05€ 5일 61.25€	
모빌리스 Mobilis	1~2존 7€, 1~3존 9.30€, 1~4존 11.50€, 1~5존 16.60€		횟수 제한 없이 대중교통을 1일 동안 사용할 수 있는 티켓으로 어린이나 노약자를 동반한 여행자에게 편리하다.
르 티켓 존 위크엔드 Le Ticket Jeunes Weekend	1~3존 3.85€, 1~5존 8.35€, 3~5존 4.90€		26세 미만을 위한 카드로 주말과 공휴일에만 사용이 가능하다. 횟수 제한 없이 대중교통과 파리 근교의 기차 구간까지 탈 수 있다.
르 파스 나비고 데쿠베르트 Le Passe Navigo Découverte	**1주일 쿠폰** 1~5존 21.25€ **1개월 쿠폰** 1~5존 70€		일정 기간 내에 대중교통수단을 무제한 이용할 수 있는 정액권. 지하철역에서 판매하며 정액 요금 외에 카드 비용 5유로가 추가되며 증명사진이 필요하다. 사진은 한국에서 챙겨가면 좋으나 만일 없으면 지하철역의 즉석 사진 코너(4~5유로)에서 찍는다.

TIP
소매치기 주의
관광객이 즐겨 찾는 명소 주변에는 늘 소매치기가 많다. 특히 북역 Gare du Nord, 샤틀레 Châtelet, 조르주 생크 George V 역과 공항 역이 최고로 많다. 여행 가방을 손에서 떨어지지 않게 하고 백팩은 항상 앞으로 메자. 일반적인 소매치기의 수법은 다음과 같다.

· 메트로에서 승하차 시 두세 사람이 한 사람을 둘러싸고 다른 한 명이 말을 걸거나 물건을 떨어뜨리거나 팔이나 다리를 잡고 정신을 파는 사이 다른 사람이 가방이나 주머니에 손을 집어넣는다.
· 차 안이 혼잡할 때 가방이나 주머니에 손을 넣는다.
· 에스컬레이터에서 소매치기가 앞뒤로 서서 앞사람이 일부러 넘어지는 척할 때 뒷사람이 지갑을 훔친다.
· 차 안에서 바닥에 물건을 떨어뜨리고 주워 달라고 하면서 지갑을 훔친다.
· 10대 초반의 아이들 여럿이 지도를 들고 길을 묻거나 사인해달라며 작은 판을 들고 다가와 시야를 가리면서 주머니나 가방을 뒤져 물건을 훔쳐간다.

교외 전철 RER
파리교통공단 RATP와 국철 SNCF로 나눠 운영한다. 가령 샤를드골공항에서 파리 시내로 들어올 때 공항에서 북역까지는 국철 운전사가 운전하고 북역에서는 파리교통공단 쪽 운전사로 교체된다. RER은 총 5개의 노선(A, B, C, D, E)이 있으며 정거장 사이의 이동 거리가 길고 속도가 빠른 것이 장점이다. 단 늦은 저녁에는 강력 범죄가 자주 발생하며 환승역과 거리가 멀어서 짐이 많을 때는 이용하기에 어려움이 있다.

교외 전철의 구역
파리 중심부터 동심원으로 형성돼 거리에 따라 구역이 달라지는데 매표소에서 받는 지도에 표시돼 있다. 파리 시내 구간은 기본 구간인 1~2존이라 별도 요금이 필요 없지만 외곽으로 나갈 때는 목적지에 해당하는 티켓을 사야 한다. 라데팡스는 3존, 베르사유 궁전·라 발레 아웃렛은 4존, 샤를드골공항은 5존이다.

환승 요령과 출구를 나갈 때
노선도에서 환승역을 확인하고 하차해서 환승 Correspondance 표지판을 따라간다. 이때 목적지의 노선 번호와 종착역을 확인하는 것도 잊지 말자. 목적지에 도착해서 내릴 때는 손잡이가 있는 레버를 위쪽으로 올리거나 초록색으로 된 버튼 Appuyez을 누르면 문이 열린다. 메트로 1호선과 14호선은 자동으로 문이 개폐된다.

❶ 티켓을 구입한다.

❷ 목적지 확인 후 티켓 개찰

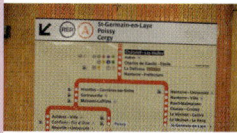
❸ 노선과 방향을 확인한다.

❹ 레버 혹은 버튼을 누른 후 승하차한다.

❺ 환승 시에는 'Correspondance'를 따라 간다.

철도 패스 사용 가능 구간
RER C·D·E선 그리고 B선의 북역에서 북쪽 구간은 국철 관할이므로 유레일 패스나 프랑스 레일 패스 사용이 가능하다. 패스 소지자는 창구 직원에게 패스를 제시하고 통행권을 받는다. 통행권은 패스 소지 시에 유효하다.

승차권 구입
지하철과 마찬가지로 매표소나 자동판매기에서 구입한다. 자동판매기에서 승차권을 살 때는 다음과 같은 순서를 따르면 된다.
❶ 일 드 프랑스Ile de France 티켓을 선택하고 목적지 역명 머리글자 알파벳을 선택한다(메트로의 경우는 1~2존을 선택한다).
❷ 구입할 티켓의 매수를 선택한다.
❸ 요금을 확인하고 돈을 넣는다. 신용카드로 결제할 경우 IC칩이 있는 것만 사용 가능하다.

승하차 요령
개찰구를 지나 표지판에 적힌 대로 노선 번호와 종착역을 확인하고 플랫폼으로 가 승차하고, 내릴 때는 문에 있는 녹색 버튼을 눌러 문을 연다. 메트로와 마찬가지로 승차권은 출구Sortie로 나갈 때까지 반드시 소지해야 한다.

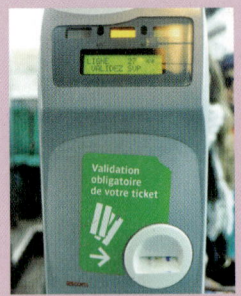
승차 시 확인기에 승차권을 넣는다.

버스 Bus
파리 시내와 변두리Banlieue를 60개 노선이 연결해준다. 지상을 달리기 때문에 아름다운 파리를 감상할 수 있고 냄새 나는 메트로와 달리 쾌적한 편이라 잘만 활용하면 편리하다.
운행시간 06:30~20:30

승차권 구입
지하철, RER과 마찬가지며, 승차 시 운전사에게 티켓을 살 수도 있다(운전사에게서 구입한 티켓은 환승 불가).

승하차 요령
정거장에서 노선도를 보고 자신이 탈 버스의 도착 예정 시간을 확인한다. 현재 정거장의 위치는 'Vous êtes ici'로 표시돼 있으며 노선도에서 붉은색 줄이 표시된 부분으로 버스가 달린다. 두 칸이 연결된 굴절버스는 앞문과 뒷문으로 탈 수 있으며 보통 버스는 앞문으로 승차한다. 나비고는 나비고 전용 개찰기에 대면 '띵' 하는 소리를 내고 1회용 승차권은 펀칭을 해야 한다. 내릴 때는 복도에 있는 기둥의 빨간 버튼을 누르면 다음 역에 정차하겠다는 'Arret Demande'라는 램프의 불이 들어오고 운전사가 정차한다. 굴절 버스는 내릴 때 문 앞에 있는 초록색 버튼을 눌러야 문이 열린다.

버스정류장에 있는 휴대전화 충전기는 선만 있으면 충전 가능하다.

TIP
북역Gare du Nord, 동역 Gare de l'Est과 같은 주요 기차역에서 한국인을 상대로 티켓을 대신 사주겠다고 하고 돈을 가로채는 사기꾼이 극성이다. 티켓은 반드시 매표소 또는 자동발매기를 통해 직접 구입한다.

우버Uber 이용하기
야간에 택시 잡기 힘든 파리에서 우버를 이용하면 편리하다. 이용 방법은 우버 앱을 설치한 다음 로그인 후 메뉴를 눌러 결제할 신용카드를 등록하면 이용 후 등록된 신용카드에서 자동으로 요금이 지불된다. 차 안에서 기사와 승객 간의 거래가 없어 굳이 말이 필요 없으며 대략의 요금은 우버 요청 시 알 수 있다.

파리 시내 주요 버스 노선

24번	생 라자르 역 ⋯ 콩코르드 광장 ⋯ 퐁네프 다리 ⋯ 생제르맹데프레 ⋯ 오스테를리츠 역 ⋯ 베르시
27번	뤽상부르 공원 ⋯ 생 미셸 역 ⋯ 샤틀레 ⋯ 퐁네프 ⋯ 팔레 가르니에
52번	팔레 가르니에 ⋯ 마들렌 ⋯ 콩코르드 광장
63번	트로카데로(에펠탑) ⋯ 알마(바토 무슈) ⋯ 앵발리드 ⋯ 생제르맹데프레 ⋯ 오스테를리츠 역
72번	에펠탑 ⋯ 알마 다리(바토 무슈) ⋯ 그랑 팔레 ⋯ 콩코르드 광장 ⋯ 튈르리 정원 ⋯ 루브르 박물관 ⋯ 퐁네프 다리 ⋯ 파리 시청
73번	오르세 미술관 ⋯ 콩코르드 광장 ⋯ 샹젤리제 거리 ⋯ 개선문 ⋯ 라데팡스
96번	몽파르나스 역 ⋯ 생 미셸 ⋯ 시테 섬 ⋯ 시청사 ⋯ 보주 광장

심야버스는 N 뒤에 번호가 붙는다.

심야버스 녹틸리앵 Noctilien

메트로와 버스 운행이 끝나는 01:00~05:30 사이에 운행하는 심야버스로 파리의 나이트라이프를 즐기는 사람들에게 편리하다. 파리와 외곽을 연결하는 45개 노선이 있으며 평일에는 1시간 간격, 주말에는 30분 간격으로 운행한다. 파리 중심의 샤틀레Châtelet 역에서 출발한다.

트램 Tramway

트램을 줄여 'T'로 표시하며 메트로나 버스와 동일한 티켓을 사용한다. T1~T8까지 파리와 외곽 지역을 연결하는 8개의 노선이 있다. 퐁 튀 가리글리아노Pont du Garigliano~포르트 디브리Porte d'Ivry를 연결하는 T3를 제외하고는 파리 외곽 지역에서는 거의 활용할 일이 없다. 파리의 대형 박람회장인 포르트 드 베르사유Porte de Versailles나 방브 벼룩시장Porte de Vanves에 갈 때 유용하게 이용할 수 있다.

택시 Taxis

파리에는 2만 5000여 대의 택시가 다닌다. 길에서 택시를 잡기 쉽지 않아 택시 정거장을 찾거나 숙소나 레스토랑에서 택시를 불러달라고 하는 게 좋다. 자신의 정확한 위치를 알 때는 콜택시 회사에 전화하면 대부분의 택시 회사는 영어로 소통할 수 있는 직원이 있다.

지붕에 붙어 있는 'Taxi parisien'에 불이 켜져 있으면 '빈차'라는 표시다. 택시등이 꺼져 있고 그 아래 3개의 작은 램프 가운데 하나가 켜져 있으면 승차 중이다. 램프는 A, B, C로 분류돼 시간대와 주행 거리에 따른 요금의 등급을 나타낸다. 주의할 점은 택시요금이 7유로 이하로 나올 경우에 무조건 7유로를 지불해야 하는 최저 승차 요금제가 있으므로 택시 기사와 실랑이를 벌이는 일이 없도록 한다.

기본료 3.83€
거리당 요금
A요금 (파리 시내 평일 07:00~19:00) 1.06€/km
B요금 (파리 시내 평일 19:00~07:00) 1.29€/km
일요일/국경일(파리 교외 07:00~19:00) 1.56€/km

TIP
택시 이용법

길에서 택시를 잡기가 쉽지 않으므로 아래 방법을 이용한다.
1. 길에서 기다리지 말고 자신이 서 있는 가까운 곳에 택시 승강장 Station de Taxi으로 간다.
2. 호텔에서 밖으로 나설 때는 리셉션이나 도어맨에게 택시를 불러달라고 하고 레스토랑에서 식사를 마치고 나오면서 택시를 요청한다.
홈페이지 www.taxis-paris.fr

파리의 콜택시 회사
Taxis G7
Tel. 01 47 39 47 39

Taxis Bleus
Tel. 01 49 36 10 10

Alpha Taxis
Tel. 01 45 85 85 85

C요금 (파리 교외 19:00~07:00, 그 외 지역) 1.56€/km
추가 요금 기차역 픽업 0.90€, 4인 탑승 시 3€, 5kg 이상 짐 개당 1€, 5명 이상 탈 때 1인당 4€, 택시를 즉시 부를 때 4€, 택시를 예약할 때 7€

투어버스 Tourbus
시내 주요 명소를 콕콕 짚어 다니는 투어버스는 소매치기의 위험이 적고 지리에 익숙하지 않아 길에서 시간을 낭비할 일이 없어 짧은 시간 내에 많은 곳을 둘러보기에 좋다. 파리의 대표적인 이층버스 투어 회사는 파리교통국에서 운영하는 오픈 투어L'Open Tour와 빨간색 이층버스 레 카 루즈Les Cars Rouges다. 티켓은 버스에 올라타 기사에게 직접 살 수 있으며 명소를 돌아보고 같은 자리에서 다음 버스를 기다렸다가 타면 된다. 가격 면에서 레 카 루즈가 약간 저렴한 반면 오픈 투어버스는 4개 노선을 운영해 파리 구석구석을 볼 수 있는 것이 장점이다.

종류 오픈 투어 L'Open Tour
운행 시간 09:30~19:00(노선과 계절에 따라 10~30분 간격)
요금 일반 1일권 33€, 2일권 37€, 어린이 1~3일권 17€
홈페이지 www.ratp.info/touristes

종류 빅 버스 투어 Big Bus Tour
운행 시간 09:30~18:00(노선과 계절에 따라 10~20분)
요금 일반 1일권 33€, 2일권 37€ *인터넷 구매 시 10% 할인
홈페이지 www.carsrouges.com

자전거 Vélib
2007년 7월부터 운영하고 있는 파리 시의 무인 자전거 대여 서비스 제도로 파리지앵뿐 아니라 여행자들도 쉽게 이용할 수 있다. '자전거 Vélo와 자유Liberté'의 합성어로 2005년부터 이 제도를 시행한 리옹 시의 성공 사례를 바탕으로 파리에서 새롭게 시작해 시민들의 큰 호응을 얻고 있다. 2009년 기준으로 파리 시내 대여소는 1800여 곳이며 2만6000여 대의 자전거가 있다. 30분 이내의 사용은 무료이며 1년 정액 이용료는 29유로, 1일 이용료는 1.70유로, 1주일 이용료는 8유로이다. 관광객들도 이용 가능하지만 신용카드가 있어야 하며 자전거 대여 시 150유로의 보증금을 내야 한다.

홈페이지 www.velib.paris

무공해 교통수단인 자전거

택시는 가까운 정거장에서 타야한다.

투어버스는 가족들이나 시간이 없는 여행자에게 인기있다.

TIP
파리 박물관 패스
Paris Museum Pass
파리와 근교에 위치한 60개의 박물관에 입장할 수 있는 패스로, 티켓 소지자는 정해진 기간에 지정된 장소를 마음껏 드나들 수 있다. 무엇보다 박물관 앞에서 줄을 서지 않고 바로 들어갈 수 있는 혜택이 매력적이다.
요금 2일권 48€, 4일권 62€, 6일권 74€
박물관 패스 이용 관련 정보
www.parismuseumpass.com
박물관 패스 이용 시 절약의 예
6일간 방문한 곳 개선문+퐁피두 센터+케브랑리 박물관+루브르 박물관+노트르담 대성당 탑+오르세 미술관+팡테옹+로댕 미술관+생샤펠 성당+베르사유 궁전 이용 시 총 금액 118.50€(6일권 패스 구입 시 44.50€ 절약)

Outro

04

Paris Travel A to Z
파리 여행 A to Z

프랑스 기초 정보

국명 프랑스의 정식 국가 명칭은 프랑스 공화국République Française

국가 1792년에 르제 드 리르가 쓴 의용군의 노래인 '라 마르세예즈 La Marseillaise'

국기 '자유, 평등, 박애'를 의미하는 파랑, 하양, 빨강의 3색기를 사용하며 1789년에 제정됐다.

면적 약 55만㎢

인구 약 6200만 명

수도 파리Paris

대통령 프랑수아 올랑드François Hollande

종교 가톨릭 약 80%, 이슬람 10%, 기타 종교 10%

언어 공용어는 프랑스어

기후 해양성기후로 사계절이 있으나 여름과 겨울이 두드러진다. 장마가 없고 건조할 뿐 아니라 해가 길어 여름에는 22:00까지도 해가 지지 않는 반면 11~3월에 해당하는 늦가을과 겨울에는 거의 매일 부슬부슬 비가 내린다.

시차 한국보다 8시간 느리다. 가령 한국이 정오면 프랑스는 오전 4시다. 단, 3월 마지막 일요일부터 10월 마지막 일요일까지는 서머타임이 실시돼 한국과의 시차는 7시간이 된다.

업무 시간

은행 09:00~17:00(월~금요일 혹은 화~토요일 업무. 일요일·공휴일 휴무)

우체국 08:00~20:00(토요일은 09:00~13:00, 일요일·공휴일 휴무)

상점 10:00~19:00경

백화점 09:30~19:00 *프렝탕 백화점은 목요일 22:00까지, 라파예트 백화점은 21:00까지

레스토랑 12:00~14:30, 19:00~23:00경

카페 08:00~24:00경

관광 명소 10:00~17:00경(루브르 박물관은 09:00부터)

전압과 플러그 전압은 220V, 주파수는 50Hz, 한국의 전자제품을 그대로 사용할 수 있다.

뾰족하게 튀어나온 부분이 있는 콘센트

멀티 어댑터를 챙기는 것이 편리하다.

지불 수단

현금 Espèce

프랑스 여행 시 가장 편리한 지불 수단이지만 분실하거나 도난당하면 보상받을 수 없다. 한국인이 현금을 많이 소지한다는 소문 때문에 최근에는 소매치기의 타깃이 되고 있으니 많은 현금을 소지하는 일은 피하자. 안전한 직불카드나 신용카드를 활용하고 5일 정도의 생활비 정도만 소지하는 것이 좋다.

유로화의 종류

 1센트

 2센트

5유로

 5센트

10유로

 10센트

20유로

 20센트

50유로

 50센트

100유로

 1유로

200유로

 2유로

500유로

Outro

신용카드 Carte de Crédit /Carte Bancaire
호텔과 주요 교통수단의 예약이나 파리의 친환경 자전거 대여 시스템 벨리브Vélib를 이용할 때 필요한 지불 수단이다. 프랑스에서 통용되는 신용카드는 비자, 마스터, 아메리칸 익스프레스 등이 있으며 이들 카드를 사용할 수 있다는 표시가 가맹점 앞에 스티커로 붙어 있다. 우리나라 카드로 현금을 인출하려면 Cirrus, Plus, Maestro 등이 적힌 ATM 기계가 설치된 우체국이나 은행을 찾으면 된다.

여행자수표 Chèque de Voyage
주로 대형 상점이나 백화점에서 통용된다. 은행이나 호텔의 커미션이 아주 큰 차이가 나지 않을 경우에는 없는 시간을 쪼개 여기저기 발품 팔면서 다닐 필요는 없다. 아무래도 현금이나 신용카드보다 불편한 반면 분실 시 재발급받을 수 있다는 장점이 있다. 분실에 대비해 여행자수표 번호와 한국에서 여행자수표 발행 시 제공하는 환전 영수증 등을 따로 보관하는 게 좋다.

전화

파리에서 전화하기
대부분 카드식이며 공항과 기차역에는 동전 전화기도 있다. 파리 내에서는 지역번호 01을 먼저 누르고(휴대전화는 07) 나머지 8자리 번호를 차례로 누르면 된다.

파리에서 한국으로 전화하기
먼저 국제전화 인식번호 00을 누른 다음 한국 국가번호 82를 누르고 지역번호나 휴대전화 번호에서 0을 제외하고 누르면 된다.

현지에서 휴대전화 구입하기
프랑스에서 출장이나 장기 여행으로 휴대전화가 필요할 경우에는 충전식 휴대전화를 구입하는 것이 가장 경제적이다. 전화기는 30유로선에서 구입이 가능하며 충전식 카드는 이용 시간에 따라 5~100유로까지 살 수 있다. 휴대전화 구입은 시내에 있는 프랑스 통신회사 오랑주Orange, 에스에프알SFR, 브이그 텔레콤Bouygues Telecom 대리점에서 가능하며 충전식 카드는 담배 가게나 대형 서점, 슈퍼마켓에서 살 수 있다.

인터넷
한국처럼 PC방이 많지 않아 불편하지만 호텔이나 민박 등의 숙소에서는 인터넷을 사용할 수 있다. 일부 카페나 맥도날드, 레스토랑, 도서관, 공원 등에서 무선 인터넷 사용이 가능하다. 파리의 대표적인 인터넷 카페로는 팡테옹 근처와 퐁피두센터 근처, 오페라 근처에 있는 밀크Milk가 있다. 샤를드골공항 등 프랑스 주요 공항에서는 15분간 무료 인터넷 사용이 가능하므로 도착 후 문자메시지로 안부를 전할 수 있으며 전화 또는 인터넷이 가능한 심 카드는 공항 인포메이션이나 잡지 가게에서 살 수 있다.

TIP
환전 요령
우리나라 은행에서 환전 시 500유로나 200유로 등 고액권을 환전해 오는 경우가 많은데, 대형 백화점과 고급 호텔을 제외하고 레스토랑이나 상점에서는 이를 받지 않는 곳이 대부분이다. 따라서 고액권보다는 소액권 위주로 환전해 가자.

신용카드 지불 시 달러? 또는 유로?
해외에서 신용카드를 사용할 때에는 해당 국가 통화로 결제하는 것이 가장 좋다. 즉 프랑스에서 결제할 때에는 유로화로 해야지, 달러로 결제하면 손해보게 된다는 것을 잊지 말자.

ATM 기계에는 사용 가능한 신용카드 목록이 적혀 있다.

인터넷 카페 밀크

세금과 팁
파리에서 구매하는 모든 물건에는 소비세 19.6%가 붙는다. 레스토랑은 2009년 이후 5.5% 정도의 서비스 요금을 부가하고 있다. 프랑스에서는 소비세 이외에 팁을 무조건 줄 필요는 없다.
레스토랑&카페 거스름돈을 남기는 정도
호텔 벨보이&룸서비스 1회당 1~2유로 **택시** 약간의 거스름돈

화장실
상점이나 백화점, 레스토랑 등에도 화장실이 있다. 거리의 무인 화장실은 '비어 있음Libre'이라고 적힌 녹색 버튼을 누르고 사용한다.

긴급 상황
도난과 분실
여권 도난 또는 분실 시에는 가까운 경찰서로 가서 분실 혹은 도난신고증명서를 받아 프랑스 주재 한국대사관에서 재발급 절차를 밟는다. 신용카드 분실 시에는 카드 회사에 연락해서 카드를 정지시킨다. 이때 부정 사용 여부와 이에 대한 보험 처리가 되는지 확인한다. 그밖에 카메라 혹은 귀중품 도난이나 분실 시에는 가까운 경찰서에서 '분실 혹은 도난 신고증명서Police Report'를 받고 귀국 후 보험회사에 제출한다. 파리와 근교의 경찰서 중에는 외국인을 위해 범죄 피해 신고서(한국어)를 갖추고 있다. 한국어 양식을 보면서 요청해보고 의사소통이 전혀 안 될 때는 주불 대한민국 대사관이나 영사콜센터에 도움을 청한다.

사고를 당하거나 일으켰을 때
사고 발생 즉시 경찰에 신고하고 인사 사고가 발생했을 때는 구급차도 함께 부른다. 자동차 사고가 났을 때는 프랑스어가 익숙하지 않으므로 보험회사에 먼저 연락할 것. 보험회사에서 받은 합의 조서 Constat Aimable를 그 자리에서 작성한다.

질병에 걸렸을 때
비교적 가벼운 증상일 경우에는 약국을 찾으면 되지만 증상이 심할 경우에는 병원을 찾는 것이 좋은데 예약이 안 돼 있을 경우 응급실 Urgence을 통해서 가면 된다. 일반 의사를 찾을 경우 메디신 제네랄Medicine Générale이라고 하며 진료비는 22유로 정도다. 프랑스는 입원 시 1일 입원 요금이 1000유로 이상이므로 반드시 보험에 들 것을 권하며 여행보험 가입자라면 진단서와 진료비 영수증을 받은 다음 귀국 후에 보험사에 보험금을 신청한다.

통합 영사 서비스
해외에서 긴급 상황이 발생했을 때 연중무휴 24시간 연락 가능한 영사콜센터를 이용한다. 전화를 걸 때는 현지의 국제전화 코드를 누르고 국가 번호 없이 바로 800-2100-0404를 누른다. 요금은 무료. 신속해외송금제도도 유용한데 급하게 돈이 필요할 시 한국에 있는 가족이 현금을 콜센터 계좌에 입금한 것이 확인되는 즉시 현지 재외 공관이 미화 3000달러 상당의 긴급 경비를 지원해준다.

금연
프랑스에서는 패쇄된 공간, 지붕 덮인 관광명소와 대중교통 내부, 어린이 놀이터에서는 흡연 금지. 지 않는 곳이 대부분이다. 따라서 고액권보다는 소액권 위주로 환전해 가자.

파리 관광안내소에서 무료로 받을 수 있는 한글 지도

유실물 센터
버스나 메트로에서 분실한 경우에는 가까운 티켓 판매소에 가서 이야기하고 공공장소에서 분실했을 때는 15구에 있는 유실물 센터에 연락한다. 다만 유실물 센터에 갈 때는 반드시 여권을 지참한다.

오브제 트루베 Objets Trouvés
Add. 36 Rue des Morillons
Tel. 08 21 00 25 25
Access M Convention
Open 월~목요일 08:30~17:00
금요일 08:30~16:30

지하철역 유실물 센터는 아래와 같다.
리옹 역 **Tel.** 01 53 33 67 22
몽파르나스 역 **Tel.** 01 40 48 14 24
생 라자르 역 **Tel.** 01 53 42 05 57
동역 **Tel.** 01 53 42 05 57
오스테를리츠 역
Tel. 01 53 60 71 98
북역 **Tel.** 01 55 31 58 40

Outro

알아두면 유용한 연락처
유럽 응급 112, SAMU(응급 의료 지원 서비스, 구급차) 15, 경찰서 17, 소방서 18

긴급 상황

24시간 문 여는 경찰서	루브르 지구	Tel. 01 47 03 60 00	Add. 45 Place du Marché Saint Honoré
	상젤리제 지구	Tel. 01 53 76 60 00	Add. 1 Avenue Général Eisenhower
24시간 문 여는 병원	Hotel Dieu	Tel. 01 42 34 82 34	Add. 1 Place du Parvis Notre Dame
24시간 문 여는 약국		Tel. 01 45 62 02 41	Add. 84 Avenue des Champs Elysées
American-Canadian Dentist		Tel. 01 47 64 31 72	Add. 10 Rue Margueritte
어린이(응급상황) Hopital Necker		Tel. 01 44 49 40 00	Add. 149 Rue de Sèvres
박선영(한국인 의사)		Tel. 01 44 74 83 75	Add. 36-44 Rue de Wattigries
박숙희(한국인 통역사)		Tel. 06 26 91 52 95	
신보영 한의사		Tel. 01 42 40 26 79	Add. 31 Rue Robert de Flers
24시간 문 여는 인터넷 카페	Milk	Tel. 08 20 00 10 00	Add. 28 Rue du Quatre Septembre

금융기관

트레블렉스	Tel. 01 47 20 25 14	Add. 125 Avenue des Champ Elysées
아메리칸 익스프레스	Tel. 01 47 77 70 00	Add. 11 Rue Scribe
외환은행	Tel. 01 53 67 12 00	Add. 17-19 Avenue Montaigne

해외 공관과 종교기관

한국대사관 p. 457-D	Tel. 01 47 53 01 01	Add. 125 Rue de Grenelle
퐁네프 장로교회	Tel. 01 53 81 05 41	Add. 7 Rue Auguste Vacquerie
삼일장로교회	Tel. 01 47 78 84 27	Add. 117 Rue du Château, Boulogne
천주교 파리한인교회	Tel. 01 43 20 37 94	Add. 15 Rue Boissonnade

한국인 업소(식당, 슈퍼마켓)

봉(15구)	Tel. 01 47 34 73 62	Add. 42 Rue Blomet
사모(앵발리드 근처)	Tel. 01 47 05 91 27	Add. 1 Rue du Champs de Mars
송산(15구)	Tel. 01 45 32 40 70	Add. 20 Rue Marmontel
우정(에펠탑 근처)	Tel. 01 45 20 72 82	Add. 8 Boulerarel Delessert
순(상젤리제 근처)	Tel. 01 42 25 04 72	Add. 20 Rue Jean Mermoz
오도리(에펠탑 근처)	Tel. 01 45 77 88 12	Add. 18 Rue Letellier
삼부자 (오페라와 몽마르트르 사이)	Tel. 01 53 21 07 89	Add. 65 Rue de Faubourg Montmartre
항아리(오페라 근처)	Tel. 01 44 50 44 50	Add. 7 Rue de Louvois
한림(몽주 약국 근처)	Tel. 01 43 54 62 74	Add. 6 Rue Blainville
에이스 마트	Tel. 01 42 97 56 80	Add. 63 Rue Sainte Anne
케이 마트	Tel. 01 58 62 49 09	Add. 8 Rue Sainte Anne

주요 항공사

아시아나항공		Tel. 01 53 43 33 91	Add. 122 Av.des Champs-Elysées
대한항공	예약 문의	Tel. 00800 0656 2001	
에어프랑스 오페라 사무소		Tel. 08 20 82 08 20	
한불 여행사		Tel. 01 43 12 37 47	Add. 17 Rue Godot de Mauroy

해외 배송

DHL	Tel. 08 20 20 25 25	
Fedex	Tel. 08 00 01 23 80 00	
24시간 문 여는 우체국	Tel. 01 40 28 20 20	Add. 52 Rue du Louvre

Outro
05
Secret Staying
실패하지 않는 숙소 선택 가이드

숙소 예약 노하우
각 호텔의 홈페이지를 통해 직접 예약하거나 대행사를 통하는 방법이 있다. 보통 대행사에서 예약하는 편이 더 싸다. 파리의 호텔은 동남아나 한국에 비해 방 크기나 편의시설 면에서 기대 이하인 곳이 많다. 무조건 싼 숙소를 고집히는 것보다 안전한 곳인지 확인하는 것이 더 중요하다. 숙소 예약 사이트들이 내거는 70% 세일 등의 문구에도 조심해야 한다. 개중에는 싸고 훌륭한 숙소도 있지만 간혹 위치나 시설 면에서 기대치에 미치지 못하는 곳도 있다.

파리의 호텔 등급
프랑스관광청이 정한 기준에 의해 별 0개에서 5개 등급으로 나뉜다. 시설 면에서 별 0~2개는 한국의 여관 급이며 신혼부부나 출장자는 별 3~5개의 호텔을 주로 이용한다. 프랑스의 중저가 호텔은 오래된 건물을 사용하는 경우가 많다. 프랑스의 아코르 그룹 계열의 체인형 호텔 올 시즌스All Seasons(별 2개), 이비스Ibis(별 2개), 노보텔Novotel(별 3개), 풀만Pullman(별 4개), 메르큐르Mercure(별 3개)를 추천한다.

호텔 에티켓
일행과 함께 호텔 룸에서 술을 마시거나 고성방가로 주변의 눈살을 찌푸리게 하는 행위, 헤어 드라이어나 수건 등 호텔 비품을 가져가는 행위도 삼가자. 뷔페로 제공되는 아침식사 시 점심용으로 도시락을 싼다거나 배수구가 따로 없는 욕실에서 샤워를 하면서 물이 욕조 바깥에 흐르게 하는 행위도 조심해야 한다. 투숙 인원을 속이거나 숙소에서 빨래하는 행동도 금물이다. 보통 팁은 베개 밑에 1유로 정도 놔두면 된다.

추천 숙소 예약 웹사이트
파리 호텔 예약
부킹닷컴 www.booking.com
호텔스닷컴 www.hotels.com
아고다닷컴 www.agoda.com

파리 아파트먼트 예약
www.airbnb.fr/paris
www.housetrip.fr

파리 현지 민박 예약
www.hotesqualiteparis.fr

파리 한인 민박 예약
www.minbakdanawa.com

Outro

100유로 이하
이코노미 숙소

로뎀의 집 호스텔 (지도 밖)
Area 파리 남쪽
Add. 25bis Rue Jean Lurcat, 94800 Villejuif
Tel. 01 45 21 12 24, 06 37 81 49 57
Access M7 Villejuif Louis Aragon
URL www.rothem82.com
Price 도미토리 30€, 2인실 70~75€

베스트셀러 여행 작가와 전 항공사 승무원이 운영하는 합법적으로 운영되는 숙소. 도미토리는 최대 4인까지 머물 수 있으며, 타 민박에 비해 1인당 면적이 넓고 쾌적하다. TV 프로그램 〈꽃보다 할배〉 유럽 촬영할 때 제작진이 머물기도 했으며, 중국판 〈꽃보다 할배〉에는 촬영 장소로 등장했다. 루브르 박물관에서 메트로로 17분, 몽주약국에서 메트로로 12분 소요.

BVJ 루브르 BVJ Louvre (P.451-G)
Area 루브르
Add. 20 Rue Jean Jacques Rousseau
Tel. 01 53 00 90 90
Access M1·7 Palais Royal, M1 Louvre Rivoli URL www.bvjhoTel.com
Price 도미토리 30€, 더블 70€

파리 최초의 유스호스텔로 루브르와 튈르리 정원 사이에 있다. 24시간 문을 열며 그동안 이곳을 거쳐간 젊은이의 숫자만도 200만 명이 넘을 정도로 유명하다. 7개 국어가 통하는 리셉션이 있으며 도미토리와 더블 룸이 있다.

웁스 호스텔 Oops! Hostel (지도 밖)
Area 플라스 이탈리
Add. 50 Avenue des Gobelins
Tel. 01 47 07 47 00
Access M7 Les Gobelins
URL www.oops-paris.com
Price 도미토리 27€, 더블 70€

2007년에 문을 연 호스텔로 분위기는 웬만한 호텔보다 쾌적하다. 데커레이션 디자이너 다니엘라 밀라가 디자인한 모던한 분위기의 인테리어가 감각적인 호텔에 온 듯한 느낌을 주며 분위기 또한 자유롭다.

이비스 파리 베르시 빌라주
IBIS Paris Bercy Village (P.460-B)
Area 베르시 Add. 19 Place des Vins de France Tel. 01 49 28 06 06
Access M14 Cour Saint Emilion
URL www.accorhotels.com Price 72€

파리의 새로운 명소로 떠오른 베르시 지구에 있는 체인형 호텔. 195개의 방이 있으며 비즈니스급 호텔로 쾌적하다. 주변 베르시 빌라주에 쇼핑 스폿과 레스토랑이 있고 베르시 공원을 산책 삼아 걸을 수 있다.

팀 호텔 루브르 Tim Hotel Louvre (P.451-G)
Area 루브르 Add. 4 Rue Croix des Petits Champs Tel. 01 42 60 34 86
Access M1 Louvre Rivoli, M7 Palais Royal Musée du Louvre URL www.timhoTel.com
Price 싱글 89€~, 더블 107€~

루브르 박물관 근처에 있어 주변 관광 명소와 접근성이 훌륭하고 가격도 착하다. 시설은 무난한 2성급 호텔로 방 크기가 대체로 작다.

호텔 잔 다르크 Hotel Jeanne d'Arc (P.453-G)
Area 마레 Add. 3 Rue de Jarente
Tel. 01 48 87 62 11 Access M1 Saint Paul
URL www.hoteljeannedarc.com
Price 싱글 92€~, 더블/트윈 99€~

예쁜 가게들이 많고 감각적인 디자이너들의 상점들이 늘어서 여성들의 발걸음을 사로잡는 마레의 심장부에 있다. 최근 레노베이션을 마쳐 컬러풀한 분위기로 새롭게 태어난 곳이다.

셋티엠 아트 Hotel 7ème art (P.453-G)
Area 마레/시테 Add. 20 Rue Saint Paul
Tel. 01 44 54 85 00
Access M1 Saint Paul, M7 Pont Marie
URL www.paris-hotel-7art.com
Price 싱글 85€, 더블/트윈 140€~

호텔 이름에서 알 수 있듯이 영화를 주제로 꾸몄

다. 소박한 분위기의 합리적인 가격으로 23개의 작은 방이 있으며 운동 시설도 이용 가능하다.

쇼팽 Hotel Chopin (P.451-C)
Area 오페라 Add. 10 Boulevard Montmartre Tel. 01 47 70 58 10
Access M3·8 Richlieu Drouot
URL www.hotelchopin.fr
Price 싱글/더블 106€~
오페라에서 도보 13분 거리에 있는 호텔로 가격이 무난한 편이다. 마레 지구에 있는 Hotel de la Bretonnerie와 같은 주인이 운영하므로 인터넷 사이트도 함께 사용한다.

몽팡지에 Hotel Montpensier (P.451-G)
Area 루브르 Add. 12 Rue Richelieu
Tel. 01 42 96 28 50
Access M1 Palais Royal Musée du Louvre
URL www.hotelmontpensierparis.com
Price 더블 70€~, 트리플 150€~
43개의 방이 있는 저렴한 호텔로 시설은 무난하면서 가격 대비 위치가 좋다. 화장실과 샤워실이 있는 곳은 약간 비싸다.

뉴 오리엔트 New Orient hotel (지도 밖)
Area 생 라자르/오페라 Add. 16 Rue de Constantinople Tel. 01 45 22 21 64
Access M3 europe
URL www.hotelneworient.com
Price 싱글 70€, 더블 80€
클래식 악기와 악보를 파는 가게들이 모여 있는 유럽 역 근처에 있는 호텔로 발코니가 설치된 방도 있다. 합리적인 가격으로 머물 수 있어 편리하다.

포뤨 원 Hotel F1 (지도 밖)
Area 몽파르나스 타워 남쪽
Add. 23 Avenue de la Porte de Châtillon
Tel. 08 91 70 52 29
Access M4 Porte d'Orléans
Price 57€~
지방을 자주 찾는 자동차 여행자들이 애용하는 호텔. 조립식 건물이지만 깔끔한 편이고 샤워실과 화장실 중 공동으로 사용해야 하는 공간이 있는 대신 가격이 퍽 저렴하다. 파리 남쪽이지만 안전하고 교통도 괜찮은 편이다.

220유로 이하의 파리 스타일 호텔

테레사 Hotel Thérèse (P.450-F)
Area 오페라
Add. 5-7 Rue Thérèse
Tel. 01 42 96 10 01
Access M7 Pyramides
URL www.hoteltherese.com
Price 싱글/더블 150€~
루브르, 팔레 루아얄, 생 토노레 등 여행과 쇼핑에 편리한 위치에 있는 호텔로 43개의 방이 있다. 컨템퍼러리한 디자인을 콘셉트로 하면서 필립 스탁이 디자인한 욕실용품을 사용하는 안락한 호텔이다.

빅투아르 오페라 Victoires Opéra (P.451-D)
Area 샤틀레/마레
Add. 56 Rue Montorgueil
Tel. 01 42 36 41 08
Access M4 Etienne Marcel, M1·4·7·11·14 Châtelet
URL www. hotelvictoiresopera.com
Price 싱글/더블 214€~
보행자 거리 몽토게이에 있는 호텔로 근처에 상설 시장이 열리며, 패션 부티크가 모여 있는 에티엔 마르셀 거리와 가깝다. 24개의 객실은 모던한 분위기로 깔끔하게 꾸며져 있다.

컨티넝 Hotel du Continent (P.450-F)
Area 마레
Add. 30 Rue du Mont-Thabor
Tel. 01 42 60 75 32
Access M1 Tuileries
URL www.hotelcontinent.com
Price 싱글 77€~, 더블 125€~, 트윈 125€~
튈르리 정원과 루브르 박물관, 방돔 광장 등을 도보로 갈 수 있는 호텔로 객실은 26개다.

튈르리 Hotel des Tuileries (P.450-F)
Area 루브르
Add. 10 Rue Saint Hyacinthe
Tel. 01 42 61 04 17
Access M1 Tuileries
URL www.hotel-des-tuileries.com
Price 더블 121.50€~
편안한 분위기의 호텔로 튈르리 정원 근처에 있어 산책하기에 좋다. 더블, 트윈 룸이 합해서 26개, 트리플 룸은 2개다. 객실이 아기자기하게 꾸며져 있어 여성 투숙객들이 선호한다.

카롱 드 보마르셰
Hotel Caron de Beaumarchais (P.452-F)
Area 마레 Add. 12 Rue vieille du Temple
Tel. 01 42 72 34 12
Access M1 Hotel de Ville
URL www.carondebeaumarchais.com
Price 싱글/더블 115€~
18세기 로맨틱 소설 작가 카롱 드 보마르셰가 살던 거리에 있다고 해서 호텔 이름도 그의 이름을 땄다. 샹들리에와 앤티크 가구로 꾸며진 19개의 작은 방들은 인형의 집에 초대된 것 같은 느낌을 준다. 마레 지구의 자유로운 분위기를 즐기려는 여행자들이 묵어가기에 좋은 호텔이다.

베스트 웨스턴 포크스톤 오페라
Best Westen Folkestone Opéra (P.450-B)
Area 오페라 Add. 9 Rue de Castellane
Tel. 01 42 65 73 09
Access M3 St.Lazare
URL www.folkestone-paris-hotel.com
Price 싱글/더블 141€~
20년이 넘도록 한자리를 지켜온 가족적인 분위기의 호텔이다. 7층 건물에 50개의 룸이 있으며 각각 다른 분위기로 꾸며져 있어 아늑하고 깨끗한 편이다.

막소 바스티유 Le Marceau Bastille (P.453-H)
Area 바스티유 Add. 13 Rue Jules César
Tel. 01 43 43 11 65
Access M1·5·8 Bastille
URL www.hotelmarceaubastille.com
Price 싱글/더블 150€~
바스티유 광장 근처에 있는 컨템퍼러리한 분위기의 호텔. 두 가지 타입으로 된 55개의 룸이 있다. 원래 가격은 300유로 이상이나 사이트의 프로모션을 이용하면 절반 가격에 예약할 수 있다.

이비스 파리 그랑 불르바르 오페라 (P.451-C)
IBIS Paris Grands Boulevards Opéra
Area 오페라 Add. 38 Rue du Faubourg Montmartre Tel. 01 45 23 01 27
Access M9 Grands Boulevards
Price 싱글/더블 71€~
시내 중심인 오페라에서 멀지 않은 비즈니스급 호텔. 시설이 무난하면서 저렴한 숙소는 여행자에게 적합하다.

볼거리 가득한 하룻밤
파리 디자인 호텔

벨 아미 Bel Ami (P.454-B)
Area 생제르맹데프레 Add. 7/11 Rue St-Benoît
Tel. 01 42 61 53 53
Access M4 St. Germain des prés
URL www.hotel-bel-ami.com
Price 더블 229€~
활기찬 생제르맹데프레 거리에 있는 호텔로 유명한 '카페 뒤 마고'를 비롯해 가구 인테리어 숍과 화랑들이 주변에 모여 있다. 방 크기는 작은 편이지만 주변 환경이 강점인 호텔.

시타딘 스위트 아르크 데 트리옹프 Citadines Suites arc de Triomphe (P.456-A)
Area 에펠탑 Add. 81 Avenue Kléber
Tel. 01 44 05 75 75
Access M6·9 Trocadéro
URL www.citadines.com/fr/france/paris/suites_arc_de_triomphe.html
Price 싱글/더블 244€~
에펠탑이 내려다보이는 트로카데로 광장 근처에 있다. 모던한 분위기의 디자인 호텔로 지하에는 실내 수영장과 피트니스센터 등 편의시설이 있다.

르 아 **Hotel Le A** (P.449-C)
Area 샹젤리제
Add. 4 Rue d'Artois
Tel. 01 42 56 99 99
Access M9 Saint Philippe du Roule, M1 Franklin D Roosvelt
URL www.paris-hotel-a.com
Price 더블 186€~, 주니어 스위트 237€~, 가족 룸(5인) 474€~
29개의 스탠더드 룸과 9개의 주니어 스위트룸이 있는 디자인 호텔이다. 샹젤리제 거리에서 도보 5분 거리에 있다. 심플하면서 럭셔리한 분위기로 꾸며져 있으며 호텔 로비에 항상 음식이 준비돼 있다.

비뇽 **Hotel Vignon** (P.450-A)
Area 마들렌
Add. 23 Rue Vignon
Tel. 01 47 42 93 00
Access M14 Madeleine
URL www.levignon.com
Price 더블 119€~ *인터넷 특별 요금 있음
마들렌 성당, 오페라를 비롯해서 생 토노레 거리의 쇼핑가나 프렝탕 백화점, 라파예트 백화점 등을 걸어서 갈 수 있다. 비교적 교통이 편리한 위치에 있는 작은 디자인 호텔로 28개의 방이 있다. 편안하면서 가족적인 분위기의 호텔이다.

노보텔 파리 에펠 타워
Novotel Paris Tour Eiffel (P.446-E)
Area 에펠탑(도보로 가기엔 먼 거리)
Add. 61 Quai de Grenelle
Tel. 01 40 58 20 00
Access M10 Charles Michels
URL www.novotel.com
Price 더블 159€~
예전에 일본 니코 호텔이었던 곳을 노보텔에서 인수해 레노베이션했다. 764개의 객실을 모던하게 손봤다. 초대형 호텔이라 객실을 잡는 게 그다지 어렵지 않고 센 강변에 있어 위치상 관광객들에게 인기가 좋다.

프티 물랭 **Hotel du petit moulin** (P.452-B)
Area 마레
Add. 29/31 Rue du Poitou
Tel. 01 42 74 10 10
Access M8 Saint Sébastien Froissart
URL www.paris-hotel-petitmoulin.com
Price 더블 185€~
17세기에 지어진 건물로 오래된 베이커리 숍을 리뉴얼했다. 패션 디자이너 크리스티앙 라크루아가 디자인한 호텔로 방은 작지만 마레만의 매력적인 분위기를 담고 있다.

아모르 **Hotel Amour** (지도 밖)
Area 오페라/몽마르트르
Add. 8 Rue Navarin
Tel. 01 48 78 31 80
Access M12 St. Georges, M2 Pigalle
URL www.hotelamourparis.fr
Price 싱글 145€~, 더블 230€~
오페라와 몽마르트르 중간쯤에 있는 한적한 호텔로 방마다 다르게 디자인된 키치한 룸이 인상적이다. 테라스가 있는 레스토랑에서 식사도 할 수 있어 화창한 날에는 언제나 인기가 있다.

파리 최고의 럭셔리 호텔

리츠 파리 Ritz Paris (P.450-F)
Area 루브르
Add. 15 Place Vendôme
Tel. 01 43 16 30 30
Access M1 Tuileries, M7 Opéra
URL www.ritz.com
Price 1,000€~

1898년 세자르 리츠가 세운 역사적인 호텔로 코코 샤넬이 이곳을 작업실 삼아 지냈다. 찰리 채플린, 다이애나 왕세자비 등이 드나들면서 유명해졌다. 전 세계 유명 보석상들이 모여 있는 방돔 광장에 있다.

페닌슐라 호텔
Hotel Peninsula (P.448-F)
Add. 19 Avenue Kléber
Tel. 01 58 12 28 88
Access M6 Kléber 역에서 도보 1분
URL http://paris.peninsula.com

국내 허니문 여행자들이 가장 선호하는 아시아계 호텔 체인 중 하나로 2014년 8월 파리에 문을 열었다. 만다린 오리엔탈 호텔과 더불어 아시아 오너가 경영하는 럭셔리 호텔의 대명사로 통한다. 19세기 말에 지어진 클래식한 건물의 외관을 살려 네오 클래식 스타일로 새로 태어났다. 200여개의 방 중에 34개의 스위트가 있으며 13개의 카테고리로 구분돼 있다. 룸 타입은 홈페이지에서 확인할 수 있다. 호텔에 머물지는 않더라도 에펠탑을 보며 식사할 수 있는 건물 꼭대기의 우아조 블랑Oiseau blanc에 가보도록 하자. 프렌치 파인다이닝과 광동 스타일의 중국식 파인다이닝을 함께 즐길 수 있는 릴리, 가볍게 티타임을 즐길 수 있는 바에서 럭셔리 호텔의 분위기를 느껴볼 수 있다.

플라자 아테네
Hotel Plaza Athenée (P.449-G)
Area 샹젤리제 **Add.** 25 Avenue Montaigne
Tel. 01 53 67 66 65
Access M1·9 Franklin D Roosevelt, M9 Alma Marceau
URL www.plaza-athenee-paris.fr
Price 싱글/더블 950€~

〈섹스 앤 더 시티〉에 등장해 더욱 유명해진 호텔로 명품 브랜드숍이 즐비한 몽테뉴 거리에 있다. 146개의 스탠더드 룸과 45개의 스위트룸이 있으며, 제라늄이 있는 테라스에서는 몽테뉴 거리가 한눈에 내려다보인다.

르 브리스톨 Le Bristol (P.449-D)
Area 샹젤리제
Add. 112 Rue de Faubourg Saint Honoré
Tel. 01 53 43 43 00
Access M1·9 Franklin D Roosevelt
URL www.lebristolparis.com
Price 싱글/더블 730€~

랑방, 에르메스 본점이 있는 포부르 생 토노레 거리에 있는 호텔로 대통령 관저인 엘리제 궁에서 불과 100m도 되지 않아 주변 경비가 삼엄해 오히려 안전하다. 2009년 최고의 셰프로 뽑힌 〈미슐랭 가이드〉 3스타 셰프가 레스토랑을 책임지고 있다.

코스트 Hotel Costes (P.000-0)
Add. 239-241 Rue Saint-Honoré
Tel. 01 42 44 50 00
URL www.hotelcostes.com
Price 싱글 500€~, 더블 600€~

파리의 대표적인 쇼핑 스트리트인 생 토노레 거리에 위치한 부티크 호텔. 세계적인 스포츠 스타와 패션 피플들이 즐겨 찾으며 이 호텔과 동명의 컴필레이션 앨범 〈Hotel Costes〉는 모던과 럭셔리를 동시에 추구하는 호텔의 아이덴티티를 보여준다.

포시즌 조르주 생크
Four Seasens George V (P.449-G)
Area 샹젤리제
Add. 31 Avenue George V
Tel. 01 49 52 70 00
Access M1 George V
URL www.fourseasons.com/paris
Price 1,090€~

1928년에 지어진 럭셔리 호텔로 245개의 룸이 있

다. 샹젤리제 거리에서 가까운 조르주 생크 거리에 있어 쇼핑이 편리하다. 다양한 타입의 방을 선택할 수 있는 것이 장점.

인터컨티넨털 르 그랑
Intercontinental Le Grand (P.450-B)
Area 오페라
Add. 2 Rue Scribe
Tel. 01 40 07 32 32
Access M7 Opéra
URL www.ichotelsgroup.com
Price 싱글 285€~, 더블 333€~
팔레 가르니에 옆에 있는 인터컨티넨털 그룹의 호텔로 쇼핑과 관광 그리고 발레 관람 시에도 편리하다. 클래식한 분위기로 테라스가 있는 카페 드 라 페Café de la Paix가 호텔 안에 있다.

나폴레옹 Hotel Napoléon (P.448-B)
Area 샹젤리제
Add. 40 Avenue de Friedland
Tel. 01 56 68 43 21
Access M1·2·6 Charles de Gaulle Etoile
URL www.hotelnapoleonparis.com
Price 190€~
102개의 객실이 있는 럭셔리 호텔로 개선문과 샹젤리제 거리에서 가까우며 나폴레옹 시대 스타일의 데커레이션으로 꾸며져 있다.

방크 Hotel Banke (P.450-B)
Area 오페라
Add. 20 Rue la Fayette
Tel. 01 55 33 22 22
Access M7·9 Chausée d'Antin La Fayette
URL www.hotelbanke.com
Price 싱글 200€~, 더블 224€~
4성급 호텔이지만 가격은 착한 편. 과거 은행으로 사용하던 건물을 레노베이션해 호텔로 이용하고 있다. 라파예트 백화점에서 도보 5분 거리라 쇼핑, 관광하기 편하다. 모던한 스타일로 꾸며져 고급스러우면서도 활기찬 분위기다.

풀만 베르시 Hotel Pullman Bercy (P.460-B)
Area 베르시
Add. 1 Rue de Libourne
Tel. 01 44 67 34 71
Price 175.48€
이비스, 소피텔, 노보텔 등을 거느린 아코르 그룹에서 운영하는 체인형 호텔 중 하나로 소피텔과 함께 가장 럭셔리하다. 드넓은 공원이 있는 베르시 지역에 위치해 도심 속 오아시스에 머무는 듯 상쾌하다. 파리 중심가에 비해 소음과 대기오염의 스트레스가 적으며 쾌적한 시설을 자랑한다.

Outro

Outro 06
Survival Francais
서바이벌 프랑스어 회화

*외래어 표기법과 달리 최대한 원음에 가깝게 표기했다.

숫자

0	제로	zero
1	엉	un
2	두(되)	deux
3	트와	trois
4	까트르	quatre
5	쌩끄	cinq
6	씨스	six
7	쎄뜨	sept
8	윗뜨	huit
9	뇌프	neuf
10	디스	dix
100	썽	cent
1000	밀	mille
1만	디밀	dix mille
100만	밀리용	million
1000만	디밀리용	dix millions
1억	밀리야	milliard

날짜·요일

밤	뉘	nuit
일	주흐	jour
주	스멘	semaine
월	무와	mois
년	앙	an (남성)
	아네	année (여성)
오늘	오 쥬흐디	aujourd'hui
내일	드망	demain
어제	이에르	hier
그제	아방-띠에르	avant-hier
오전	마땅	matin
오후	아프레-미디	après-midi
저녁	수와	soir
월요일	랭디	lundi
화요일	마르디	mardi
수요일	멕크르디	mercredi
목요일	쥬디	jeudi
금요일	벙드르디	vendredi
토요일	쌈므디	samedi
일요일	디망슈	dimanche

일상 회화

아침, 점심 인사	봉쥬르	Bonjour
저녁 인사	봉수아	Bonsoir
처음 뵙겠습니다.	앙샹떼	Enchanté(e)
실례합니다.	익스뀌제-무아	Excusez-moi
헤어질 때 인사	오르브와	Au revoir
죄송합니다.	빠르동	Pardon
알겠습니다.	쥬 꽁펑	Je comprends
괜찮습니다.	쎄빠 그라브	C'est pas grave
천만에요.	일나빠드 꾸아	Il n'y a pas de quoi
어디입니까?	쎄 우 /우 에-쓰	C'est ou?/Oùest-ce?
얼마입니까?	쎄 꽁비앙? /싸꿋 꽁비앙?	C'est combien ?/Ça coute combien?
시간이 얼마나 걸립니까?	꽁비앙 드 땅?	Combien de temps?
무엇입니까?	께-스끄 쎄?	Qu'est-ce que c'est?
좋습니다.	쎄봉	C'est bon
만족합니다.	주 쉬 콩떵	Je suis content
알겠습니다.	다꼬	D'accord
지금 몇 시입니까?	껠뢰르 에 띨?	Quelle heure est-il?
뭐라고요?	꽈?	Quoi?
좋지 않습니다.	쎄빠봉	C'est pas bon
싫습니다.	쥬 넴빠싸	Je n'aime pas ça
네.	위	Oui
아니요.	농	Non
주세요.	도네-무와 씰부쁠레	Donnez-moi, s'il vous plaît
저는 홍길동입니다.	쥬마뻴 홍길동	Je m'appelle HONG, Guil-dong
프랑스어 할 줄 모릅니다.	쥬느 빠를르빠 프랑세	Je ne parle pas français
영어로 부탁드립니다.	언 엉글레 씰부쁠레	En anglais, s'il vous plaît
우리 사진 찍어주세요.	뿌베부-누 펑드르 엉 포토, 씰부쁠래?	Pouvez-vous nous prendre en photos, s'il vous plaît?

교통

지하철	메트로	métro
전차	트람/트람웨이	tram/tramway
버스	뷔스	bus

Outro

택시	딱시	taxi
철도	슈멩드 페르	chemin de fer
역	스타씨옹	station
요금	따리프	tarif
표	띠께	ticket
출발	데빠	départ
도착	아리베	arrivée
입구	엉트레	entrée
출구	쏘띠	sortie
공항	아에로뽀흐	aéroport
편도	알레-쌩쁠	aller-simple
왕복	알레-흐뚜	aller-retour
고장난	엉 빤	en panne
가까운 지하철역은 어디입니까?	우 에 르 메트로 르 쁠리 프로슈?	Où est le métro le plus proche?
이 지하철은 어디 행입니까?	껠에 라 디렉시옹 드 스 메트로?	Quelle est la direction de ce métro?
어디에서 갈아탑니까?	우 쀠-쥬 샹제?	Où puis-je changer?
~까지 가주세요.	뿌베-부 맘므네 아/오~, 씰부쁠레	Pouvez-vous m'amener à/au~, s'il vous plaît
여기 세워주세요.	아레떼-무와 이씨, 씰부쁠레	Arrêtez-moi ici, s'il vous plaît

공항에서

여권	빠스뽀르	passeport
비자	비자	visa
대사관	엄바싸드	ambassade
환전소	뷰로 드 샹쥬	bureau de change
항공권	비에 다비옹	billet d'avion
입국 카드	꺅뜨 드 데박끄멍	carte de debarquement
여행	부와야쥬	voyage
리무진 버스정거장	아레드 뷔스(에어프랑스)	Arrêt de bus AF
	오를리 뷔스(오를리공항)	Orly bus
	로와씨 뷔스(샤를드골공항)	Roissy bus
여행 목적은 무엇입니까?	껠에 르 뷔 드 보트르 부와야쥬?	Quel est le but de votre voyage?
관광입니다/비즈니스입니다.	뚜리즘/ 비즈니스	Tourisme/business
며칠간 체류하실 예정입니까?	꽁비엥 드 떵 레스뜨레-부?	Combien de temps resterez-vous?
	부잘레 헤스떼 꽁비엥드 떵?	Vous allez rester combien de temps?

2일	두(되)쥬	deux jours
3일	토와쥬	trois jours
일주일	윈스멘	une semaine
어느 호텔에 묵으십니까?/ 어디서 잡니까?	당껠 오뗄 쎄주르네-부?	Dans quel hôtel séjournez-vous?
메르디앙 호텔을 예약했습니다.	제 헤제르베 아 로뗄 메리디앙	J'ai réservé à l'Hôtel Meridien
현금을 얼마나 소지하고 계십니까?	꽁비엥 데스빼스 아베-부?	Combien d'espèces avez-vous?
500유로를 가지고 있습니다.	제 쌩썽유로	J'ai cinq cents euros
신고할 물건은 있습니까?	아베부 데 조브제 아 데끌라레	Avez-vous des objets à déclarer?
없습니다.	쥬네 히앙 아 데끌라레	Je n'ai rien à déclarer
짐이 나오지 않습니다.	몽 바가쥬 나리브 빠/ 쥬네빠 흐트루베 몽 바가쥬	Mon bagage n'arrive pas/ Je n'ai pas retrouvé mon bagage

숙소

체크인 부탁합니다.	르 체크인, 씰부쁠레	Le check-in, s'il vous plaît
예약 홍길동입니다.	제 헤제르베 오농뒤 홍길동	J'ai réservé au nom de Hong, Guil-dong
빈 방 있습니까?	아베-부 윈 샹브르, 씰부쁠레	Avez-vous une chambre, s'il vous plaît ?
하루 숙박료는 얼마입니까?	쎄 꽁비엥 라 뉘?	C'est combien la nuit ?
(귀중품) 보관함이 있습니까?	아베-부 엉 꼬프르, 씰부쁠레?	Avez-vous un coffre, s'il vous plaît?

*일반적으로 프랑스는 귀중품을 맡기지 않고 호텔 객실 내 보관함을 이용한다.

7시/8시에 모닝콜을 부탁합니다.	주부드레 엉 모닝콜 뿌흐 쎗 뜨르/ 윗 뜨르, 씰부쁠레	Je voudrais un morning call pour 7heure/ 8heure, s'il vous plaît
인터넷 사용 가능합니까?	뾔-똥 유띨리제 엥떼르넷, 씰부쁠레?	Peut-on utiliser internet, s'il vous plaît?
무료입니까?	쎄 그라뛰?	C'est gratuit ?
짐을 맡아주실 수 있습니까?	뿌베-부 갸르데 메자페르, 씰부쁠레 ?	Pouvez-vous garder mes affaires, s'il vous plaît ?
체크아웃은 몇 시까지입니까?	쥬스까 껠 외르 쀠-쥬 페르 르 체크-아웃, 씰부쁠레?	Jusqu'à quelle heure puis-je faire le check-out, s'il vous plaît?
택시를 불러주세요	뿌베-부 아쁠레 엉 딱씨, 씰부쁠레?	Pouvez-vous appelez un taxi, s'il vous plaît?

박물관

전시	엑스뽀지씨옹	expositon
상설전	꼴렉씨옹 빼르마넝뜨	collection permanante

Outro

일시전	엑스뽀지씨옹 떵뽀레흐	exposition temporaire
입장표	띠께	ticket
할인	헤듹씨옹	réduction
플래시 금지	프라쉬 엥떼르디	flash interdit
사진 촬영 금지	앵테르디 드 포토그라피에	Interdit de photographier
학생 할인이 됩니까?	아베-부 윈 레듹씨옹 뿌흐 에뛰디앙?	Avez-vous une réduction pour étudiant?
몇 시에 끝납니까?	아 껠르 에르 페르메-부?	À quelle heure fermez-vous?

쇼핑

좋은	봉(남)/본(여)	bon/bonne
나쁜	모베(남)/모베즈(여)	mauvais/mauvaise
비싼	쉐흐	cher
좋은 가격의	봉 막쉐	bon marché
열린	우베르	ouvert
닫힌	페르메	ferme
미시오	뿌쎄	pousser
당기시오	띠레	tirer
넓은	라흐주	large
좁은	에트왓(남)/에트왓뜨(여)	étroit/étroite
큰	그랑(남)/그랑드(여)	grand/grande
작은	쁘띠(남)/쁘띠뜨(여)	petit/petite
긴	롱(남)/롱그(여)	long/longue
짧은	꾸흐(남)/꾹뜨(여)	court/courte
많은	보꾸	beaucoup
적은	쀠	peu
세관	라 두안	la douane
면세	테탁스	détaxe
색깔	쿨레흐	couleur
검정	누와	noir
흰색	블랑(슈)	blanc(he)
빨강	후즈	rouge
파랑	블루	bleu(e)
노랑	존	jaune
초록	베흐	Vert

그냥 구경하는 중입니다.	쥬 흐가르드 쥐스트, 멕씨	Je regarde juste, merci
한 번 입어봐도 될까요?	쥬 쁘 에쎄이에?	Je peux essayer?
좀 큰데요/ 넓은데요.	쎄 엉쁘 트로 그랑/ 라흐주	C'est un peu trop grand/large
이것보다 작은 사이즈를 주세요.	도네-므와 윈 따이 쁠뤼 쁘띠, 씰부쁠레	Donnez-moi une taille plus petite, s'il vous plaît
이것보다 큰 사이즈를 주세요.	도네-므와 윈 따이 쁠뤼 그랑, 씰부쁠레	Donnez-moi une taille plus grande, s'il vous plaît
다른 색깔이 있습니까?	아베-부 윈 오트르 꿀뢰흐, 씰부쁠레?	Avez-vous une autre couleur, s'il vous plaît?
쌉니다.	쎄 빠 쉐흐	C'est pas cher
비쌉니다.	쎄 쉐흐	C'est cher
이것으로 할게요.	쥬 펑싸 씰부쁠레	Je prends ça, s'il vous plaît
신용카드로 계산하겠습니다.	주 뻬이 빡 꺅트	Je paie par carte
현금으로 계산하겠습니다.	쥬 뻬이 언네스빼스	Je paye en espèces
선물용입니다.	쎄 뿌흐 오프리르/ 쎄 뿌흐 페르 엉 까도	C'est pour offrir/ C'est pour faire un cadeau
영수증을 주세요.	쥬 부드레 윈 팍뛰르, 씰부쁠레	Je voudrais une facture, s'il vous plaît
깎아주세요.	뿌베부 페흐 데 프리, 씰부쁠레?	Pouvez-vous me faire un prix, s'il vous plaît?
계산해주세요. 이게 다예요 (쇼핑할 때).	스 스라 뚜, 씰부쁠레	Ce sera tout, s'il vous plaît

카페·레스토랑

지하	쑤쏠	sous-sol
메뉴	꺅드/므뉴 (한국의 세트 메뉴를 말함)	carte/menu
물	로	l'eau
차	엉 떼	un thé
차가운	프로와(남)/프로와드(여)	froid/froide
뜨거운	쇼(남)/쇼드(여)	chaud/chaude
물수건	렝직뜨	lingette
소금	셀	sel
후추	프와브르	poivre
겨자	무타흐드	moutarde
추가	엉꼬르 엉	encore un

→ **Outro**

접시	라 씨에뜨	l'assiette
포크	라 푸쉐드	la fourchette
숟가락	라 퀴이에르	la cuillère
1인분	뿌흐 윈 빽쏜	pour une personne
2인분	뿌흐 두 빽쏜	pour deux personnes
테이블석	윈 쁠라스 엉 쌀	une place en salle
카운터석	윈 쁠라스 오 꽁뚜와르	une place au comptoir
예약	헤제르바씨옹	réservation
화장실	또왈렛	toilettes
남자	옴	homme
여자	팜므	femme
사용 중	오뀨뻬	occupé
비어 있음	리브르	libre
혼자입니다.	쥬 쒸 쐴	Je suis seul(남성)/seule(여성)
두 명입니다.	옹네 두	On est deux
무엇을 추천하시나요?	끄 흐꼬멍데-부?	Que recommandez-vous?
이 요리에 어울리는 포도주를 주세요.	뿌베-부 쇼와지르 엉 뱅 끼 바 비엥 아벡 스 쁠라	Pouvez-vous choisir un vin qui va bien avec ce plat?
저기 저 사람과 같은 걸로 주세요.	젬므레 라 멤 쇼즈 끄 라 빽쏜 라-바	J'aimerais avoir la même chose que la personne là-bas
(고기 익힌 정도)덜 익힌	쎄녕	saignant
(고기 익힌 정도)적당한	아 뿌앙	à point
(고기 익힌 정도)잘 익힌	비엥 뀌	Bien cuit
(아주) 맛있어요.	쎄 (트래) 봉	C'est très bon
맛이 없어요.	쎄빠봉	C'est pas bon
계산해 주세요(레스토랑에서).	라디씨옹, 씰부쁠레	L'addition, s'il vous plaît
메뉴판 좀 주세요	르 므뉴, 씰브쁠레	La Carte, S'il vous plaît
테이블 위 수건	라 세흐비에뜨	la serviette

길 물어보기

실례합니다.	익스뀌제-무와	Excusez-moi
길을 잃었습니다.	쥬 므 쒸 뻬르뒤	Je me suis perdu
여기가 어디입니까?	우 쏨-누?	Où sommes-nous?
지도에서 찾아주세요.	뿌리에-부 멩디께 쒸흐 르 쁠랑	Pourriez-vous m'indiquer sur le plan
오른쪽	아 도핫	à droite

왼쪽	아 고슈	à gauche
직진	뚜 도화	tout droit
일반인 출입금지	악세 엥떼르디 오 쀠블릭	accès interdit au public

응급상황

감기	휨	rhume
구토	보미스멍	vomissement
설사	디아레	diarrhée
위장염	가스트로앙데릿	gastroentérite
타박상	에끼모즈/블루	ecchymose/bleu
염좌	엉똑스	entorse
골절	프락뛰르	fracture
화상	브륄뤼흐	brûlure
알레르기	알레흐쥐	allergie
임신 중	엉쌩뜨	enceinte
당뇨병	디아뱃	diabète
고혈압	이뻬르 떵씨옹	hypertension
저혈압	이뽀 떵씨옹	hypotension
진통제	앙띠 둘로르/아네스테지앙	antidouleur/anesthesiant
해열제	앙띠 삐레틱/페브리퓨즈	antipyrétique/fébrifuge
주사	삐뀌르	piqûre
수술	오페라씨옹	opération
식전	아방 르 흐빠	avant le repas
식후	아프레 르 흐빠	après le repas
복용	부와 오랄	voie orale
도와주세요.	에데무와 씰부쁠레	Aidez-moi, s'il vous plaît
도와주세요(소매치기 당했을 때).	오 스꾸	Au secour
여권을 잃어버렸습니다.	제 뻬르뒤 몽 빠스뽀르	J'ai perdu mon passeport
경찰을 불러주세요.	아쁠레 므와 라 뽈리스	Appelez-moi la police
여기가 아픕니다.	제 말 이씨	J'ai mal ici
병원에 데려가주세요.	므네 므와 아 로삐딸	Amenez-moi à l'hôpital
한국어/영어를 할 수 있는 사람을 불러주세요.	아쁠레 므와 엉 트라 듁뛰흐 꼬레엥/엉글레 씰부쁠레	Appelez-moi un traducteur coréen/anglais, s'il vous plaît

Map 1	**Paris** 파리 전도	446
Map 2	**Champs Elysées** 샹젤리제	448
Map 3	**Opéra & Louvre** 오페라 & 루브르	450
Map 4	**Cité & Marais** 시테 섬 & 마레	452
Map 5	**Saint Germain des Prés** 생제르맹데프레	454
Map 6	**Invalides & Tour Eiffel** 앵발리드 & 에펠탑	456
Map 7	**Montparnasse** 몽파르나스	458
Map 8	**Montmartre** 몽마르트르	459
Map 9	**Bercy** 베르시	460
Map 10	**Bois de Vincennes** 뱅센 숲	460
Map 11	**La Défens** 라데팡스	461
Map 12	**La Villette** 라 빌레트	461
Map 13	관광에 편리한 버스 노선, 자전거 전용도로	462

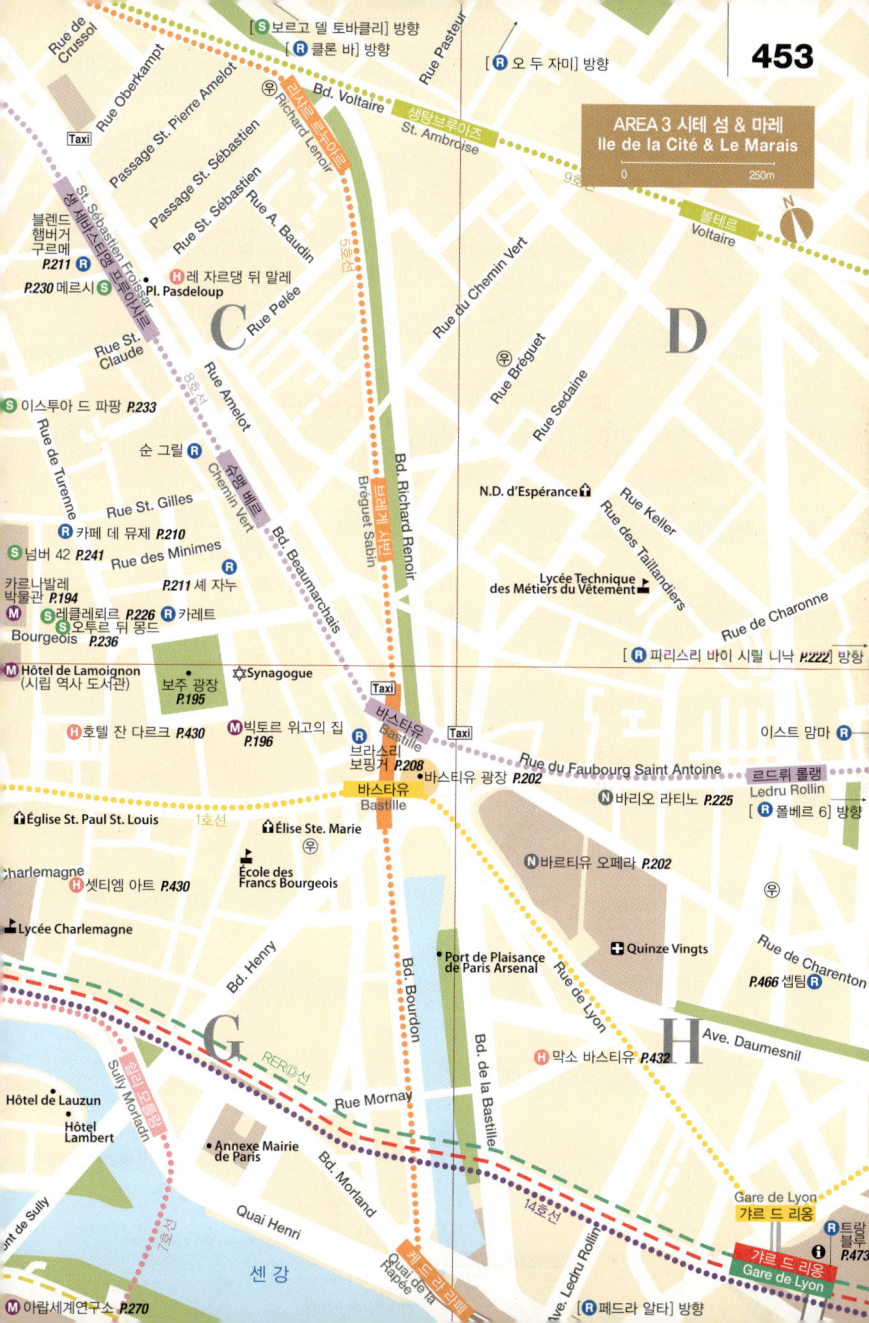

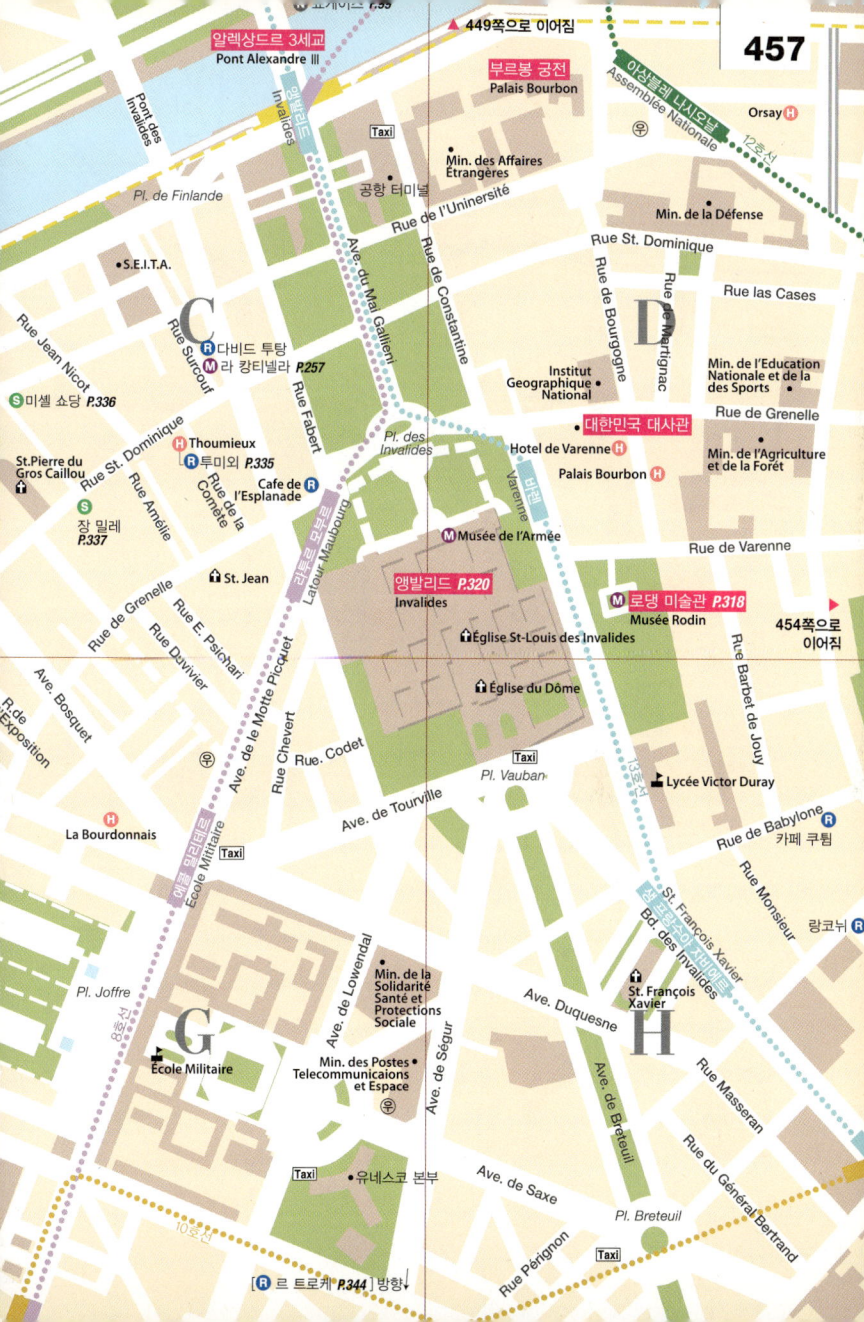

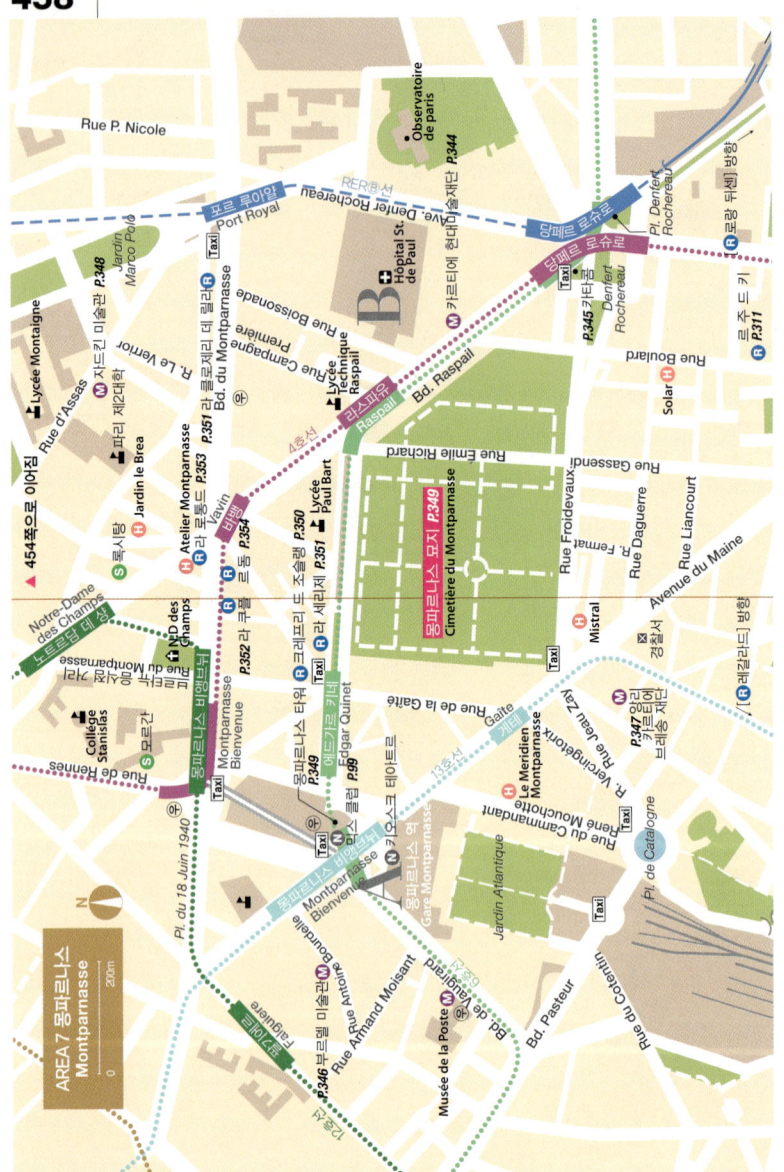

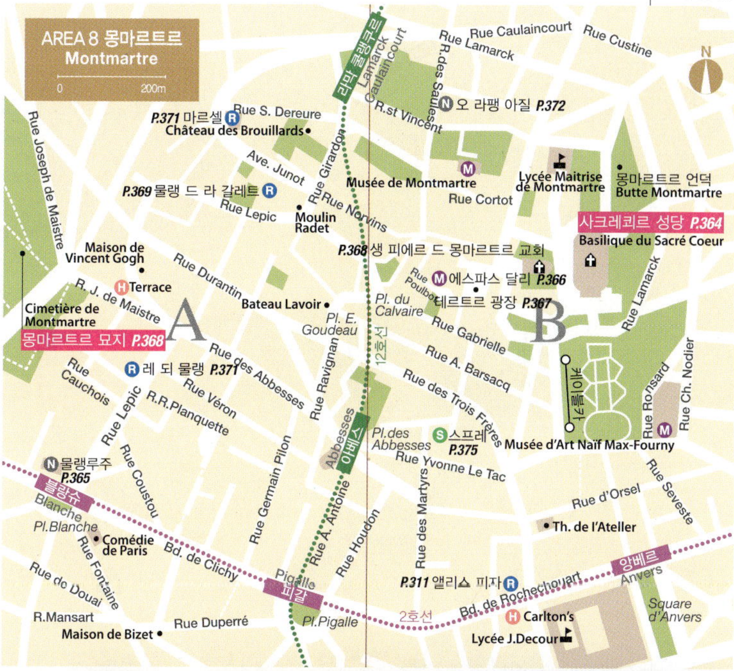
AREA 8 몽마르트르
Montmartre
0 200m
N
Rue Caulaincourt
Rue Lamarck
Rue Custine
R.des Saules
라마 콜랭쿠르
Lamarck Caulaincourt
R.st Vincent
오 라팽 아질 P.372
P.371 마르셀
Rue S. Dereure
Château des Brouillards
Ave. Junot
Rue Girardon
Musée de Montmartre
Lycée Maitrise de Montmartre
몽마르트르 언덕
Butte Montmartre
Rue Cortot
P.369 물랭 드 라 갈레트
Rue Lepic
Moulin Radet
Rue Norvins
사크레쾨르 성당 P.364
Basilique du Sacré Coeur
Rue Joseph de Maistre
Maison de Vincent Gogh
P.368 생 피에르 드 몽마르트르 교회
Rue Durantin
Terrace
에스파스 달리 P.366
Rue Poulbot
R. J. de Maistre
Bateau Lavoir
Pl. du Calvaire
테르트르 광장 P.367
Cimetière de Montmartre
몽마르트르 묘지 P.368
A
Pl. E. Goudeau
12호선
Rue Gabrielle
B
Rue Lamarck
레 되 물랭 P.371
Rue des Abbesses
Rue A. Barsacq
케이블카
Rue Cauchois
Rue Véron
Rue Ravignan
Rue des Trois Frères
Rue Ronsard
Rue Ch. Nodier
Rue Lepic
R.R.Planquette
Abbesses
아베스
Pl.des Abbesses
스프레 P.375
Musée d'Art Naïf Max-Fourny
물랭루주 P.365
Rue Coustou
Rue Yvonne Le Tac
블랑슈
Blanche
Rue Germain Pilon
Rue A. Antoine
Rue des Martyrs
Rue d'Orsel
Rue Seveste
Pl.Blanche
Comédie de Paris
Th. de l'Atelier
Bd. de Clichy
Rue Houdon
앙베르
Anvers
Rue Fontaine
Pigalle
피갈
P.311 앨리스 피자
Bd. de Rochechouart
Rue de Douai
Square d'Anvers
R.Mansart
Rue Duperré
Pl.Pigalle
2호선
Carlton's
Maison de Bizet
Lycée J.Decour

Amélie

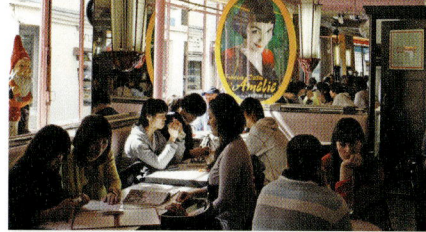

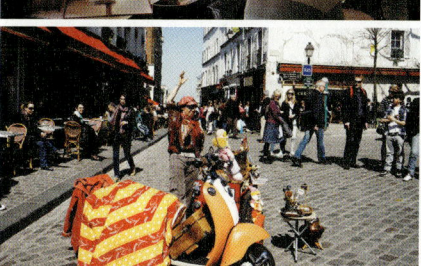

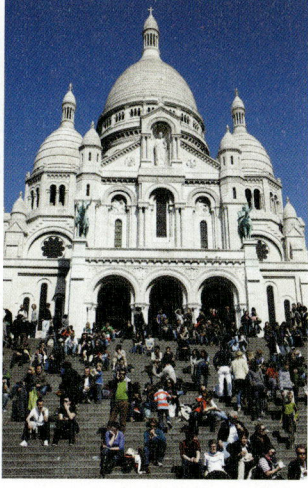

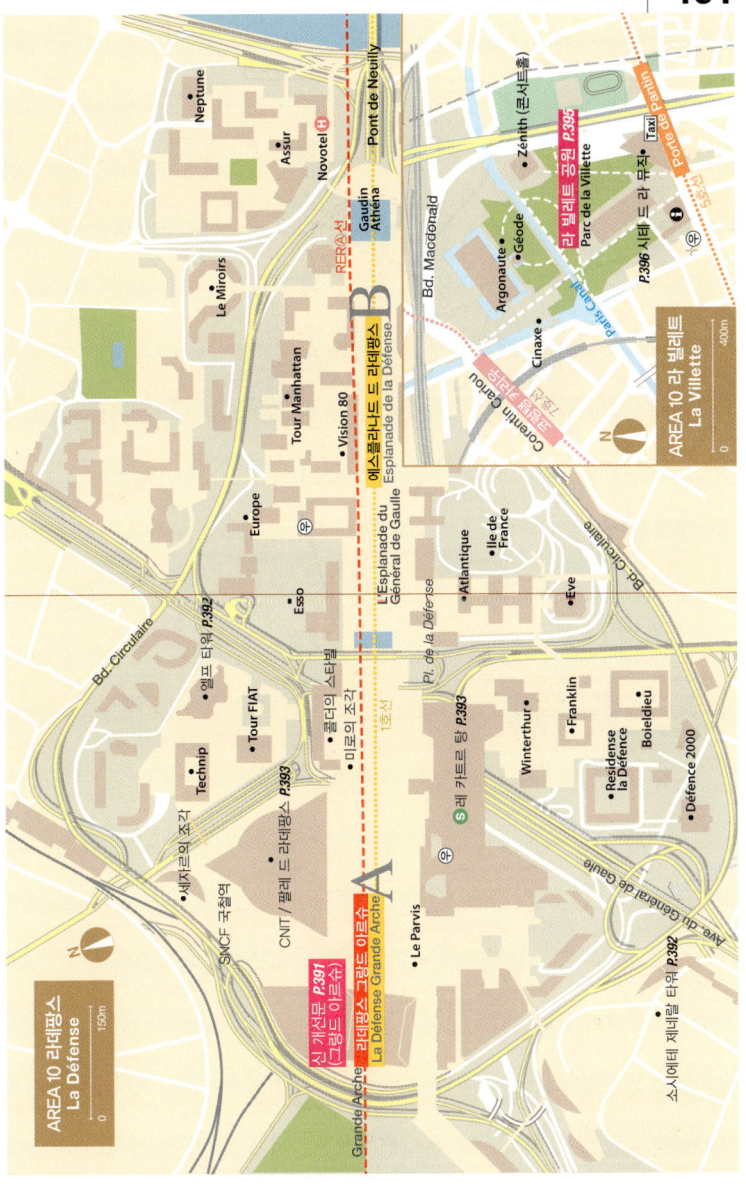

index

한국어로 찾기

한국어	원어	쪽
104	104	397
404	404	212
107 리볼리	107 Rivoli	177
가부키	Kabuki	179
개선문	Arc de Triomphe	60
갤러리 라파예트	Galerie Lafayette	155
갤러리 비비안	Gâlerie Vivienne	109
갸토 투미우	Gâteaux Tourmieux	337
건축문화재 박물관	Citè de l'architecture et du Patrimoine	322
게테 리리크	Gaité Lyrique	224
고야드	Goyard	183
귀스타브 모로 미술관	Musée National Gustave Moreau	362
그랑 베푸	Le Grand Véfour	124
그랑 팔레	Grand Palais	64
기 사브아	Guy Savoy	290
기메 미술관	Musée Guimet	316
나나시	Nanashi	471
낭만주의 박물관	Musée de la Vie Romantique	363
넘버 42	No.42	241
노르딕 마켓	Nordic Market	238
노트르담 대성당	Cathédrale Notre Dame de Paris	190
더 컬렉션	The Collection	235
델포닉	Delfonics	182
도쿄 잇	Tokyo Eat	328
도크	Les Docks	382
뒤크 데 롬바르	Duc des Lombards	223
드보브 에 갈레	Debauve et Gallais	174
들라크루아 미술관	Musée National Eugène Delacroix	262

Index

한글	원어	쪽
데리에	Derrirere	205
데상스	Dessance	209
델포닉	Delfonis	172
뒤크 데 롬바르	Duc des Lombards	226
듀플렉스	Le Duplex	98
디디에 뤼도	Didier Ludot	183
디즈니랜드 파리	Disneyland Paris	411
라 갸르	La Gare	329
라 담 드 픽	La Dame de pic	142
라 뒤레	La Durée	86
라 로통드	La Rotonde	353
라 베셀르리	La Vaissellerie	158
라 빌레트 공원	Parc de la Villette	395
라 세리제	La Cerisaie	351
라 쿠플	La Coupole	352
라 클로즈리 데 릴라	La Closerie des Lilas	351
라 타블 뒤 위트	La Table du Huit	86
라 팔레트	La Palette	296
라 펄	La Perle	220
라비니아	Lavinia	159
라스 뒤 팔라펠	L'as du Fallafal	213
라 트레조르리	La Tresorerie	255
랄자스	l'Alsace	77
레 되 물랭	Les Deux Moulins	372
레 뒤 마고	Les Deux Magots	293
레 카트르 탕	Les Quatre temps	393
레노마 카페 갤러리	Rénoma Café Gallery	88
레슈	Rech	80
레스토랑 샤르티에 Bouillon Restaurant Chartier		130
레옹 드 브뤼셀	Léon de Bruxelles	81
레클레뢰르	L'Eclaireur	237
레페토	Repetto	162
레피 뒤팽	l'Epi Dupin	279
렉스 클럽	Le Rex Club	153
로댕 미술관	Musée Rodin	317
로텔	L'Hôtel	280
록키 호러 픽처 쇼 Rocky Horror Pictures Show		277
루브르 브테이	Louvre Bouteille	138
루브르 박물관	Musée du Louvre	110
루아르 고성지대	Loire Castles	408
루와얄 치즈	Royal Cheese	233
뤽상부르 공원	Jardin du Luxembourg	263
르 그랑 카페	Le Grand Café	144
르 돔	Le Dôme	354
르 드와영	Le Doyen	69
르 로아 당 라 티에르	Le Loir dans la théière	215
르 발	Le Bal	470
르 베제 살레	Le Baiser Salé	224
르 소 뒤 루	Le Saut du Loup	139
르 슬라동	Le Celadon	126
르 카루젤 뒤 루브르	Le Carrousel du Louvre	156
르 코르뷔지에 재단	Fondation Le Corbusier	326
르 트로케	Le Troquet	344
르 팽 쿼티디앵	Le Pain Quoitidien	221
르 퓌무아	Le Fumoir	129
르 프로코프	Le Procope	281
르그랑 피으 에 피스	Legrand Fille et Fils	176
리브레리 7L	Librairie 7L	300
리브레리 구르망드	Librairie Gourmande	181
리브레리 아르퀴리알	Librairie d'art Artcurial	95
리브레리 아술린	Librairie Assouline	301
리브레리 OFR	Librairie OFR	232
릴 플로팅	L'Ile Flottante	241
마들렌 성당	Paroisse de la Madeleine	106
마르셀	Marcel	371
마리아주 프레르	Mariage Frère	216

한글	원어	쪽
마미 갸토	Mamie Gateaux	294
마미 블루	Mamie Bleu	375
마욜 미술관	Musée Maillol	264
마켓	Market	76
마크 제이콥스	Marc Jacobs	164
막심 드 파리	Maxime's de Paris	123
말메종 성	Château de Malmaison	403
메르시	Merci	228
망제	Manger	209
메종 데 밀레짐	La maison des Millesimes	302
메종 뒤 쇼콜라	La Maison du Chocolat	93
메종 마르탱 마르지엘라	Maison Martin Margiela	165
메종 블랑슈	Maison Blanche	78
메종 프랜시스 커정	Maison Francis Kurkdjian	170
모라	Mora	157
몽 비에이 아미	Mon Vieil Ami	206
몽마르트르 묘지	Cimetière du Montmartre	366
몽생미셸	Mont Saint Michel	410
몽소 공원	Parc de Monceau	68
몽파르나스 묘지	Cimetière du Montparnasse	349
몽파르나스 타워	Tour Montparnasse	349
물랭 드 라 갈레트	Le Moulin de la Galette	369
물랭루주	Moulin Rouge	365
미니 팔레	Mini Palais	79
미셸 쇼댕	Michel Chaudun	336
미셸 클뤼젤	Michel Cluizel	173
미스 고	Miss Ko	90
믹스 클럽	MixClub	99
바 뒤 플라자 아테네	Bar du Plaza Athénée	89
바리오 라티노	Barrio Latino	225
바스티유 광장	Place de la Bastille	202
바스티유 오페라	Opéra Bastille	202
발자크 기념관	Maison de Balzac	318
방돔 광장	Place Vendôme	107
뱅센 숲	Château de Vincennes	386
베 블랑제피시에	Be Boulangépicier	85
베로 도다	Véro Dodat	139
베르 볼레	Verre Volé	252
베르사유 궁전	Château de Versailles	401
베르시 공원	Parc de Bercy	381
베르시 빌리지	Bercy Village	384
베르티용	Berthillon	223
베흘레	Verlet	143
보르고 델 토바클리	Borgo Delle Tovaglie	255
보주 광장	Place des Vosges	195
보코	Boco	133
봉	Bon	333
봉 마르셰	Le Bon Marché	303
봉푸앙	Bonpoint	304
부르델 미술관	Musée Bourdelle	346
북 바인더스 디자인	Book Binders Design	305
불리 1803	Buly 1803	305
브누아	Benoit	207
브라스리 립	Brasserie Lipp	282
브라스리 보핑거	Brasserie Bofinger	208
브라스리 프렝탕	Brasserie Printemps	138
브랑쿠시 박물관	Atelier Brancusi	204
브레드 앤 로즈 리브 드루아트	Bread & Roses Rive Droite	142
블랑제리 드 파파	Boulangerie de Papa	293
블렌드 햄버거 구르메	Blend Hamburger Gourmet	211
비스트로 미	Bistrot Me	137
빅토르 위고의 집	Maison Victor Hugo	196
사다하루 아오키	Sadaharu Aoki	355
사크레쾨르 성당	Basilique du Sacré Coeur	364
사툰	Saturne	140

Index

상투 갤러리	Sentou Galerie	309
상트르 코메시알	Centre Commercial	254
생 마르탱 운하	Canal Saint Martin	248
생 쉴피스 성당	Eglise Saint Sulpice	265
생 외스타슈 성당	Saint Eustache	121
생 피에르 드 몽마르트르 교회	Eglise St.Pierre de Montmartre	368
생제르맹 록세루아 교회	Eglise Saint Germain L'Auxerrois	115
생제르맹데프레 성당	Eglise Saint Germain des Prés	266
생트 샤펠	Sainte Chapelle	192
샤르트르 성당	Cathédrale Notre Dame de Chartres	406
샤를리 버디	Charlie Birdy	91
샤마레 몽마르트르	Chamarré montmartre	370
샹보르 성	Château Chambord	409
샹젤리제 거리	Avenue des Champs Elysées	61
샹탈 토마스	Chantal Thomass	166
샹티이	Chantilly	405
선셋 선사이드	Sunset Sunside	228
셉팀	Septime	212
셰 무아 파리	Chez Moi Paris	182
셰 자누	Chez Janou	211
셰 프륀	Chez Prune	250
소니아 리키엘	Sonia Rykiel	306
소르본 대학	Université Paris Sorbonne	268
소시에테 제네랄 타워	Tour Société Générale	392
쇼케이스	Showcase	99
슈농소 성	Château Chenonceau	409
슈베르니 성	Château Cheverny	408
스텔라 마리	Stella Maris	75
스토레	Stohrer	178
스프레	Sprée	375
시니의 컵케이크	Synie's Cupcakes	295
시테 드 라 뮤직	Cité de la Musique	396
식물원	Jardin des Plantes	269
신 개선문	La Grande Arche	391
실크 앤 스파이스	Silk & Spice	135
아 라 프티 셰즈	A la Petite Chaise	289
아 프리오리 테	A Priori Thé	148
아녜스 베	Agnès B	180
아랍세계연구소	Institute du Monde Arabe	270
아브리	Abri	369
아비타	Habitat	167
아스티에 드 빌레트	Astier de Villette	182
아이스 큐브 바	Ice Kube bar	374
아타자르	Artazart	253
아틀리에 조엘 로부숑	L'Atelier Joël Robuchon	283
안젤리나	Angélina	145
알랭 뒤카스 플라자 아테네	Alain Ducasse au Plaza Athénée	73
알렉상드르 3세교	Pont de l'Alexandre III	65
알카자르	Alcazart	284
앙리 카르티에 브레송 재단	Fondation Henri Cartier Bresson	347
앙투안 에 릴리	Antoine et Lili	254
앙팡 루즈 시장	Le Marché des Enfants Rouges	197
애플 스토어	Apple Store	181
앵발리드	Invalides	320
에디아르	Hédiard	168
에스파스 달리	Espace Dali	366
에이스 구르메	Ace Gourmet	140
에클뤼즈	L'Ecluse	152

에펠탑	La Tour Eiffel	325
엑세테라	Etecetera	74
엘리제 궁전	Palais de l'Elysées	66
엘프 타워	Tour Elf	392
예술과 직업 박물관		
Musée des Arts et Métiers		199
오 라팽 아질	Au Lapin Agile	372
오 리오네	Aux Lyonnais	131
오베르 쉬르 우아즈	Auvers-Sur-Oise	402
오 트루아 마이츠	Aux Trois Mailltz	297
오랑주리 미술관	Musée de l'Orangerie	114
오르세 미술관	Musée d'Orsay	272
오투르 뒤 몽드	Autour du Monde	236
팔레 가르니에	Opéra Garnier	105
오페라 레스토랑	Opéra Restaurant	134
옹브르	Les Ombres	469
와인 박물관	Musée du Vin Paris	327
이스투아 드 파팡	Histoires de Parfums	233
윌리스 와인 바	Willi's Wine Bar	151
자드킨 박물관	Musée de Zadkine	348
자코뱅	La Jacobine	294
자크 제닌	Jacques Genin	232
자크마 앙드레 미술관		
Musée Jaquemart-André		118
장 밀레	Jean Millet	337
장 피에르 코히에	Jean Pierre Cohier	92
장식예술박물관		
Musée des Arts Decoratifs		116
조르주	Georges	218
중세 국립박물관		
Musée National du Moyen Age		271
쥐 드 폼	Jeu de Paume	122
쥘 베른	Le Jules Verne	332
지베르니	Giverny	404

체 키친 갤러리	Ze Kitchen Galerie	285
카레트	Carette	
카루젤 개선문		
Arc du Triomphe Carrousel		122
카르나발레 박물관	Musée Carnavalet	194
카르티에 현대미술재단	Fondation Cartier	344
카보 드 라 위세트	Caveau de la Huchette	296
카브 오주	Cave Auge	163
카타콤	Catacombes	345
카페 데 뮈제	Café des Musées	210
카페 드 라 페	Café de la Paix	149
카페 드 플로르	Café de Flore	295
카페 르 노트르 샹젤리제		
Café Le Nôtre Champs Elysées		84
카페 리슐리외	Café Richelieu	150
카페 마를리	Café Marly	147
카페 보니	Café Bonnie	251
카페 보부르	Café Beaubourg	224
카페 셰익스피어 앤 컴퍼니		
Café Shakespeare & Company		267
카페 스턴	Caffe Stern	373
카페 에티엔 마르셀	Café Etienne Marcel	146
카페 오테크	La Caféothèque	219
카페 제르맹	Café Germain	287
카페 콩스탕	Café Constant	330
카페 쿠스미초프	LE CAFÉ KOUSMICHOFF	84
카페 팡송2	Café Pinson2	
칼리그란	Calligrane	227
캥지엠	Le Quinzième	335
케브랑리 국립박물관	Musée du Quai Branly	324
코코트	Les Cocottes	336
코펜하그	Copenhague	71
콘란 숍	Conran Shop	307
콜레트	Colette	160

Index

한글	원어	페이지
콤트와 제네랄	Le Comptoir Général	251
콩	Kong	128
콩시에르주리	Conciergerie	193
콩코르드 광장	Place de la Concorde	67
쿠니토라야	Kunitoraya	135
크레프리 드 조슬랭	Crêperie de Josselin	350
크리스털 룸	Cristal Room	83
킨타로	Kintaro	141
킬리워치	Kiliwatch	171
타셴	Taschen	308
테르트르 광장	Place du Tertre	367
텐 벨	Ten Belles	251
투미외	Thoumieux	335
튈르리 정원	Jardin des Tuileries	108
트랭 블루	Le Train Bleu	473
트로케	Le Troquet	469
파라디 뒤 프뤼	Paradis du Fruit	90
파리시립근대미술관 Musée d'art Modern de la ville de Paris		321
파리 시청	Hôtel de Ville	193
파블 드 라 퐁텐 Les Fables de la Fontaine		331
파티스리 데 레브	Pâtisserie des Rêve	294
파티스리 바이 시릴 리냑 La Patisserie by Cyril Lignac		222
팔레 가르니에	Palais Garnier	105
팔레 드 도쿄	Palais de Tokyo	323
팔레 루아얄	Palais Royal	120
팡테옹	Le Panthéon	276
퍼블리시스 드러그 스토어 Publicis Drug Store		96
페드라 알타	Pedra Alta	384
페르 에 피으	Pères et Filles	288
포공 생 쥴리앙	Fogon Saint Julien	286
포럼 데 알	Forum des Halles	203
포숑	Fauchon	169
폴리도르	Polidor	290
퐁네프 다리	Pont Neuf	203
퐁텐 드 막스	Fontaine de Mars	334
퐁텐블로 성	Château Fontainbleau	407
퐁피두센터	Centre Pompidou	198
푸왈란	Poilâne	299
프라고나르 향수 박물관 Musée du Parfum Fragonard		119
프랑수아 미테랑 도서관 Bibliothèque Nationale François Mitterrand		380
프랑스영화박물관	Cinémathèque Française	382
프랑스학술원	Institut de France	277
프랑시 투 고	Frenchie To Go	142
프렝탕 백화점	Printemps	154
프티 뱅	Petit Bain	383
프티 팔레	Petit Palais	64
플레이타임	Playtime	372
피에르 가니에르	Pierre Gagnaire	72
피에르 가니에르 가야 리브 고슈 Pierre Gagnaire Gaya Rive Gauche		278
피에르 마르콜리니	Pierre Marcolini	175
피에르 에르메	Pierre Hermé	299
피자헛	Pizza Hut	213
피카소 미술관	Musée Picasso	200
필론	Pylones	240
호텔 뒤 노르	Hôtel du Nord	249
히구마	Higuma	132
BHV	BHV	235
CNIT	CNIT	393
LE66	LE66	94
MK2	MK2	383

프랑스어로 찾기

104	104	397
404	404	212
107 Rivoli	107 리볼리	177
Abri	아브리	369
A la Petite Chaise	아 라 프티 셰즈	289
A Priori Thé	아 프리오리 테	148
Ace Gourmet	에이스 구르메	140
Agnès B	아네스 베	180
Alain Ducasse au Plaza Athénée	알랭 뒤카스 플라자 아테네	73
Alcazart	알카자르	284
Angélina	안젤리나	145
Antoine et Lili	앙투안 에 릴리	254
Apple Store	애플 스토어	181
Arc de Triomphe	개선문	60
Arc du Triomphe Carrousel	카루젤 개선문	122
Artazart	아타자르	253
Astier de Villette	아스티에 드 빌레트	182
Atelier Brancusi	브랑쿠시 박물관	204
Au Lapin Agile	오 라팽 아질	372
Autour du Monde	오투르 뒤 몽드	236
Auvers-Sur-Oise	오베르 쉬르 우아즈	402
Aux Lyonnais	오 리오네	131
Aux Trois Mailltz	오 트루아 마이츠	293
Avenue des Champs Elysées	샹젤리제 거리	61
Bar du Plaza Athénée	바 뒤 플라자 아테네	89
Borgo Delle Tovaglie	보르고 델 토바글리	255
Château Fontainbleau	퐁텐블로 성	407
Barrio Latino	바리오 라티노	225
Basilique du Sacré Coeur	사크레쾨르 성당	364
Be Boulangépicier	베 브랑제피시에	85
Benoit	브누아	207
Bercy Village	베르시 빌리지	384
Berthillon	베르티용	223
BHV	BHV	235
Bibliothèque Nationale François Mitterrand	프랑수아 미테랑 도서관	380
Bistrot Me	비스트로 미	137
Boco	보코	133
Bon	봉	333
Bonpoint	봉푸앙	304
Book Binders Design	북 바인더스 디자인	305
Boot Café	부트 카페	232
Bouillon Restaurant Chartier	레스토랑 샤르티에	130
Boulangerie de Papa	블랑제리 드 파파	293
Brasserie Bofinger	브라스리 보핑거	208
Brasserie Lipp	브라스리 립	282
Brasserie Printemp	브라스리 프렝탕	138
Bread & Roses Rive Droite	브레드 앤 로즈 리브 드루아트	142
Blend Hamburger Gourmet	블렌드 햄버거 구르메	211
Buly 1803	뷸리 1803	305
Café Beaubourg	카페 보부르	224
Café Bonnie	카페 보니	251
Café Constant	카페 콩스탕	330
Café de Flore	카페 드 플로르	295
Café de la Paix	카페 드 라 페	149
Café des Musées	카페 데 뮈제	210
Café Etienne Marcel	카페 에티엔 마르셀	142
Café Germain	카페 제르맹	287
Café Le Nôtre Champs Elysées	카페 르 노트르 샹젤리제	84
Café Marly	카페 마를리	147

Index

Café Pinson2	카페 팡송2	
Café Richelieu	카페 리슐리외	150
Café Stern	카페 스턴	373
Café Shakespeare & Company	카페 셰익스피어 앤 컴퍼니	267
Calligrane	칼리그란	227
Canal Saint Martin	생 마르탱 운하	248
Carette	카레트	
Catacombes	카타콤	345
Cathédrale Notre Dame de Chartres	샤르트르 성당	406
Cathédrale Notre Dame de Paris	노트르담 대성당	190
Cave Auge	카브 오주	163
Caveau de la Huchette	카보 드 라 위셰트	296
Centre Commercial	상트르 코메시알	254
Centre Pompidou	퐁피두센터	198
Chamarré montmartre	샤마레 몽마르트르	370
Chantal Thomass	샹탈 토마스	166
Chantilly	샹티이	405
Charlie Birdy	샤를리 버디	91
Château Chambord	샹보르 성	409
Château Chenonceau	슈농소 성	409
Château Cheverny	슈베르니 성	408
Château de Malmaison	말메종 성	403
Château de Versailles	베르사유 궁전	401
Château de Vincennes	뱅센 숲	386
Chez Janou	셰 자누	211
Chez Ma Paris	셰 무아 파리	182
Chez Prune	셰 프륀	250
Cimetière du Montmartre	몽마르트르 묘지	368
Cimetière du Montparnasse	몽파르나스 묘지	345
Cinémathèque Française	프랑스영화박물관	382
Cité de l'architecture et du Patrimoine	건축문화재 박물관	322
Cité de la Musique	시테 드 라 뮈직	396
CNIT	CNIT	393
Colette	콜레트	160
Conciergerie	콩시에르주리	193
Conran Shop	콘랜 숍	307
Copenhague	코펜하그	71
Crêperie de Josselin	크레프리 드 조슬랭	350
Cristal Room	크리스털 룸	83
Debauve et Gallais	드보브 에 갈레	174
Delfonics	델포닉	173
Derrirere	데리에	205
Dessance	데상스	209
Didier Ludot	디디에 뤼도	183
Disneyland Paris	디즈니랜드 파리	411
Duc des Lombards	뒤크 데 롱바르	222
Eglise Saint Germain des Prés	생제르맹데프레 성당	266
Eglise Saint Germain L'Auxerrois	생제르맹 록세루아 교회	115
Eglise Saint Sulpice	생 쉴피스 성당	265
Eglise St.Pierre de Montmartre	생 피에르 드 몽마르트르 교회	368
Espace Dali	에스파스 달리	366
Etecetera	엑세테라	74
Fauchon	포숑	169
Fogon Saint Julien	포공 생 쥴리앙	286
Fondation Cartier	카르티에 현대미술재단	344
Fondation Henri Cartier Bresson	앙리 카르티에 브레송 재단	347
Fondation Le Corbusier	르 코르뷔지에 재단	326

Fontaine de Mars	퐁텐 드 막스	334	Kunitoraya	쿠니토라야	135
Forum des Halles	포럼 데 알	203	l'Alsace	랄자스	77
Frenchie To Go	프랑시 투 고	142	L'Eclaireur	레클레뢰르	236
Galerie Lafayette	갤러리 라파예트	155	l'Epi Dupin	레피 뒤팽	279
Galerie Vivienne	갤러리 비비안	109	La Caféothèque	카페 오테크	219
Gaite Lyrique	게테 리리크	224	La Cerisaie	라 세리제	351
Gateaux Tourmieux	갸토 투미우	337	La Closerie des Lilas	라 클로제리 데 릴라	351
Georges	조르주	218	La Coupole	라 쿠플	352
Giverny	지베르니	404	La Dame de Pic	라 담 드 픽	142
Goyard	고야드	183	La Durée	라 뒤레	86
Grand Palais	그랑 팔레	64	La Gare	라 갸르	329
Guy Savoy	기 샤브아	288	La Grande Arche	신 개선문	391
Habitat	아비타	167	La Jacobine	자코뱅	294
Hédiard	에디아르	168	La maison des Millesimes	메종 데 밀레짐	302
Higuma	히구마	132	La Maison du Chocolat	메종 뒤 쇼콜라	93
Histoires de Parfums	이스투아 드 파팡	233	La Palette	라 빨레트	296
Hôtel de Ville	빠리 시청	193	La Patisserie by Cyril Lignac	파티스리 바이 시릴 리냑	202
Hôtel du Nord	호텔 뒤 노르	249	La Perle	라 펄	220
Ice Kube bar	아이스 큐브 바	374	La Rotonde	라 로통드	353
Institut de France	프랑스학술원	277	La Table du Huit	라 타블 뒤 위트	82
Institute du Monde Arabe	아랍세계연구소	270	La Tour Eiffel	에펠탑	325
Invalides	앵발리드	320	La Tresorerie	라 트레조르리	255
Jacques Genin	자크 제닌	232	La Vaissellerie	라 베셀르리	158
Jardin des Plantes	식물원	269	L'as du Fallafal	라스 뒤 팔라펠	213
Jardin des Tuileries	튈르리 정원	108	L'Atelier Joël Robuchon	아틀리에 조엘 로부숑	283
Jardin du Luxembourg	뤽상부르 공원	263	Lavinia	라비니아	159
Jean Millet	장밀레	337	Le Baiser Salé	르 베제 살레	224
Jean Pierre Cohier	장 피에르 코히에	92	Le Bal	르 발	470
Jeu de Paume	쥐 드 폼	122	Le Bon Marché	봉 마르셰	303
Kabuki	가부키	179	Le Carrousel du Louvre	르 카루젤 뒤 루브르	156
Kiliwatch	킬리워치	171	Le Celadon	르 슬라동	126
Kintaro	킨타로	141	Le Comptoir Général	콩트와 제네랄	252
Kong	콩	128			

Index

Le Dôme	르 돔	354
Le Doyen	르 드와영	69
Le Fumoir	르 퓌무아	129
Le Grand Café	르 그랑 카페	144
Le Grand Véfour	그랑 베푸	124
Le Jules Verne	쥘 베른	332
Le Loir dans la théière	르 로아 당 라 티에르	215
Le Marché des Enfants Rouges	앙팡 루즈 시장	197
Le Moulin de la Galette	물랭 드 라 갈레트	369
Le Pain Quoitidien	르 팽 쿼티디앵	221
Le Panthéon	팡테옹	276
Le Procope	르 프로코프	281
Le Quinzième	캥지엠	336
Le Rex Club	렉스 클럽	153
Le Saut du Loup	르 소 뒤 루	139
Le Train Bleu	트랑 블루	473
Le Troquet	트로케	344
LE66	LE66	94
L'Ecluse	에클뤼즈	152
Legrand Fille et Fils	르그랑 피으 에 피스	176
Léon de Bruxelles	레옹 드 브뤼셀	81
Les Cocottes	코코트	336
Les Deux Magots	레 뒤 마고	293
Les Deux Moulins	레 되 물랭	372
Les Docks	도크	382
Les Fables de la Fontaine	파블 드 라 퐁텐	331
Les Ombres	옹브르	469
Les Quatre temps	레 카트르 탕	393
L'Hôtel	로텔	280
Librairie 7L	리브레리 7L	300
Librairie Assouline	리브레리 아술린	301
Librairie d'art Artcurial	리브레리 아르퀴리알	95
Librairie Gourmande	리브레리 구르망드	181
Librairie OFR	리브레리 OFR	232
L'Ile Flottante	릴 플로팅	241
Loire Castles	루아르 고성지대	408
Louvre Bouteille	루브르 브테이	138
Maison Blanche	메종 블랑슈	78
Maison de Balzac	발자크 기념관	318
Maison Francis Kurkdjian	메종 프랑시 쿠르지앙	170
Maison Martin Margiela	메종 마르탱 마르지엘라	165
Maison Victor Hugo	빅토르 위고의 집	196
Mamie Bleu	마미 블루	375
Mamie Gateaux	마미 가토	294
Marc Jacobs	마크 제이콥스	164
Marcel	마르셀	371
Mariage Frère	마리아주 프레르	216
Market	마켓	76
Manger	망제	209
Maxime's de Paris	막심 드 파리	123
Merci	메르시	228
Michel Chaudun	미셸 쇼당	336
Michel Cluizel	미셸 클뤼젤	173
Mini Palais	미니 팔레	79
Miss Ko	미스 고	90
MK2	MK2	383
Mon Vieil Ami	몽 비에이 아미	206
Mont Saint Michel	몽생미셸	410
Mora	모라	157
Moulin Rouge	물랭루주	365
Musée du Parfum Fragonard	프라고나르 향수 박물관	119
Musée du Quai Branly	케브랑리 국립박물관	324
Musée Bourdelle	부르델 미술관	346
Musée Carnavalet	카르나발레 박물관	194

Musée d'art Modern de la ville de Paris	파리시립근대미술관	321
Musée d'Orsay	오르세 미술관	272
Musée de l'Orangerie	오랑주리 미술관	114
Musée de la Vie Romantique	낭만주의 박물관	363
Musée de Zadkine	자드킨 박물관	348
Musée des Arts Decoratifs	장식예술박물관	116
Musée des Arts et Métiers	예술과 직업 박물관	199
Musée du Louvre	루브르 박물관	110
Musée du Vin Paris	와인 박물관	327
Musée Guimet	기메 미술관	316
Musée Jaquemart-André	자크마 앙드레 미술관	118
Musée Malllol	마이올 미술관	204
Musée National du Moyen Age	중세 국립박물관	271
Musée National Eugène Delacroix	들라크루아 미술관	262
Musée National Gustave Moreau	귀스타브 모로 미술관	362
Musée Picasso	피카소 미술관	200
Musée Rodin	로댕 미술관	317
Nanashi	나나시	471
Nickel	니켈	230
No.42	넘버 42	241
Nordic Market	노르딕 마켓	238
Opéra Bastille	바스티유 오페라	202
Opéra Restaurant	오페라 레스토랑	134
Palais de l'Elysées	엘리제 궁전	66
Palais de Tokyo	팔레 드 도쿄	323
Palais Garnier	팔레 가르니에	105
Palais Royal	팔레 루아얄	120
Parc de Bercy	베르시 공원	381
Parc de la Villette	라 빌레트 공원	395
Parc de Monceau	몽소 공원	68
Paroisse de la Madeleine	마들렌 성당	106
Pâtisserie des Rêve	파티스리 데 레브	294
Pères et Filles	페르 에 피으	288
Pedra Alta	페드라 알타	384
Petit Bain	프티 뱅	383
Petit Palais	프티 팔레	64
Pierre Gagnaire	피에르 가니에르	72
Pierre Gagnaire Gaya Rive Gauche	피에르 가니에르 가야 리브 고슈	278
Pierre Hermé	피에르 에르메	299
Pierre Marcolini	피에르 마르콜리니	175
Pizza Hut	피자헛	213
Place de la Bastille	바스디유 광장	202
Place de la Concorde	콩코르드 광장	67
Place des Vosges	보주 광장	195
Place du Tertre	테르트르 광장	367
Place Vendôme	방돔 광장	107
Playtime	플레이타임	372
Poilâne	푸왈란	299
Polidor	폴리도르	290
Pont de l'Alexandre III	알렉상드르 3세교	65
Pont Neuf	퐁네프 다리	203
Printemps	프랭탕 백화점	154
Publicis Drug Store	퍼블리시스 드러그 스토어	96
Pylones	필론	240
Rech	레슈	80
Rénoma Café Gallery	레노마 카페 갤러리	88
Repetto	레페토	162
Rocky Horror Pictures Show	록키 호러 픽처 쇼	277

Index

Royal Cheese	루아얄 치즈	233
Sadaharu Aoki	사다하루 아오키	355
Saint Eustache	생 외스타슈 성당	121
Sainte Chapelle	생트 샤펠	192
Saturne	사튠	140
Sentou Galerie	상투 갤러리	309
Septime	셉팀	212
Shine	샤인	239
Silk & Spice	실크 앤 스파이스	135
Sonia Rykiel	소니아 리키엘	306
Sprée	스프레	375
Stella Maris	스텔라 마리	75
Stohrer	스토레	178
Sunset Sunside	선셋 선사이드	228
Synie's Cupcakes	시니의 컵케이크	295
Taschen	타셴	308
Ten Belles	텐 벨	251
The Collection	더 컬렉션	235
Thoumieux	투미외	335
Tokyo Eat	도쿄 잇	328
Tour Elf	엘프 타워	392
Tour Montparnasse	몽파르나스 타워	345
Tour Société Générale	소시에테 제네랄 타워	392
Université Paris Sorbonne	소르본 대학	268
Verlet	베흘레	143
Véro Dodat	베로 도다	139
Verre Volé	베르 볼레	252
Willi's Wine Bar	윌리스 와인 바	151
Ze Kitchen Galerie	제 키친 갤러리	285

디즈니랜드 근처 아웃렛 쇼핑 명소
라 발레 빌리지 La Vallée Village

VIP 할인 쿠폰
- 안내데스크 Acceuil에서 VIP 10% 할인 쿠폰 6매 교환 가능

추가 면세 혜택
- 175€ 이상 구매 시 12% 추가 면세 혜택

시크릿
PARIS

유럽 1위 렌터카 업체
유럽카 Europcar

유럽카 10% 할인 쿠폰
- 가장 경제적인 비용으로 즐기는 파리 근교, 프랑스 지방 여행을 즐긴다.
- 내가 디자인하는 렌터카 여행으로 시간에 쫓기지 않고 여유롭게 다닌다.
- 쾌적한 차량과 합리적인 가격의 렌터카 여행은 꽃할배도 가능할 만큼 두렵지 않다.

시크릿
PARIS

> **Cupon**

La Vallée Village

Add. 3 Cours de la Garonne 77700 SERRIS
Tel. 01 60 42 35 00
Open 10:00～19:00(토요일 ～20:00)
Access RER A Val d'Europe
URL www.lavalleevillage.com

여러분의 럭셔리 쇼핑을 책임질 이곳, 라발레 빌리지
기본 33%* 할인과 더불어 연중 진행되는 특별 할인,
택스 프리 쇼핑을 파리에서† 35분밖에 떨어지지 않은
이곳에서 일주일 내내 즐기실 수 있습니다!
110여 개 이상의 브랜드:

L.K.BENNETT LONGCHAMP PAUL SMITH
SANDRO TOD'S UGG 등

LaValleeVillage.com

* 기간별 이전 시즌 상품 추가 할인 가능 † 택스 리펀드는 비-유럽 거주자에 한하여 브랜드당   €175 이상 구매시 12%에 한하여 이루어 집니다

유럽카

할인 쿠폰 이용법

● 유럽카 한국 사무소로 전화(02-317-8776) 또는
홈페이지(www.europcar.co.kr) 접속
● Promotion code 입력란에 시크릿 파리 독자
고유 번호(53016764) 입력
● 운전자 인적사항 및 일정과 차량 선택 입력

신비로운 미술 산책
달리 미술관 Espace Dali

10%

입장료 10% 할인권
●학생 할인과 중복 적용 불가

시크릿
PARIS

15%

와인 전문가가 추천하는 와인 숍
메종 데 밀레짐 La Maison des Millesimes

구매 금액 10% 할인권

시크릿
PARIS

25%

유럽 최대의 영화관
레뚜알 뒤 렉스 Les Etoiles du REX

영화 관람료 25% 할인권
●정상가 9.80€에서 7€로 할인

시크릿
PARIS

Cupon

Espace Dali

Add. 11 Rue Poulbot
Tel. 01 42 64 40 10
Open 10:00~18:00
Access M4 Anvers, M12 Abbesses, M12 Lamard Caulaincourt
URL www.daliparis.com

La Maison des Millesimes

Add. 137 Boulevard Saint Germain
Tel. 01 40 46 80 01
Open 10:00~22:00
Close 일요일
Access M4 Saint Germain des Prés, M10 Mabillon
URL www.maisondesmillesimes.fr

Les Etoiles du REX

Add. 1 Boulevard Poissonnière
Tel. 01 45 08 93 58
Access M8·9 Bonne Nouvelle
URL www.legrandrex.com

3~6€

낭만의 파리 유람선 투어
브데뜨 데 파리 Vedettes de Paris

- 성수기(4~8월) : 일반 2인당 3€ 할인
- 비수기(9~3월) : 일반 2인당 6€ 할인
- Code VDP: 147

시크릿 **PARIS**

10%

밀랍 인형으로 만나는 전 세계 유명인
그레빈 Grévin

입장료 10% 할인권

GRÉVIN

시크릿 **PARIS**

20%

추억의 도시 파리의 역사와 이야기
파리 스토리 Paris Story

입장료 20% 할인권
- 한국어 자막 서비스 제공

시크릿 **PARIS**

→ **Cupon**

Vedettes de Paris

Add. Port de Suffren
Tel. 01 44 18 19 50
Access RER C Champs de Mars, M6 Bir Hakeim, M6·9 Trocadéro
URL www.vedettesdeparis.com

Grévin

Add. 10 Boulevard Montmartre
Tel. 01 47 70 85 05
Open 10:00~18:30(주말·공휴일 ~19:00)
Access M8·9 Grands Boulevards
URL www.grevin.com

Paris Story

Add. 11 bis Rue Scribe
Tel. 01 42 66 62 06
Open 10:00~18:00 매시간 상영
Access RER A Opéra, M3·7·8 Opéra
URL www.paris-story.com

10€

색다른 파리의 모습을 보여주는
디즈니랜드
플래닛 할리우드 Planet Hollywood

10€ 할인권
- 50€ 이상 구매 시 적용
- 12/24, 12/31 적용 불가

시크릿
PARIS

10%

1826년에 탄생한 샴페인의 명가
아를로 Champagne Arlaux

10% 할인권
- 파리에 있는 아를로 샴페인 부티크에서 이 쿠폰을 제시하고 샴페인을 구매하면 10% 할인해줍니다.

시크릿
PARIS

Free

정통 프렌치 퀴진을 경험한다
아 라 프티 셰즈
A La Petite Chaise

커피 또는 차 무료 제공
- 아 라 프티 셰즈에서 식사 시 이 쿠폰을 제시하시면 커피 또는 차를 무료로 제공해드립니다.
  레스토랑 정보는 본문 292쪽에 있습니다.

시크릿
PARIS

Planet Hollywood

Add. Disney Village Marne la Vallée Cédex 4 77705
Tel. 01 60 43 78 27
Access RER A Val d'Europe

Champagne Arlaux

Add. 29 Rue Censier
Tel. 01 47 07 43 08
Open 화~토요일 10:00~13:00, 14:00~19:30
Access M7 Censier Daubenton
URL www.arlaux.fr

A La Petite Chaise

Add. 36 Rue de Grenelle
Tel. 01 42 22 13 35
Open 12:00~14:00, 19:00~22:00
Access M10·12 Sèvres Babylone

집 떠나면 고생이라지만 파리에 또 하나의 집이 있습니다.
로뎀의 집 호스텔 Rothem Hostel

VIP 할인 쿠폰
● 로뎀의 집 호스텔 숙박 시 이 쿠폰을 제시하시면 2박 이상 숙박자에게 한해 도미토리 2유로(1인 1매), 프라이빗 룸 5유로(1인 1매)를 할인해드립니다.

2€

시크릿
PARIS

나만의 맞춤 여행 서비스
와우 프랑스 wowfrance

1투어 프로그램 30€ 할인권
● 몽생미셸과 루아르 고성 등 프랑스 지방 여행 시(최소 인원 4인) 이 쿠폰을 제시하시면 전체 금액에서 30€를 할인해드립니다. 출발 전 쿠폰 소지 유무를 메일(france82@gmail.com)로 알려주셔야 합니다.

30€

시크릿
PARIS

→ Cupon

로뎀의 집 호스텔

Add. 25 Bis Rue Jean Lurcat, Villejuif
Tel. 01 45 21 12 24
URL www.rothem82.com

와우 프랑스

URL www.wowfrance.com

PARIS ROTHEM HOUSE SEASON 2

가깝다 가까워

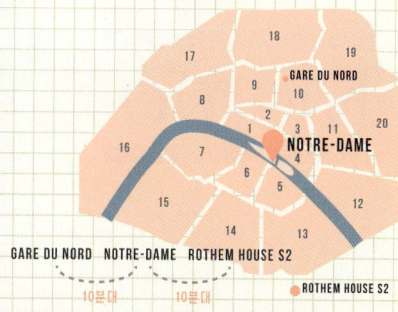

GARE DU NORD NOTRE-DAME ROTHEM HOUSE S2

10분대 10분대

● ROTHEM HOUSE S2

베스트셀러 여행 작가와 전 외국계 항공사 직원이
운영해온 펜션과 유럽배낭 1호점 로뎀의 집의
명성이 로뎀의 집 시즌2로 새롭게 태어났습니다.

쾌적하고 심플한 실내 공간은 파리의 디자인
호텔과 비슷한 감성으로 태어났으며, 서비스 역시
한층 업그레이드 되어 배낭여행자는 물론
신혼여행과 가족여행자들의 높은 눈높이도
만족시킬 수 있도록 섬세한 서비스를 제공합니다.

파리의 면적은 서울의 1/8, 남북이 8km, 동서가
12km의 눕혀 놓은 달걀 모양의 작은 도시인데요.

요즘 많은 민박주들이 북역 주변에 민박집을
오픈하며 파리가 아니면 불편하다고 하지만,
파리 로뎀 시즌2는 파리 정중앙에 위치한
루브르 박물관까지 환승없이 17분,
노트르담 성당까지 18분 걸립답니다.
물론 지하철역에서 숙소까지는 3분이면 충분!
지하철 1-2존 요금 동일

3000 Suite Room

진리의 4베드

파리 로뎀하우스는
2층 침대가 없는 4인 도미토리방을
운영하고 있어요!

비좁은 공간에 이층침대를 구겨넣어
짐을 풀 수도 없는 집은 댓츠 노노!

남들과 다르고
싶은 자네

유명방송 촬영 코디네이터는 (무려 핫한
꽃보다할배, 내 친구의 집은 어디인가외 다수)는
물론 <시크릿 파리>, <유럽 100배 즐기기>의 저자와
불어에 능통한 부부가 운영하는 믿을 수 있는 숙소!

파리의 최신 트렌드를 반영한 정보만을 쏙쏙!

로뎀의 집에 가자, 우리

카카오톡
parisrothem2

페이스북
facebook.com.parisrothem

홈페이지
http://www.rothem82.com/

Memo

시크릿
PARIS

2010년 7월 12일 초판 1쇄 발행
2013년 1월 8일 개정판 1쇄 발행
2014년 1월 27일 개정2판 1쇄 발행
2015년 2월 2일 개정3판 1쇄 발행
2016년 7월 25일 개정4판 1쇄 발행
2017년 2월 27일 개정4판 2쇄 발행

지은이 | 정기범
발행인 | 이원주
책임편집 | 손모아 · 성다영
마케팅 | 이재성 · 조아라

발행처 | (주)시공사
출판등록 | 1989년 5월 10일(제3-248호)

주소 | 서울시 서초구 사임당로 82(우편번호 06641)
전화 | 편집 (02)2046-2897 · 영업 (02)2046-2883
팩스 | 편집 (02)585-1755 · 영업 (02)588-0835
홈페이지 | www.sigongsa.com

ISBN 978-89-527-7655-6 14980
ISBN 978-89-527-5896-5(set)

본서의 내용을 무단 복제하는 것은 저작권법에 의해 금지되어 있습니다.
파본이나 잘못된 책은 구입하신 서점에서 교환해 드립니다.
값은 뒤표지에 있습니다.